제갈량의
지혜를
읽어야 할 때

《诸葛亮智谋全集》

作者： 商金龙

제갈량의
지혜를
읽어야 할 때

쌍찐롱 지음 | 박주은 옮김

(주)다연
DAYEONBOOK

머리말

《손자병법孫子兵法》〈계편計篇〉에서는 지도자라면 마땅히 지모智謀, 신의信義, 인애仁愛, 용기勇氣, 위엄威嚴 등 다섯 가지 덕목을 갖추어야 한다고 말한다. 그중에서 가장 강조되는 것은 지모의 중요성이다. 지모의 유무가 승패를 결정짓는 관건이라고 본 것이다.《손자병법》은 말한다.

'전쟁하기 전에 승산을 따지는 일은 매우 중요하다. 승산이 높으면 승리할 것이요, 승산이 낮으면 패배할 것이기 때문이다. 그러니 승산이 없으면 어떻게 되겠는가? 승부는 보나 마나 뻔한 것이다.'

고대 병법의 집대성이자 온갖 책략의 보고인 역사 소설《삼국지연의三國志演義》에서는 장수라면 용기는 물론 지모를 갖추어야 승리할 수 있다고 말한다.

지모는 어떤 것에 대한 인식, 판단, 분석과 더불어 창의적 사고를 포함하는 능력이다. 이를 계발하기 전까지 인류는 오랫동안 대자연의 주인이 될 수 있었다. 지혜의 힘에 대한 신뢰와 그 중요성은 서한 시대《회남자淮南子》〈주술훈主術訓〉에 나오는 '여러 사람의 지혜는 반드시 이루어진다'는 말에서도 잘 나타난다. 요컨대 지혜는 승리와 성공의 바탕이다.

중국 역사에서 '지혜의 성인'으로 추앙받아온 사람이라면 단연 제갈량諸葛亮을 꼽을 수 있다.《삼국지연의》에서 지모의 화신으로 등장하는 제갈량은 마르지 않는 계책으로 복잡한 국면을 정확히 꿰뚫어 보고 난국을 돌파한다. 문제를 멀리 내다보는 안목을 갖춘 데다 인정과 세태를 정확히 통찰해낸 그는 인걸 중의 인걸이었다.

제갈량은 융중의 초려에서 세상으로 나온 후 적벽대전을 앞두고 손권孫權을 속복시키고 주유周瑜와 노숙魯肅을 설득하여 손권-유비劉備 동맹을 성사시키는가 하면 적군에게서 얻은 화살로 동남풍이 불어올 때 대대적인 화공火攻을 퍼부어 조조曹操와 주유를 놀라게 한다. 그는 목숨이 위태로울 때도 올곧은 충성심을 지켰고, 넓은 안목으로 혼란을 수습했으며, 맹획孟獲을 일곱 번 사로잡고도 일곱 번 풀어주어 남중南中을 평정했고, 손권과 연맹을 맺어 근심을 없앴고, 법으로 촉나라를 다스려 백성들의 삶을 편안히 했으며, 추상같은 기상으로 군기를 바로잡았다. 그렇게 밤낮으로 직무에 헌신하다가 오장원에 지는 별처럼 생을 마감했다. 그는 봉건 시대의 정치가이자 군사전략가로서 정치와 군사는 물론 천문·지리·문화·역술에 두루 통달했으며, 담대한 식견과 치밀한 일 처리로 입신의 경지에 가까운 활약을 펼쳤다.

모종강毛宗崗, 청나라 강희제 때의 문인은 제갈량에 대해 이렇게 말한다.

'역사 속에 수많은 현인, 재상이 있지만, 만고에 걸쳐 그 이름을 떨친 이는 제갈량뿐이다. 그는 산림에 은거하여 거문고를 놓지 않았고, 세상에 나와서도 윤건綸巾, 비단 두건을 두른 채 우선羽扇, 깃털 부채을 흔들며 선인의 풍모를 잃지 않았다. 초려에 머물 때는 천하를 삼분하는 계책으로 천시에 호응했고, 세상에 나와서는 군주의 명을 받들어 북벌北伐로 인사人事를 다했다. 칠종칠금七縱七擒, 남만의 맹획을 일곱 번 사로잡아 일곱 번 풀어줌과 목우유마木牛流馬, 식량을 운반할 수 있도록 고안한 말과 소 모양의 수레는 귀신의 솜씨를 방불케 했고, 일평생 헌신은 신하로서 도리를 다한 것이었다. 그는 고대 현인, 재상 중에서도 가장 기이했다.'

지혜뿐 아니라 다른 모든 면에서도 타의 추종을 불허한 제갈량은 문장에서도 최고의 명성을 떨쳤다. 칠종칠금, 팔진도, 목우유마와 같

5

은 기지로 볼 때 과연 '기재奇才'라 할 만하다.

　제갈량은 어떤 상대와 마주해도 전체 상황을 장악하고 매 순간 탁월한 계책으로 승리를 이끌어냄으로써 절대적 주도권을 행사한 인물이다. 그는 정확한 정보를 입수하여 적과의 심리전을 성공으로 이끄는가 하면 매복, 잠입, 위장은 물론 도주까지 마다하지 않는 변화무쌍한 계책을 앞세워 적은 군사로도 대승을 거두곤 했다.

　제갈량은 적군과 아군의 군사력을 치밀하게 분석하며 정확한 정보를 얻었는데, 이를 바탕으로 상대를 능숙하게 교란했다. 갖가지 계책으로 끊임없이 승리를 거둔 그는 '하늘과 땅, 산과 강처럼 마르지 않는 기재'《손자병법》〈병세편兵勢編〉를 지녔으며, 적군의 변화에 따른 변화무쌍한 군사전략으로 항상 승리를 거두니, 이는 '귀신의 솜씨 같다'《손자병법》〈허실편虛實編〉는 찬사를 받았다. 이렇듯 군사전략에 정통하고 귀신 같은 용병술을 펼치는 제갈량에게는 기고만장하기로 유명한 주유도 칭찬을 아끼지 않았다.

　"공명孔明, 제갈량의 자의 신묘한 재주는 내가 따를 수 없도다."

　그는 죽기 전에도 "하늘은 나를 내시고 어찌 또 제갈량을 내셨는가!"라며 한탄했다 하니, 제갈량만은 꺾을 수 없었던 그의 참담함이 짐작되고도 남는다. 용병술에 능한 조조 역시 제갈량의 신출귀몰한 솜씨 앞에서는 패배를 거듭해야 했고, 생각이 깊은 모사謀士 사마의司馬懿조차 "나는 공명에게 미치지 못한다"고 시인해야 했다.

　제갈량은 죽은 후에도 자신의 지략을 멈추지 않았는데, 퇴각하는 촉나라 군사를 쫓던 사마의는 제갈량처럼 보이는 유영遺影을 보고 놀라 도주하며 "제갈량은 죽어서도 나를 가만두지 않는구나!"라며 탄식했다. 천하제일이라고 자부하던 모사조차도 제갈량의 '마르지 않는 계책' 앞에서는 힘을 쓰지 못한 것이다.

지략이 풍부하고 결단력이 있는 제갈량은 그 박학다식한 두뇌로 생동감 넘치는 계책을 펼쳐 보인 인물이었다. 가만히 앉아 천하 형국을 꿰뚫어 보며 타의 추종을 불허하는 기이한 지략을 펼친 그는 줄곧 여유를 유지하는 신선의 풍모마저 갖추고 있었다. 후대 사람들은 제갈량을 본받아 책을 읽으며 천하를 연구했으나, 위로 천문을 읽고 아래로 지리에 통달한 인물로는 지금껏 그를 능가하는 이가 없다.

수많은 사람이 제갈량의 지모는 시공을 초월하여 오늘날 현대사회의 정치, 경제, 외교 등 모든 분야에 적용될 수 있으며 개인의 생존전략으로도 유효하다고 입을 모은다.

지모는 정확한 인식을 바탕으로 해야만 성공으로 이어질 수 있다. 객관적 판단과 통찰이 부족하면 실패와 좌절로 직결될 수밖에 없다. 이런 면에서 볼 때 역사 속에서 그 가치를 검증받고 천년의 세월 동안 운용되어온 제갈량의 실용적 지모는 이 시대를 살아가는 우리에게 꼭 필요한 참지혜이자 인생 필살기라 하겠다.

차례

머리말 _4

제6장

친분에 상관없이 상벌을 분명히 한다
_제갈량의 용인술

제1장

장막 안에서
천 리를 내다보는 계책

_제갈량의 전략술

이런 말이 있다.

'한때를 도모하는 것으로는 부족하다. 만대를 도모하는 것이어야 한다. 어느 한 영역을 도모하는 것으로도 부족하다. 전체 국면을 포괄하는 것이어야 한다.'

대만 작가 천원더陳文德는 제갈량의 전기에서 '전략 기획가'라는 말을 썼는데, 이는 제갈량에게 가장 합당한 평가이다. 제갈량은 원대한 안목을 가진 지도자로서 치밀하게 일을 처리했다. 그는 언제나 문제를 심사숙고한 후 일찌감치 만반의 준비를 했다. 그 덕분에 어떤 상황에서도 당황하지 않고 최고의 역량을 발휘할 수 있었다.

일에서도 마찬가지다. 정확한 정책 및 전략 수립은 성공의 관건이다. 경쟁이 치열한 사회일수록 형세를 꿰뚫어 보는 안목과 정확한 분석력, 판단력이 요구된다. 이것이 현실에 알맞은 전략 수립을 가능케 한다.

제갈량의 계책은 현실에 대한 정확한 인식과 판단, 그리고 충분한 준비의 토대 위에 세워진 것이다. 세작細作, 스파이이나 탐자探子, 정탐꾼 적지 투입, 포로를 이용한 적진의 병력·적장의 심리 및 역량 파악, 지형과 지세의 면밀한 관찰 등등 그는 모든 전투에 앞서 이런 과정을 거친 후 군사전략을 수립했다. 제갈량이 거둔 혁혁한 전과들 이면에는 주도면밀한 물밑 작업이 있었다.

융중대

거대한 청사진을 드러내다

유비가 당장의 외로움과 곤궁함을 탄식하더니
다행히 남양南陽에 와룡臥龍이 있었네.
훗날 천하가 삼분된 형국을 알려거든
선생이 웃으며 가리킨 지도를 보게.

　'융중대隆中對'는 고작 세 글자에 불과하지만, 제갈량이 10년 가까이
은거하며 시대를 고민한 끝에 얻은 중요한 결론이다. '융중대'는 삼국
시대에 매우 큰 영향을 미쳤다. 촉나라는 군사전략을 짤 때 제갈량에
게 완전히 의지했는데, 그의 군사전략은 전적으로 '융중대'에 의거하
고 있었다. 그러니 융중대의 결과에 따라 삼국의 역사가 요동쳤다고
해도 과언이 아니다.

　제갈량이 융중에 머물던 몇 년은 동한東漢 말년으로, 극심한 정치적
격변기였다. 당시 중원 일대는 군벌들의 할거와 혼전으로 매우 어지러
웠다. 또한 조조가 천자를 끼고 제후들을 호령하며 둔전제屯田制, 군량 확보

를 위해 병사들에게 직접 경작을 시키는 한편 둔전을 경작하는 백성에게는 수확물의 절반 정도를 납부하도록 하는

토지제도를 실시하고 사방으로 인재를 모아 여포呂布, 원술袁術 같은 약소 군벌들을 하나씩 무너뜨리고 있었다. 건안建安 5년서기 200년, 조조는 관도官渡, 지금의 허난성 중무현 동북 일대 전투에서 황하 이북 지역의 최대 군벌이던 원소의 대군을 물리치고 승리함으로써 중원 북방을 통일했으며, 강동江東, 지금의 안후이성 우후, 장쑤성 난징 아래의 양쯔강 남안 일대을 지배하던 손권도 아버지 손견孫堅과 형 손책孫策의 가업을 이어받아 천혜의 요새인 장강을 기반으로 내치에 힘쓰는 동시에 세력을 확대하여 안정을 구가하고 있었다. 반면 형주荊州, 지금의 후베이성, 후난성과 허난성 남부 일대를 지배하고 있던 유표劉表와 익주益州, 지금의 쓰촨성 충칭 일대 대부분에 틀어박혀 있던 유장劉璋은 광대한 땅을 아우르고 있으면서도 원대한 포부가 없어 이렇다 할 정치를 펴지 못하고 있었다. 이 두 지역은 내치가 불안정하고 발전 가망성도 거의 없는 상태였다.

융중에 초려를 짓고 천하의 형세를 관망하던 제갈량은 그곳에서 10년 가까이 은거했다. 그러는 동안 그는 여러 지사와 교류하며 당시의 정치 및 군사 형세를 꿰뚫어 보고 자신만의 정치적 안목을 갖추어 나아갔다. 바로 그 시기에 유비가 거듭 찾아와 '천하계天下計'를 가르쳐달라고 간청한다.

유비는 한나라 왕실의 먼 친척그의 선조는 350년 전 서한 시대 경제景帝의 아들 중산정왕中山靖王 유승劉勝이다으로, 24세 때 황건군이 봉기한 이후 20여 년을 떠돌아다녔다. 그는 실패를 거듭하며 손찬孫瓚, 도겸陶謙, 조조, 원소袁紹, 유표 등에게 연달아 의탁하는 신세가 되었고, 제대로 역량을 축적하지 못한 탓에 '한실부흥漢室復興'의 대업을 물거품으로 만들 위기에 처한다.

삼고초려 당시는 유비가 유표에게서 도망쳐 나온 지 5년쯤 지났을

때였다. 유표는 겉으로는 유비를 예우했지만, 속으로는 끊임없이 의심하며 그를 중용하지 않았다. 이에 유비는 조조의 남하를 막기 위해 신야新野, 지금의 하남성 신야현에서 말을 돌보며 형주의 북대문을 지켰다. 이렇듯 남의 신세를 지며 보잘것없는 일을 하고 있었지만, 그는 '한실부흥'의 꿈을 놓지 않고 사방팔방으로 가르침을 청하며 자신을 보좌해줄 인재를 찾아다녔다.

그러다가 47세 되던 해, 유비는 마침내 제갈량과 교유하던 명사 사마휘司馬徽와 서서徐庶의 추천을 받고 제갈량을 만나러 융중으로 떠났다. 관우關羽와 장비張飛를 데리고 길을 떠난 유비는 온갖 어려움 끝에 제갈량이 머무는 초려에 도착했는데,《삼국지연의》는 이 대목을 아주 자세히 묘사하고 있다.

제갈량은 유비의 성의를 시험하기 위해 그의 방문을 연거푸 거절하는데, 유비는 두 번이나 헛걸음하고 나서 세 번째에야 비로소 제갈량을 만날 수 있었다. '삼고초려三顧草廬'라고 불리는 이 사건은 후대에 현인을 우대하는 군주의 모범으로 길이 칭송받았다.

유비는 자신보다 스무 살이나 어린 후배에게 자신이 처한 어려움을 솔직히 털어놓는다. 그는 간신들의 농단으로 말미암아 한 황실의 권위가 땅에 떨어진 상황에서 자신은 역량이 미약하여 일신을 보존하기조차 어렵다고 말한다. 하지만 그는 그럼에도 천하의 정의를 바로 세우고 싶다는 뜻을 분명히 밝힌다. 그는 처음 품은 뜻을 이루고 싶은 마음이 가득하지만, 지모가 부족한 탓에 이제껏 제대로 이룬 일이 하나도 없다며 제갈량에게 스승으로 모시고 싶다는 뜻을 공손히 전한다.

유비의 겸손하고도 간곡한 태도에 감복한 제갈량은 평소 자신이 생각해온 정치, 군사적 견해를 밝힌다.

"동탁董卓의 난이 일어난 이래 독자적 거점을 가지고 군벌을 형성한 천하 호걸이 적지 않습니다. 조조는 원소에 비해 명성도 높지 않고 병력도 미미하나 원소를 무너뜨리고 강자가 되었습니다. 약한 세력으로 대군을 무찌르는 것은 단순히 시운이 좋다고 되는 일이 아닙니다. 이것은 조조가 미래에 대한 장기적 구상을 갖추고 있다는 뜻입니다.

조조에게는 우수한 군사지략가가 많은 데다 지금은 천자를 끼고 제후를 호령하고 있으므로 함부로 그와 맞서서는 안 됩니다. 동남쪽의 손권은 삼대째 강동을 장악하고 있어 정권이 공고합니다. 그리고 장강의 지세가 험준하여 백성들의 삶도 풍요로우며 군량 또한 넉넉합니다. 그의 수하에는 뛰어난 인재와 명사 역시 많습니다. 이런 세력과는 동맹을 맺어야지, 함부로 토벌하려 해서는 안 됩니다.

형주는 북으로는 한강漢江과 면수沔水의 지세가 험하고, 남으로는 남해南海의 재화와 산물이 풍족하며, 동으로는 오吳와 이어져 있고, 서로는 파촉巴蜀과 통하니, 반드시 손에 넣어야 할 요지입니다. 지금의 형세로 보면 현재 형주를 다스리고 있는 주인은 현상을 유지하는 데만 급급합니다. 이것은 장군께 그 땅을 내어주시려는 하늘의 뜻이 아닐는지요? 그러나 장군의 의지가 어떠한지도 중요합니다.

서쪽의 익주는 지세가 험한 요새이면서도 비옥한 들판이 드넓게 펼쳐져 있는 천혜의 땅입니다. 한고조께서도 바로 이곳에 터를 잡고 진군하시어 천하를 통일했습니다. 그러나 지금의 익주목인 유장은 유약한 사람이라 수시로 북방 장로張魯의 위협에 시달리고 있습니다. 백성들이 근면해 물산도 풍족하건만 익주목은 이러한 이점을 제대로 활용할 줄 모릅니다. 그래서 백성들의 불만이 이만저만이 아닙니다. 이곳의 유능한 선비들은 모두 명철한 군주가 익주를 통치하기를 고대하고 있습니다."

이어서 제갈량은 형주와 익주를 탈취할 전략과 천하통일을 이룰 방책을 유비에게 말한다.

"장군께서는 한실의 종친이자 제왕의 후예이고 신의를 사해에 떨치고 계시어 사방의 영웅들이 장군을 깊이 존경하고 있습니다. 또한 장군께서는 다른 이의 생각을 허심탄회하게 받아들이고 목이 마른 듯 인재를 구하니 가슴에 웅대한 뜻을 품으셨음을 충분히 알 수 있습니다. 그러니 저의 사견을 받아들이시어 먼저 형주와 익주를 얻어 천혜의 험준한 지세를 마련하고 서로는 융적戎狄을 정벌하고 남으로는 이족夷族과 월족越族을 다스리십시오. 밖으로는 손권과 동맹을 맺고 안으로는 내치에 힘써 국력을 키운다면 천하를 통일할 호기를 맞이할 것입니다.

일단 천하대세에 변화가 생기면 곧바로 상장군이 이끄는 병마를 보내 낙양洛陽을 공격하고 장군께서는 친히 익주의 군단을 이끌고 진천秦川으로 출격하십시오. 그러면 백성 모두가 거리로 뛰어나와 장군을 환영하지 않겠습니까? 이렇게 하면 장군께서는 패업을 달성하고 한실도 다시 일으키실 수 있을 것입니다."

이것이 바로 그 유명한 '융중대草廬策초려책 또는 융중대책隆中對策이라고도 한다'이다.

'융중대'는 천하 형세를 비교, 분석하여 향후 발전 양상을 예측한 다음 일련의 방책과 임무, 전략 등을 제시한 젊은 지략가 제갈량의 걸작품이다. 정치, 군사, 외교 전반이 계획이 망라된 융중대 내용은 크게 네 가지로 요약할 수 있다.

첫째, '제왕의 후예'인 유비의 신분을 이용해 '한실부흥'이라는 정치적 '정통'의 기치를 높이 든다.

　둘째, 형주와 익주를 기반으로 안정된 근거지를 마련한다.

　셋째, 밖으로는 손권과 동맹하여 조조의 독주를 막고, 안으로는 내치에 힘써 국력을 강화하면서 주변 소수민족과의 관계에도 각별히 신경 쓴다.

　넷째, 때를 기다리며 힘을 축적해 중원을 탈취하고 천하를 통일한다.

지략 해설

제갈량의 형세 분석에는 깊은 통찰이 담겨 있다. 그는 초려에 머물고 있었지만 천하삼분의 형세를 예견했으며 유비에게 서주 탈취를 제안해 조조, 손권과 더불어 하나의 독자적인 세력을 형성하도록 권했다.

제갈량이 융중대를 통해 천하의 일을 정확히 분석할 수 있었던 것은 오랜 세월에 걸친 노력 덕분이었다. 포부가 크고 지모가 뛰어난 제갈량은 다양한 방법으로 문제를 바라보았고, 풍부한 인적 교류를 통해 방대한 정보를 수집했으며, 사회·정치·군사 등 여러 분야의 동향을 정확히 파악하고 있었다. 그는 평소 독서에도 열심이었는데, 그의 독서법은 '대략을 파악'하는 것이어서 많은 자료를 섭렵하면서도 심도 있는 이해와 사고가 가능했다고 한다.

제갈량은 전략을 기획하기 전에 환경, 조건, 목표라는 세 가지 사항을 주의 깊게 고려했다.

환경은 크게 총체적 형국과 경쟁 조건이라는 두 가지 측면으로 생각할 수 있다. 총체적 형국은 누구나 쉽게 파악할 수 있다. 그 때문에 유비와 제갈량도 총체적 형국을 분명히 알고 있었다.

"한 황실의 권위가 땅에 떨어져 간신들이 황제의 권력을 탈취하는 등 농단을 일삼고 있다"라고 한 유비의 말이나 "동탁이 수도에 입성한 이래 전국 각지에서 세력을 떨치고 일어난 호걸이 부지기수"라고 한 제갈량의 판단이 바로 여기에 해당한다. 두 사람 모두 자신이 처한 시대적 상황을 정확하게 이해한 것이다.

모든 경쟁사가 바로 이러한 같은 환경 속에 놓여 있다. 그래서 각자의 경쟁 조건이 중요하다. 당시의 정치 판도는 조조가 여포·원술·원소 등 강적을 물리치고 북방 대세를 장악한 가운데, 강동을 지배하던 손권이 나날이 세력을 확장해가고 있는 형국이었다. 그러나 형주를 다스리던 유표와 익주를 다스리던 유장은 공고한 지리적 기반에도 불구하고 적극적인 의지가 없어 미래가 불투명했다.

제갈량은 먼저 조조와 손권이라는 두 강적을 분석한다.

"조조는 백만 대군을 거느리고 있는 데다 천자를 끼고 제후를 호령하고 있으므로 그와 더불어 다투어서는 안 됩니다. 손권은 삼대손견, 손책, 손권에 걸쳐 강동을 지배하고 있는데, 이곳은 지세가 험한 데다 백성들의 귀속감도 높고 무엇보다 손권 수하의 현인 재사들이 있는 힘을 다해 그를 보필하므로 탈취를 도모하기보다는 더불어 동맹을 맺어야 합니다."

조조와 손권이 각각 북방과 강동을 장악하고 있으므로 이제 남은 곳은 형주와 익주뿐이었다. 제갈량은 이 두 곳을 근거지로 삼기에 좋은 곳이라고 말한다.

"형주는 북으로는 한수와 면수가 병풍처럼 둘려 있고, 남으로는 남해군, 동남쪽으로는 오군吳郡과 회계군會稽郡과 연접해 있으며, 서로는 파촉, 촉군蜀郡과 맞닿아 있으니 군사적 요지라 할 만합니다. 그런데도 형주의 주인인 유표는 성을 지켜낼 여력이 없어 보이니, 이는 하늘이 장군께 내리시는 기회인 듯합니다."

"그럼 익주는 어떠한가?"

"익주는 지세가 험준하고 옥야가 펼쳐져 있어서 '하늘이 내린 땅'이라 불립니다. 일찍이 한고조께서는 이곳에 터를 잡고 진군하시어 천하를 통일했습니다. 그러나 익주목 유장은 무능하고 우매해 한중의 장로에게 위협을 받고 있습니다. 익주목은 자원도 풍부하고 백성들의 삶도 풍족하지만 이러한 이점을 전혀 활용하지 못하고 있으니 익주의 현인 재사들은 성덕을 갖춘 주군이 하루빨리 익주를 다스려주기만을 고대하고 있습니다."

제갈량은 이 분석에서 공격해도 좋은 경쟁자와 공격하면 안 되는 경쟁자를 구분하고 있다. 조조와 손견은 병법에서 말하는 '피실격허避實擊虛, 강한 상대는 피하고 약한 상대는 공격한다'의 '실강한 상대'에 해당하므로 맞서 싸워서는 안 되지만, 형주의 유표와 익주의 유장은 '피실격허'의 '허약한 상대'에 해당하므로 공격하여 그 땅을 빼앗을 만하다는 것이다.

이렇게 해서 먼저 삼국의 형세를 정립한 후 중원의 통일을 도모하자는 것이 제갈량의 생각이었다. 여기에는 두 단계의 목표가 포함되어 있었다. 하나는 낮은 수준의 단기 목표이고, 다른 하나는 높은 수준의 장기 목표이다. 제갈량은 이 두 목표 간의 차이를 분명히 언급한 후 하나의 전략 안에 녹여내고 있다.

먼저 단기 목표는 근거지 마련에 관한 것이다. 제갈량은, 조조는 세력이 강하므로 더불어 싸워서는 안 되고 손권과도 섣불리 경쟁하기보다 동맹을 맺는 편이 안전하다고 보았다. 그래서 유표와 유장의 땅을 얻어 근거지를 마련함과 동시에 '제왕의 후예'인 유비의 신분과 '사해에 신의를 떨치고 있는' 유비의 성품과 '영웅적인 장수와 현명한 자세를 갈구'하는 유비의 태도를 내세워 권력의 기틀을 다지려고 함이다.

그다음, 장기 목표는 한실의 부흥과 중원 통일이다. 여기에는 제갈량의 원대한 안목과 담대한 포부 그리고 과감히 형주를 탈취하려는 진취적인 정신이 담겨 있다. 제갈량이 산에서 나올 때 그의 친구들은 제갈량이 "좋은 군주를 얻었으나 좋은 때는 얻지 못했다. 하늘과 땅을 놀라게 할 재능을 지니고 있어도 그 재능을 다 떨치지는 못할 것이다"라며 안타까워했다. 천하의 제갈량도 자신의 이런 한계만은 제대로 보지 못한 듯하다. 어찌되었든 제갈량은 '한실부흥'이라는 원대한 목표를 향해 계속 앞으로 나아갔다.

활용

주요 정책이나 전략을 결정할 때는 반드시 과학적인 절차를 거쳐야 한다. 첫 번째 절차는 충분한 조사와 연구, 종합적인 분석을 거쳐 현재를 판단하고 미래를 예측하는 것이다. 처지나 사물에 대한 인식이 먼저요, 판단은 그다음이다. 전략 기획과 정책 결정에서 가장 중요한 것은 객관적 정보와 그에 따른 판단이다.

정치와 군사상의 전략을 포괄하는 융중대는 매우 조심스럽게 추진해야 할 사안으로, 잘만 하면 기회의 변화에 힘입어 당당히 승리를 거머쥘 수 있다. 하지만 사소한 실수와 착오 때문에 모든 꿈이 수포로 돌아갈 수도 있다. 그 결과에 따라 융중대는 영원무궁한 성공담이 될 수도, 대대로 경각심을 주는 실패담이 될 수도 있는 것이다.

목표는 행동보다 앞서 존재하는 매우 중요한 사항이다. 목표가 없으면 전략도 행동도 있을 수 없다. 전략은 외부 환경·내부 조건·목표 사이의 균형 속에서 결정되며, 행동은 바로 이러한 목표를 달성하기 위한 끊임없는 노력이다. 행동이 전략과 목표에 부합되지 않으면 노력은 그 가치를 상실하고 만다. 이러한 목표는 지휘, 협주곡, 행진곡에 비유할 수 있다.

첫째, 목표는 지휘와 같아서 모든 행동은 목표에 따라 일사불란하게 이루어져야 한다. 둘째, 목표는 협주곡과도 같아서 내부의 여러 구성원은 원활한 의사소통을 통해 조화로운 관계를 유지해야 한다. 내부 역량이 조화롭게 발휘되면 목표 달성은 그만큼 수월해진다. 셋째, 목표는 행진곡과도 같아서 조직 구성원의 사기를 높이고 적극성을 유도하며 창의적 사고와 행동을 배양한다. 즉, 객관적인 조사 및 연구를 바탕으로 세워진 전략적 목표가 성공의 관건이 된다.

박망파 전투

주도면밀한 계획이야말로 승리의 관건

박망파 전투에서 화공을 썼다 웃으며 이야기하는 중에
모든 일이 뜻대로 이루어져 가네.
참으로 조조의 간담을 서늘하게 했으니
이것이 초려에서 나와 세운 첫 공이라.

《손자병법》〈계편〉은 말한다.

'전쟁하기 전에 승산을 점쳐서 조건이 유리하면 승리할 것이다.'

제갈량은 바로 이 '승산'을 헤아리는 데 고수였다. 그는 첫 출병부터 책략가로서의 재능을 유감없이 발휘했고, 그 덕분에 유비의 군대는 수준 높은 전술력을 발휘할 수 있었다. 이 이야기는 《삼국지연의》39회 '박망파博望坡 전투에서의 화공'에서 확인할 수 있다.

제갈량은 장수들에게 일련의 군령을 내렸다.

"박망성 왼쪽에는 예산豫山이라는 산이, 오른쪽에는 안림安林이라는 숲이 있습니다. 이 두 곳은 매복하기 좋으니, 운장雲長,관우의자 장군께서는 병사 천 명을 이끌고 예산에 매복했다가 적이 와도 공격하지 말고 그대로 보내주십시오. 그들의 군량은 필시 후방에 있을 터이니 남산에서 불길이 치솟거든 곧바로 출격해 군량과 마초를 불태우십시오. 익덕益德,장비의자 장군께서는 군사 천 명을 이끌고 안림 뒤편 계곡에 매복했다가 남쪽에서 불빛이 보이거든 곧바로 박망성의 군량을 불태우십시오. 관평關平과 유봉劉封은 인화물을 준비하고서 군사 오백을 이끌고 박망성 뒤편에서 기다리고 있다가 적들이 들이닥치면 화공을 퍼부으시오."

이어 제갈량은 번성樊城 소회대장召回大將 조자룡趙子龍에게 사람을 보내어 적들과 싸울 때 이기려 하지 말고 져주라 당부했다. 그러고는 유비에게 말했다.

"주공께서는 직접 군대를 이끌고 가서 뒤를 받쳐주십시오. 모든 군대가 제 계획대로만 움직인다면 아무 문제가 없을 것입니다."

이때 관우가 물었다.

"저희가 모두 적을 상대하러 나가면 선생께서는 무얼 하시는지요?"

"저는 성을 지켜야지요."

그러자 장비가 비웃듯이 말했다.

"우린 모두 적들을 상대하느라 바쁜데, 선생은 집에서 푹 쉬시다니 팔자도 좋수다."

유비가 끼어들었다.

"너희는 '장막 안에서의 계책이 천 리 밖의 승리를 결정한다'는 말도 모르느냐? 막내는 선생의 군령을 거스르지 마라."

장비는 입을 삐죽이며 밖으로 나갔다. 관우가 따라붙으며 장비에게 말했다.

"선생의 계책이 신통한지 그렇지 않은지는 전투 후에 봐도 늦지 않을 것이다."

그런데 사실, 유비조차도 제갈량의 계책을 진정으로 이해하지 못할뿐더러 신뢰하지 못하고 있었다. 그런 유비에게 제갈량이 말했다.

"주공께서는 오늘 군사를 이끌고 박망파 아래로 가서 주둔해 계십시오. 내일 저녁쯤에는 적군이 그리로 당도할 터이니 주공께서는 군영을 버려두고 달아나십시오. 그러다가 멀리 불길이 일면 그때 군사를 돌려 적들을 몰살하십시오. 저는 미축靡竺, 미방靡芳과 함께 군사 오백으로 현을 지키겠습니다."

말을 마친 제갈량은 손건孫乾, 간옹簡雍에게 전투 뒤 병사들을 위로할 술자리를 준비하라고 명했다.

제갈량은 모든 준비를 마쳤지만, 유비는 여전히 제갈량의 의도를 짐작할 수 없었다.

한편 군대를 이끌고 박망산으로 온 하후돈夏候惇과 우금牛禁은 정예병 절반을 뽑아 선봉에 세우고 나머지 절반은 군량과 마초를 지키도록 했다. 그러나 행군 도중 병사들이 말과 함께 죽어 나가는 일이 발생했다. 유비군의 조자룡 병사들과 맞닥뜨린 것이다. 하후돈은 우금과 이전李典에게 전방을 부탁하고는 크게 웃으며 말했다.

"서서가 승상 면전에서 제갈량을 크게 칭찬했다던데, 오늘 보니 개와 양 들을 끌고 와서 호랑이와 겨루려 하는구나. 내 기필코 유비와 제갈량을 사로잡고 말 것이다!"

그러고는 말 머리를 틀어 조자룡과 직접 겨루었다. 그러나 조자룡은 몇 합 싸우다 말고 도망치는 체했다. 하후돈을 유인하려는 계책이었다. 조자룡이 10여 리쯤 달아났을 때 문득 포화 소리가 들렸다. 하후돈은 눈앞에 있는 적이 몇 안 되는 것을 보고 오늘 안에 이들을 다 죽이리라 마음먹고 행군을 재촉했다. 하지만 유비와 조자룡은 계속 달아날 뿐 좀처럼 잡히지 않았다.

어느 순간 하늘이 어두워지면서 구름이 몰려들었다. 달빛도 없는 까만 하늘 아래 바람이 거세게 불어오기 시작했지만, 하후돈은 계속 적을 쫓아갔다. 마침내 두 산 사이로 난 좁은 골짜기에 이르렀을 때, 이전과 우금은 적의 화공을 염려하며 모든 군대에 정지 명령을 내렸다.

아니나 다를까, 뒤에서 우레 같은 함성이 쏟아지더니 불길이 번쩍 치솟았다. 동시에 거대한 바람이 불면서 불길이 삽시간에 길 양쪽의 갈대밭으로 번졌다. 사방이 온통 불길에 휩싸이자, 조조군은 크게 동요했다. 병사들은 서로의 발을 밟아가며 살겠다 발버둥쳤고 골짜기는 일순간 아수라장이 되어버렸다. 그 순간, 조자룡이 말 머리를 돌려 조조군을 향해 달려들었다. 하후돈은 불길을 뚫고 나오기 위해 말을 급히 부렸다.

이전은 형세가 불리해진 것을 보고는 허겁지겁 박망성으로 내달렸으나, 불길 속에서 병사 한 무리와 마주치고 말았다. 대장군 관우의 군대였다. 이전은 말을 탄 채로 혼전을 거듭하다가 필사적으로 도망쳤고, 우금 또한 작은 길로 빠져나갔다. 한편 군량과 마초를 지키려고 달려가던 하후란夏候蘭과 한호韓浩는 장비와 마주쳤다. 하후란은 장비의 칼을 맞아 말에서 떨어졌고, 한호는 걸음아 나 살려라 줄행랑을 놓았다. 양쪽 군대는 날이 새도록 싸움을 벌였고, 이튿날 골짜기에는 시체가 즐비했다. 붉은 피가 강을 이루며 흘러가는 사이로, 하후돈은 남은 병사들을 모아 허창許昌, 조조의 근거지으로 돌아갔다.

지략 해설

승리 비결에 관하여 《손자병법》〈모공편謨攻篇〉은 말한다.

'군주가 우수한 장수를 견제하지만 않으면 승리한다.'

유비는 제갈량이 용병의 귀재임을 알았기에 그에게 군사 지휘권을 모두 넘겨준다. 박망산 전투는 제갈량이 지휘하는 첫 전투였음에도, 유비는 일체 간섭하지 않고 그의 지휘를 지켜본다. 이것이 바로 박망산 전투에서 유비군이 승리할 수 있었던 이유다.

유비는 검인劍印을 넘겨주는 것으로 군사 지휘권을 제갈량에게 위임했고, 제갈량은 신야에서 벌일 조조군과의 전투를 치밀하게 계획했다.

그는 첫째, 관우에게 군사 천 명을 이끌고 박망성의 왼쪽에 있는 예산에 매복했다가 조조군이 오면 맞붙어 싸우지 말고 순순히 놓아주라 한다. 그러다가 전방에서 불길이 치솟거든 말을 내달려 적의 후방 군대가 지키는 군량을 불태우라고 지시한다. 둘째, 장비에게는 군사 천 명을 이끌고 산림 뒤편의 계곡에 매복했다가 남쪽에서 불빛이 보이면 계곡에서 나와 박망성으로 내달려 군량과 건초를 불태우라고 지시한다. 셋째, 관평과 유봉에게는 군사 오백을 떼어주면서 인화물을 준비한 채로 박망파에 매복했다가 조조군이 오면 인화물에 불을 붙이도록 한다. 넷째, 조자룡에게는 전방에서 적들을 상대하되 이기지 말고 져주라 지시한다. 유비에게는 군사 천 명으로 후방을 지원하라고 하면서 해가 질 때까지 적군을 상대하다가 진영을 버리고 도망치되 남쪽에서 불빛이 보이면 돌아서서 적을 몰살하라 말한다. 다섯째, 제갈량 자신은 미축, 미방과 군사 오백으로 신야를 지키고, 손건과 간옹에게는 아군의 공을 치하할 술자리를 마련하라고 지시한다.

'화공이 가장 효과가 우수하다'는《손자병법》〈화공편火攻篇〉의 전술에 따라, 제갈량은 전투지의 지형을 잘 이용해 박망 언덕에서 대대적인 화공을 펴기로 한다. 그는 먼저 적들을 박망산으로 유인한 후 골짜기에 몰아넣고 불을 지르는 방법을 썼다. 이렇게 하면 적을 살상하는 동시에 아군에게는 불빛으로 신호를 전달할 수 있기 때문이다. 실제로 매복해 있던 관우와 장비는 이 불빛을 보고 일어나 적군을 공격했다. 조조군은 수적으로 월등히 우세했지만, 적의 기습에 무방비로 노출되면서 완패하고 만다.

제갈량은 조조의 10만 대군을 수천의 병력으로 무찌를 수 있었다.《손자병법》〈형편形篇〉은 말한다.

'승리하는 군대는 승리할 모든 조건을 만들어놓고 전투에 돌입하는 반면, 패하는 군대는 일단 전쟁에 돌입한 후에 승리하고자 한다.'

조자룡과 하후돈이 접전을 벌일 때 제갈량은 이미 승리의 모든 조건을 마련해놓고 있었다. 반면, 하후돈은 먼저 전쟁터에 뛰어들어 후퇴하다가 조자룡과 유비의 군대와 맞닥뜨리고는 우왕좌왕했다. 유비군의 병력이 훨씬 적었는데도 말이다. 하후돈은《손자병법》〈행군편行軍篇〉의 '적이 반쯤 진군하다가 반쯤 후퇴하는 것은 아군을 유인하기 위한 전략'을 간과했고,《손자병법》〈계편〉의 '비이교지卑而驕之, 적에게 얕보임으로써 적을 교만하게 함'를 알지 못했다. 그랬기에 "오늘 신야에 당도하기 전까지 저들을 다 죽이겠다!"고 호기롭게 큰소리친 것이다. 결국 그는 제갈량이 파놓은 함정에 꼼짝없이 걸려들고 말았다.

활용

어떤 일이든 그 시작은 전략과 정책 결정에 있으며, 일의 성패 또한 처음에 세운 전략과 정책에 좌우된다.

박망파 전투는 사전에 완벽하게 계획된 전략적 배치 덕분에 빛나는 승리를 거둘 수 있었다.

전략은 언제 어디서 무엇을 하든 꼭 필요한 요소이다. 일상생활에서도 마찬가지다. 의식주 중에 무엇 하나도 사전 계획 없이 얻을 수 있는 것은 없다.

물론 전략은 우리가 맞닥뜨리는 문제의 종류와 각자 처한 상황에 따라 달라지게 마련이다. 난이도와 중요성에 따라 문제의 종류도 천차만별이다. 예컨대 한 조직의 리더가 내리는 결정은 일상에서 개인이 하는 선택과는 전혀 다를 것이다. 특히 합당한 정책을 결정하는 능력은 조직의 리더가 반드시 갖추어야 할 자질이다.

리더의 정확한 정책 결정은 단순히 부하들에게 일의 밑그림을 그리게 하는 정도로 그치지 않는다. 이것은 조직 구성원들에게 일의 정확한 목표와 방향을 제시하고, 현 상황을 일목요연하게 이해시키며, 일을 추진하는 과정에서 힘과 동기를 부여한다. 전략은 구성원 개개인에게 부여된 임무를 정확히 인식시키고 그 책임을 끝까지 다하도록 만듦으로써 처음의 목표에 온전히 부합하는 결과를 이끌어낸다.

신야성 전투
치밀한 섬멸책

간웅 조조가 중원을 지키다
구월에 남정하여 한천漢川에 이르니,
풍백風伯, 바람의 신은 노하여 신야를 뒤흔들고
축융祝融, 불의 신은 화염을 뿜어 하늘을 뒤흔드네.

조조의 50만 대군에 맞서 제갈량은《손자병법》〈모공편〉의 '군사력이 미치지 못하면 피한다'는 전략에 따라 번성으로 철군하기로 한다. 하지만 그는 철군 전에 조인曹仁이 이끄는 10만 대군의 사기를 꺾기 위해 신야에서 화공을 펴기로 한다화소신야火燒新野, 신야를 불태우다.

또한 제갈량은 먼저 유봉에게 작미파鵲尾坡로 가서 깃발을 어지럽게 휘날리도록 했다. 이는 '밤에는 불과 북을 많이 쓰고 낮에는 깃발을 많이 사용해야 군대의 이목을 돌릴 수 있다'는《손자병법》〈군쟁편軍爭篇〉의 전략을 따른 것이다. 이로써 조조군의 눈을 어지럽혀 행군을 중지시키려는 것이었는데, 그 의도대로 된다면 조인 군대의 신야 도착 시각을 초저녁까지 늦출 수 있을 것이었다.

　제갈량은《손자병법》〈화공편〉의 '화공을 펼 때는 적절한 때와 조건이 있어야 하는 법'이라는 전략에 따라 모든 전투 과정을 치밀하게 안배했다.

　이 이야기는《삼국지연의》40회 '채 부인은 조조에게 형주를 바치고 제갈량은 신야를 불사르다'에 등장한다.

　조인의 군대가 박망성에 도착했다는 전갈이 오자, 유비는 강하江夏에 이적伊籍을 보내 군마를 정비하도록 하고 제갈량과 함께 적을 물리칠 대책을 논의했다. 제갈량이 말했다.

　"일전에 화공으로 하후돈의 인마를 반쯤 불태웠으니 주공께서는 안심하십시오. 이번에 오는 조조군 또한 예상했던 바입니다. 우리 군은 신야에 주둔하며 적을 기다리기보다 일찌감치 번성에 가 있는 편이 낫습니다."

　그러고는 사람을 시켜 동서남북의 네 문에 방을 붙이도록 했다.

　'성안의 모든 백성은 오늘 나와 함께 잠시 번성으로 피신해 있도록 하라.'

　이어 제갈량은 손건을 강 근처로 보내 성안의 백성들을 태울 배를 준비시키고, 미축에게는 각 관아의 관원들을 번성까지 호송하라고 지시했다. 그런 다음 모든 장수에게 군령을 내렸다. 먼저 관우에게는 군사 천 명과 함께 백하 상류에 매복하도록 했다. 그곳에서 포대에 모래를 채우고 강에 던져 물을 가두었다가 삼경三更, 밤 11~1시이 지날 무렵 하류 쪽에서 함성이 들리면 모래 포대를 치워 물을 방류하라고 했다. 이는 하류로 오는 조조군을 몰살시키려는 계책이었다. 장비에게는 군사

천 명을 이끌고 박릉博陵 나루터로 가서 매복하도록 했다. 이곳은 물의 흐름이 가장 느린 곳이라 물살에 휩쓸린 조조군은 분명 이곳으로 도피할 것이었다.

조자룡에게는 군사 3천을 주고 이를 네 부대로 나누게 했다. 세 부대는 각자 성의 서문·남문·북문에 매복하도록 하고, 조자룡이 직접 이끄는 부대는 동문 밖에 매복하도록 했다. 성안의 민가 옥상에는 인화물을 준비해놓도록 했다.

제갈량의 계책은 이랬다. 조조의 군대가 성으로 들어오면 분명 민가에서 휴식을 취할 것이다. 해 질 녘이 되면 반드시 큰바람이 불 것이므로 그때 서문과 남문, 북문에 매복한 병사들은 성안으로 불화살을 쏜다. 불은 크게 번질 것이고 적들은 불을 피해 우왕좌왕 동문으로 몰려갈 것이다. 일단 적들이 빠져나가도록 놔둔 뒤 동문에 매복한 병사들이 일제히 공격한다. 그리고 날이 밝으면 관우 부대, 장비 부대와 만나 번성으로 돌아온다.

제갈량은 미방과 유봉에게 군사 2천을 주면서 절반은 붉은 깃발을, 절반은 푸른 깃발을 앞세우고 신야성新野城에서 30리쯤 떨어진 곳에 있는 작미파에 주둔하라고 했다. 그러다가 조조군이 다다르면 붉은 깃발을 든 군대는 왼쪽으로, 푸른 깃발을 든 군대는 오른쪽으로 행군하여 조조군을 유인하도록 했다. 미방과 유봉은 각자 따로 매복했다가 성안에서 불빛이 보이면 적들을 뒤쫓아 싸우고 백하 상류에서 아군과 호응하기로 했다. 제갈량은 이 모든 준비를 끝마친 후 유비와 함께 승전보를 기다렸다.

한편 그인과 조홍曹洪이 이끄는 10만 대군 앞에는 또다시 허저許褚가 이끄는 3천 군대가 철갑을 두른 채 신야로 진군하고 있었다. 정오쯤

작미파에 도착한 조조군은 붉은 깃발과 푸른 깃발이 펄럭이는 유비군을 일망타진하겠다는 생각으로 계속 나아갔다. 유봉과 미방은 부대를 넷으로 나누고 붉은 깃발과 푸른 깃발을 좌우로 세웠다. 허저는 고삐를 당겨 말을 멈추고는 다른 이들도 더 이상 앞으로 나아가지 말라 명령했다.

"분명 복병이 있을 것이다. 오늘은 여기서 주둔한다."

허저는 날랜 기병을 뽑아 조인에게 이 같은 전갈을 보냈다. 하지만 전갈을 받은 조인은 이를 의심했다.

"그것은 위장일 뿐이다. 진짜 복병이 아니니 계속 진군하라."

허저는 복병을 처치하려고 계속 언덕 쪽으로 내달렸다. 그러나 아무리 달려가도 사람 하나 보이지 않았다. 해도 뉘엿뉘엿 지고 있던 터라 허저는 진군에 박차를 가했다. 그런데 산 위에서 갑자기 북소리가 들려오기 시작했다. 고개를 들어 보니 산 정상에 수많은 깃발이 펄럭이고 있었는데, 그 사이로 유비와 제갈량이 마주 앉아 술을 마시고 있었다. 허저는 격노하며 군대를 이끌고 산 위로 내달렸다. 그러나 산 위에서 목포木砲, 나무를깎아만든대포와 석죽石竹, 돌무더기이 쏟아져내려 더 이상 돌진할 수 없었다. 그때 산 뒤에서도 함성이 들려왔다. 적들을 상대해야겠다고 생각한 순간, 하늘이 어두워지기 시작했다.

조인의 군대는 허저의 군대가 먼저 신야성을 탈취하고 있을 거라 믿고 계속 진군했다. 성 아래에 도착했을 때 성으로 들어가는 대문 네 개가 모두 열려 있었다. 조인의 군대는 거침없이 성안으로 돌진했다. 그런데 막상 성안으로 들어가 보니 군대를 막아 세우는 병사는커녕 쥐새끼 한 마리도 보이지 않았다. 조홍이 말했다.

"이곳은 전쟁을 벌이기에 불리한 지세라 다들 일찌감치 피난을 갔

36

나 봅니다. 이참에 우리도 여기서 푹 쉬고 내일 다시 움직입시다."

그렇지 않아도 고된 행군으로 모두 지쳐 있는 터라, 병사들은 각자 민가로 들어가 밥을 짓기 시작했다. 조인과 조홍도 관아에 들어가 휴식을 취했다.

초경初更, 밤 7-9시이 지날 무렵, 갑자기 거센 바람이 불어오는가 싶더니 성문을 지키던 병사들로부터 불이 났다는 보고가 들어왔다. 조인이 말했다.

"밥 짓는 병사들이 실수한 모양이구나. 그런 불은 염려할 것 없다."

그런데 말이 끝나기가 무섭게 비보가 들이닥쳤다. 서문과 남문, 북문이 모두 불길에 휩싸였다는 소식이었다. 조인은 장수들에게 속히 말에 오르라고 지시했다. 하지만 이미 불길은 번질 대로 번진 터라 퇴로가 막혀버렸다. 더욱이 이번 불은 지난번 군량과 마초를 태운 불과 비교도 안 될 만큼 거셌다. 조인은 장수들에게 어떻게든 불 속을 뚫고 빠져나가라고 명령했다. 마침 동문까지는 불길이 번지지 않았다는 소식에 모든 군대가 동문으로 내달렸다. 병사들은 앞다투어 성을 빠져나갔고, 그 과정에서 서로 밟고 밟히느라 많은 사상자가 나왔다.

조인 등이 가까스로 불바다에서 빠져나왔을 때 갑자기 등 뒤에서 우렁찬 함성 소리가 들리더니 조자룡이 나타났다. 조조군은 혼전을 벌이는 틈에 도망치느라 아군과 적군을 가리지 않고 닥치는 대로 상대를 죽였다. 그렇게 정신없이 도망을 치는데, 이번에는 미방의 군대가 달려왔다. 또 한바탕 싸움을 벌였지만, 결과는 조인군의 패배였다. 간신히 도주하는 길에 또다시 유봉의 군대와 마주쳤고, 조인군의 많은 병사가 유봉 군대의 칼날에 목숨을 잃었다. 밤이 깊어 사경四更, 새벽 1~3시 즈음이 되자 조인이 병력은 절반으로 줄어 있었다. 이들은 가까스로 백하 근처로 이동했는데 다행히 물이 깊지 않아 말과 사람 모두 목을 축이며 한숨 돌렸다.

같은 시각, 상류에서 모래 포대로 강물을 막고 대기 중이던 관우 부대는 신야에 불길이 일자 더욱더 기민해졌다. 이윽고 말과 사람 소리가 들리자 관우는 모든 포대를 강 밖으로 던지라고 명령했다. 물길이 트이자 쉬고 있던 조인의 군사들은 거의 모두가 물에 휩쓸려 죽고 말았다. 조인을 비롯한 여러 장수는 물살이 약한 곳을 찾아 간신히 도망쳤다. 그런데 박릉 나루터에 도착하자 또다시 큰 고함 소리와 함께 적군이 앞을 가로막았다. 앞에 선 장수는 장비였다. 그가 외쳤다.

"이놈들! 얼른 목숨을 내놓지 못할까!"

조인의 군대는 아연실색했다.

장비는 강물에 휩쓸려가지 않은 남은 병사들과 혼전을 벌였다. 계속 싸우던 허저는 결국 도망쳤고, 장비가 그 뒤를 쫓았다. 유비와 제갈량은 강을 따라 상류로 갔다. 그곳에는 유봉과 미방이 준비한 배가 기다리고 있었다. 이들은 모두 강을 건너 번성으로 갔고, 제갈량은 병사들에게 배를 불태우라 명령했다.

지략 해설

제갈량은 급박한 상황에서 화공을 준비한다. 주도면밀하게 세운 그의 계책은 다음과 같다.

첫째, 성문에 방을 붙여 백성들에게는 번성으로 대피하라 하고 손건 등에게는 백성들이 강을 건널 수 있도록 배를 준비하라 이른다. 둘째, 관우에게는 병사 천 명과 함께 백하 상류에 매복하면서 자루에 모래를 담아 강 상류를 막도록 한다. 그러고는 이튿날 삼경에 말과 사람 소리가 들리면 조조군이 강을 건너려는 것이니 자루를 옮겨 물을 방류하라고 한다. 셋째, 장비에게는 병사 천 명과 함께 물살이 약한 박릉 나루터에 매복해 있다가 조조군이 물을 피해 그곳으로 오면 대대적인 공격을 하라고 지시한다. 넷째, 조자룡에게는 군사 3천을 주며 이를 네 개의 부대로 나누어 세 부대는 각자 성의 서문, 남문, 북문에 매복하도록 한다. 이때 민가에는 인화물을 숨겨두고, 해 질 녘에 큰바람이 불 때 조조군이 성문으로 들어오면 성안으로 불화살을 쏘아 불길이 민가 지붕을 타고 번지도록 한다. 밖에서 함성이 들리면 조조군은 적이 없어 보이는 동문으로 나가려고 할 것이므로 제갈량은 조자룡에게 동문에 매복해 있다가 불을 피해 달아나는 조조군을 공격하라고 한다. 다섯째, 유봉과 미방에게 군사 3천을 주어 신야성에서 30리 떨어진 작미파에 주둔했다가 조조군이 보이면 깃발을 펄럭이며 각 군대가 따로 진군하도록 한다. 조조군의 눈을 어지럽혔다가 적군이 지나가고 성안에서 불길이 치솟으면 쫓아가 공격하도록 한 것이다.

제갈량은 신야 전투에서 '포위된 적이 병력은 반드시 도망갈 길을 터주어야 한다《손자병법》〈군쟁편〉'는 원칙을 지킨다. 그래서 남문, 서문, 북문에서 성안을 향해 불화살을 쏘면서도 동문만은 비워두어 적이 빠져나갈 길을 열어준다. 단, '적진 안에서 불이 나면 재빨리 밖에서도 호응하여 공격해야 함《손자병법》〈화공편〉'을 잊지 않는다.

불을 피해 나온 조조군은 성문을 나서자마자 조자룡의 군대와 마주친다. 제갈량은 백하에서 박릉에 이르기까지 '적에게 빈틈을 보이면 적은 이쪽에서 이끄는 대로 행동하니, 적이 찾는 것을 일부러 던져주면 적은 곧바로 그것을 잡는다《손자병법》〈세편勢篇〉'는 전략과 더불어 '적이 강을 반쯤 건넜을 때 공격하는 전략《손자병법》〈행군편〉'을 취한다. 이렇게 매복과 강물이라는 두 가지 수단으로 적을 철저히 공격하자 조인의 10만 대군은 그야말로 초토화되고 만다.

활용

훌륭한 정책 결정자라면 10가지 덕목, 즉 사명감·책임감·인내심·친화력·공정성·열정·기획력·통찰력·설득력·창의력을 갖춰야 한다.

성공적인 전략은 어느 날 갑자기 하늘에서 뚝 떨어지거나 머릿속에서 불현듯 발현하는 것이 아니다. 정책 결정은 나름의 규칙을 바탕으로 한 과학이자 예술이다.

초선차전

적의 힘을 빌려 아군의 부족을 메우다

짙은 안개가 장강을 뒤덮으니
가까운 곳도 아득히 멀어만 보이네.
소나기 쏟아지듯 풀무치 날아들듯 화살이 전함으로 쏟아지니
제갈량이 오늘 주유를 굴복시켰네.

《병경백편兵經百篇》에는 이런 말이 있다.

'힘이 달리거든 적의 힘을 빌려 사용하고 직접 주벌하기 힘들거든 적의 칼날을 빌려 주벌하며 재물이나 물품이 부족하면 적의 재물을 빌려 활용한다.'

바로 이러한 차전계借箭計가 펼쳐지는 장면이《삼국지연의》46회의 '제갈량은 기묘한 계책으로 화살을 얻고 황개黃蓋는 은밀한 계책을 말하고 형벌을 받다'이다.

주유자는 공근公瑾는 여러 장수를 장막으로 불러 제갈량과 함께 전쟁에 관한 논의를 했다. 이때 주유는 제갈량에게 열흘 안에 화살 10만 개를 만들 수 있느냐고 묻는데, 제갈량은 뜻밖에도 이렇게 대답했다.

"조조의 군대가 오늘 도착하는데 열흘이라니요?"

제갈량은 사흘 안에 화살 10만 개를 만들 수 있다고 했다. 주유는 이때다 싶어 회심의 미소를 지으며 제갈량에게 군령장軍令狀, 임무를 완수하지 못하면 군령에 따라 처벌받겠다는 내용의 서약서을 쓰라고 했다. 제아무리 날고 기는 재주가 있다 한들 무슨 수로 화살 10만 개를 사흘 안에 만들어낸단 말인가? 주유는 제갈량이 꼼짝없이 그물에 걸려들었다고 생각했다.

제갈량이 장막을 나가자, 주유는 노숙에게 제갈량의 동태를 잘 살피라고 명했다. 대체 무슨 수작을 부리는지 지켜볼 요량이었다. 제갈량은 자신의 주위를 어슬렁거리는 노숙에게 은근슬쩍 말했다.

"사흘 안에 화살 십만 개라? 저를 좀 도와주십시오."

성품이 온후한 노숙이 여유를 부리며 말했다.

"스스로 하겠다 하신 일인데, 어찌 저에게 대책을 구하십니까?"

"어르신, 저에게 배 스무 척만 빌려주십시오. 배 안에는 군졸 서른 명씩을 태우고 배 전체는 푸른 천으로 감싸고 배 양쪽 끝에는 볏단을 천여 개 세워주십시오. 이렇게만 해주시면 사흘 안에 화살 십만 개를 만들어 보이겠습니다. 단, 부탁이 있습니다. 이 일을 도독께는 말씀하지 말아주십시오. 그분이 알아버리는 날에는 제 계획이 물거품이 되어버립니다."

노숙은 제갈량의 부탁을 들어주었지만, 제갈량이 그 배로 무엇을 하려고 하는지는 알지 못했다. 노숙은 제갈량과의 약속대로 주유에게 배에 관한 이야기는 전혀 하지 않았다. 다만 제갈량이 화살을 만드는 데 필요한 대나무나 아교 따위는 전혀 준비하지 않더라는 이야기만

했다. 주유는 고개를 갸웃거렸다.

　제갈량은 노숙에게 빌린 배와 군졸로 모든 준비를 끝마쳤지만, 그 후 이틀 동안은 아무런 행동도 하지 않았다. 이윽고 사흘째 되던 날 밤, 제갈량은 비밀리에 노숙을 배에 태우더니 이제부터 화살을 구하러 간다고 말했다. 노숙은 제갈량의 말을 이해할 수 없었다.

　"화살을 구하러 대체 어디로 간단 말입니까?"

　"가보시면 압니다."

　노숙은 알 수 없다는 표정으로 제갈량을 바라볼 뿐이었다.

　그날 밤, 강에는 안개와 어둠이 짙게 내렸다. 제갈량은 밧줄로 배 20척을 연결하고는 조조 진영이 있는 북쪽 언덕께로 향했다. 오경五更, 새벽 3~5시 즈음에 배는 조조의 수군이 있는 수채水寨에 다다랐다.

　제갈량은 병졸들에게 뱃머리를 서쪽으로, 선미를 동쪽으로 향하게 하라고 명령했다. 배가 조조 진영 앞에 일자로 늘어서자, 제갈량은 병졸들에게 북을 치면서 크게 소리치라고 명령했다. 일부러 거짓 진영 태세를 갖춘 것이다. 이 광경을 본 노숙은 입이 쩍 벌어졌다. 제갈량은 그런 노숙의 기색에는 아랑곳하지 않고 담담하게 말했다.

　"밤인 데다 안개마저 짙으니 조조는 전투를 벌이려 하지는 않을 겁니다. 우리는 술이나 마시면서 기다렸다가 안개가 걷히면 돌아갑시다."

　과연 조조는 안개 낀 강에 적군의 배가 늘어서 있다는 전갈을 받고도 섣불리 출전 명령을 내리지 않았다. 그는 날랜 궁수 6천 명을 뽑아 강가에 배치하고 수군 궁수까지 동원하여 모두 1만여 명에게 강을 향해 일제히 활을 쏘라고 명령했다. 유비-손권 연합군이 저토록 북을 울려대며 기세등등하니 그렇게라도 해서 사기를 꺾어보겠다는 심산이었다.

강가에 일렬로 늘어선 배 위로 화살이 풀무치처럼 날아들더니 사정 없이 내리꽂혔다. 시간이 얼마나 흘렀을까. 제갈량은 군졸들에게 배의 방향을 바꾸라고 명령했다. 이번에는 뱃머리가 동쪽, 선미가 서쪽이었 다. 군졸들은 배의 방향을 틀고 다시금 북을 치며 함성을 질러댔다. 이 윽고 해가 떠오르면서 안개가 걷히자 배는 빼곡히 박힌 화살로 뒤덮 였다. 제갈량은 곧바로 회군을 명령했다. 그러면서 이렇게 외치라고 말했다.

"조승상, 화살을 주셔서 감사합니다!"

조조가 모든 사정을 파악했을 무렵, 제갈량은 화살을 가득 실은 배 를 타고 20리 밖으로 벗어나 있었다. 조조군이 다급히 뒤를 쫓았지만 이미 후회막급이었다.

제갈량이 돌아와 화살을 세어 보니 족히 10만 개는 되었다. 이만한 양의 화살을 얻는 데 걸린 시간은 고작 3일. 노숙은 눈앞에 벌어진 일 에 입을 다물지 못하며 '제갈량은 신인神人'이라고 감탄했다.

제갈량이 노숙을 보며 말했다.

"저는 천문과 지리에 통달했고 기이한 학문과 음양을 익혔으며 진 법陣法과 병세兵勢에도 밝습니다. 그래서 사흘 안에 안개가 낄 것임을 예상할 수 있었지요."

그러고는 의미심장한 한마디를 더했다.

"제 목숨은 하늘에 달려 있는데, 도독께서 쉬이 저를 해칠 수 있겠 습니까?"

주유는 이 사실을 전해 듣고 어안이 벙벙해졌다.

지략 해설

초선차전草船借箭, 제갈량이 안개 낀 밤에 풀배를 만들어 조조 진영에 접근, 조조의 의심을 자아내어 화살 10만 개를 얻어 돌아간 계책은 한마디로 적의 힘을 이용하는 전술이다. 제갈량은 차전계를 쓰기 전에 여러 조건을 철저히 점검했는데 그중 하나가 날씨였다. 제갈량은 다른 전투에서도 계절의 변화나 기후 조건 등을 이용하여 전쟁을 승리로 이끌곤 했다. 다른 지략가들이 땅과 사람의 힘만을 생각할 때 그는 과감히 기상 현상을 연구해 '하늘'의 도움을 얻은 것이다. 두 번째로 그가 중시한 것은 지리였다. 물의 흐름과 바람의 방향을 알면 적절한 때에 순조롭게 전쟁을 승리로 이끌 수 있었기 때문이다. 세 번째로 그는 사람의 특성을 전략적으로 이용할 줄 알았다. 노숙은 성품이 온화하니 틀림없이 자신을 도와줄 것이며, 조조는 의심이 많으므로 안개 속에서 섣불리 전투를 벌이지 않을 거라고 예상한 것이다.

활용

지략가 제갈량은 적군의 힘을 빌려 아군의 문제를 해결하기도 했다. 전쟁에서 차전계는 아군의 병력을 강화하는 데 기여한다. 이는 오늘날에도 마찬가지다. 현대 과학 기술 시대의 차전계는 아군의 낙후된 기술을 극복함으로써 우수한 군사 무기를 만들어내는 데 기여한다.

21세기에 《삼국지연의》 속 차전계의 발상을 이해하려면 조금 다른 시각이 필요하다. 적의 화살을 '빌린다'는 것 자체는 사소한 잔재주일지 모르나 책략가의 치밀한 사고와 만나면 대범하고 변화무쌍한 계략이 된다. 차전계는 아군의 열세를 극복하고 강적을 상대하여 이기는 매우 중대한 계획이다. 우수한 책략가라면 비바람은 물론 거센 물결도 일으킬 수 있어야 한다. 그래야 빛나는 성공을 거머쥘 수 있다.

동남풍의 힘으로 승리하다
책략으로 국면을 전환시키다

칠성단에 오른 와룡,
하룻밤 사이에 동풍을 일으키네.
제갈량이 교묘한 계책을 쓰지 않았다면
주유가 어찌 재주를 펼칠 수 있었으리오?

제갈량이 계절의 변화와 기후 조건을 전술화한 덕분에 그의 병사들
은 적은 노력으로도 혁혁한 공을 세울 수 있었다. 이 이야기는《삼국지
연의》49회 '제갈량은 칠성단에서 동남풍을 빌고, 주유는 삼강구에서
불을 지르다'에 실려 있다.

조조가 전함 위에서 수군들의 훈련을 지켜보고 있을 때 정욱程昱과
순유荀攸가 다가와서 말했다.
"배들을 서로 이어놓으면 좋은 점이 있긴 하나, 화공을 받을 때 대
피하기 힘들어집니다."

조조가 큰 소리로 웃으며 대답했다.

"화공은 바람이 불 때나 효과 있는 법. 지금은 겨울이라 서북풍뿐이니 저쪽에서 화공을 써봤자 불타는 건 그들뿐일세."

한편 주유는 모든 준비를 끝마쳤지만, 동남풍 하나가 부족하다는 생각에 조급해하고 있었다.

주유가 군사 일을 돌보지 않고 연일 자리에만 누워 지내자 노숙이 제갈량을 찾았다. 노숙의 청을 들은 제갈량은 미소하며 말했다.

"도독의 병은 제가 고쳐드리지요."

주유는 제갈량을 보자 옷깃을 바로 하고 침상에 앉았다. 제갈량이 먼저 안부 인사를 건넸다.

"며칠간 보이지 않으시기는 했으나 이렇게 병중에 계실 줄은 몰랐습니다."

"그래서 사람 일은 알 수 없다 하나 봅니다."

"그럼요. 하늘의 날씨도 예측하기 힘든데, 사람 일을 어찌 알겠습니까?"

순간 주유의 안색이 싹 변했다. 제갈량이 주유의 쾌유를 빌자 주유는 처방전이나 써달라고 했다. 제갈량은 주위를 물리친 후 종이에 이렇게 썼다.

'조조의 군대를 격파하려면 반드시 화공을 써야 하건만, 모든 준비를 다 했음에도 동남풍 하나가 부족하구나.'

주유는 어떻게 해야 동남풍이 불 수 있겠느냐고 물었다. 제갈량은 자신이 칠성단을 쌓고 법을 쓰면 사흘간 동남풍을 빌려 조조의 군대를 격파할 수 있다고 말했다. 이 말을 듣자 주유의 병은 씻은 듯이 나았다.

칠성단이 완성되자 제갈량은 머리를 풀어 헤치고 맨발로 단 위에 올라갔다. 도사의 옷차림을 한 그는 동남풍을 일으키기 시작했다. 삼경 즈음, 정말로 동남풍이 불기 시작했다.

주유는 크게 기뻤으나 제갈량의 뛰어난 능력이 언젠가는 위협이 될 거라는 생각이 들었다. 이에 그는 정봉과 서성을 칠성단으로 보내 제갈량을 없애라고 지시했다. 그러나 제갈량은 진즉 자취를 감춘 뒤였다.

정봉과 서성이 강까지 가서 제갈량을 뒤쫓았으나 제갈량은 이미 멀찍이 보이는 배 위에 있었다. 제갈량은 자신을 쫓아온 서성을 향해 외쳤다.

"장군께서는 쫓아오실 필요가 없습니다! 도독께 병법이나 잘 펼치라고 전해주십시오! 도독께서 저를 해하실 것 같아 조자룡에게 미리 저를 마중 나오라고 일러두었습니다!"

서성이 말을 듣지 않고 제갈량을 뒤쫓자, 조자룡은 활을 당겨 서성이 탄 배의 닻줄을 끊었다. 서성의 배가 닻줄을 새로 다는 동안 조자룡과 제갈량이 탄 배는 급속히 멀어져 갔다.

정봉과 서성이 돌아와 모든 일을 고하자, 주유는 크게 놀라며 말했다.

"제갈량이 저렇듯 지모가 뛰어나니 내가 한시도 마음을 놓을 수가 없구나!"

지략 해설

동지인데도 강 언덕에서 동남풍이 불어오다니, 어찌 된 일일까? 제갈량은 자신이 칠성단에서 바람을 일으킨 것이라고 말했지만 사실 이것은 의도된 거짓말이었다. 조조와의 전투에서 무시할 수 없는 역할을 담당함으로써 향후 형주를 차지할 명분을 쌓으려고 한 것이었을 뿐이다. 훗날 노숙이 형주를 내놓으라고 다그치자 제갈량은 이렇게 말한다.

"제가 동남풍을 일으키지 않았다면 주유께서 어찌 전공을 세울 수 있었겠습니까?"

제갈량이 동남풍을 일으켰다고 주장하는 또 다른 이유는 주유에게서 벗어나 하루속히 자신의 진영으로 돌아가기 위해서였다. 그래야만 조조가 잃어버린 땅을 유비의 군대가 빼앗을 수 있을 것이었다. 실제로 제갈량은 주유의 진영에서 빠져나오려고 사전에 몇 가지 준비를 해놓고 있었다. 첫째, 유비에게는 동남풍이 불거든 조자룡을 특정 장소로 보내어 자신을 맞아달라고 일렀다. 둘째, 제단에서 바람을 일으키자마자 주유의 손아귀에서 벗어남으로써 자신을 죽이려는 주유의 시도를 무력화시켰다. 셋째, 바람을 일으키던 당일에 자신의 주위를 맴도는 노숙을 물리치기 위한 핑곗거리를 찾았다. 넷째, 제단에 오르기 전날 제단을 지키라고 주유가 보낸 장수들에게 이렇게 명했다.

"너희는 각자가 맡은 구역을 절대로 벗어나서는 안 된다. 머리를 맞대고 수군거려도 안 되고 함부로 떠들어도 안 된다. 공연한 일에 놀라거나 괴이한 행동을 해서도 안 된다. 이를 어길 시에는 참수형에 처할 것이다."

제갈량은 제단에 대한 신비감을 한껏 조성함으로써 장수들이 자유롭게 행동할 여지를 완전히 박탈했다. 주유가 따로 병력을 보내 제갈량을 통제하기 전까지 제단을 지키는 장수들은 깃발을 들고 선 채 제갈량의 명령에 순종했다. 이로써 제갈량은 주유의 손아귀에서 벗어날 유리한 조건을 구축했다.

활용

'적벽대전'의 이름이 만고에 빛날 수 있었던 것은 제갈량이 일으킨 동남풍 덕분이다. 동남풍이 아니었다면 주유의 화공은 조조가 아니라 주유의 군대를 불태웠을 것이다. 이처럼 외부의 힘을 빌려 적을 격파하는 전략은 전쟁에서 흔히 사용된다.

'동남풍을 빌려 적벽을 불태우는' 것이나 '풀배를 띄워 화살을 얻는' 것 등은 외부의 힘을 빌려 적을 물리친다는 점에서 같은 효과를 얻는 전략이다.

천시天時, 지리地利, 인화人和 등은 승리의 필수 요소이다. 지략이 뛰어난 사람은 지세가 불리할지라도 치밀한 전략과 고도의 정보를 바탕으로 그 국면을 유리하게 바꿔낸다. 이때 발휘하는 고도의 연기력은 지략의 고수만이 지닌 비장의 무기이다.

남군을 얻다
강 건너 불구경, 일석삼조

주유가 형주를 얻고자 마음먹었건만
제갈량이 한발 앞서 지혜를 발휘하네.
장강에 띄운 향기로운 미끼,
어둠 속에서 소리 없이 물고기를 낚는구나.

경쟁에서 승리하는 비결은 용기가 아니라 지모에 있다. 모두가 눈앞의 이익을 향해 달려들 때, 오히려 한 발짝 물러나 변화를 관망할 줄 알아야 한다. 그러다가 기회가 오면 과감히 나아가 물고기를 낚듯 이익을 취할 줄 알아야 한다. 잠시 물러난다는 것은 향후 더는 경쟁하지 않겠다는 뜻이 아니다. 진정한 고수는 먼저 관찰하고 생각한 다음에 행동한다.

이에 관한 이야기는 《삼국지연의》 51회 '조인은 동의 군대와 크게 싸우고 제갈량은 주유의 화병을 돋우다'에 실려 있다.

조조의 100만 대군을 격파하고 기세등등해진 주유는 여세를 몰아 남군南郡을 차지하려고 군마를 정비했다. 이때 손건이 유비의 명을 받들어 주유에게 축하 선물을 전하러 왔다. 주유는 유비가 곡강油江에 군대를 주둔시켰다는 말을 듣고 유비도 남군을 차지하려는 속셈이 있음을 간파했다. 격분한 주유는 적벽에서의 승리를 핑계로 유비와 담판을 벌이러 갔다.

주유와 노숙이 곡강에 도착하자 유비는 주연을 베풀어 이들을 대접했다. 유비가, 조인이 남군을 지키고 있어 상대하기 쉽지 않을 것이라고 말하자 주유가 말했다.

"내가 남군을 얻지 못하거든 그대가 취하시오."

주유는 장흠蔣欽을 선봉으로 삼고 서성과 정봉을 부대장으로 삼아 이릉彝陵을 공격하면서 남군으로 진격했다. 다급해진 조인은 조조가 내린 밀계를 썼다. 성안의 말과 병사를 모두 철수시키고 성벽에는 깃발만 나부끼게 하여, 허장성세虛張聲勢를 편 것이다.

이튿날 오나라 군대가 성 앞에 도착하자 조인과 조홍은 패배한 척 도주했고 오군은 뒤를 추격했다. 주유는 성문이 열려 있는 것을 보고 군대와 함께 입성했는데, 얼마 지나지 않아 화살이 빗발치기 시작했다. 주유는 그 화살들 중 하나를 맞았지만, 부하의 손에 간신히 구출되었다. 승기를 잡은 조인과 조홍은 말 머리를 돌려 닥치는 대로 적을 죽였고, 결국 오군은 대패하고 말았다.

불행히도 주유가 맞은 화살에는 독이 묻어 있었다. 군의관은 주유에게 화를 내면 병이 악화될 수 있으니 무엇보다 마음의 평정을 유지하라고 말했다. 주유의 병을 알게 된 조인은 군졸들에게 장막 밖으로 나가 욕을 하라고 명령했다. 자신을 겨냥한 비난 소리가 들려오자 주유는 화를 이기지 못하고 직접 군대를 이끌어 상대 진영으로 달려갔다. 하지만 주유는 제대로 싸워 보기도 전에 피를 토하며 말에서 떨어지고 말았다.

그날 이후 오군은 군대를 철수시켰으며 모든 병사는 상복을 입었다. 이 소식을 들은 조인은 주유가 죽었다고 확신하고 한밤중에 주유의 군영을 급습하기로 했다. 하지만 이것은 주유가 생각해낸 계략이었다. 조인의 군대는 오군에게 대패하여 도주했고, 오군은 기쁨에 들떠 남군으로 향했다. 그런데 성 위를 보니 창칼이 선명하게 서 있고 깃발이 나부끼는 것이 아닌가!

대장군 조자룡이 주유를 향해 외쳤다.

"저는 군사軍師의 명을 받들어 성을 탈취한 것이니 도독께서는 저를 나무라지 마십시오!"

주유는 격노하며 공격 명령을 내렸다. 그러나 도리어 성 위에서 화살이 날아들었다.

주유는 가슴 가득 분을 품은 채 감녕甘寧을 보내 형주를 탈취하고, 능통凌統을 보내 양양襄陽을 탈취하라고 명했다.

그러나 군대가 출발하기도 전에 전갈이 날아왔다. 제갈량이 병부兵符를 이용해 형주와 양양의 병사를 차출하여 장비에게는 형주를 탈취하도록 하고 관우에게는 양양을 공격하도록 했다는 소식이었다. 주유는 크게 흥분했고 그 바람에 독화살에 맞은 상처가 도져 또다시 피를 토하며 쓰러졌다.

지략 해설

　제갈량은 이 전투에서 가만히 앉아 이익을 취하고 조인과 주유는 머리가 터지도록 싸우다가 상처를 입고 말았다. 그 와중에 주유와 제갈량이 모두 노렸던 남군은 결국 제갈량의 수중으로 들어갔다. 제갈량은 남군의 병부를 이용해 형주와 양양의 병력을 차출하여 조호이산調虎離山, 호랑이를 산에서 내려오게 함의 계책을 써 형주와 양양을 탈취했다. 이것이야말로 일석삼조一石三鳥, 어부지리漁夫之利라고 할 수 있다.

활용

　구체적인 정책을 결정할 때는 먼저 자신이 속한 집단의 역량을 정확하게 파악해야 하며 적을 이기는 것 못지않게 나를 지키는 일 또한 중요하다는 사실을 알아야 한다. 이를 알지 못하면 이기든 지든 엄청난 손해를 감수해야 한다. 이런 때에 다른 집단의 힘을 이용하여 아군이 곤경을 돌파하면 어부지리의 성과를 거둘 수 있다.

　병법에는 '상대에게 위기가 닥쳤을 때는 방관하며 기다리다가 상대가 자멸하면 이익을 얻는다'라는 계책이 있다. 이는 '강 건너 불구경'이라는 말과 같다. 이 계책의 핵심은 '불'과 '강 건너'에 있다. '불'이 없다면 '수수방관'할 위기가 없고, '강 건너'가 없다면 그 위험으로부터 나를 지켜줄 보호막이 없기 때문이다. 자신이 직접 전쟁에 참여할 의향이 없거나 그럴 여력이 없을 때는 바로 이 '강 건너 불구경' 계책을 쓸 수 있다. 단, 이 계책에는 세 가지 자세가 요구된다.

첫째, 공연히 나서지 말고 가만히 앉아만 있는다.
둘째, 타인의 손해를 잠자코 지켜보기만 한다.
셋째, 가만히 앉아서 이익을 건진다.

'강 건너에서 불구경'을 하다가 '어부지리를 얻은' 계책은 상책上策 중의 상책이다.

'강 건너 불구경'은 최소한의 노력으로 난국을 피하고 이익을 얻는 전략으로, 고요한 가운데 움직임을 제어하고 있는 그대로의 흐름을 타서 승리하는 방법이다. 기회는 곳곳에 널려 있다. 다른 사람의 뒤만 따라가서는 자신만의 영예를 얻을 수 없다. 이 계책은 차분히 대세를 살피는 이에게 남들이 좀처럼 발견하지 못하는 기회를 안겨줄 것이다.

십면매복
적이 빠져들 함정을 마련하라

'십면매복+面埋伏'은 자신에게 익숙한 지형 위에서 지혜를 펼치는 것으로, 거의 실패가 없는 계책이다. 이는 과감히 적을 유인하고 퇴로를 차단한 뒤 복병을 배치하는 방법이다.

제갈량이 십면매복을 활용한 이야기는 《삼국지연의》64회 '제갈량은 계책을 써서 장임張任을 사로잡고 양부楊阜는 군사를 빌려 마초馬超,자는 맹기孟起를 격파한다'에 나온다.

방통龐統이 족군의 장군 장임의 화살에 맞아 죽자, 제갈량은 직접 군대를 이끌고 서천西川으로 가기로 했다. 그는 이에 앞서 장비를 서천으로 보냈는데, 그곳의 병사들은 자신들의 장군이 유비에게 귀순하기를 바라고 있었다. 장비는 유비와 힘을 합쳐 낙성을 지키는 장임과 여러 차례 겨루었으나 이렇다 할 승부를 내지 못했고, 낙성은 여전히 장임의 수중에 있었다.

이때 제갈량의 군대가 낙성에 도착했다. 제갈량은 도착하자마자 성 안의 상황을 물었다. 낙성에서 유비에게 투항한 오의吳懿가 말했다.

"지금 성을 지키고 있는 장임은 담력과 지략이 만만치 않아 상대하기 쉽지 않을 것입니다."

제갈량은 먼저 장임을 사로잡아야 낙성을 얻을 수 있겠다고 판단했다.

낙성 동쪽에는 '금안교金鞍橋'라는 다리가 있었는데, 제갈량은 말을 타고 다리로 가서 강물을 살폈다. 그러고는 다시 진영으로 돌아와 황충黃忠과 위연魏延에게 말했다.

"금안교에서 오륙 리 떨어진 곳에 갈대숲이 있다. 이곳은 매복하기 좋은 장소이니 위연은 창을 쓰는 병사 천 명을 데려가 강 왼쪽에서 적을 상대하고 황충은 칼을 쓰는 병사 천 명을 데려가 강 오른쪽에 매복했다가 단칼에 적을 상대하라. 장임은 분명 동쪽으로 난 좁은 길로 도주할 것이니, 익덕 장군은 병사 천 명을 이끌고 그 길의 가장자리에 매복했다가 장임을 사로잡으십시오."

이어 제갈량은 조자룡에게 금안교 북쪽에 매복하라고 지시했다.

"내가 장임을 꾀어 다리를 지나갈 테니, 장군은 곧바로 다리를 끊어 놓은 뒤 다리 맞은편에 병사들을 늘어세우십시오. 그러면 장임은 북쪽으로 가지 못하고 남쪽으로 도주할 것입니다. 그곳에는 우리 병사들을 매복시킬 것이니 분명 그를 사로잡을 수 있을 것입니다."

그렇게 모든 준비를 마친 제갈량은 직접 적을 유인하러 떠났다. 장임은 제갈량이 성을 공격하러 갔다는 말을 듣고 장익張翼 등에게 성을 지키라고 명한 뒤 직접 군대를 이끌고 성 밖으로 나갔다. 제갈량은 일부러 군대를 흐트러뜨린 채 금안교를 지나다가 장임의 군대와 마주쳤다. 사륜거 위에 있는 제갈량은 윤건을 쓴 채 부채를 흔들고 있었고, 그의 양편에는 백여 명의 기병이 늘어서 있었다. 제갈량이 장임을 보고 말했다.

"조조의 백만 대군도 내 명성에 놀라 자빠지며 도망치기 바빴거늘, 너는 어찌하여 투항하지 않고 버티고 있느냐?"

장임은 제갈량 군대의 대오가 흐트러져 있는 모습을 보고 비웃으며 말했다.

"제갈량은 용병의 신이라 들었는데, 이제 보니 다 헛소문이었나 봅니다."

그러고는 창을 들어 무서운 기세로 돌진했다. 제갈량은 급히 수레에서 내려 말에 오른 뒤 금안교 쪽으로 내달렸다. 장임도 그 뒤를 쫓아 금안교로 향했다. 이때 다리 좌우에 매복해 있던 유비와 엄안嚴顔의 군대가 일제히 일어서서 장임의 군대를 공격했다. 장임은 계략에 걸려들었음을 알았지만 회군하기에는 이미 늦어버린 상태였다. 그사이 금안교가 끊어졌기 때문이다. 그는 북쪽으로 내달렸지만 그곳에는 조자룡의 군대가 버티고 있었다. 장임은 다시 남쪽으로 말 머리를 돌렸다.

그렇게 몇 리쯤 도망갔을 때 강 양편으로 갈대숲이 나타났다. 그 숲에서 위연의 군대가 홀연히 일어나더니 창과 단도를 던져대기 시작했다. 보아하니 이들은 보병들이라 위세가 형편없었다. 장임은 이들을 피해 기병 몇십 명과 함께 산으로 도망쳤는데, 여기서 그만 장비와 마주치고 말았다. 장비가 고함을 지르자 매복해 있던 군사들이 일제히 일어나 장임의 기병과 맞붙었다. 장임의 수하 탁응卓應은 장임이 함정에 빠진 것을 보고는 일찌감치 조자룡에게 투항해버렸다.

마침내 장비가 장임을 사로잡아 유비의 장막 안으로 데려왔다. 유비가 장임에게 말했다.

"촉군의 장수 대부분은 나에게 투항했는데, 너는 어찌하여 투항하지 않고 버티고 있느냐?"

장임이 노기 띤 눈으로 유비를 쏘아보며 말했다.

"충신이 어찌 두 주인을 섬긴단 말이오?"

"너는 때를 헤아릴 줄 모르는구나. 지금 투항한다면 목숨만은 살려주겠다."

"오늘 투항한다면 내일 또 변절할 수 있는 법. 차라리 나를 죽이시오!"

유비는 그런 장임을 차마 죽일 수 없었다. 유비가 망설일수록 장임은 더욱 목소리를 높여 죽여달라고 청했다. 결국 제갈량은 장임을 죽여 그의 이름이나마 보존하기로 했다. 유비는 탄식하며 장임의 시신을 정성껏 거두었고, 금안교 근처에 장사를 지내 그의 충절을 기리도록 했다.

지략 해설

매복은 전쟁에서 흔히 쓰는 계책으로, 예부터 전해지는 유명한 매복 이야기도 많다. 매복할 때는 대개 하나의 함정만 파지만, 제갈량은 함정 여러 개를 동시에 설치하여 적의 탈출을 불가능하게 만들곤 했다.

이기려면 병법을 잘 운영하는 것만으로는 부족하다. 진정한 책략가는 지략 하나에도 독자적 생각을 담아야 한다. 그리고 장수들은 각종 무예에 두루 능해야 하며 병사들이 전투에 임하는 자세 또한 대담하면서도 협동적이어야 한다. 전쟁 중에 병력을 적절히 분산, 집중하는 것 또한 방어와 대응의 유연성을 높이는 데 매우 중요하다. 그러나 이렇게 성공적으로 병법을 펼친 사례는 그리 많지 않다. 난관에 부딪히거나 패배, 도주하는 지경에 이른다 해도 눈앞의 적에 연연하지 않는 개척 정신이 있어야 한다. 그래야 불리한 전쟁 국면을 유리하게 전환할 수 있다.

활용

한 가지 무기와 전략으로는 경쟁에서 승리하기 어렵다. 경쟁자들을 물리치고 승리하려면 여러 전략을 복합적으로 구사하면서 다른 집의 다른 자원과 연합할 줄 알아야 한다. 오늘날, 하나의 주력 사업만으로는 시장에서 인정받기 힘든 시대가 되었다. 그러므로 기업들은 다른 분야로 사업 영역을 넓혀 나아갈 필요가 있다. 물론 여기에는 인내심을 가지고 정도를 지킨다는 원칙이 있어야 한다. 무원칙에 무제한적인 사업 확장은 본래 지니고 있던 경쟁력마저 갉아먹고 말 것이기 때문이다.

그렇다면 원칙과 제한이란 무엇인가? 이는 공통된 기술을 기반으로 한 품종 다양화, 특히 그 기업의 특화된 영역을 심화하는 방향으로 저변을 넓혀가는 것이라고 할 수 있다. 경영의 다각화를 위해서는 먼저 우수한 경쟁력을 지닌 사업 영역을 개발한 뒤, 그 기술을 공통 기반으로 하는 세부 아이템을 기획하는 것이 좋다.

땅을 내주고 퇴각하다

큰 안목으로
작은 이익을 버릴 줄 아는 지혜

사람은 누구나 끊임없이 전진하며 발전하기를 원한다. 그러나 그 과정은 그리 순탄하지 않다. 피할 수 없는 난관과 장벽 앞에서 우리는 대개 물러나거나 에둘러 가는 방법을 취한다. 이 보 전진을 위해 일 보 후퇴하다 보면 적절한 때를 기다리며 인내할 줄도 알아야 하고 큰 이익을 위해 작은 이익을 희생해야 할 때도 있다. 방법이 무엇이든 중요한 것은 후퇴가 전진을 위한 수단이라는 점이다.

삼국의 경쟁이 치열하던 당시 촉나라는 불리한 조건에서는 동오東吳를 이용하고, 유리한 조건에서는 동오와 근거지 다툼을 벌였다. 제갈량은 이 두 전략을 일관되게 구사했는데, 어떤 경우에도 동오를 철저히 짓밟지는 않았다. 이는 조조가 서천 지역을 탈취하려 할 때 동오라는 패를 내밀 여지를 남겨두기 위해서였다. 이것은 바로 '위나라를 포위해 조나라를 구한다'는 논리다. 그러나 제갈량은 그때마다 삼군三郡, 즉 강하江夏, 장사長沙, 계양桂陽을 동오에게 돌려주는 대가를 치러야 했다.

이 이야기는 《삼국지연의》 67회 '조조는 한중漢中 땅을 평정하고 장료張遼는 소요진에서 위세를 떨치다'에 나온다.

서천의 백성들은 조조가 이미 동천을 탈취했다는 소식을 듣고 다음은 서천 차례라며 불안에 떨었다. 유비가 이 문제를 꺼내자 제갈량은 "조조가 스스로 물러나게 할 계책이 있습니다"라고 말했다.

"조조군은 합비合肥에 주둔하며 둔전을 시행하고 있습니다. 그 이유는 손권의 막강한 군사력 때문이지요. 그러므로 강하, 장사, 계양 삼군을 동오에 넘겨주고 변론에 능한 재사를 함께 보내 이해관계를 설명하면 오나라는 합비에 군대를 보내어 조조에게 대항할 것입니다. 이렇게 되면 조조도 섣불리 군대를 움직이려 하지 않을 것입니다."

"그렇다면 오나라에는 누구를 사절로 보내야겠소?"

그때 이적이 자원하고 나섰다. 유비는 크게 기뻐하며 서신을 써주었다. 유비는 이적에게 먼저 형주로 가서 관우에게 이 일을 알린 후 오나라로 들어가라고 말했다.

이적은 말릉秣陵으로 가서 손권을 접견하고 자신의 이름을 밝혔다. 이적이 예를 갖추자 손권이 물었다.

"무슨 일로 오시었소?"

"지난날 제갈근諸葛瑾, 제갈량의 형으로, 자는 제갈자유諸葛子瑜께서 장사 등 삼군을 돌려받으러 왔었는데, 그때는 저희 군사軍師께서 계시지 않아 드리지 못했습니다. 그래서 이제라도 반환하고자 서신을 가지고 왔습니다. 형주의 남군과 영릉도 돌려드려야 하나 이번에 조조가 동천을 탈취한 까닭에 관우 장군이 몸 둘 곳이 없어 그곳에 머물러 계십니다. 지금은 합비가 허술하니 군후께서 합비를 공격하시면 조조는 남쪽으로 군대를 이끌고 내려올 것입니다. 이렇게 해서 동천을 얻게 되면 우리 주공께서는 형주 땅까지도 모두 돌려드릴 수 있다 하셨습니다."

"그대는 일단 역관에 돌아가 머물러 계시오. 내 좀 더 생각해보리다."

이적이 물러나자 손권이 모사들과 의논하기 시작했다. 먼저 장소張昭가 말했다.

"이는 조조가 시천을 빼앗을까 봐 유비가 두려워한다는 뜻입니다. 지금 조조가 멀리 한중에 있으니 승세를 몰아 합비까지 빼앗는 게 좋을 듯합니다."

손권은 그의 의견을 받아들여 이적을 촉으로 돌려보내고 조조를 공격하기로 했다. 그는 삼군을 반환받는 일은 노숙에게 맡기고 여몽呂蒙과 감녕에게 동오로 돌아오라고 명했다. 여항余杭에 있는 능통도 불러들였다. 먼저 돌아온 여몽은 자신의 계책을 아뢰었다.

"지금 조조는 여강廬江 태수 주광朱光에게 명하여 환성皖城에 군대를 주둔시키고 논밭을 일구고 있습니다. 그곳에서 거둔 곡식은 합비로 보내어 군량에 충당한다고 합니다. 그러니 먼저 환성을 얻고 합비를 공격하는 것이 좋을 듯합니다."

손권도 그 방법이 좋겠다며 찬성했다.

이윽고 여몽과 감녕을 선봉으로 하고 장흠과 반장潘璋을 후군으로 하는 군대가 꾸려졌다. 손권은 주태周泰, 진무陳武, 동습, 서성 등과 함께 직접 중군中軍을 이끌었다. 정보程普와 황개, 한당韓當 등은 각자 자리를 지키고 정벌에는 따라나서지 않기로 했다.

손권의 군대는 강을 건너 화주和州를 얻은 뒤 환성에 도착했지만, 환성태수 주광은 합비에 구원 요청을 해두고는 성에서 나오지 않았다. 기다리다 못한 손권이 직접 성 앞으로 다가가자 성벽 위에서 화살이 비 오듯 쏟아졌다. 그 화살 중 하나가 손권의 군대 깃발에 꽂혔다. 손권은 장막으로 돌아가 장수들에게 물었다.

"어떻게 해야 환성을 얻을 수 있겠소?"

동습이 대답했다.

"군졸들을 시켜 토산을 쌓아 공격하면 얻을 수 있을 것입니다."

서성이 말했다.

"운제雲梯, 성 위로 올라가 공격하기 위한 사다리와 홍교虹橋, 성을 공격할 때 쓰는 다리를 만들어 성안을 들여다본 후 공격하는 것이 좋을 듯합니다."

여몽이 말했다.

"시간이 많이 걸리는 방법은 합비군에 지원군을 요청할 시간만 벌어줄 것입니다. 지금 우리 군은 막 당도한 터라 사기가 충천합니다. 그러니 온 힘을 다해 당장 공격하는 게 옳습니다. 내일 날이 밝을 때 공격하면 정오가 되기 전에 성을 함락시킬 수 있을 것입니다."

손권이 고개를 끄덕였다. 동오군은 다음 날 오경쯤 일찌감치 아침을 먹고 대대적인 공격에 들어갔다. 성 위에서는 화살과 돌이 비 오듯 쏟아졌으나 감녕은 쇠방패로 돌과 화살을 피해 가며 성벽을 올랐다. 주광이 일제히 궁수들을 배치해 공격을 퍼부었지만, 감녕은 화살을 뚫고 나아가 마침내 주광을 사로잡았다. 여몽은 직접 북을 두드리며 병사들을 격려했고 병사들은 하나가 되어 성벽을 기어 올라갔다. 마침내 주광이 죽자, 성안의 많은 병사가 동오군에 투항했고 결국 환성은 함락되었다. 환성으로 오던 장료는 성이 함락되었다는 소식을 듣자마자 합비로 회군했다.

손권이 환성에 입성한 직후 능통의 군대도 환성에 당도했다. 손권은 장수들을 치하하는 술자리를 마련하고 환성 함락에 공이 큰 삼군과 여몽, 감녕 등에게 큰 상을 내렸다.

여몽은 큰 공을 세운 감녕에게 상석을 청하기까지 했다. 한편 반쯤 취기가 오른 능통은 새삼 자신의 아버지를 죽인 감녕에 대한 원한이 들끓었다. 술자리에서 여몽이 감녕을 칭찬하는 광경을 보니 그의 울분은 폭발할 지경이 되었다. 감녕을 빤히 바라보던 능통이 돌연 칼을 쳐들며 말했다.

"술자리에 여흥이 빠졌으니 내가 칼춤을 추어 보이리다."

감녕은 능통의 마음을 알아차리고 술상을 밀어내 몸을 일으켰다. 그러고는 두 손으로 극戟, 과戈와 구병句兵이라 불리는 중국 고대의 무기을 집어 들며 말했다.

"아니요. 내 솜씨를 보시오."

여몽은 두 사람 사이에 오가는 눈빛이 심상치 않음을 감지하고 양손에 각각 칼과 방패를 들며 말했다.

"두 분의 솜씨도 내 솜씨만은 못할 것이외다."

여몽이 도패刀牌, 칼과 방패를 들고 춤을 추기 시작하자 능통과 감녕은 잠자코 앉아 있을 수밖에 없었다. 이 소식을 들은 손권이 다급히 술자리로 돌아오자 여몽은 비로소 무기를 내려놓았다.

손권이 말했다.

"두 사람 사이의 묵은 원한을 내려놓으라고 그렇게 일렀건만 어찌 오늘 같은 날 이런 일을 벌이시오?"

능통이 먼저 바닥에 엎드려 울음을 터뜨렸고 손권은 능통을 다독였다.

이튿날 동오군은 합비로 진격했다.

한편 환성을 구하지 못한 채 합비로 돌아온 장료는 근심이 이만저만이 아니었다. 그런데 마침 설제薛悌가 조조의 목갑木匣을 가지고 왔다. 목갑 겉에는 이렇게 씌어 있었다.

'적이 오거든 열어보라.'

장료가 서둘러 열어보니 안에는 서신이 들어 있었다.

'손권이 당도하거든 장료와 이전 두 장군은 출전하고 악진樂進은 성을 지켜라.'

악진이 물었다.

"장군께서는 어찌하시겠소?"

장료가 대답했다.

"주공께서 멀리 계시니 동오군은 필시 우리 성을 깨뜨릴 수 있다고 여길 것이오. 우리가 지금 출전하여 적의 기세를 꺾으면 군졸들을 안심시키는 것은 물론 성도 지킬 수 있을 것이오."

이전은 장료와 사이가 좋지 않았기 때문에 장료의 말을 듣고도 가타부타 말이 없었다. 악진이 그런 이전을 보고 말했다.

"적군은 수가 많고 우리는 수가 적으니 나아가 싸우기보다는 성을 지키는 것이 나을 것이오."

장료가 말했다.

"공들은 공사公事는 돌보지 않고 사견만 말씀하고 계시는구려. 나는 직접 출병하여 죽을 각오로 맞서 싸우겠소이다."

그러면서 좌우에 말을 준비하라고 일렀다. 이전이 난감해하면서 말했다.

"장군의 뜻이 그러한데 내 어찌 공사를 돌보지 않고 사견만 취하오리까. 저에게도 분부를 내려주십시오."

장료는 크게 기뻐하며 말했다.

"장군께서 기꺼이 돕겠다고 하시니 고맙소. 내일 군사를 이끌고 소요진逍遙津 북쪽으로 가서 매복했다가 동오군이 지나거든 다리를 공격하시오. 먼저 소사교小師橋를 끊으면 나와 악진이 나아가 공격하겠소."

이전은 명을 받들고 물러나 매복 채비를 갖추었다.

한편 손권은 여몽과 감녕을 전군으로, 자신과 능통을 중군으로 하고 나머지 장수들을 뒤이어 출발하게 한 뒤 합비로 진격했다. 여몽과 감녕이 이끄는 전군은 곧 악진의 군대와 마주쳤다. 감녕은 말을 내달려 악진과 겨루었지만, 악진은 몇 합 싸우기도 전에 패배한 척 도주했다. 감녕은 여몽의 군대를 불러 함께 악진의 뒤를 쫓았다. 뒤에 있던 손권은 전군의 승리 소식을 듣고 군대를 재촉하여 소요진 북쪽으로 향했다. 그런데 갑자기 연주포 소리가 들리더니 왼쪽에서는 장료의 군대가, 오른쪽에서는 이전의 군대가 진격해 들어왔다. 깜짝 놀란 손권은 여몽과 감녕에게 구원 요청을 했지만, 장료의 군대는 이미 코앞에 와 있었다. 능통의 병사들은 기병 3백여 명뿐이었기 때문에 조조의 대군에 비할 바가 못 되었다. 능통이 손권에게 소리쳤다.

"주공, 어서 빨리 소사교를 건너지 않고 뭐 하십니까?"

그러나 능통이 말이 채 끝나기도 전에 장료의 기병 2천여 명이 무차별 공격을 가하기 시작했다. 능통이 필사적으로 싸우는 가운데 손권은 소사교에 이르렀다. 그러나 다리 남쪽은 이미 끊어져 있었고 목판 하나 남아 있지 않았다. 손권이 우왕좌왕하자 아장牙將 곡리谷利가 외쳤다.

"주공, 말을 뒤로 물린 다음에 다리를 뛰어넘으십시오."

손권은 말을 세 걸음 물렸다가 채찍을 힘껏 내리쳐서 다리를 뛰어넘었다. 이 일을 두고 후대에 쓴 시가 있다.

현덕이 적로마的盧馬, 유비가 탔던 천리마를 타고 단계檀溪를 뛰어넘더니
오늘은 합비에서 패한 손권이
말을 물렸다가 채찍질하고는 플떡,
소요진 위로 옥룡이 나는구나.

손권이 다리를 뛰어넘자 서성과 동습이 배를 저어 왔다. 능통과 곡리는 장료를 막아 세우느라 여념이 없었다. 감녕과 여몽은 원군을 이끌고 왔지만, 악진이 뒤를 바싹 쫓아오고 있었다. 이전도 기세 좋게 달려들어 동오군의 절반을 해치웠다. 능통이 이끌고 온 병사 3백여 명은 모두 죽었다. 온몸에 상처를 입은 능통은 다리 근처에 도달했지만 다리가 끊어져 하는 수 없이 강을 따라 도주해야만 했다. 손권은 배 위에서 이를 보고는 동습에게 능통을 구하러 가자고 말했다.

여몽과 감녕은 능통을 구한 뒤 죽기 살기로 배를 저어 하남으로 도주하는 데 성공했다. 이 전투로 말미암아 강남 사람들은 두려움에 떨었고, 장료의 명성은 강남에 크게 퍼졌다. 아이들조차 장료의 이름을 들으면 울음을 그칠 정도였다. 장수들은 손권을 보호하며 군영으로 돌아왔고, 손권은 능통과 곡리에게 상을 내리고 유수濡須로 회군했다. 그는 그곳에서 전함을 정돈해 수륙 양공을 펼치기로 하고 강남에 사람

을 보내 도움을 요청했다.

　한편 장료는 손권이 유수에서 재공격을 준비한다는 말을 듣고 설제를 한중에 급파했다. 손권의 군대를 상대할 병력이 부족할 것을 염려하여 조조에게 지원군을 요청하기 위해서였다.

　조조가 모사들을 모아놓고 이 문제를 논의했다.

　"과연 서천을 손에 넣을 수 있겠소?"

　유엽劉曄이 말했다.

　"지금 촉 땅은 안정되어 만반의 준비를 갖추고 있으니 함부로 공격해선 안 됩니다. 차라리 군대를 돌려 합비를 구하고 강남으로 남하하는 편이 낫겠습니다."

　동오군은 제갈량의 의도를 뻔히 알고 있었지만 결국 그의 의도대로 할 수밖에 없었다 동오군이 생각하기에도 그 방법이 상책이었기 때문이다. 제갈량의 조치는 실로 효과가 있었다.

지략 해설

　조조가 한중을 평정하고 서천까지 손에 넣으려 하자, 제갈량은 손권에게 삼군 땅을 떼어주고 조조와 맞서도록 만들어 위기를 돌파하려 한다. 손권은 그렇게 하면 자신에게도 큰 이익이 돌아오리라고 생각해 제갈량의 제안을 수용한다. 제갈량의 이 계책은 넓은 안목으로 일을 처리하는 지혜를 보여준다. 사람은 누구나 때에 따라 더 큰 이익을 위해 작은 이익을 과감히 포기할 필요가 있다.

　손권이 합비로 출병하면 조조의 군대가 물러날 것이므로 서천을 보전할 수 있다. 그러나 이를 위해서는 삼군의 땅을 떼어주는 대가쯤은 치러야 한다. 눈에 보이는 실익 없이 말만으로 손권의 출병을 부추길 수는 없기 때문이다. 실제로 이적이 사신으로서 나아가 손권에게 삼군 반환을 약속하자 손권은 신하들과 논의한 끝에 출병을 결정한다. 손권 입장에서도 '조조는 멀리 한중 땅에 있으므로 이대로 승기를 잡아 합비까지 손에 넣는 것이 상책'이었기 때문이다. 손권이 환성을 탈취하고 합비까지 진격해 들어오자 조조는 합비를 구하려고 지원군을 보낸다. 조조마저 뜻하지 않게 제갈량의 '지휘'에 따른 것이다.

활용

　이 보 전진을 위한 일 보 후퇴는 전쟁은 물론 일상생활에서도 흔히 쓰이는 전략이다. 적이든 친구이든 주변 사람들과의 관계가 항상 한 방향으로 유지되는 것은 아니다. 지혜로운 사람은 이해관계를 통해 경쟁자를 친구로 만들거나 친구를 경쟁자로 만든다. 이러한 관계 변화는 안타까운 일이지만 이익이라는 기준에서 볼 때 어쩔 수 없는 것이다. 이익 문제로 말미암아 인간관계가 무너지는 반면, 이익을 매개로 새로운 친구를 사귀기도 하는 것이 우리의 현실이기 때문이다.

복잡다단하고 변화무쌍한 비즈니스 현장에서 이익과 손해는 맞물려 있는 문제이다. 언제나 전진만 하고 살 수는 없다. 그러므로 잠시의 양보는 진정한 승리를 위한 것이라는 자세와, 양보하면 도리어 커다란 이익으로 돌아올 것이라는 생각을 가질 필요가 있다. 현명한 사람은 눈앞의 이익보다는 자신의 보존을 우선시할 줄 안다. 이익은 그다음에 도모해도 늦지 않다.

양보는 상대방과의 원활한 협상과 협력을 위해서도 꼭 필요한 덕목이다. 사실 우리 주위에는 한 발씩만 양보하면 충분히 합의할 수 있는 일이 아주 많다. 큰 목표를 이루기 위해서는 나아감과 물러남을 모두 염두에 두는 현명한 판단을 내릴 수 있어야 한다.

'한 걸음 물러나면 더 넓은 하늘이 펼쳐진다'는 말이 있다. 이 말에는 선택의 여지가 없을 때 한 발짝 물러남으로써 생존을 도모하는 지혜가 담겨 있다. 때로는 돌아가며 다음 기회를 기다릴 줄 알아야 한다. 물론 물러남은 어디까지나 수단일 뿐이다. 수단은 목적을 위한 것이다. 그러므로 목적이 무엇인가에 따라 수단도 달라져야 한다.

우리는 살아가면서 많은 패배를 경험한다. 일하면서 맞닥뜨리는 문제들은 때로 우리 마음을 위축시키고 일의 진척을 어렵게 한다. 이럴 때 전진을 위한 후퇴는 중요한 문제 해결책이 된다. 물론 여기에는 정확한 문제

인식을 바탕으로 한 형세 판단이 있어야 할 것이다. 많은 경우, 우리는 주
체할 수 없는 영웅심 혹은 막연한 기대감 또는 요행 심리에 이끌려 현실
을 판단하곤 한다. 이럴 때일수록 마음을 차분히 가라앉히고 때를 기다리
거나 한 발짝 물러나는 여유, 즉 전진을 위한 후퇴를 생각해야 한다.

팔진도
장기적 안목으로 후환을 피하다

　유비군은 건안 22년서기 217년 3월에 한중을 공격하고, 건안 24년에 결국 한중을 손에 넣는다. 그러나 그해 10월에 관우가 손권의 장수 여몽에게 목숨을 잃고 형주마저 빼앗기고 만다.

　건안 25년 정월, 조조가 낙양에서 예순여섯의 나이로 세상을 떠난다. 조비는 한 황실의 헌제를 폐위시키고 황제로 즉위하며, 이제 역사는 명실상부한 삼국 시대로 접어들게 된다.

　건안 26년 4월, 유비도 황제로 즉위한다. 유선劉禪은 태자로 책봉되었고 제갈량은 승상의 자리에 올랐다. 그해가 장무章武 원년이다. 같은 해 6월에는 장비가 부하에게 살해되고 만다. 이듬해 6월, 유비는 제갈량의 말을 듣지 않았다가 이릉에서 동오대 도독 육손陸遜에게 대패하고 조자룡이 지키고 있는 백제성百帝城, 지금의 쓰촨四川성 펑제奉節현 동쪽으로 쫓겨난다.

한편 대승을 거둔 육손은 여세를 몰아 서쪽으로 진격하다가 기관夔關에 이르렀을 때 강을 끼고 있는 산 근처에서 살기충천한 진陣이 펼쳐진 모습을 보게 된다. 육손은 이를 매복으로 여기고 10리 밖으로 후퇴하라 명령하는 동시에 사람을 보내 진을 살펴보게 한다. 그런데 실제로는 주둔하는 군대가 전혀 없다는 보고가 들어왔다. 육손은 이를 믿지 않고 다시금 높은 곳에 올라가 수상한 진을 내려다보았다. 그러고는 다시 사람을 보내 자세히 살펴보라고 일렀다. 그러나 이번에도 쥐새끼 한 마리 얼씬거리지 않는다는 보고가 들어왔다. 다시금 진을 살펴보니 해가 서산 아래로 지면서 진의 살기는 더욱 짙어졌다. 육손이 망설이면서 또다시 심복을 보내 정탐하도록 했고, 심복이 돌아와 말했다.

"강 근처에는 돌무더기만 팔십, 구십 개 쌓여 있을 뿐 사람이나 말은 보이지 않았습니다."

육손은 그래도 의심을 거둘 수 없어 현지 백성을 데려오도록 했다. 얼마 후 몇 사람이 육손 앞으로 불려왔다. 그가 물었다.

"누가 강가에 저런 돌무더기를 쌓았소? 왜 그곳에서 이토록 살기가 느껴지는 게요?"

지역 백성이 대답했다.

"이곳은 본래 어복포魚腹浦라 불리는 곳입니다. 그런데 제갈량이 이곳에 군대를 보내 돌을 쌓아 진을 친 후로 저 돌에서 이상한 기운이 새어 나오고 있습니다."

이 말은 들은 육손은 산기슭에 말을 세워놓고 장수 10여 명과 함께 석진石陣을 둘러보았다. 진에는 사면팔방 어디에나 문이 있었다. 육손은 그제야 허허 웃으며 말했다.

"사람을 홀리는 기이한 재주에 불과하군. 이런 게 다 무슨 소용이 있겠느냐?"

그는 말을 타고 산 아래로 내려가 석진 안으로 들어갔다. 육손의 부하가 말했다.

"날이 어두워졌습니다. 이제 그만 돌아가시지요."

그런데 육손이 진에서 나오려 할 때 홀연 광풍이 불더니 돌과 먼지가 날리기 시작했다. 바람에 휩쓸린 돌들은 하늘을 까맣게 덮었고 모래가 어지러이 흩날리더니 강물도 거세게 출렁였다. 육손은 놀라워하며 말했다.

"제갈량의 계략이다!"

이들은 다급히 빠져나오려 했지만 나가는 길을 찾을 수가 없었다. 그때 한 사람이 그들 앞에 나타나 웃으면서 말했다.

"장군, 진에서 나오고 싶으시오?"

"제발 저희를 구해주십시오."

노인은 천천히 지팡이를 짚고 앞서 걸어갔고, 육손은 허둥지둥 노인을 쫓았다. 노인은 석진을 빠져나와 육손의 무리를 다시 산 중턱까지 데려갔다. 육손이 궁금해하면서 물었다.

"어르신은 누구십니까?"

"나는 제갈량의 장인 황승언黃承彦이올시다. 사위가 촉 땅에 들어가면서 여기에 석진을 펼쳐놓더니 '팔진도八陣圖'라고 이름을 붙이더이다. 하도 변화무쌍하여 십만 정예군도 거뜬히 상대하는 진이지요."

노인은 떠나면서 이렇게 말했다.

"오늘 이후로 또다시 동오의 대장군이 진 안에 갇힌다면 다시는 구해드리지 않을 것입니다."

노인은 산 위에 있다가 육손이 갇힌 것을 보고는 진의 존재를 모르는 사람인 듯하여 특별히 호의를 베풀어준 것이었다. 육손이 물었다.

"어르신은 이런 진을 배운 적이 있으십니까?"

"이 진법은 변화무쌍해서 배울 수가 없지요."

육손은 감탄하며 말했다.

"제갈량은 정녕 와룡이로구나! 내가 대적할 상대가 아니다!"

육손은 말에서 내려 감사의 말을 전하고는 다시 돌아갔다.

지략 해설

제갈량이 몇 년 앞서 어복포에 진을 진 것은 서촉과 동오가 우호적이면서도 때때로 전쟁을 피할 수 없는 관계였기 때문이다. 일단 전쟁이 벌어지면 서촉으로서는 동오와 싸워 승리를 장담할 수 없었기 때문에 패배하여 도주한다면 어복포로 도주할 가능성이 높았다. 제갈량은 그때를 대비하여 어복포에 '팔진도'를 펼쳐놓았다.

득과 실이란 그게 나중에 어떻게 변할지 모르는 일시적인 것이다. 다른 사람이 쉽게 예측할 수 없는 사람은 모든 일에 주도권을 쥐고 남들이 전혀 예상치 못한 결과를 만들어낸다.

활용

누구나 완벽한 성공과 이익을 바라지만 완벽함이란 어디까지나 그때의 환경을 기준으로 정해지는 것이다. 세상은 변하고 성공의 길도 언제나 한 가지만 있는 것은 아니다. 한때의 완벽이 영원한 완벽은 아니며 잠시의 성공 또한 영원한 성공이 아니다. 이 때문에 많은 사람은 눈앞의 기준에만 얽매여 큰 것을 보지 못하고 작은 이익에 연연하면서 치명적인 함정에 빠져들곤 한다. 그러므로 무엇이건 결정을 내릴 때는 '미래를 내다보며 후환을 피할 수 있는 방향으로' 선택하는 안목이 필요하다. 장래의 성공을 위해서는 눈앞의 일시적 이익을 내려놓아야 할 때도 있는 것이다.

우리가 인생에서 마주치는 장벽과 함정은 수없이 많다. 충분히 인내하

며 훗날을 기약할 수 있다면 당장의 위기는 굳건한 반석으로 변화될 것
이다.

오로군 평정
치밀한 분석으로 각개격파하다

상대가 아무리 대군을 이끌고 와도 제갈량 앞에서 번번이 무너졌던 이유는 그의 전략 '각개격파' 때문이었다. 이를 성공으로 이끌기 위해서는 각각의 상대를 완벽하게 이해하고 있어야 한다. 당시 남만의 병사들은 의심이 많았고, 강족 병사들은 마초를 신처럼 떠받들고 있었다. 또한 동오군의 두 장수는 내심 반란을 꿈꾸는 가운데 동오군은 조조의 진격을 막는 천연 장벽이 되고 있었다.

제갈량은 이러한 오로군五路軍의 특성을 완벽히 파악했는데, 그 덕분에 이들 각 군대를 평정할 절묘한 대안을 마련할 수 있었다. 적을 알고 나를 알았기에 백전백승을 도모할 수 있었던 것이다.

조비는 유비의 죽음을 전해 듣고 기뻐하며 말했다.

"유비가 죽었으니 이제 걱정할 일이 없도다. 군주를 잃은 나라이니 이제 공격하는 것이 어떻겠는가?"

그러나 가후賈詡는 말렸다.

"유비는 죽었으나 아직 제갈량이 살아 있습니다. 더욱이 제갈량은 유비에게 지우知遇, 자신의 인격이나 재능을 알아주고 대우함의 은혜를 입은 자입니다. 그는 반드시 사력을 다해 유선을 보필할 것입니다. 폐하께서는 함부로 촉을 공격하시면 안 됩니다."

그때 반부班部에서 누군가가 달려오며 말했다.

"이때를 노리지 않으면 대체 언제 공격한단 말입니까?"

모두가 고개를 돌려 보니 그 사람은 다름 아닌 사마의였다. 조비는 마침 자신과 뜻을 같이하는 사마의가 반가워 그에게 계책을 물었다. 사마의가 말했다.

"물론 중원의 군대만으로는 힘들 것입니다. 하지만 오로의 군대를 모두 끌어들여 사면에서 진격한다면 제갈량도 혼자 감당할 수는 없을 것입니다. 촉은 그때 손에 넣으면 됩니다."

조비는 오로의 군대를 어떻게 끌어들일 수 있겠느냐고 물었다. 사마의가 대답했다.

"사신에게 서신을 주어 요동遼東의 선비국鮮卑國에 보내 국왕 가비능軻比能을 알현케 하고 금과 비단을 선물하면 요서遼西의 강병羌兵 십만을 얻을 수 있을 것입니다. 이들로 하여금 서평관西平關을 치도록 하는 것이 첫 번째 길입니다. 다시 사신에게 서신을 주어 남만으로 보내 남만의 국왕 맹획孟獲을 알현케 하면 군사 십만을 얻어 익주, 영창永昌, 장가牂牁, 월준越嶲 등 사군을 칠 수 있습니다. 이 여세를 몰아 서천의 남쪽으로 진격하는 것이 두 번째 길입니다. 동오에도 사신을 보내어 얼마간의 땅을 내주면 손권이 군사 십만을 줄 것입니다. 그 길로 양천兩川 협구峽口를 공격해 부성涪城을 거쳐 진군하는 것이 세 번째 길입니다. 이어 투항한 장수 맹달孟達에게 사신을 보내 용병傭兵 십만을 이끌고 서쪽에서 한중을 공격하도록 하는 것이 네 번째 길입니다. 마지막으로 대장군 조진曹眞을 대도독으로 임명하시고 십만 군사를 주어 경조京兆에서 출발하여 양평관을 지나 서천을 치게 하는 것이 다섯 번째 길입니다. 모두 합쳐 오십만 대군이 제각기 다섯 갈래에서 진격해 온다면 제아무리 제갈량일지라도 감당할 수 없을 것입니다."

조비는 크게 기뻐하며 언관言官 네 명을 사신으로 보내고 조진을 대독으로 임명하여 10만 군사와 함께 양평관으로 보냈다.

유선은 이 소식을 듣고 급히 제갈량을 찾았다. 그러나 승상부 관원들은 제갈량이 병상에 누워 있다고 전해 왔다. 유선은 대신大臣 왕윤王允과 두경杜瓊을 승상부로 보냈으나, 또다시 문밖에서 저지당하고 말았다.

제갈량이 연일 병상에 누워 있기만 하자 대신들은 다급해졌다. 두경은 유선에게 승상부로 직접 걸음하는 것이 좋겠다고 권했다. 유선은 하는 수 없이 직접 제갈량을 찾아갔다.

유선의 가마가 승상부에 도착하자, 문지기는 엎드려 절했다. 유선이 말했다.

"승상은 어디 계신가?"

"어디 계신지 잘 모르겠습니다. 저에게는 그 누구도 문 안으로 들이지 말라고만 분부하셨습니다."

유선은 가마에서 내려 삼중문으로 들어갔다. 제갈량은 대나무 지팡이를 짚고 서서 연못 안의 물고기를 들여다보고 있었다. 유선은 그의 뒤에서 한나절을 가만히 서 있다가 물었다.

"승상, 몸은 어떻소?"

제갈량은 뒤를 돌아보다가 깜짝 놀라 지팡이를 떨어뜨렸다. 그러고는 엎드려 절하며 말했다.

"신을 죽여주시옵소서."

유선이 제갈량을 일으키며 물었다.

"지금 조비가 오로의 군대를 몰고 오고 있소. 사정이 이토록 다급한데 상부相父께서는 어찌하여 관부에서 나오지를 않으시오?"

제갈량은 크게 웃으며 유선을 안으로 들였다. 유선이 자리를 잡고 앉자 제갈량도 앉으며 말했다.

"오로의 군대를 제가 어찌 모르겠사옵니까? 신은 물고기를 구경한 것이 아니라 계책을 궁리하고 있었사옵니다."

"그래, 어찌하면 좋겠소?"

"강왕羌王 가비능, 만왕蠻王 맹획, 투항 장수 맹달, 위나라 장군 조진이 각각 네 방향에서 몰려오고 있지만 신은 이미 이들을 모두 물리쳤사옵니다. 하지만 손권의 군대를 물리치려면 말재간이 뛰어난 사신이 필요하옵니다. 아직 그 사람을 정하지 못해 잠시 생각하고 있었사온데 폐하께서는 어찌 심려하시는지요?"

유선은 놀라면서도 기쁨에 들떠 말했다.

"상부께서는 과연 귀신같은 솜씨를 지니셨습니다! 어디, 그 계책을 좀 들어봅시다."

"선제께서는 제게 폐하를 잘 보필하라고 친히 당부하셨습니다. 하온데 어찌 신이 게으름을 피울 수 있겠습니까? 성도成都의 관원들은 병법의 오묘함을 알지 못합니다. 계책은 다른 사람이 쉬이 예측할 수 없어야 큰 힘을 발휘하옵니다. 그러니 어찌 함부로 계책을 발설할 수 있겠습니까?

서쪽의 국왕 가비능이 서평관을 공격해 오고 있지만 강족이 신처럼 여기고 있는 마초가의 선조는 바로 서천 사람입니다. 그 덕에 마초는 강족의 마음을 얻어 신위대장군神威大將軍이 될 수 있었습니다. 신은 이미 사람을 보내어 마초가 그곳에 있음을 알리고 마초에게는 서평관을 잘 지켜달라고 전했습니다. 네 갈래로 기병을 매복해두고 매일 바꾸어가며 싸우도록 했으니 가비능의 군사는 걱정하실 필요가 없습니다. 남만의 맹획이 사군을 침범했다 하나, 신은 또한 격문을 띄워 위연에게 동에 번쩍 서에 번쩍하면서 적을 교란하라고 일러두었습니다. 남만의 군대는 용맹하나 의심이 많으므로 일단 의병疑兵을 보면 함부로 진격하지 못할 것입니다. 하오니 이 길도 걱정하실 필요 없습니다.

맹달이 한중을 공격하고자 하나, 맹달과 이엄은 목숨을 나눈 친구 사이입니다. 신은 성도로 돌아가면 이엄이 지키는 영안궁永安宮에 머물며 서신을 쓰고 그것을 이엄의 친필로 옮겨 적어 맹달에게 보낼 생각입니다. 그리하면 맹달은 분명 병을 핑계로 나오지 않을 것이고, 군심도 흐트러질 것입니다. 하오니 이 길도 염려하실 필요가 없습니다.

조진의 군대가 양평관을 넘보고 있으나 이곳은 지세가 험하므로 굳게 지키기만 하면 조진의 군대를 막을 수 있습니다. 신이 조자룡을 보내 관문을 굳게 지키고 나오지 말라 했으므로 우리 군대가 끝까지 나오지 않으면 조진의 군대도 곧 물러날 것입니다. 하오니 이 길도 염려하실 필요 없습니다. 그래도 혹시 몰라서 신은 관흥關興과 장포張苞 두 장군에게 각기 군사 삼천을 주어 요지에 주둔하며 네 방위에 일이 생기거든 즉각 달려가 대응하라고 일렀습니다. 이들에게는 성도를 거치지 말고 바로 가라고 했기 때문에 이 일은 아무도 알지 못하고 있사옵니다.

아직 동오의 군대가 남아 있으나 크게 심려하실 필요는 없습니다. 만일 네 갈래의 군사들이 우리 서천을 위협한다면 동오군은 반드시 출정하여 우리를 공격할 것입니다. 그러나 다른 군대들이 힘을 쓰지 못한다면 동오도 가만히 있을 터이니 동오군에 대해서는 걱정할 필요가 없습니다.

신의 생각에 손권은 조비가 삼로에 걸쳐 동오를 침입한 데 원한을 품어 조비의 말을 따르지 않을 듯합니다. 이때 우리가 말재간 있는 재사를 동오에 보내 이해관계를 설득하면 동오군은 반드시 스스로 물러날 것입니다. 하오나 신은 지금까지 동오에 보낼 제사를 얻지 못해 고민하고 있었습니다. 사정이 이러한데 폐하께서는 어찌 여기까지 친히 걸음을 하셨사옵니까?"

유선은 그제야 마음이 놓였다.

"상부의 말을 들으니 꿈에서 깨어난 듯 정신이 맑아지는구려. 이제 더는 걱정이 없소이다."

유선을 배웅한 제갈량은 호부상서 등지鄧芝가 말재간이 있는 것을 보고 그를 동오에 보내겠노라 유선에게 보고했다.

한편 손권은 출병을 요청하는 조비의 서신을 받고 육손을 불러 계책을 논의했다. 육손은 다른 군대들이 어떻게 나오는지 지켜본 후에 결정하자고 말했다.

손권은 장수들을 소집하여 촉 땅에 대한 공격 문제를 논의하려는데 촉의 사신 등지가 도착했다는 보고가 들어왔다. 장소는 기름 솥으로 그를 위협한 다음, 그자의 반응을 보자고 말했다.

등지는 문 앞에서 자신을 기다리고 있는 기름 솥을 보더니, 도리어 손권의 도량을 비웃으며 자신의 의지를 내보였다. 이 모습을 본 손권은 등지를 안으로 청해 상객의 예우로 대했다.

손권은 등지의 설득에 중랑장中郞將 장온張溫을 사천으로 파견하여 촉나라와의 우호를 다지도록 했고, 유선은 제갈량이 일러준 대로 장온을 진심으로 예우했다.

그러나 촉나라 명사인 진밀秦密은 장온의 거만함이 마음에 들지 않았다. 그는 술에 취한 척 다가가 장온과 변론을 벌였고, 결국 장온의 말문이 막히도록 만들었다. 이 일로 촉나라에 인재가 많음을 알게 된 장온은 오나라로 돌아간 후 손권에게 촉나라와 연합하여 조비와 맞서라고 권유했다.

오나라와 촉나라가 연합하여 위나라에 대적하자 조비는 먼저 손을 쓰기로 하고 30만 대군을 수륙 양군으로 배치하여 오나라를 공격했다. 손권은 이 사실을 제갈량에게 알리고 서성에게 대군을 주어 적을 상대하도록 지시했다.

드디어 위나라 군대가 강남에 도착했다. 용주龍舟에서 강남을 바라보던 조비는 사람 하나 보이지 않는 광경을 보자 문득 의심이 들었다.

이튿날 아침, 다시 바라보니 100리 가까이 군영이 빽빽하게 들어차 있고 칼과 창도 숲처럼 우거져 있었다. 조비는 이게 서성이 펼쳐놓은 가짜 군대임을 알았지만 두려운 마음이 드는 건 어쩔 수 없었다.

그때 정탐꾼으로 보낸 병사가 돌아와 조자룡이 양평관에서 나와 장안으로 진격하고 있다 보고했다. 다급해진 조비는 군대를 철수시켰다. 그 순간 서성은 병사들에게 강변의 갈대숲에 기름을 뿌리고 불을 지르라고 명했다. 불은 바람을 타고 무섭게 번져 조비의 군함을 모두 불태웠다.

조비는 간신히 배에서 내려 강기슭에 도착했지만 여기서 정봉, 손운孫韻의 군대와 마주치고 말았다. 위나라 군대는 대패하여 허도로 돌아갔고, 장료는 정봉이 쏜 화살에 허리를 맞아 허도로 돌아가자마자 죽고 말았다.

지략 해설

제갈량은 병을 핑계로 두문불출하면서 적군을 물리칠 계책을 연구한다. 그는 동서남북에서 들이닥칠 각 군대의 특성과 장수들의 재능과 심리, 그들 안팎의 인간관계를 자세히 분석한다. 그리고 각 진입로의 지형을 살핀 다음 군대마다 다른 장수를 보내어 제각기 다른 전략을 펼치게 한다. 결국 제갈량은 피 한 방울 흘리지 않고 외적을 모두 막아내는 데 성공한다.

활용

이 이야기는 사람과 사물에 대한 면밀한 분석이 얼마나 중요한지를 말해준다. 정확한 판단을 내리려면 나와 상대를 분명히 파악해야 한다. 그래야만 비로소 강력한 상대와 해결하기 힘든 문제를 효과적으로 격파할 수 있다. 반대로 각 사람이나 사안의 특수성을 충분히 연구하지 않으면 '수박 겉핥기'의 분석만 하게 된다. 이렇게 해서 얻은 방안으로는 문제를 제대로 해결할 수 없을뿐더러 오히려 상황을 더 악화시킬 수 있다.

기업은 전략을 수립할 때 먼저 관련 정보 전반을 치밀하게 장악해야 한다. 예를 들어 기업 외부 환경에 대응하는 문제라면 각종 자원의 수급 현황과 고객 현황, 경쟁 업체 현황 등 기업에 영향을 미칠 모든 요소를 빠짐없이 살펴보아야 한다. 이러한 요소들은 국내는 물론 국외적인 것일 수도 있으며 사언이나 경세·기술 또는 제품 자체, 시회·정치·문화·심리저인 것일 수도 있다. 기업의 내부 조건에 대해서라면 각종 경영 자원, 즉 인력 · 물자 · 재정 · 자연 조건 · 정보 수집 능력 · 기술적 이익 · 상품의 신뢰도 등이 대상이 될 수 있다.

그다음으로는 입수한 정보들을 비교하고 가공하는 절차를 거쳐야 한다. 여러 정보 속에서 알맹이를 선별하여 이를 도구로 삼아 기업 안팎의 조건을 심도 있게 분석하는 과정 및 외부 조건에 대한 변화 가능성을 주시하며 앞으로 그 변화가 기업에 어느 정도 영향을 미칠 것인지 판단해야 한다. 그리고 여기에 영향을 미치는 요소들을 직무 생산성과 직원들의 사기, 기술, 마케팅, 영업 등으로 세분화하여 총제적이면서 동태적인 분석을 해야만 사태를 정확하게 예측하고 문제를 쉽게 해결할 수 있다.

성공한 기업의 공통점은 바로 전략을 수립하기 전에 이러한 정보 수집과 체계적인 분석 과정을 충분히 거친다는 것이다.

흙을 모아 성을 쌓다
바다를 만드는 것은 물방울 하나하나

무더운 오월에 군대를 이끌고 험한 땅에 들어섰으나
달빛 밝은 노수瀘水에는 여름날의 독한 기운이 피어오르네.
삼고초려의 은혜를 갚고자 큰 계략을 세웠는데
어찌 남만을 일곱 번 놓아주는 수고를 마다하리.

제갈량은 맹획 등을 풀어주고 양봉楊鋒 부자父子에게는 관직과 작위를, 다른 병사들에게는 상을 내렸다. 양봉 부자는 절을 하고 물러갔고, 맹획 등은 밤새 말을 달려 은갱동銀坑洞으로 돌아갔다. 은갱동 둘레에는 노수瀘水, 감남수甘南水, 서성수西城水 등이 흐르는데, 이곳에서 세 하천이 만나기 때문에 삼강三江이라고도 불렸다.

동굴의 북방은 100리 가까이 평원이 펼쳐져 있어서 물산이 풍부했다. 서쪽 200리에는 염정鹽井이, 서남쪽 200리에는 노수와 감남수가, 남쪽 300리에는 산으로 둘러싸인 곳에 양도동梁都洞이 있었다. 이 산에는 은광銀鑛이 있어 은갱산이라고도 불렸으며 궁전과 누대가 있어 만왕이 살았다. 사람들은 그 안에 '가귀家鬼'라는 조상의 묘를 짓고 소와 말을 잡아 제를 올렸는데, 이를 '복귀卜鬼'라 했다. 이들은 매년 촉 사람이나 외지 사람을 잡아 제사에 쓰기도 했다. 이 부족은 병이 나면 약을 쓰지 않고 무당을 찾아가 기도했는데, 이를 '약귀藥鬼'라고 했다. 그곳에는 형법이 없었지만 죄를 지으면 참수했으며 성숙한 여자아이들은 계곡에서 목욕하다가 자유롭게 배필을 찾았다. 부모의 간섭 없이 자유롭게 이루어지는 이런 짝짓기는 '학예學藝'라고 했다. 비가 고르게 내리는 해에는 씨앗을 뿌렸는데, 곡식이 익지 않으면 뱀을 잡아 국을 끓이고 코끼리를 삶아 먹었고, 매달 초하룻날과 보름날에는 삼강성에서 장을 열어 서로 물건을 바꾸었다.

맹획은 동굴 안에 사람들을 모아놓고 말했다.

"우리는 촉병에게 여러 번 수모를 당했소. 이제 그 원수를 갚아야 하지 않겠소? 여러분은 어찌 생각하시오?"

한 사람이 말했다.

"제갈량을 상대할 수 있는 사람을 하나 추천하겠소."

모두가 돌아보니 맹획의 처남이자 부족의 팔번부장八番部長인 대래종주帶來洞主였다. 맹획은 크게 기뻐하며 그 사람이 누구냐고 물었다. 대래동주가 말했다.

"서남쪽으로 가면 팔납동八納洞이 나오는데, 그곳 동주洞主인 목록대왕木鹿大王이 뛰어난 법술을 가지고 있소. 그자는 코끼리를 타고 다니고 비와 바람을 일으킬 줄 알며 호랑이, 표범, 승냥이, 이리, 독사, 전갈 등을 자유롭게 부린다오. 수하에는 신병神兵 삼만을 두었는데 모두가 용맹하오. 대왕께서 예물과 서신을 내려주시면 내가 그를 찾아가겠소. 그가 우리의 뜻을 받아준다면 촉병 따위는 두려워하지 않아도 될 것이오.”

맹획은 즉각 서신과 예물을 주어 보내고 타사대왕_{朶思大王}에게는 삼강성을 굳건히 지키라고 명했다.

한편 제갈량은 병력을 이끌고 삼강성에 도착해 있었다. 멀리서 성을 바라보니 성 주위로 삼면에 강이 흐르고 나머지 한 군데만 육지가 펼쳐져 있었다. 제갈량은 바로 그 육로로 위연과 조자룡을 보내 성을 공격하도록 했다. 이들의 군대가 성 아래에 도착하자 성 위에서 화살이 비 오듯 쏟아졌다. 적들은 한 번에 화살을 열 개씩 쏘아댔는데, 화살에는 모두 독이 묻어 있었다. 독화살에 맞은 병사들은 피부가 타 들어가 오장이 드러날 정도였다. 조자룡과 위연은 성을 공략하기가 쉽지 않음을 깨닫고 제갈량에게 돌아가 독화살 이야기를 했다. 제갈량은 식접 수레를 타고 가서 적의 정세를 파악한 후 진채로 돌아와 몇 리 뒤로 군대를 퇴각시켰다. 남만의 병사들은 촉군이 멀리 물러나자 크게 기뻐했다. 이들은 촉군이 자신들이 두려워 물러난 줄 알고 그날 밤은 보초도 세우지 않고 편히 잠들었다.

군대를 이끌고 멀리 물러난 제갈량은 진채를 닫고 밖으로 나오지 않았다. 그렇게 닷새가 지나도록 아무런 군령을 내리지 않았다.

닷새째 되던 날 저녁, 갑자기 미풍이 불어왔다. 제갈량은 그제야 명령을 내렸다.

“전군은 옷을 하나씩 준비하여 초경까지 모이도록 하라! 준비하지 않는 자는 그 자리에서 참수할 것이다!”

병사들은 영문을 알 수 없었지만 명령에 따랐다. 제갈량은 또다시 명령을 내렸다.

“모든 병사는 준비한 옷에 흙을 가득 담아 싸도록 하라! 이를 어기는 자는 참수할 것이다!"

병사들은 이번에도 영문을 알 수 없었지만 제갈량이 시키는 대로 했다. 제갈량이 또다시 명령했다.

"모든 병사는 흙을 담은 옷을 들고 삼강성 아래로 가라! 일찍 도착하는 자에게는 상을 내리겠다!"

병사들은 옷으로 싼 흙더미를 들고 삼강성으로 달려갔다. 제갈량이 또다시 명을 내렸다.

"모든 병사는 각자 준비해 온 흙더미를 쌓아 발판을 만들어라! 그것을 밟고 성 위로 가장 먼저 오르는 자에게 상을 내릴 것이다!"

촉군 병사 10만여 명과 투항해 온 병사 1만여 명은 일제히 흙더미를 던졌다. 성 밑으로 흙이 산더미처럼 쌓이자 이윽고 신호 소리가 떨어졌다. 병사들은 일제히 흙더미를 밟고 성 위로 올라갔다.

남만의 병사들은 뒤늦게 이를 발견하고 급히 화살을 쏘아댔지만, 이미 병사의 절반 이상이 촉군에게 사로잡힌 후였다. 남만의 병사들은 성을 버리고 달아났고 타사대왕은 혼전 중에 죽고 말았다. 촉군은 여러 갈래로 적을 쫓아가 공격했고, 마침내 성을 함락했다. 제갈량은 성에서 얻은 재물로 병사들에게 상을 내렸다. 가까스로 도주한 남만의 병사들은 맹획에게 말했다.

"타사대왕이 죽고 삼강성도 함락되었습니다."

맹획은 소스라치게 놀랐다. 바로 그때 촉군이 강을 건너 동굴 앞까지 당도했다는 전갈이 들어왔다. 맹획은 혼절할 지경이었다.

지략 해설

작은 것을 쌓아 큰 성과를 만들어내는 것은 전쟁뿐 아니라 일상생활에도 적용되는 진리이다. 《관자管子》〈형세해形勢解〉는 말한다.

'바다는 들어오는 물을 가리지 않고 받아들이므로 깊어지고, 산은 흙과 돌을 가리지 않고 받아들이므로 높아진다.'

《노자老子》도 '나무는 털끝만 한 싹으로부터 시작되고, 구층九層 누대樓臺도 한 삼태기 흙으로 쌓기 시작하며, 천 리 길도 한 걸음부터'라고 말했다. 낙숫물이 바위를 뚫듯이 물방울 하나하나가 모여 큰 바다를 이루고 흙이 한 줌씩 쌓여 고산준령이 되는 법이다.

활용

흔히 비범한 사람은 큰일만 하고, 평범한 사람은 자잘한 일만 할 것이라고 생각한다. 하지만 세상 이치는 결코 그렇지 않다. 비범한 사람이든 평범한 사람이든 작은 일이 하나씩 모여 그 사람의 일생을 이루기 때문이다. 작은 일 하나하나는 바로 그 사람의 일생을 형성하는 기초이다.

큰일은 내가 찾는다고 구해지는 것이 아니라 나에게 합당하면 저절로 찾아오는 것이다. 하지만 작은 일은 매일 수시로 다가온다. 그래서 작은 일을 즐거운 마음으로 합당하게 한 번 처리하기는 쉽지만 매일 그렇게 처리하기란 어렵다. 평생 신중하게 열정적으로, 불평불만 없이 해나가는 것은 큰일을 한 번 제대로 해내는 깃보다 디 이려올 수 있다.

큰일은 사람의 지혜, 능력, 인격을 총제적으로 시험하기에 이를 잘해내는 사람은 작은 일 또한 잘해낼 수 있다. 작은 일이라도 성심을 다하면 큰일을 했을 때 못지않은 커다란 기쁨을 누리게 되지만, 그 작은 일을 제대로 하지 않으면 결코 성공을 맛볼 수 없다. 작은 일 앞에서 빈둥거리는 사람이 어떻게 큰일에서 성공을 거둘 수 있겠는가? 작은 일은 언제라도 기회가 있기에 그 기회들을 전부 합치면 결코 적지 않은 시간이 된다. 그러나 큰일은 어쩌다 한 번씩 하게 되므로 모든 기회를 합쳐도 작은 일들을 하는 시간에는 미치지 못한다. 그러므로 성공의 역량은 작은 일을 열심히 하는 동안 꾸준히 자란다고 할 수 있다.

작은 일도 매일 쌓이다 보면 언젠가는 무시할 수 없는 결과가 되어 돌아온다. 세상을 놀라게 할 만큼 엄청난 일이 아니더라도 매일의 작은 일을 큰일처럼 여기고 열정을 다한다면 위대한 결과를 낳을 수 있다. 위대한 일은 평범한 일에서부터 시작된다는 사실을 명심하라.

1년 단위의 노력은 계절 단위의 노력에, 계절 단위의 노력은 한 달 단위의 노력에, 한 달 단위의 노력은 매일의 꾸준한 노력에 미치지 못한다.

하나의 일이 한 사람의 명성에 영향을 준다면 몇 가지 중요한 일은 한 사람의 일생을 바꾸고 무수히 많은 작은 일은 한 사람의 운명을 결정한다. 평범한 사람이 하루아침에, 한 달 만에, 1년 만에 위대한 사람이 될 리 만무하다. 오랜 세월의 노력과 추구, 연마가 뒷받침되어야만 자신이 소망하는 위치에 오를 수 있다.

기회만 잘 만나면 가난한 사람도 하루아침에 부자가 될 수 있다. 하지만 평범한 사람이 위대한 인물로 거듭나려면 기회를 잘 만나는 것만으로는 부족하다. 괄목할 성장을 이루기 위해서는 부단한 노력이 뒷받침되어야 하기 때문이다.

어떤 나무를 심느냐에 따라 열매가 달라지고 어떤 씨앗을 심느냐에 따라 피는 꽃이 달라지듯이 작물 재배 경험이 쌓이면 농부가 되고, 사물을 갈고 다듬다 보면 장인이 되고, 물건을 사고파는 경험이 쌓이다 보면 상인이 된다고 한다. 경험을 축적하는 과정은 매우 고통스럽지만 기쁨이 된다.

원하는 바를 이루는 것은 그냥 한 걸음을 앞으로 내딛는 것만큼이나 단순하다. '나는 완벽해지고 싶다', '타고난 재능이나 재산이 많았으면 좋겠다', '하는 일마다 실패하지 않았으면 좋겠다', '술이나 도박 같은 것은 당장이라도 끊을 수 있다'라고 생각하는 사람이 있을지도 모른다.

그러나 이런 어리석은 생각들을 가지고는 결코 성공할 수 없다. 성공하는 이들에게 항상 천부적인 재능이 있다고 생각하는가? 특출한 사람들에게는 무슨 일이라도 완전무결하게 처리하는 비법이 있다고 믿는가? 모든 일을 손바닥 뒤집듯 쉽게 처리하는 사람, 스승이 없어도 알아서 척척 배워 박사가 되는 이들만이 성공한다고 생각하는가? 이렇게 생각한다면 모든 일이 당장 이루어지기를 바라는 망상 속에 갇혀 사는 것이다. 이런 생각은 커다란 실패를 낳을 뿐이다.

이런 생각을 품은 사람은 부모가 모든 것을 해주길 바라는 아이와 같다. 오줌을 싸고 싶으면 부모 품이든 이불 속이든 가리지 않고 싸대는 어린아이 말이다. 어린아이에게는 부모가 아무런 질책도 하지 않는다. 그러나 자라서도 이러한 태도를 버리지 못한다면, 그 사람은 평생토록 성공할 수 없다.

진정으로 성공을 바란다면 모든 일이 즉각 이루어지기를 바라는 마음을 버려야 한다. 성공의 길은 직선이 아니라 곡선이다. 성공은 천천히 이루어지는 학습이요, 꾸준한 축적이기 때문이다. 고산준령도 한 걸음을 앞으로 내디뎌야 비로소 오를 수 있다. 어떤 일도 결코 하루아침에 이루어지지 않는다는 사실을 명심하라.

출사표
훗날 근심이 없도록 완벽히 대비하다

늠름한 출사표, 당당한 팔진도.
그 같은 성덕은 고금에 다시 없으리!

서기 226년, 위 문제文帝가 병으로 세상을 떠나자 그의 아들 조예曹叡가 황제로 즉위했다. 그가 바로 명제明帝다. 이 소식을 들은 제갈량은 지금이 바로 중원 북방을 정벌할 때라고 생각했다. 그는 이듬해에 한중 땅을 정복하기 위해 군대를 준비했다. 제갈량은 출사를 앞두고 유선에게 상주문을 올렸는데, 이것이 바로 그 유명한 〈출사표出師表〉이다.

'신 제갈량 아뢰옵니다. 선제께서 창업의 뜻을 절반도 이루지 못하고 돌아가시어 이제 천하는 셋으로 나뉘었습니다. 익주도 황폐하고 나라의 존망도 위급한 때이나 안에서는 폐하를 모시는 신하들이 성심을 다하고 밖에서는 충성스러운 장수들이 목숨을 아끼지 않고 제 몫을 다하고 있습니다. 이는 선제께서 특별히 대우해주신 은혜를 잊지 않아 폐하께 보답하려는 것이옵니다. 폐하께서는 부디 충언에 귀를 기울이시어 선제께서 남긴 덕업을 길이 빛내시고 지사志士들의 의기를 크게 일으켜주소서. 스스로 덕이 없고 재주가 부족하다 여기지 마시고 그릇된 비유로 대의를 잃지 마시고 충성스러운 신하들의 간언을 막지 마시옵소서. 또한 궁중宮中, 황제과 부중府中, 신하들이 한마음 한뜻으로 일을 해냈을 때는 상을 주시고 잘못했을 때는 엄히 벌하시옵소서. 간악한 죄인과 착하고 충성스러운 자가 있으면 각 관부에서 상벌賞罰을 철저히 논하도록 하시어 폐하의 치세를 밝고 공정하게 하소서. 사사로움으로 법이 흐트러져서도 아니 되옵니다.

시중侍中 곽유지郭攸之, 시랑侍郞 비의費禕, 동윤 등은 모두 선량하고 진실하며 순박한 신하로, 선제께서 친히 발탁하시어 폐하께 남기신 이들입니다. 어리석은 신의 생각에 궁 안의 크고 작은 일들을 모두 이들과 논의하시면 널리 이로운 정령을 펴실 수 있을 것입니다. 장군 향총嚮寵은 성품과 행실이 바르고 공명정대하며 군사軍事에도 밝아 선제께서도 일을 맡겨보시고 유능하다 하시었습니다. 중의를 모아 그를 도독으로 천거하오니 군중의 크고 작은 일은 그와 논의하여 시행하시옵소서. 그리하시면 군심이 화목해질 것이며 뛰어난 이와 부족한 이 모두 자신의 자리에서 소임을 다할 것입니다.

또한 현명한 신하를 가까이하시고 소인배를 멀리하시옵소서. 전한前漢이 흥했던 것도 바로 이 때문이옵니다. 소인을 가까이하시고 현명한 신하를 멀리하시면 후한과 같이 무너질 수 있사옵니다.

선제께서도 신과 이런 이야기를 나누며 환제桓帝와 영제靈帝의 일을 통탄하셨습니다. 시중, 상서尙書, 장사長史, 참군參軍 등은 모두 바르고 곧은 신하들로 반드시 죽음으로써 절개를 지킬 것이오니 폐하께서는 부디 이들을 가까이하시고 신뢰하시옵소서. 그리하시면 한실은 크게 융성할 것이옵니다. 신은 본래 보잘것없는 포의布衣, 벼슬하지 않은 사람로서 남양 땅에서 밭을 갈며 난세에 구차한 목숨이나 보존하려 했을 뿐 제후를 찾아가 영달을 구할 뜻은 없었습니다. 그러나 선제께서 신을 비루하게 여기지 않으시고 세 번이나 몸을 낮추어 초려를 찾아주시고 신에게 친히 형세의 일을 물으시니 신은 감격하여 선제께 이 한 몸 바치겠노라 결심하였습니다.

그 후로 나라가 기울어 패배의 어려움을 겪는 가운데 위기를 구하고자 명을 받든 지 어언 21년, 선제께서는 신의 성품을 신중하게 여기시어 붕어하실 때 신에게 대사를 맡기셨습니다. 신은 선제의 명을 받은 이래 소임을 다하지 못할까, 선제의 밝으신 뜻을 이루지 못할까, 밤낮으로 근심했습니다. 그러던 지난 오월에는 노수를 건너 불모의 땅으로 깊이 들어갔습니다. 이제 남방은 평정되었고 갑옷과 병장기도 풍족하오니 삼군의 장수들을 이끌고 중원 북방을 평정하여 간악한 도적들을 무찌르고 한실을 다시 일으켜 옛 도읍으로 돌아가는 것이야말로 신이 선제께 받은 은혜에 보답하고 폐하께 충성을 다하는 직분이옵니다. 손익을 헤아려 충언을 다하는 일은 이제 곽유지, 비의, 동윤의 몫입니다.

폐하께서는 신에게 역적 토벌과 한실부흥을 명하시고 신이 이를 이루지 못하거든 죄를 벌하시어 선제의 영전에 고하시옵소서. 또 한실을 다시 일으킬 만한 충언이 올라오지 않거든 곽유지, 비의, 동윤 등을 책벌하시고 그들의 태만을 널리 드러내시옵소서. 폐하께서는 마땅히 스스로 옳은 길을 헤아리시고 신하들의 바른말을 경청하시어 선제의 유조遺詔를 받으시옵소서. 신이 받은 은혜를 헤아릴 길 없어 감격스럽기만 합니다. 이제 멀리 떠나며 이 표를 눈물로 바치오니 더 이상 무슨 말을 아뢰어야 할지 신은 알 수 없나이다.'

유선은 표를 읽고는 이렇게 말했다.

"상부께서는 남정 길에 갖은 어려움을 겪으셨고 이제 막 성도로 돌아와 제대로 쉬지도 못하셨습니다. 그런데 또다시 북벌이라니요? 심신이 피로하실 텐데 정말 걱정입니다."

제갈량이 말했다.

"신은 선제께서 부탁하신 소임을 한시도 잊은 적이 없사옵니다. 이제 남방은 평정되었고 안으로 다른 근심도 없사옵니다. 이때 적들을 토벌하지 않으면 중원 땅은 회복할 수 없습니다. 하온데 어찌 또 다른 날을 기다릴 수 있겠습니까?"

그때 갑자기 태사太史 초주譙周가 앞으로 나오며 아뢰었다.

"신이 오늘 밤 천문을 보건대 북방의 기운이 왕성하여 별들이 더욱 밝게 빛나고 있사옵니다. 아직은 때가 아닌 듯합니다."

그러고는 제갈량을 보며 말했다.

"승상께서도 천문에 밝으신데, 어찌 출사를 강행하려 하십니까?"

제갈량이 말했다.

"하늘의 도는 무상하여 끊임없이 변하는 법, 어찌 천문이 영영 그대로이겠소이까? 우선 한중 땅에 군마를 주둔하고 적의 동정을 지켜본 후에 행군할 생각입니다."

초주가 애써 간했으나 제갈량은 끝내 따르지 않았다. 제갈량은 곽유지와 동윤, 비의 등을 시중으로 삼아 궁중의 일을 돌보라 명하고는 향총을 대장으로 삼고 어림군御林軍을 총독으로 있도록 했다. 또한 장완蔣琬은 참군, 장예張裔는 장사로 임명해 승상부의 일을 처리하도록 했다. 이어 두경은 간의대부, 두미杜微와 양홍은 상서, 맹광과 내민來敏은 좨주祭酒, 윤묵尹黙과 이선李譔은 박사博士, 극정郤正과 비시費詩는 비서, 초주는 태사로 임명했다. 그는 이들을 비롯한 문무관료 100여 명이 서로 힘을 합쳐 국정을 처리하도록 했다.

제갈량은 관부로 돌아가 여러 장수를 모아놓고 말했다.

"전독부前督部는 진북장군鎭北將軍과 승상사마丞相司馬 양주자사涼州刺史 도정후都亭侯 위연이 맡도록 하고, 전군도독前軍都督은 부풍태수扶風太守 장익이, 아문장牙門將은 비장군裨將軍 왕평王平이 맡는다. 후군영병사後軍領兵事는 안한장군安漢將軍 건녕태수領建寧太守 이회李恢가, 부장副將은 정원장군定遠將軍 한중태수漢中太守 여의呂義가 맡는다. 관운량官運糧, 군량 수송 담당자과 좌군영병사左軍領兵事는 평북장군平北將軍 진창후陳倉侯 마대馬岱가, 부장은 비위장군飛衛將軍 요화廖化가 맡는다. 우군영병사右軍領兵事는 분위장군奮威將軍 박양정후博陽亭侯 마충馬忠과 무융장군鎭撫將軍 관내후關內侯 장의張嶷가 맡는다. 행중군사行中軍師는 거기대장군車騎大將軍 도향후都鄕侯 유염劉琰이, 중감군中監軍은 양무장군陽武將軍 등지가, 중참군中參軍은 안원장군安遠將軍 마속馬謖이 맡는다. 전장군前將軍은 도정후 원침袁綝이, 좌장군左將軍은 고양후高陽侯 오의吳懿가, 우장군右將軍은 현도후玄都侯 고상高翔이, 후장군後將軍은 안락후安樂侯 오반吳班이 맡으며, 영장사領長史는 수군장군綏軍將軍 양의楊義가, 전장군은 정남장군征南將軍 유파劉巴가, 전후군前護軍은 편장군偏將軍 한성정후漢成亭侯 허윤許允이, 좌호군左護軍은 독신중랑장篤信中郎將 정함丁咸이, 우호군郵護軍은 편장군 유민劉敏이, 후호군後護軍은 전군장랑장典軍中郎將 관옹官離이, 행참군行參軍은 소무중랑장昭武中郎將 호제胡濟, 간의장군諫議將軍 염안閻晏, 편장군 찬습爨習, 비장군裨將軍 두의杜義, 무

략중랑장武略中郎將 두기杜祺, 수융도위綏戎都尉 성발盛勃이 맡는다. 종사從事
는 무략중랑장 번기가, 전군서기典軍書記는 번건樊建이, 승상영사丞相令史
는 동궐董厥이, 정전좌호위사幀前左護衛使는 용양장군龍驤將軍 관흥이, 우호
위사右護衛使는 호익장군虎翼將軍 장포張苞가 맡는다. 이상의 관원들은 모
두 평북대도독平北大都督 승상 무향후武鄕侯 익주목 지내외사知內外事 제갈
량을 따라 출정한다."

　모두에게 소임을 맡긴 제갈량은 이엄 등에게 격문을 보내 천구川口
를 굳게 지켜 동오군을 막아달라고 지시했다.

　그때 갑자기 노장 하나가 소리를 지르며 달려 나왔다.

　"저는 비록 늙었지만 염파廉頗, 전국 시대 조나라의 명장와 같은 용맹이 있고
마원馬援, 한무제 때 명장과 같은 영웅의 기개 있습니다. 이들은 모두 늙도록
싸웠는데, 어찌 나를 써주지 않는 것입니까?"

　모두가 돌아보니 그는 다름 아닌 조자룡이었다. 제갈량이 말했다.

　"남방을 평정하고 돌아온 뒤로 마초가 병으로 죽었습니다. 그 일만
해도 한쪽 팔이 떨어져나간 듯 가슴이 아픈데 연로하신 장군마저 잃
는다면 일세를 뒤흔들었던 장군의 이름과 촉군의 사기가 크게 꺾일
것입니다."

　"저는 선제를 따른 이래 싸움에서 한 번도 물러서지 않았고 적을 만
나면 가장 먼저 앞으로 달려 나갔습니다. 대장부는 전쟁터에서 죽어야
하는 법. 설혹 불상사가 있다 해도 내 어찌 한스러워하겠습니까? 부디
나를 선봉으로 삼아주십시오!"

　제갈량은 재차 그를 만류했지만 조자룡은 끝까지 뜻을 굽히지 않
았다.

　"저를 선봉으로 세워주시지 않는다면 계단에 머리를 박고 죽어버리

겠습니다."

"정히 선봉에 서시겠다면 다른 장수와 함께 서십시오."

그 말이 끝나자마자 한 사람이 앞으로 나섰다.

"제가 비록 재주는 변변치 않으나 조 장군을 도와 군을 이끌고 적을 물리치겠습니다."

제갈량이 돌아보니 등지였다. 제갈량은 기뻐하며 정예병 5천 명을 뽑아주었다. 부장 10명이 조자룡, 등지와 함께 출병했다.

제갈량이 출사하는 날, 유선은 백관들을 이끌고 북문 밖으로 10리나 나와 이들을 전송했다. 제갈량은 유선에게 인사를 올리고 깃발이들을 뒤덮고 칼과 극戟이 숲을 이루는 군대를 이끌고 한중 땅을 향해 떠났다.

지략 해설

제갈량은 자신이 출사한 뒤에도 내정이 정상적으로 돌아가도록 만반의 준비를 다한다. 유선과 제갈량은 군신君臣관계인 동시에 피보호자-보호자의 관계이기도 했는데유비는 죽으면서 제갈량에게 유선의 보필을 부탁했다, 제갈량이 출사표를 올리던 당시 유선의 나이는 겨우 스물이었다. 아둔한 데다 정사에 밝지도 않았으니, 제갈량으로서는 유선을 그냥 두고 출사할 수 없었다. 결국 그는 자신이 없어도 국정이 잘 운영될 수 있도록 유선에게 표를 지어 올린다. 그는 상벌의 엄격함을 강조하는 이 표문에서 정치와 군사를 관리할 탁월한 인재를 추천하고 어진 신하를 가까이해야 한다며 군주의 도리를 설파한다. 제갈량은 이 출사표에 내정·인사 설계를 꼼꼼하게 언급했는데, 이는 무엇보다도 성공적인 출사를 위한 것이었다. 공명정대한 인사를 통해 국내 정치가 안정되어야만 안심하고 북벌에 전념할 수 있기 때문이다.

제갈량의 출사 이유도 눈여겨볼 필요가 있다. 북벌은 사실상 제갈량의 결정이었다. 당시 촉나라 안에는 북벌에 대한 의견이 분분했다. 수수방관하는 이가 있는가 하면 천하 형세를 좀 더 두고 보아야 한다는 이도 있었고, 당장 출병해야 한다는 이도 있었다. 하지만 제갈량은 이 모든 입장을 일일이 열거하지는 않는다. 그는 다만 출사가 왜 타당한지를 중점적으로 설명한다. 구구한 논의를 되풀이하지 않고 자신의 심경과 의지만 간결하게 밝히면서 중원 북방을 평정하는 것이 선제와 유선에게 자신의 직분을 다하는 일이라고 강조한다. 그는 이를 위해 자신이 은거하며 밭을 갈던 시절의 이야기부터 선제가 친히 자신을 찾아와 천하 대사를 논하던 시절의 일까지 언급하며 자신의 북벌 의지를 거듭 강조한다.

제갈량의 표문에는 '선제'라는 말이 다섯 번이나 나오는데, 그는 이를 통해 유비에게 느꼈던 자신의 감격과 책임감을 절절히 드러내고 있다. 제갈량은 이런 서술방식을 통해 군주를 감동시키고 자신과 의견이 다른 이들까지도 설복시킬 수 있었다.

활용

제갈량은 봉건 시대 유가사상의 충의도덕을 따르는 사상가였지만 유가의 학설을 맹종하지는 않았다. 그는 왕을 받들었지만존왕尊王 이민족을 배척양이攘夷하지는 않았다. 남만을 평정할 때 그가 사용한 정책은 당시 삼국 중 가장 온화하고 우호적이었다. 제갈량은 탁월한 정치가이자 촉한 왕실에 충성을 다한 신하였으며, 정치·군사 방면에서 탁월한 능력을 펼친 전략가였고, 인격과 도덕성 등 모든 면에서 오랫동안 숭앙을 받은 인물이었다.

제갈량의 〈출사표〉는 어떤 일을 하든 그 일에 대한 전반을 장악하고 있어야 하며 그 일의 모든 영역이 제대로 기능해야만 훗날 근심을 덜 수 있음을 가르쳐준다.

강족 격파
유리한 조건을 십분 활용하다

제갈량은 큰 눈이 내릴 때를 이용하여 길 위에 함정을 파놓고 적군을 유인, 그 함정 속으로 적군을 빠뜨리는 계략을 마련했다. 50만 강족羌族 군대는 그렇게 격파되었다.

서강西羌 국왕 철리길撒里吉은 조조 때부터 해마다 조공을 바쳐왔으나 언제나 문사 한 명과 무사 한 명을 동시에 보내왔다. 아단雅丹 승상과 월길鈸吉 원수元帥가 바로 그들이었다. 이때 위나라 사신은 금은보석과 국서國書를 가지고 서강국으로 갔는데, 먼저 아단 승상을 만나 예물을 전한 뒤 구원병을 요청하는 위나라의 뜻을 전했다. 아단은 이들을 국왕에게 안내하고는 이들의 서신을 국왕에게 올렸다. 철리길은 서신을 읽고 대신들을 모아 논의했다. 아단이 말했다.

"우리나라와 위나라는 서로 왕래하는 사이입니다. 지금 조 도독이 구원병을 요청하며 화친을 청하니 우리도 이에 응하는 것이 좋을 듯합니다."

철리길은 아단의 말을 받아들여 아단과 월길에게 궁노, 창칼, 마름쇠, 비추飛鎚 등의 병장기와 식량을 싣고 갈 수 있는 철제 수레, 전차 등이 포함된 철거병은 물론 강족 병사 50만을 보내주었다. 두 사람은 서강 국왕에게 인사를 올리고 서평관으로 달려갔다. 당시 서평관을 지키고 있던 촉나라 장수는 한정韓禎이었는데, 그는 급히 사람을 보내 이 일을 제갈량에게 알렸다. 제갈량은 장수들을 모아놓고 물었다.

"누가 강병羌兵을 물리치겠는가?"

장포와 관흥이 나섰다.

"저희가 하겠습니다."

제갈량이 말했다.

"그렇게 하라. 그러나 길이 그다지 익숙하지 않을 것이다."

제갈량은 마대를 불러 말했다.

"그대는 강족의 성품을 잘 알고 있으니 길 안내를 해주어라."

이렇게 하여 정예 병사 5만이 관흥, 장포와 함께 길을 떠났다. 관흥과 장포는 며칠간 행군하다가 드디어 강병과 마주쳤다.

관흥이 먼저 기병 100여 명을 이끌고 언덕에 올라가 강병을 살펴보았다. 그들의 군대는 머리부터 꼬리까지 철거鐵車로 이어져 있었고 수레에는 삭송 병기가 그득했다. 그 거대한 행렬은 마치 성 주위를 흐르는 해자垓字를 방불케 했다. 관흥은 하염없이 강병을 바라보았다. 대체 저들을 어찌 상대해야 할지 알 수 없었던 것이다. 관흥은 진채로 돌아와 관흥, 마대와 상의했다. 마대가 말했다.

"내일 적을 자세히 살펴 적의 허실을 파악한 후에 계책을 정하도록 합시다."

이튿날 군대는 관흥이 가운데, 장포가 왼쪽, 마대가 오른쪽으로 나누어 전진하며 강병의 진을 살폈다. 손에 쇠망치를 들고 허리에 보조궁寶彫弓, 보석을 새긴 활을 찬 월길 원수는 말을 세우고 당장이라도 달려들 듯한 위협적인 자세를 취했다. 관흥은 삼로三路의 군대를 불러 모아 함께 전진했다. 그때 강족 군대 중앙에서 철거가 달려나왔다. 궁노들 또한 일제히 화살을 쏘아댔다. 예상치 못한 공격에 촉군은 대패하고 말았다. 마대와 장포의 군대는 뒤로 물러났고 관흥의 군대는 강족 군대에 둘러싸여 서북쪽으로 쫓겼다.

관흥의 군대는 좌충우돌했지만 좀처럼 포위를 벗어날 수 없었다. 빽빽하게 포위하는 철거는 마치 자신들을 둘러싼 해자 같았다. 관흥은 병사들을 살필 겨를도 없이 산골짜기 속에서 길을 찾아 도주했는데 날이 어두워질 무렵, 검푸른 깃발이 빽빽이 들어찬 광경을 보게 되었다. 그 사이에서 쇠망치를 든 강족 장수가 나와 소리쳤다.

"멈춰라! 내가 바로 월길 원수다!"

관흥은 있는 힘껏 도망쳤지만 골짜기 끝에 다다르자 말 머리를 돌려 월길과 겨룰 수밖에 없었다.

하지만 관흥은 몇 합 겨루기도 전에 월길을 당해내지 못하고 다시 골짜기 쪽으로 달아나기 시작했다. 그러나 월길이 휘두르는 쇠망치에 말 뒤꽁무니가 채이는 바람에 말이 골짜기로 쓰러지면서 관흥도 물에 빠지고 말았다. 그런데 돌연 뒤에서 비명 소리가 들리더니 월길도 말과 함께 물속에 처박히는 것이 아닌가.

관흥이 첨벙거리며 돌아보니 언덕 위에서 한 장군이 강병을 무찌르고 있었다. 관흥은 때를 놓치지 않고 칼을 뽑아 월길을 내리쳤지만 월길은 관흥의 칼을 피해 물 밖으로 달아났다. 관흥은 월길의 말을 언덕으로 끌고 가서 안장과 고삐를 정돈한 뒤 칼을 움켜쥐고 말 위에 올라탔다. 관흥이 언덕에 있던 장수를 바라보니 그는 저만치에서 강병을 뒤쫓아 가고 있었다. 관흥은 그를 구해주어야겠다는 생각에 채찍을 휘둘러 말을 달렸다. 안개에 싸인 장군은 불긋한 얼굴에 누에 모양 눈썹을 하고 녹색 옷과 황금 갑옷에 손에는 청룡도를 들고 있었으며 적토마를 타고 손으로는 수염을 쓰다듬고 있었다. 자세히 보니 그 사람은 다름 아닌 자신의 아버지 관운장이었다. 관운장은 크게 놀란 관흥을 보더니 동남쪽 방향을 가리키며 말했다.

"아들아, 너는 이 길을 따라 내려가거라. 네가 진채까지 무사히 내려갈 수 있도록 지켜주마."

관운장은 그렇게 말하고는 사라져버렸다. 관흥은 이 말을 따라 동남쪽 길로 급하게 내달렸다. 한밤중이 되자 과연 군대 한 무리가 나타났다. 바로 장포였다. 장포가 관흥에게 물었다.

"장군! 혹시 둘째 백부님을 뵙지 못했소?"

"아니, 그 일을 어찌 아시오?"

"적의 철거가 추격해 올 때 갑자기 백부님이 나타나더니 강병들을 무찌르고는 '너는 이 길로 내려가 내 아들을 구하라'고 하시는 게 아니겠소? 그래서 군대를 이끌고 찾아온 거요."

관흥도 자신이 겪은 일을 장포에게 이야기했다. 두 사람은 놀라서 입을 다물지 못했다. 두 사람이 진채로 돌아오자 마대가 말했다.

"아무래도 우리 군대는 강병을 물리치기 힘들 것 같소. 나는 남아서 진채를 지킬 테니 두 사람은 승상께 이 일을 고하고 적을 물리칠 계책을 얻어 오시오."

관흥과 장포는 밤새 말을 달려 제갈량을 찾아갔다. 두 사람에게 일의 정황을 자세히 들은 제갈량은 조자룡과 위연 두 사람에게 군대를 이끌고 가서 매복하라고 명했다. 그러고는 다시 병사 3만을 뽑아 강유姜維, 장익, 관흥, 장포에게 "이들을 데리고 마대의 진채로 가서 쉬고 있으라"고 말했다.

이튿날, 제갈량은 높은 데로 가서 적진을 살폈다. 적진은 철거로 촘촘히 연결되어 있고 인마 또한 힘있게 날뛰고 있었다.

"격퇴하기는 어렵지 않겠다."

제갈량은 마대와 장익에게 이렇게 저렇게 하라고 이르고는 강유를 불러 물었다.

"자네는 적을 깨뜨릴 방법을 알겠는가?"

"강족은 제 용맹만 믿고 덤비는 자들입니다. 그들이 오묘한 계책을 알 리 있겠습니까?"

제갈량이 웃으며 말했다.

"그대가 내 마음을 정확히 아는구려. 조만간 검붉은 구름이 빽빽이 깔리고 거센 바람이 불어오면서 큰 눈이 쏟아질 것이오. 그때가 되면 내 계획이 쓰일 일이 있을 것이오."

그는 관흥과 장포에게 군대를 이끌고 가 매복하라 명했고, 강유에게는 나가서 싸우라 명한 후 만일 철거병이 오거든 퇴각하라고 일렀다. 또한 진채 어귀에는 깃발만 꼽아두고 군마는 세워두지 말라고 일렀다. 그렇게 모든 준비를 마쳤다.

12월 하순이 되자 정말 큰 눈이 내렸다. 강유가 군대를 이끌고 나가자 월길은 철거병을 이끌고 나왔는데, 강유는 철거병을 보자마자 진채 뒤로 도망하기 시작했다. 강병들이 진채 가까이에 이르자 진채 안에서 북소리, 거문고 소리가 들려 왔지만 주위에는 깃발만 나부낄 뿐 사람이 보이지 않았다. 월길이 의심스러운 마음에 쉽사리 진격을 명하지 못하자, 아단 승상이 말했다.

"이것은 제갈량의 계략일 뿐입니다. 거짓으로 병사가 있는 듯 위장한 것이니 과감히 나아가 공격하십시오."

월길이 용기를 내어 진채 앞까지 군대를 이끌고 갔다. 그때 수레에 탄 제갈량이 거문고를 안은 채 기병들을 이끌고 진채 뒤로 도망치는 모습이 보였다. 강병들이 진채를 뚫고 산 입구까지 제갈량의 수레를 쫓자 작은 수레가 숲속으로 막 사라지는 모습이 보였다. 아단이 월길에게 말했다.

"설령 저 안에 촉군이 매복해 있다 해도 전혀 두려워할 것 없소."

이에 월길도 힘을 얻어 제갈량의 수레를 뒤쫓았다. 그런데 또다시 강유가 눈보라 속에 달아나는 모습이 보였다. 월길은 더욱 안달이 나서 촉군을 뒤쫓아갔다. 산길은 눈에 뒤덮여 거의 평지에 가까워 보였다. 강병이 한참을 뒤쫓고 있을 때 산 뒤쪽에서 촉병이 나타났다는 보고가 들어왔다. 아단이 말했다.

"그깟 복병쯤 있다 한들 뭐가 두렵겠나?"

이들은 강유를 쫓아 더욱 앞으로 나아갔는데 갑자기 산이 무너지는 듯한 소리가 들리더니 강병들이 곳곳에서 함정에 빠져들기 시작했다. 뒤에서는 철거병들이 달려오고 있었지만 제지할 겨를이 없었다. 강병과 철거병 들은 연이어 함정에 빠졌고 그 속에서 서로 밟고 밟히느라 아우성이었다. 뒤따라오던 강병들은 급히 회군하려 했지만 왼쪽에서는 관흥, 오른쪽에서는 장포가 군대 한 무리를 이끌고 달려와 엄청난 양의 화살을 쏘아댔다. 그들 뒤에서는 강유, 마대, 장익이 세 방향에서 제각기 군대를 이끌고 달려들었다. 철거병은 대혼란에 휩싸였다.

월길은 황급히 말을 돌려 뒤쪽의 산골짜기로 도망치다가 관흥과 마주쳤다. 둘은 말 위에서 칼을 겨루었으나 월길은 1합도 겨루지 못하고 말에서 떨어져 죽고 말았다. 아단 승상은 마대에게 붙잡혀 촉군의 진채로 끌려갔고 이를 본 강병들은 사방으로 흩어져버렸다. 제갈량이 진채의 장막을 들어 올리자 마대가 아단을 끌고 들어왔다. 제갈량은 병사들에게 아단의 결박을 풀어주라 명한 후, 술을 주면서 두려움에 휩싸인 그를 진정시키며 좋은 말로 위로해주었다. 아단은 그러한 제갈량의 덕에 깊이 감격했다. 제갈량이 말했다.

"나의 주군은 대한大漢의 황제이다. 황제께서는 나에게 역적들을 토벌하라는 명령을 내리셨는데, 너희는 어찌하여 역적을 돕는 것이냐? 내가 너를 풀어줄 테니 너희 주군에게 가서 전하라. 우리나라는 너희 나라와 우호 동맹을 맺고자 한다. 그러니 너희도 다시는 역적의 말을 듣지 말도록 하라."

그러고는 사로잡은 병사들과 말, 수레, 무기 등을 모두 돌려주고 아단까지도 본국으로 돌려보내주었다. 강병들은 감사 인사를 하고 자기 나라로 돌아갔다.

이후 제갈량은 밤을 새워 기산으로 삼군을 이동시키며 관흥과 장포에게 앞서 나아가도록 했다. 한편으로는 따로 성도에 사람을 보내어 황제에게 승전을 알리는 표문을 전했다.

지략 해설

눈이 쏟아지는 날씨는 촉군에게 절호의 기회였다. 큰 눈이 내리면 함정을 가릴 수 있고 철거병들의 행군길 또한 미끄럽게 할 수 있었던 것이다. 실제로 강병은 전방의 군대가 함정에 빠진 다음에도 후방 부대가 말을 멈추지 못해, 계속 진격하다가 덩달아 함정에 빠지고 말았다. 촉군은 바로 그 함정 주위에 병사들을 매복해두었다.

활용

현대인들은 제갈량의 계책을 '빌리고' 싶어 한다. 제갈량의 많은 계책이 적은 힘으로 큰 군대를 무찌르고 적은 노력으로 큰 효과를 거두는 것이기 때문이다. 기업가라면 누구나 비와 바람을 불러오듯 유리한 조건을 마련해 크나큰 업적을 이루고 싶어 한다. 지금은 기업의 발판으로 향후 경영 확대를 위한 전제 조건이 되나, 현재는 언제나 한계가 있게 마련이다. 그렇다면 어떻게 해야 할까? 조금 빌려도 무방하다. 기술과 인재 또한 마찬가지다. 이 두 가지는 신제품을 개발하는 데 없어서는 안 될 중요한 요소이지만 반드시 한계가 있다. 그렇다면 또 어떻게 해야 할까? 이 역시 '빌려 오는' 게 한 방법이 될 수 있다.

후출사표
전략적 주도권을 갖다

선제가 예를 다해 유선을 부탁하니
제갈량은 충심과 보국의지에 젖네.
전후 출사표가 지금까지 남아 있어
읽는 이의 옷깃을 눈물로 적시게 하네.

건흥建興 6년서기 228년 가을, 위나라 장군 조휴曹休가 석정石亭에서 동오
군에게 대패하자 동오는 촉나라에 서신을 보내어 위군을 토벌할 병사
를 보내달라고 요청한다. 유선은 한중에 있는 제갈량에게 사람을 보내
이 사실을 알린다. 당시 제갈량은 한중에서 군량을 풍족하게 마련하고
병사와 군마를 훈련시키고 있었는데, 이것은 이듬해 북벌을 준비하기
위해서였다. 제갈량은 이 군대를 이끌고 북벌을 단행하기 전에 다시
유선에게 출사표를 올린다. 이것이 바로 〈후출사표後出師表〉이다.

동오는 촉으로 사신을 보내어 위군과 싸울 병사를 요청하는 서신을

전했다. 서신에는 동오군이 방금 전에 위군을 대파했노라고 적혀 있었는데, 이는 동오군의 기세를 과시하고 촉나라와의 우호 의지를 표명하는 내용이었다. 유선은 크게 기뻐하며 이 서신을 제갈량에게 보냈다.

한편 제갈량은 군량을 풍족하게 마련하고 병사와 군마를 훈련시키고 무기를 완비하는 등 일체의 준비를 끝마친 상태였다. 이때 마침 유선의 서신이 도착하자 제갈량은 잔치를 열어 여러 장수를 격려했다. 그런데 주연이 벌어지고 있을 때 갑자기 큰바람이 불어오더니 정원에 있는 소나무가 툭 부러졌다. 자리에 있던 사람들 모두가 크게 놀란 가운데 조자룡이 어젯밤 병으로 죽었다는 소식이 전해졌다. 제갈량은 탄식하며 말했다.

"자룡의 죽음은 나라의 대들보를 잃은 것과 같고 나에게는 팔 하나를 잃은 것과 같도다!"

자리에 있던 장수들도 저마다 눈물을 떨구었다. 제갈량은 조자룡의 두 아들에게 직접 성도로 가서 유선을 뵙고 상사喪事를 아뢰도록 했다.

유선도 조자룡의 죽음을 전해 듣고 대성통곡했다.

"적병이 추격해 오는 가운데 아버님이 백성들을 이끌고 강을 건널 때 짐은 아직 어린아이였소. 그때 자룡 장군이 말을 타고 달려와 우리를 구해주지 않았다면 짐은 전란 중에 일찌감치 죽었을지도 모르오."

유선은 곧 조서를 내렸다. 조자룡을 성도 금병산錦屛山 동쪽에 후하게 장사를 지내주고 묘당을 세워 사시사철 제를 올리도록 하라는 내용이었다. 자룡의 두 아들은 감사 인사를 올리고 물러갔다.

유선 곁에 있던 신하들이 말했다.

"제갈 승상은 이미 군대를 정비하여 위군을 치러 떠난다 하옵니다. 승상이 보낸 양의楊儀가 출사표를 가지고 왔사옵니다. 살펴보시옵소서."

유선은 표를 받아들고 펼쳐 읽었다.

'선제께서는 한나라와 역적은 함께 존재할 수 없고 왕업은 어느 한 곳에만 안주해서는 안 된다고 생각하시어 신에게 역적을 토벌하는 일이 약함으로 강함을 상대하는 일임을 잘 아셨습니다. 하오나 그런 이유로 역적을 치지 않는다면 왕업은 무너질 것입니다. 신이 감히 말하온데 앉아서 죽기를 기다리기보다 나아가 물리쳐야 하지 않겠습니까? 그리하여 선제께서는 신에게 의심 없이 모든 일을 맡겨주셨사옵니다. 신은 선제의 명을 받든 이래 단 하루도 잠자리가 편하지 않았고 음식을 먹어도 그 맛을 알지 못했습니다. 북방 정벌을 하자면 우선 남방부터 평정해야겠기에 지난 오월에는 노수를 건너 불모의 땅으로 깊이 들어가 하루 양식으로 이틀을 버티며 고생하기도 했사옵니다. 신이 그리한 것은 제 몸을 아끼지 않아서가 아니라 왕업을 서촉에서만 이룰 수 없었기 때문이옵니다. 이것이 선제의 유지를 받든 것이었음에도 시시비비를 논하는 이들은 신의 계책을 비난하고 있습니다. 지금 역적은 서쪽에서 피로함을 느끼고 있고 동쪽에서는 오군과 싸우느라 지쳐 있사옵니다. 병법에서는 적이 피로한 틈을 타 공격해야 한다고 이르고 있으니, 지금이 바로 과감히 나아가야 할 때인 줄 아옵니다. 신이 삼가 아뢰옵건대 고제高帝, 고조 유방께서는 해와 달처럼 혜안이 밝으셨고 모사들의 재주 또한 연못과 같이 깊었으나 험한 일로 상처를 입으신 후에야 편안해지셨습니다. 지금 폐하께서는 고제의 영명하심에 미치지 못하옵고 모사들 가운데에도 장량張良, 유방의 측근 모사, 진평陳平, 한대 재상만 한 이가 없사옵니다. 그런데도 가만히 앉아 계책만으로 수월히 승리를 얻으려 하시니 이는 신이 이해할 수 없는 첫 번째 일이옵니다.

유요劉와 왕랑王郞 또한 일찍이 각 주군州郡에 머무르면서 계책을 논할 때 성인을 끌어대었으나 뱃속 가득 의심이 들어차 있는 터라 정작 어려운 일이 닥쳤을 때는 과감히 나아가지 못하고 주저앉아버렸습니다. 그들이 한 해 두 해 나아가 싸우지 않고 버티니 마침내 손권이 가만히 앉아 강동을 전부 차지하기에 이르렀습니다. 이는 신이 이해할 수 없는 두 번째 일이옵니다.

조조는 지모가 뛰어나고 용병술 또한 손자孫子, 오자吳子 못지않았으나 남양, 오소烏巢, 기련祁連, 여양黎陽에서 어려움을 겪고 북산北山에서 패할 뻔하고 동관潼關에서 죽을 뻔하더니 비로소 한때나마 천하를 평정했사옵니다. 하물며 신처럼 재주가 미약한 이가 어찌 어려운 고비를 겪지 않고 천하를 평정하겠나이까. 이것이 신이 이해할 수 없는 세 번째 일입니다.

조조는 다섯 번 창패昌覇를 쳤으나 항복을 받지 못했고 네 번 소호巢湖를 건너 손권을 쳤으나 성공하지 못했고 이복李服을 등용했으나 배반 당했고 하후연에게 일을 맡겼으나 하후연은 패망했습니다. 선제께서는 항상 조조가 유능하다 하시었으나 그런 그조차 이렇듯 실패를 겪었습니다. 하물며 신이 어찌 수월히 이기기만 하겠나이까. 이것이 신이 이해할 수 없는 네 번째 일입니다.

신이 한중에 온 지 고작 일 년이지만 그사이에 벌써 조자룡, 양군陽群, 마옥馬玉, 염지閻芝, 정립丁立, 백수白壽, 유합劉郃, 등동鄧銅 등 일흔 명이 넘는 곡장曲長, 부대장과 둔장屯將을 잃어 선봉으로 나설 장수가 거의 없사옵니다. 또한 종수賨叟, 남만 장수, 청강青羌, 서강 장수, 산기散騎, 산기성 관리, 무기武騎, 용맹한 기병 등 천여 명을 잃었사옵니다. 그들은 익주 한 고을에서 얻은 이들이 아니라 수십 년에 걸쳐 사지에서 얻은 정예병이었습니다. 또다시 몇 해가 지나면 지금 있는 장수들 가운데 삼 분의 이를 잃게 될 터인데, 그때는 대체 누가 적을 상대하겠습니까. 이것이 신이 이해할 수 없는 다섯 번째 일입니다.

백성들은 궁핍하고 군사들은 지쳐 있습니다. 그럼에도 북방 정벌을 여기서 그만둘 수는 없습니다. 나아가 싸우거나 머물러 버티거나 군마에 드는 수고와 비용은 다르지 않사옵니다. 그런데도 속히 나아가 북벌을 단행하지 않고 한곳에 오래 머물러만 있으니 이것이 신이 이해하지 못하는 여섯 번째 일이옵니다.

무릇 천하의 일은 단정하기 어려운 법입니다. 지난날 선제께서 초 땅에서 패하자 조조는 천하를 평정했다 좋아했사옵니다. 그러나 훗날 선제께서는 동오와 손잡고 서촉을 취하신 뒤 군대를 일으켜 북쪽을 정벌, 하후연의 수급을 얻었사옵니다. 이것은 조조의 계략이 실패한 것으로 한실부흥의 대업이 마침내 이루어질 만한 때였습니다. 하지만 동오가 맹약을 어겨 관우 장군이 패했고 선제께서 자귀秭歸에서 일을 그르치시어 조비가 그 틈에 황제를 칭하고 나왔사옵니다. 무릇 모든 일이 이처럼 헤아리기가 쉽지 않사옵니다. 이제 신은 몸과 마음의 정성을 다해 죽을 때까지 나라를 위해 일하고자 합니다. 이 일의 성패와 이해를 신은 감히 헤아릴 수 없사옵니다.'

유선은 제갈량의 출사표를 읽고 기뻐하며 즉시 제갈량의 출사를 허락한다는 칙령을 내렸다. 이에 제갈량은 유선의 명을 받들어 30만 정예병을 일으켰다. 제갈량은 전군의 선봉으로 위연을 임명하고 대대적인 북방 정벌의 길을 떠났다.

지략 해설

　제갈량의 〈후출사표〉는 결연한 필치로 고통스러운 속마음을 고백한다. '왕업이 촉의 도성 한곳에서만 머물러서는 안 된다', '앉아서 죽기만 기다린다면 누가 적을 토벌하겠는가'라는 문장은 북벌에 대한 제갈량의 의지를 반영한다. 사실 촉나라 같은 약소국은 전략적 주도권을 쥐고 있어야만 자국을 안전하게 방어할 수 있다. 그렇지 않고 수동적 입장만을 취한다면 자기 나라가 바로 전쟁터가 될 수 있기 때문이다. 그때가 되면 상황은 돌이킬 수 없게 된다.

활용

　후출사표는 소극적이고 비관적인 생각을 매섭게 질타하면서 촉한의 신하들에게 커다란 경종을 울리고 있다. 진취 정신이 없으면 앉아서 죽을 날만 기다리게 된다. 신하들이 온통 그런 생각을 가지고 있다면 촉한의 미래는 없다고 해도 과언이 아니다. 이는 또한 역적을 소탕하고 한실을 부흥시키고자 했던 선제의 뜻을 헛되이 만드는 일이기도 하다. 이런 말이 있다.
　'글에는 도가 실려 있어야 한다文以載道.'
　이는 미사여구보다 글 안에 담긴 뜻이 살아 있어야 한다는 뜻이다. 글의 영혼은 행간에 깃든 정신에 달려 있다. '신은 몸과 마음의 정성을 다해 죽을 때까지 나라를 위해 일하고자 합니다'라는 문장에는 북벌에 대한 제갈량의 비장한 의지와 강한 신념이 담겨 있다.

제갈량의 〈후출사표〉는 주도적으로 경쟁사회를 살아가야 함을 일깨워 준다. '먼저 손을 쓰는 자는 강해지지만 나중에 손을 쓰는 자는 위태롭게 된다'고 했다. 적극적이고 주도적인 방어야말로 적의 공격을 빈틈없이 차단하는 최상의 방책이다.

우중에 철군하는 위군
외부의 힘을 빌려 승리하다

제갈량, 지루한 장마를 전쟁에 이용하기로 마음먹네.

위나라 군주 조예는 조진을 대사마大司馬 정서대도독征西大都督으로 임명하고 사마의를 대장군 정서부도독으로, 유엽을 군사軍師로 임명했다. 세 사람은 인사를 올리고 물러나 40만 대군을 이끌고 장안으로 향했다. 장안을 거쳐 검각劍閣으로 내달려 한중을 빼앗기 위해서였다. 곽회, 손례孫禮 등도 길을 택해 행군했고 한중을 지키고 있던 병사들은 이 소식을 성도에 전했다. 그때는 마침 제갈량도 병세가 호전되어 매일 인마를 훈련시키며 팔진법을 가르치고 있었다. 제갈량도 중원을 탈환하려는 생각이었던 것이다. 그런데 그때 한중이 위태롭다는 소식이 들려왔다. 제갈량은 즉시 장의와 왕평을 불러 말했다.

"그대 둘은 기병 천 명을 이끌고 가서 진창陳倉의 옛길을 지키며 위군魏軍을 막아내시오. 나도 곧 대군을 이끌고 뒤따라가리다."

장의와 왕평이 말했다.

"위군은 사십만 대군이라 들었습니다. 게다가 팔십만이라 소문을 내며 허장성세를 부리는 듯한데, 저희더러 어찌 천 명의 군사로 요충지를 지키라 하십니까? 위병이 일시에 들이닥치기라도 하면 상대할 수 없을 것입니다."

제갈량이 말했다.

"나도 군사를 많이 내어드리고 싶지만 군졸들에게 괜한 고생을 시킬 것 같아 그리했소."

그 말에 장의와 왕평은 서로 얼굴만 멀뚱멀뚱 바라보면서 좀처럼 자리를 떠나지 못했다. 제갈량이 말했다.

"천 명의 군대를 모두 잃는다 해도 그대들 탓은 아니니 어서 떠나도록 하시오."

두 사람은 울상을 지으며 말했다.

"승상, 저희를 죽이시려거든 차라리 여기서 죽이십시오. 저희는 도저히 사지로 떠날 수 없습니다."

제갈량이 웃으며 말했다.

"나에게 다 생각이 있으니 어서들 가시오. 어젯밤 천문을 보니 필성畢星, 스물여덟 개 별자리 중 하나이 태음太陰, 달에 걸려 있더이다. 이달 안에 반드시 큰비가 내릴 것이오. 위군이 사십만이라 한들 그들이 어떻게 감히 험한 산속까지 쳐들어오겠소? 그러니 많은 군대도 필요 없을뿐더러 우리 군사들은 한 사람도 다치지 않을 것이오. 대장들은 한중 땅에서 한 달만 꼼짝 말고 버티시구려. 그때가 되어 위군이 물러나면 내가 대군을 이끌고 가 대대적으로 습격할 것이오. 이는 '편안히 앉아 적이 지치기를 기다렸다가 공격하는 것'으로, 이렇게만 하면 우리의 십만 군사로 적의 사십만 대군을 거뜬히 물리칠 수 있소."

그제야 두 사람은 인사를 하고 물러났다. 제갈량은 곧 대군을 이끌고 한중으로 가서 요충지마다 마른 장작, 마초, 군량 등을 준비하라고 했다. 가을장마에 대비할 수 있도록 식량도 한 달분으로 넉넉히 준비하고 각 군의 병사들에게도 한 달 분량의 의복과 음식을 나누어준 뒤 출정할 날만 기다렸다.

한편 조진과 사마의는 대군을 이끌고 함께 진창성에 이르렀다. 그런데 성안에는 집 한 채 보이지 않았다. 어찌 된 일인가 싶어 성안의 백성에게 물어보니 제갈량이 회군하면서 모조리 불태워버렸다고 했다. 조진은 진창의 길을 따라 계속 진군하려 했지만 사마의가 막아섰다.

"이대로 계속 가시면 안 됩니다. 오늘 밤 천문을 보니 필성이 태음에 들어 있었습니다. 이는 필시 큰비가 내릴 조짐입니다. 지세가 험한 곳에 이르기라도 하면 승리를 장담할 수 없습니다. 그렇다고 돌아가기에는 병사와 말 모두 지쳐 있으니 성안에 움막이라도 세워 비를 피하면서 말과 병사들을 쉬게 하는 게 좋을 듯합니다."

조진은 그의 말을 받아들였다. 그렇게 보름이 지나기 전에 정말로 비가 내렸다. 장대 같이 쏟아지는 비는 좀처럼 그칠 줄 몰랐다. 진창성 바깥 평지에도 물이 석 자나 고였다. 무기는 모두 녹슬어갔고 병사들도 제대로 잠을 이루지 못하고 밤낮으로 불안에 떨었다. 비는 한 달 동안 그치지 않고 내렸는데, 말들은 풀을 먹지 못해 죽어갔고 병사들의 원성도 잦아들지 않았다. 이 소식은 낙양에도 전해졌다. 위주가 단을 쌓고 비가 그치기를 기원했지만 소용없었다. 그때 황문시랑黃門侍郞 왕숙王肅이 아뢰었다.

"전지前志, 역사서에 이르기를 '천 리 밖에서 양식을 대어 군사들을 먹이면 군사들은 군사들대로 허기를 면치 못하고 현지에서 풀을 뜯어 밥을 지어 먹자면 장수가 제대로 잠도 자지 못할 만큼 고생스럽다'라고 했습니다. 평지에서 행군할 때도 이러한데, 험지에 들어가면 이보다 백 배는 더 수고로운 것입니다. 더욱이 계속되는 장마로 산길마저 미끄러울 텐데 이런 길을 통해 군량을 조달하기란 더더욱 어려운 일입니다. 이런 상황은 행군할 때 가장 꺼리는 조건입니다. 조진의 군대가 떠난 지 한 달이 넘었다고 들었사옵니다. 하온데 아직 절반도 못 가서 새로 길을 닦는 일에 모든 병사가 동원되고 있다 합니다. 이러다가는 병서에서 크게 꺼리는 대로 '적에게 가만히 앉아 우리가 지치기를 기다릴 시간'을 벌어주지 않을까 두렵습니다.

전대前代의 무왕武王, 주나라 왕은 주紂, 은나라 마지막 왕를 치고자 관문을 나섰으나 결국 다시 돌아왔고 무제조조와 문제조비께서도 손권을 치려고 장강에까지 이르셨으나 결국 건너지는 않으셨습니다. 이것은 모두 하늘의 시기를 따르고자 한 것으로 변화에 기꺼이 순응하신 도리입니다. 바라옵건대 폐하께서도 빗속에 고생하는 병사들의 노고를 헤아리시어 이들이 편히 쉬었다가 후일 다시 나아가 싸우도록 하심이 옳은 줄로 아옵니다. 이렇게 할 때 백성들도 '기쁜 마음으로 어려움을 이겨내고 목숨도 아까워하지 않을 것'이라 사료되옵니다."

위주는 상주문을 다 읽고는 조진과 사마의에게 입궐하라 명했다.

한편 조진과 사마의는 함께 의논하고 있었다.

"이렇게 한 달 내내 비가 내리니, 병사들도 전의를 잃고 집으로 돌아가고만 싶어 합니다. 대체 이를 어찌하면 좋겠소?"

사마의가 말했다.

"아무래도 돌아가야 할 듯합니다."

"그러나 제갈량이 우리를 뒤쫓아올 수도 있소이다. 그리되면 우린 어찌해야 하오?"

"양쪽에 군대를 매복시켰다가 뒤를 끊으면 무사히 회군할 수 있을 것입니다."

이렇게 한참을 궁리하고 있는데, 마침 위주의 조서가 도착했다. 조진과 사마의는 전군을 후군으로 하고 후군을 전군으로 해서 천천히 물러났다.

지략 해설

장마 조짐이 보이자 제갈량은 이제까지의 경험을 바탕으로 이를 계책화했다. 제갈량은 날씨를 이용한 덕분에 적은 병력으로 40만 대군을 가볍게 물리칠 수 있었다. 이 지략으로 아군의 손실이 없었음은 물론 장시간 충분한 휴식까지 취할 수 있었다.

활용

위대한 전략가답게 제갈량은 외부의 힘을 빌려 아군의 약점을 보완하면서 병력을 강화하기도 했고, 외부의 인력과 기술을 빌려 자국의 낙후된 과학 수준을 끌어올리면서 신기술 개발에 박차를 가하기도 했다.

팔괘진
동태적 분석의 힘

이 이야기는 제갈량과 사마의가 정면으로 부딪치면서 치열하게 펼친 지략이 빛을 발하는 대목이다.

위주는 조진의 죽음을 전해 듣고는 사마의에게 출전 명령을 내렸다. 사마의는 대군을 이끌고 가서 전쟁 하루 전날 제갈량에게 전서戰書, 싸움을 청하는 서신를 보냈다. 이를 본 제갈량은 장수들을 불러놓고 말했다.

"조진이 죽은 게 틀림없다."

제갈량은 내일 바로 싸우자는 내용의 서신을 사마의에게 전했다. 그날 밤 그는 강유에게 밀계를 넣었고, 관흥에게도 밀계를 내렸다.

이튿날 제갈량은 기산에서 군대를 정비하고 위수로 갔다. 그곳은 전투하기에 안성맞춤이었는데, 강과 산 사이에 위치한 광활한 들판이었다.

이윽고 위군과 촉군이 만나 북을 세 번 두드리자 위군 진영의 문기門旗가 펼쳐지면서 사마의가 말을 타고 나왔다. 제갈량은 사륜거 위에 단정히 앉아서 우선을 흔들고 있었다. 사마의가 제갈량을 보고 말했다.

"우리 주인께서는 지난날 요순의 법도를 이어받아 이 대에 걸쳐 황위를 지내시며 중원을 다스려오셨다. 그럼에도 촉과 오를 그대로 두고 계신 까닭은 우리 주상께서 너그럽고 인자하시어 백성들이 다칠까 염려하시기 때문이다. 너는 남양에서 밭이나 갈던 주제에 천수天數도 깨닫지 못하고 이처럼 강역을 침탈하고 있으니 마땅히 죽음으로 다스려야 할 대죄렷다! 하지만 네가 잘못을 깨닫고 마음을 고쳐먹어 속히 군을 돌려 국경이나 지키면서 정족지세鼎足之勢, 삼분三分의 형세를 유지한다면 무고한 백성들을 칼에서 구할 것이요, 네 목숨 또한 온전히 보존할 수 있을 것이다!"

제갈량이 웃으며 말했다.

"선제께서는 내게 탁고託孤, 임금이 죽기 전에 태자와 국정을 보살펴달라고 부탁함의 중임을 맡기시었는데, 내 어찌 너 같은 도적을 온 힘으로 토벌하지 않을 수 있겠느냐? 너희 조씨는 머지않아 우리 한에게 멸망하고 말 것이다. 너희 조씨는 한 황실의 신하였거늘 어찌 봉록의 은혜를 갚지 않고 도리어 역적질을 하고 있단 말이냐! 부끄러운 줄 알라!"

사마의가 얼굴을 붉히며 말했다.

"얼른 나와서 자웅을 겨루어보자! 네가 나를 이기면 나는 이후로는 결코 대장이 되지 않을 것이다. 하지만 네가 패한다면 너는 일찌감치

고향으로 돌아가야 할 것이다!"

"나와 대체 무엇으로 겨루겠느냐? 장수, 군대, 진법? 말해보아라!"

"먼저 진법으로 겨루자!"

"좋다. 내게 먼저 진법을 펼쳐 보여라!"

사마의는 장막 안으로 들어가 황색 깃발을 들고 좌우의 군대를 움직여 진을 벌였다. 그러고는 다시 말 위로 올라가 물었다.

"이 진법을 알겠느냐?"

제갈량이 웃으며 말했다.

"우리 군에서는 말단 장수라도 다 아는 것이다. 혼원일기진混元—氣陣이 아니냐?"

사마의가 말했다.

"이번에는 너의 진법을 보겠다."

제갈량은 진 안으로 들어가 부채를 흔들며 진을 벌이더니 진 밖으로 나와서 말했다.

"내 진법을 알겠느냐?"

"팔괘진八卦陣 아니냐? 그따위 진법을 누가 모른단 말이냐?"

"내 진법을 안다면 깨뜨릴 수도 있느냐?"

"진법을 아는데 어찌 못 깨겠느냐!"

사마의는 본진으로 돌아가 대릉戴陵, 장호張虎, 악침樂綝 세 장수를 불러 말했다.

"지금 제갈량이 벌인 진에는 휴休, 생生, 상傷, 두杜, 경景, 사死, 경驚, 개開의 여덟 개 문이 있다. 너희는 동쪽의 생문으로 들어가서 서남쪽 휴문을 뚫고 나와 다시 북쪽 개문으로 쳐들어가라. 그러면 거뜬히 진을 깰 수 있을 것이다. 조심하는 것을 잊지 마라."

이에 장호가 앞에, 대릉이 중간에, 악침이 뒤에 자리를 잡고 각각 기병 30명씩을 이끌고 생문으로 진격했다. 사마의와 제갈량의 군대는 서로 함성을 지르며 아군의 힘을 북돋웠다. 세 장수는 촉의 진 안으로 들어섰지만 진이 성처럼 견고하게 이어져 있어서 좀처럼 빠져나오지 못했다. 세 장수는 황망한 채로 진각陣角을 돌아 서남쪽으로 달려갔다. 하지만 촉병들이 저지하고 있어서 방어막을 뚫지는 못했다. 진 안은 겹겹으로 들어차 있는 데다 각 진에는 모두 문이 있었다. 그러다 보니 어디가 동서남북인지 분간할 수조차 없게 되었다. 세 장수는 서로를 돌볼 겨를도 없이 이리 부딪히고 저리 부딪히며 혼란에 빠졌다. 이윽고 눈에 보이는 것은 스산한 구름과 자욱한 안개뿐이었다. 돌연 어디선가 함성이 일면서 위군 병사들이 한 명씩 결박되어 끌려 나갔다.

제갈량이 장막 한가운데 앉아 있고 그 좌우로 장호, 대릉, 악침이 끌려왔다. 이어 위군 병사 90명이 차례로 붙잡혀 왔다. 제갈량이 웃으며 말했다.

"너희를 모두 사로잡기는 했다만 이 무슨 대수랴! 너희를 사마의에게 돌려보낼 터이니 가서 병서를 다시 읽고 전술 공부를 제대로 한 뒤에 다시 겨뤄보잔다고 전해라."

제갈량은 장수들의 옷을 모두 벗기고 얼굴에 먹칠을 하여 진 밖으로 내보냈다.

사마의는 크게 화를 내며 장수들에게 말했다.

"이렇듯 예기가 꺾여버리면 무슨 면목으로 대신들을 뵙는단 말이냐?"

사마의는 곧바로 삼군을 지휘하여 촉진을 공격하기로 하고 몸소 검을 들고 장수 100여 명과 함께 촉진을 향해 내달렸다.

촉군과 위군이 맞붙자 각 진영에서는 일제히 북을 두드리며 함성을 내질렀다. 그때 날랜 기세로 서남쪽을 치고 들어오는 군대가 있었다. 바로 관흥이었다. 사마의는 후군을 보내 관흥을 막아보았지만 앞쪽에서 다시 공격을 받고 말았다. 위군은 대혼란에 빠졌다. 원래는 강유가 관흥의 군대를 상대하려고 했지만, 촉군이 세 방향에서 일제히 협공해 들어오는 통에 뜻대로 할 수 없었다.

놀란 사마의는 철군을 서둘렀다. 촉군이 그런 위군을 끝까지 뒤쫓자 사마의는 삼군을 이끌고 필사적으로 길을 열어 도망쳤다. 그 과정에서 위군의 병사 십수 명이 부상을 당했다. 사마의는 위수 남쪽에 있는 진채로 회군한 후 문을 닫아걸고 나오지 않았다.

지략 해설

제갈량의 팔괘진은 진법을 그대로 따르지 않은 것이어서 변화무쌍하고 예측하기 힘들었다. 그 때문에 진법에 따라 돌파를 시도한 사마의는 끝내 실패하고 말았다. 어떤 일을 하는 데서 규칙이 능사는 아니다. 변화의 묘를 구사할 줄 아는 안목 또한 무척 중요하다.《사기》〈화식열전貨殖列傳〉은 말한다.

'생계를 잘 꾸리는 자는 사람을 잘 고르고 때에 맞게 일한다善治生者,能擇人而任時.'

이는 적절한 시기를 잡아 그때를 따라 움직여야 함을 강조한 말이다.

경쟁이 심한 비즈니스 현장은 전쟁터와 다르지 않다. 적을 알고 나를 아는 것도 중요하지만 경쟁 상대의 약점을 파악하고 그에 걸맞은 전략을 정확히 구사하는 것이 더 중요하다. 그렇지 않고 일반론과 원칙만 고수하며 상황 변화를 무시한다면 치명적인 실패에 직면할 수도 있다.

성공의 법칙은 간단하다. 최적의 선택을 했을 때 쉽게 바꾸지 않는 것이다.

활용

변증법의 원리는 어떤 사물이든 그 안에 원래 존재하는 것과 상반되는 다른 면이 공존하고 있음을 역설한다. 우등과 열등, 이익과 손해, 얻음과 잃음, 나아감과 물러남, 움직임과 멈춤 등 모든 대립 요소는 서로 의존하며 역동적으로 위치를 바꾸어간다. 그러므로 정태적靜態的 분석은 차후의 변화까지 담아내지 못하는 한계가 있다. 변화하는 현실에 발맞춘 동태적動態的 접근만이 객관적 현실을 반영한다는 사실을 명심하라.

목우유마
승리의 비결, 혁신

험준한 검각관으로 내달리는 유마,
기울어진 골짜기를 기어오르는 목우.
후세에도 이런 비법을 쓸 수 있다면
근심 없이 모든 것을 들어 옮기련만.

'목우木牛'와 '유마流馬'는 크게 두 가지 목적으로 쓰였다.

첫째는, 촉나라 군대가 식량을 검각劍閣으로 운송하는 길이 불편해 사람과 우마 모두 어려움을 겪고 있을 때 이 문제를 해결하기 위해서였다. 특히 목우유마는 '먹이'도 필요 없었기 때문에 밤낮으로 이용할 수 있었다.

둘째, 제갈량은 이 목우유마로 위군을 격퇴하려는 계획을 갖고 있었다. 그에게는 그저 새로운 물건일 뿐이지만 사람들 눈에는 목우유마가 신기해 보였기 때문이다. 그는 창의적 혁신이야말로 큰일을 이루는 결정적 조건임을 알고 있었다.

제갈량은 작은 수레를 타고 기산에 올라 주변 지세를 살펴보았다. 그런데 멀찍이 보이는 한 골짜기의 형세가 조롱박과 비슷해 1천여 명 정도가 그 안에 들어갈 수 있을 것 같았다. 두 산이 합쳐지는 또 다른 골짜기에도 군사 4, 5백은 들어갈 수 있을 듯했다. 반면에 그 두 산을 둘러싼 길은 겨우 사람 하나와 말 하나가 지나갈 수 있을 정도로 폭이 좁았다. 제갈량은 이를 보고 크게 기뻐하며 길 안내를 하는 관원에게 물었다.

"여기가 어딘가?"

"상방곡上方谷이라고도 하고 호로곡胡蘆谷이라고도 합니다."

제갈량은 장막으로 돌아와 비장裨將인 두예杜叡와 호충胡忠을 불러 밀계를 속삭였다. 그러고는 군 안의 목공 장인 1천여 명을 모아 호로곡 입구에서 목우유마를 만들게 했다. 마대에게는 군사 5백을 주어 골짜기 어귀를 지키도록 했다. 제갈량은 마대에게 특별히 당부했다.

"목공들은 절대 골짜기 밖으로 나가게 해서는 안 되고 외부인을 골짜기 안으로 들어가게 해서도 안 된다. 사마의의 계책을 무너뜨리는 일이 이번 일에 달려 있으니, 절대 이 일이 밖으로 흘러나가게 해서는 안 된다."

마대는 명령을 받고 떠났다. 두예와 호충은 골짜기에서 목공들을 지켜보았고, 제갈량은 매일 그곳에 들러 목공 작업을 지휘했다.

하루는 장수 양의가 와서 말했다.

"우리의 모든 군량은 검각에 있는데, 소와 말로는 이 양식들을 옮기기가 힘듭니다. 어찌하면 좋을까요?"

제갈량이 웃으며 말했다.

"내 오래전에 생각해둔 방법이 있소. 일전에 다듬어놓은 나무와 서천에서 실어 온 나무들로 목우유마를 만들고 있다오. 이것들로 군량을 실어 올 것이니 너무 염려하지 않아도 되오. 목우유마들은 물을 마시지도 않고 풀을 뜯지도 않으니 밤낮을 가리지 않고 양식을 옮길 수 있소."

"목우유마가 있다는 말은 생전 들어본 적이 없는데, 승상께서는 어떻게 그런 기이한 물건을 만들 줄 아십니까?"

제갈량이 말했다.

"만들고는 있으나 아직 완성되지 않았소. 이제 목우유마를 만드는 법과 자세한 모양, 길이를 적을 터이니 다들 보시오."

제갈량이 종이를 펼쳐 그 위에 목우유마를 만드는 법을 적으니, 그 자리에서 있던 장수들은 또 한 번 놀랐다. 제갈량은 먼저 목우를 만드는 법을 말했다.

"네모난 배에 머리는 둥글고 배에 다리가 넷이며 머리는 목 안으로 들어갈 수 있고 혓바닥은 배에 붙어 있습니다. 많이 실으면 걸음이 느리겠지만 혼자 갈 때는 수십 리, 떼를 지어 갈 때는 이십 리를 족히 갈 수 있지요. 굽은 것은 소의 머리가 되고, 쌍이 되는 것은 소의 발이 되며, 옆으로 가로지른 것은 소의 목덜미, 돌아가는 것은 소의 다리, 덮인 것은 소의 잔등, 네모난 것은 소의 배, 아래로 드리워진 것은 소의 혓바닥, 굽은 것은 소의 늑골, 파서 새긴 것은 소의 이빨, 선 것은 쇠뿔, 가느다란 것은 소의 굴레, 잡아맨 것은 소의 꼬리끈입니다. 소는 수레 둘을 끄는데, 사람이 여섯 자를 가면 소는 네 걸음을 가도록 되어 있습니다. 소 한 마리가 열 사람이 한 달 먹을 식량을 옮기는데, 사람은 힘이 들지 않고 소는 물을 마시거나 풀을 뜯지 않소."

이어 제갈량은 유마를 만드는 법도 말했다.

"갈빗대의 길이는 삼 척尺, 1척은 한 치의 열 배로 약 30.3cm에 해당한다 오 촌寸, 1촌은 한 자의 10분의 1 또는 약 3.03cm에 해당한다, 너비는 삼 촌, 두께는 이 촌 이 푼1푼은 한 치의 10분의 1로, 약 0.3cm에 해당한다으로 좌우가 같으며 앞바퀴의 굴대 구멍은 먹줄을 쳐서 머리에서 사 촌 되는 곳에 있고 지름은 이 촌으로 합니다.

앞다리의 구멍은 먹줄을 쳐서 이 촌으로, 앞바퀴 굴대 구멍까지 사 촌 오 푼, 너비는 일 촌으로 합니다. 앞가름대 구멍은 앞다리의 구멍까지 먹줄을 쳐서 이 촌 칠 푼 되는 곳에 내며 구멍의 길이는 이 촌, 너비는 일 촌으로 합니다. 뒷바퀴 굴대 구멍은 앞가름대에서 먹줄을 쳐서 일 척 오 촌 떨어진 곳에 만들고 크기는 앞바퀴 굴대 구멍과 같게 합니다.

뒷다리의 구멍은 먹줄을 쳐서 뒷바퀴 구대 구멍에서 삼 촌 오 푼 떨어진 곳에 내며 크기는 앞다리의 구멍과 같게 합니다. 뒷가름대 구멍은 뒷다리 구멍에서 먹줄을 쳐서 이 촌 칠 푼 떨어진 곳에 내며 뒤의 적재함은 뒷가름대의 구멍에서 먹줄을 쳐서 사 촌 오 푼 떨어진 곳에 냅니다. 앞가름대의 길이는 일 척 팔 촌, 너비는 이 촌, 두께는 일 촌 오 푼으로 하며, 뒷가름대도 이와 같이 합니다.

널빤지로는 상자 두 개를 만드는데, 두께는 팔 푼, 길이는 이 척 칠 촌, 높이는 일 척 오 푼, 너비는 일 척 팔십육 촌으로 합니다. 한 상자마다 쌀 두 섬 서 말이 들어가도록 되어 있습니다. 그 위에 걸치는 가름대의 구멍은 갈빗대 아래로 칠 촌 되는 곳에 내어 앞뒤가 똑같게 합니다.

위의 가름대 구멍은 아래 가름대 구멍에서 먹줄을 쳐서 일 척 삼 촌 떨어진 곳에 내며 구멍의의 길이는 일 촌 오 푼, 너비가 칠 푼으로 여덟 구멍이 모두 같습니다. 앞뒤 네 다리는 너비가 이 촌, 두께가 일 촌

오 푼입니다. 모양은 코끼리와 비슷한데, 마른 가죽의 길이는 사 촌, 지름은 사 촌 삼 푼입니다. 구멍 지름 안에는 가름대를 세 다리로 걸치며 길이는 이 척 일 촌, 너비는 일 촌 오 푼, 두께는 일 촌 사 푼으로 해서 가름대와 같게 합니다."

제갈량의 설명을 들은 장수들이 일제히 엎드려 절하며 말했다.

"승상은 참으로 신인이십니다!"

며칠 후 유마가 완성되었는데, 그 모양이 살아 있는 짐승과 다르지 않았다. 산을 오르내릴 때의 편리함도 이루 말할 수 없었다. 이를 지켜본 장수 모두가 기뻐했다. 제갈량은 우상군 고상에게 군사 1천 명을 주어 목우유마를 몰고 검각과 기산의 진채를 오가며 군량과 마초를 운반하게 했다.

지략 해설

큰일을 이루는 데 필요한 독자적인 생각, 즉 창의성은 독립적 사고에서 나온다. 창의성은 해결책이 없다고 여겨지는 순간에도 새로운 방향을 탐지하고 완전히 다른 관점을 제시한다.

창의성은 자신의 생각과 재능을 끄집어내어 활동에 생기를 부여하는 능력이다. 모든 사람은 일상 속에서 해결하기 힘든 문제와 마주치거나 벗어날 수 없는 '함정'에 빠져 몸부림치곤 한다. 이때 창의성이 제공하는 새로운 관점은 문제를 전혀 다른 각도에서 바라보게 하고 뜻밖의 해결이나 국면 전환을 이끌어낸다. 그렇기에 창의적 사고는 승리의 관건이라고 할 수 있다. 개인이든 기업이든 창의성을 무시하면 평범한 수준에서 벗어나지 못한다. 창의적 사고가 습관화된 사람의 인생은 더없이 찬란할 것이다.

활용

누구나 창의적인 인간이 될 수 있다. 노력만 하면 얼마든지 자신 안에 있는 창의적 잠재력을 끌어낼 수 있는 것이다. 창의력이 부족하다고 느끼는 사람은 다음의 항목을 체크해보고 구체적으로 무엇이 부족한지 살펴보자.

- 힘써 싸우려는 확고한 의지가 부족하다.
- 실패를 두려워한다.

- 지금의 성공이 나중에 불리한 영향을 미치지 않을까 봐 두려워한다.
- 눈앞의 이익에 집착하는 경향이 있다.
- 변화가 삶에 불리한 결과를 초래할까 봐 두려워한다.
- 정신적 · 신체적 활력이 부족하다고 느낀다.

자신의 능력을 아낌없이 발휘해야 창의적 역량도 배가된다. 자신의 한계를 극복해갈 때 창의적 성취의 기쁨도 커진다는 사실을 명심하라.

사후의 일을 안배하다
업무의 인수인계

승상의 사당, 어디 가서 찾을까.
금관성錦館城 바깥 측백나무 우거진 곳이네.
풀빛이 섬돌에 비치니 봄기운 완연하고
꾀꼬리 소리 나뭇잎 사이로 들리니 듣기 좋아라.
삼고초려의 수고는 천하를 위한 계책,
두 대를 이어 섬긴 늙은 충신의 마음이었네.
출사하여 이기지 못하고 몸이 먼저 죽으니
영웅의 옷깃은 눈물로 젖는구나.

《삼국지연의》에서 제갈량은 그야말로 목숨이 다하도록 충성한다.
그는 죽음을 앞두고 스스로 예비한다. 그는 인재 양성에 각별한 관심
을 기울였는데, 자신이 죽은 뒤에도 촉한 왕조를 위해 열심히 일할 문
무 인재가 필요했기 때문이다.

제갈량은 오래도록 앓은 병이 다시 도지자 마음이 혼란스러웠다.
그는 아픈 몸을 이끌고 장막 밖으로 나와 천문을 보다가 깜짝 놀랐다.
그는 장막 안으로 돌아와 강유에게 말했다.
"내 살날도 얼마 남지 않은 듯하다."

강유가 물었다.

"어찌 그런 말씀을 하십니까?"

"삼태성三台星을 보니 그 가운데 있는 객성客星이 유난히 밝고 주성主星은 오히려 희미하더구나. 천문이 이러하니 내 명운도 알 수 있고 말고."

"천문이 그러하다면 승상께서는 어찌 기양법祈禳法, 액을 막는 법술을 써서 명운을 구하려 하지 않으십니까?"

"기원하는 법을 모르지는 않으나 하늘의 뜻이 어떠한지 몰라 망설여지는구나. 그대는 갑사甲士, 갑옷 차림의 군사 마흔아홉 명에게 각자 검은 옷을 입히고 검은 깃발을 들려서 장막 바깥에 둘러서게 하라. 나는 장막 안에서 북두성에 기원을 올릴 것이다.

만일 칠 일 안에 주등主燈이 꺼지지 않으면 내 명운보다 십이 년을 더 살 수 있을 것이지만 등불이 꺼진다면 나는 곧 죽게 될 것이다. 잡인은 장막 안으로 들이지 말고 필요한 물건은 아이 두어 명을 시켜 운반하게 하라."

강유는 그대로 명을 따랐다.

때는 8월 중추, 은하수가 유난히 아름답고 이슬이 영롱하게 맺힌 밤이었다. 깃발도 움직임이 없이 서 있고 조두刁斗, 야전용 솥, 낮에는 솥으로 쓰고 밤에는 징처럼 두드려 경계하는 데 썼다를 치는 소리도 없었다. 강유는 장막 밖에서 갑사 49명과 함께 장막을 지키고 섰다. 제갈량은 장막 안에서 향기로운 꽃등을 제물로 올려놓고 바닥에는 큰 등을 7개 밝히고 장막 둘레에는 작은 등 49개를 늘어놓았다. 그리고 한가운데에는 본명등本命燈, 목숨을 상징하는 주등을 놓았다.

제갈량은 절하고 축문을 외웠다.

"제갈량은 난세에 태어나 본래는 산야임천山野林川에서 늙어가려 했습니다. 하지만 소열황제昭烈皇帝, 유비께서 세 번이나 찾아주시고 돌아가실 때도 어린 태자를 저에게 맡기시어 저 또한 역적을 토벌하기 위해 견마지로犬馬之勞를 다해왔습니다. 하오나 장성將星이 떨어지고 이 몸의 수명도 다하려 하나이다. 삼가 짧은 글로 자비로운 하늘에 엎드려 비오니 부디 저의 간절한 마음을 살피시어 목숨을 조금만 늘려주셔서 위로는 임금의 은혜에 보답하고 아래로는 백성들을 구제하며 옛 땅을 되찾아 한 왕조의 강산을 길이 이어가게 하옵소서. 이는 망령된 기원이 아니오라 간절한 마음이오니, 부디 굽어 살펴주시옵소서."

이튿날 제갈량은 병든 몸을 이끌고 군무를 살폈으나, 자꾸만 피를 토했다. 그럼에도 그는 낮에는 군대의 일을 의논하고 밤에는 북두성께 바치는 기도를 계속했다.

한편 사마의는 군영을 굳게 지키던 중 밤하늘을 올려다보고는 기뻐하며 하후패夏候霸에게 말했다.

"장성이 제자리를 잃었으니 제갈량이 병이 난 게 틀림없다. 오래가지 않아 죽을 듯하니 너는 군사 천 명을 이끌고 오장원五丈原으로 가서 촉군의 허실을 살펴보도록 해라. 만약 촉군이 혼란에 빠져 싸우러 나오지 않는다면 제갈량이 중병에 걸렸다는 뜻이니, 반드시 그대로 진격하여 촉군을 무너뜨려야 한다."

하후패는 곧장 군대를 이끌고 오장원으로 갔다.

제갈량이 장막 안에서 기도를 드린 지 여섯째 날 밤이었다. 제갈량은 주등이 여전히 밝게 빛나는 것을 보고는 기뻐했다.

이때 강유가 장막 안으로 들어왔다. 장막 안에서는 제갈량이 머리를 풀어 헤치고 칼을 든 채 답깅보두踏罡步斗, 북두칠성 별자리를 밟듯 발걸음을 옮기며 기

^{도하는 것}를 하고 있었다. 그때 갑자기 진채 밖에서 요란한 함성이 들려왔다. 강유는 즉시 병사들에게 나가서 살펴보라고 일렀다. 이윽고 위연이 돌아와 보고했다.

"위군이 쳐들어왔습니다!"

그런데 급하게 들어오는 위연의 발길에 주등이 걸려 넘어지면서 등불이 꺼지고 말았다. 제갈량이 이를 보고 탄식하며 말했다.

"아, 죽고 사는 일은 빌어서 되는 게 아니구나!"

위연은 황공해하며 바닥에 엎드려 죄를 청했다. 강유는 머리끝까지 화가 나서 칼을 쳐들고 위연을 내리치려 했다. 제갈량이 그런 강유를 말리며 말했다.

"내 명이 다할 때가 되어 불이 꺼진 것일 뿐 위연의 잘못이 아니다."

제갈량은 피를 토하더니 침상에 쓰러지며 위연에게 말했다.

"사마의는 내가 병이 났다 여기고 사람을 보내 우리 군의 허실을 정탐하고 있을 것이다. 그대는 어서 가서 적과 싸우도록 하라."

위연은 명을 받은 즉시 장막에서 나와 병사들을 이끌고 하후패의 군사들을 물리치러 갔다. 제갈량은 그렇게 20리쯤 쫓다가 다시 돌아온 위연에게 진채를 굳게 지키라고 명했다.

이제 제갈량의 병세는 돌이킬 수 없을 만큼 깊어져 있었다. 강유가 장막 안으로 들어와 제갈량에게 병세가 어떤지 물었다. 제갈량이 말했다.

"나는 중원을 회복하고 한실을 부흥시키기 위해 있는 힘을 다했다. 그러나 하늘의 뜻이 이러하니 나는 살날이 많이 남지 않았다. 나는 평생에 배운 바를 스물네 편, 십만 사천 백십이 자의 글로 남겨놓았다. 그 안에는 팔무八務, 칠계七戒, 육공六恐, 오구五懼의 가르침이 담겨 있는

데 여러 장수 중 그대만이 이를 전수받을 만하다. 그러니 결코 소홀히
하지 마라."

강유는 울며 절하면서 그 책을 받았다. 제갈량이 말을 이었다.

"일전에 나는 '연노지법連弩之法'을 연구해놓았다. 아직 사용해보지
는 못했으나 여기 도본을 그려두었으니 나중에 그대로 만들어 사용해
보라. 팔 촌 길이의 화살을 한 번에 열 개씩 쏘는 법이다."

이어 제갈량은 마대를 불러 가까이 오게 하고 귓속말로 은밀한 명
령을 내렸다. 그러고는 다짐하듯 말했다.

"내가 죽은 후에 즉시 그대로 행하라."

마대는 밀계를 받고 물러났다.

얼마 후 양의가 들어왔다. 제갈량은 양의를 침상 근처로 불러 비단
주머니 하나를 주며 말했다.

"내가 죽으면 위연은 반드시 돌아설 것이오. 만약 그리되거든 그와
진을 벌이고 이 주머니를 열어보시오. 그리하면 위연의 목을 벨 사람
이 있을 것이오."

제갈량은 이렇게 일일이 당부하고는 혼절했다가 저녁 늦게 깨어나
유선에게 올리는 표를 썼다.

유선은 제갈량의 소식을 듣고 놀라서 상서 이복에게 밤새워 제갈량
을 병문안하도록 하고 여러 뒷일도 물어보도록 했다.

이복은 밤새 말을 달려 오장원에 도착하여 제갈량에게 유선의 뜻을
전했다. 이복이 제갈량에게 안부를 물으니 제갈량은 눈물을 흘리며 말
했다.

"내 불행히도 대업을 이루지 못한 채 명이 다하게 되었소. 국가 대
사를 중도에 그르치다니 천하에 큰 죄를 짓는구려. 내가 죽은 후에도

그대들은 충성을 다해 주상을 보필해주시오. 이전에 있던 제도는 함부로 고치지 말고 내가 부리던 이들을 가벼이 폐해서도 안 되오. 병법은 모두 강유에게 전했으니 그가 내 뜻을 이어받아 나라를 위해 힘을 다할 것이오. 내 목숨은 다할 날이 머지않았으니 그 즉시 이 표문을 주상께 올려주시오."

이복은 제갈량에게 하직 인사를 한 뒤 성도로 돌아갔다.

제갈량은 억지로 몸을 일으켜 좌우의 병졸들에게 부축을 받으며 수레에 올랐다. 수레를 타고 진채 곳곳을 두루 살피려니 차디찬 가을바람이 얼굴에 와 부딪히고 찬바람이 뼛속까지 스몄다. 제갈량은 긴 한숨을 뱉으며 탄식했다.

"아, 다시는 싸움터로 나가 적을 토벌하지 못하겠구나. 하늘은 넓고 푸르나 아득히 멀기만 하구나."

한참을 탄식한 제갈량은 장막으로 돌아왔으나 병은 더 깊어져 있었다. 제갈량은 양의를 불러 당부했다.

"왕평, 요화, 장의, 장익, 오의 등은 모두 충의지사로서 오랜 세월 전쟁터를 누비며 많은 공을 세웠소. 앞으로는 무슨 일이든 전적으로 믿고 맡겨도 좋소. 내가 죽으면 모든 일을 옛 법에 따라 행하고 군대를 퇴각시킬 때는 서두르지 말고 천천히 하시오. 그대는 지략이 뛰어나니 많은 말을 하지 않아도 될 것이오. 강유는 지모와 용맹을 겸비한 자이니 내 사후의 모든 일은 그의 결단에 맡겨도 좋소."

양의는 울며 제갈량의 분부를 받들었다.

제갈량은 문방사보文房四譜, 붓, 먹, 벼루, 종이를 가져오라 하여 침상에 앉은 채로 유선에게 올리는 표문을 써 내려갔다. 그 내용은 대체로 다음과 같았다.

'생사의 이치는 불변하므로 정해진 수명에서 벗어날 수 없다 들었사옵니다. 신은 이제 엎드려 죽음을 앞두고 있으나 미력한 충성이나마 다하고자 하옵니다. 어리석고 졸렬한 신 제갈량은 어려운 때에 큰 명을 받들어 승상의 직에 올라 군대를 일으켜 북벌에 나섰으나 공을 이루지 못하고 병이 들어 목숨이 조석에 걸렸나이다. 폐하를 끝까지 섬기지 못하리라고는 차마 생각하지 못했으니 한스럽고 또 한스러울 따름입니다. 엎드려 비오니 폐하께서는 오직 마음을 맑게 하고 욕심을 줄이시고 몸가짐을 검소히 하시고 백성들을 사랑하시어, 선제의 뜻을 받들고 효성을 다하시고 천하에 은혜를 베푸소서. 또한 숨은 인재를 찾아내시고 현명한 선비들을 아끼시며 간사한 무리를 물리치시어 풍속을 두텁게 하시옵소서.

성도에 있는 신의 집에는 뽕나무 8백 그루와 밭 15경頃이 있사오니 자손들이 넉넉하게 살아갈 것입니다. 신이 외방外方의 임무로 나와 있는 동안에는 필요한 모든 것을 관아에서 받아 쓰고 따로 살림을 늘리지 않았습니다. 신은 죽는 날까지 비단 한 조각, 재물 한 푼 따로 남기지 않아 폐하의 믿음을 저버리지 않고자 합니다.'

표문을 다 쓴 제갈량은 다시 양의에게 당부했다.

"내가 죽은 후에는 발상發喪하지 말고 큰 감실龕室, 사당 안의 신주를 모셔두는 곳을 만들어 그 안에 내 시신을 두고 백미 일곱 알을 내 입속에 넣고 다리 밑에는 등잔 하나를 밝혀주시오. 군중은 평소와 같이 안정케 하고 절대 곡을 하지 말도록 하시오. 이렇게 하면 장성이 떨어지지 않을 것이오. 나는 음혼陰魂으로 우리 군을 지킬 터이니 사마의도 장성이 떨어지지 않아 놀라고 의심할 것이오. 그동안 우리 군사들은 뒤쪽 진채부터 하나씩 퇴군하도록 하시오. 사마의가 추격해 오면 즉시 진을 벌이고 깃발을 늘여 세운 다음 북을 치시오. 그러다가 적군이 오면 미리 만들어둔 나의 목상木像을 수레에 싣고 좌우의 군사들로 하여금 호위하게 하고 적진 앞으로 밀고 나가시오. 사마의가 이를 보면 필시 놀라 달아날 것이오.”

양의는 제갈량의 당부를 하나씩 되새겼다. 그날 밤 제갈량은 사람들의 부축을 받으며 장막을 나와 북두성을 바라보았다. 그는 손가락으로 멀리 하늘을 가리키며 말했다.

“저것이 나의 장성이다.”

모두 하늘을 바라보니 희미한 별 하나가 금방이라도 떨어질 듯이 흔들리고 있었다. 제갈량은 검으로 그 별을 가리키며 입으로 주문을 외웠다. 그러나 그는 주문을 다 외우기도 전에 기운을 차리지 못했고 곧 장막으로 옮겨졌다.

당황한 장수들은 일대 혼란에 빠졌다. 상서 이복은 다시 와서 제갈량이 침상에 쓰러져 있는 모습을 보더니 큰 소리로 울며 말했다.

“내가 국가 대사를 그르쳤구나!”

얼마 후 정신을 차린 제갈량이 주변을 둘러보니 이복이 자신의 침상을 지키고 있었다. 제갈량이 그런 이복을 보며 말했다.

“왜 다시 오셨는지 압니다.”

이복이 말했다.

“승상께서 돌아가신 후 황제께서는 누구에게 대사를 맡겨야 하는지 승상께 물어보라는 명을 내리셨습니다. 그런데 아까는 여쭙지 못해 이렇게 다시 돌아왔습니다.”

“제가 죽은 후에 대사를 맡길 사람은 장공염裴公琰, 장완입니다.”

“공염 뒤에는 누구에게 맡겨야 합니까?”

"비문위費文褘, 비의가 좋을 겁니다."

"비문위 뒤에는 누가 좋겠습니까?"

제갈량의 대답이 없었다. 장수들이 가까이 가서 보니 제갈량은 이미 숨을 거둔 후였다. 건흥 12년서기 234년 8월 23일, 제갈량의 나이 54세 때였다. 후세에 제갈량을 찬탄하며 지은 시가 있다.

뛰어난 재능은 관중管仲 악의樂毅보다 낫고

교묘한 계책은 손자 오기吳起를 능가하도다.

늠름한 출사표,

당당한 팔진도,

공 같은 성덕은

고금에 다시 없어라.

그날 밤에는 하늘과 땅도 수심에 잠기고 달도 빛을 잃었다. 제갈량은 그렇게 하늘로 돌아갔다.

강유와 양의는 제갈량의 명대로 곡을 하지 않고 시신을 염습한 다음 감실에 모셨다. 이들은 심복 3백 명에게 감실을 지키도록 한 후, 마지막으로 모든 진채에 조용히 명령을 내려 소리 없이 퇴군했다.

지략 해설

우리는 장기적으로 치밀한 인사 계획의 중요성을 잘 알고 있지만, 그 뒤에 숨은 사실은 잘 알지 못한다. 제갈량이 그토록 세세하게 뒷일을 언급할 수 있었던 것은 오래전부터 그 문제를 숙고해왔기 때문이다. 일의 전반을 이끄는 리더라면 이처럼 넓고 깊게 생각할 수 있어야 한다.

활용

오늘날은 과거처럼 '한 사람의 영웅'이 천하를 지배하는 시대가 아니다. 여러 형태의 조직이 사회 전반을 지배하고 있기 때문이다. 그럼에도 사람들은 여전히 영웅을 추앙한다. 그래서 기업이건 국가이건 한 사람의 영웅이 집단의 운명을 좌지우지하고 심지어 그 집단의 성공과 실패까지 결정짓곤 한다. 이런 기업은 지도자 한 사람의 역량이 탁월할 때는 거침없이 앞으로 나아갈 수 있지만, 그 사람이 떠나버리면 기업 전체가 완전히 힘을 잃고 만다. 그러므로 우리는 언제나 사후 승계 문제를 진지하게 고심해야 한다.

위연의 목을 벨 자 누구인가

상대방의 습관적 사고와 약점을 간파하라

위연의 마음을 꿰뚫어 본 제갈량,
훗날 위연이 서천에서 모반할 일을 알았네.
비단 주머니에 계책을 담아두었을 줄 그 누가 알았으랴.
이제 마대가 눈앞에서 그 계책을 이루네.

위연은 앞으로 자신이 군대를 통솔하여 위군을 상대하겠다고 하면서 양의, 강유, 장완 등이 회군을 결정한 뒤에도 군대를 이끌고 그들을 방해했다. 그러나 그는 결국 제갈량이 예비해놓은 마대에게 죽임을 당하고 만다. 기고만장했던 배반 장수가 제갈량의 신묘한 계책에 목을 내놓은 것이다.

양의는 군대가 길을 막고 있다는 소식을 듣고 사람을 보내 사정을 알아보게 했다. 정탐꾼은 돌아와 위연이 잔도棧道를 끊고는 군대를 앞세워 길을 막아서고 있다 보고했다. 양의는 제갈량의 말이 생각나 깜짝 놀랐다.

"승상께서 살아 계실 때 위연의 반란을 예견하시더니 정말로 그런 일이 일어날 줄이야! 돌아갈 길이 끊겼으니 이를 어찌하면 좋단 말인가?"

그때 비의가 말했다.

"그자가 잔도를 끊고 앞길을 막고 있다면 분명 천자께는 우리가 반역을 꾀했노라고 거짓으로 고했을 것입니다. 그러니 우리도 위연의 반란을 천자께 상주하고 그자를 토벌합시다."

강유가 말했다.

"이 근처에 좁게 난 길이 하나 있는데, 이름이 사산槎山이라고 합니다. 지세가 험준하기는 해도 그 길을 이용하면 잔도 뒤로 빠져나갈 수 있습니다."

이들은 황제께 올리는 표문을 쓰는 한편 군마를 시산 쪽으로 이동시켰다.

한편 성도에 있던 유선은 어쩐지 마음이 편하지 않아 식사도 거르고 잠도 못 이룬 채 뒤척이는 일이 많아졌다. 그러던 어느 날, 유선은 성도에 있는 금병산錦屏山이 와르르 무너지는 꿈을 꾸었다. 깜짝 놀란 유선은 이튿날 아침 어전에 모인 백관들에게 꿈 이야기를 했다. 그러자 초주가 아뢰었다.

"신이 어젯밤 천문을 보니 붉은색 별 하나가 길게 꼬리를 그으며 동북쪽에서 서남쪽으로 떨어졌습니다. 아무래도 승상께서 화를 입으신 듯한데, 폐하께서도 산이 무너지는 꿈을 꾸셨다 하니 더욱 그런 조짐으로 보입니다."

유선은 초주의 말에 당혹감을 감추지 못했다. 그때 마침 이복이 돌아왔다는 보고가 들어왔다. 유선은 급히 이복을 불러 오장원의 일을 물었다. 이복은 머리를 조아리고 울음을 터뜨리며 승상의 임종 소식을 전했다. 유선은 통곡하며 말했다.

"하늘이 나를 버리시는구나!"

그는 곧바로 침상에 쓰러졌고 신하들은 급히 유선을 부축해 후궁으로 모셔갔다. 오태후吳太后도 이 소식을 듣고 통곡을 그칠 줄 몰랐다. 백관들도 하나 같이 애통해했고 백성들 또한 울며 슬퍼했다.

유선은 상심에 젖어 연일 조회도 열지 않았는데, 갑자기 양의가 반역을 꾀하고 있다는 내용의 표문이 올라왔다. 위연이 보낸 것이었다. 문무백관은 크게 놀라 유선에게 이 사실을 알렸다. 마침 오태후도 궁 안에 있었다. 유선은 보고를 받고 깜짝 놀라 가까이 있는 신하에게 표문을 읽어보라고 명했다.

"정서대장군 남정후 위연은 황송함에 머리 조아리며 아뢰옵니다. 병권을 틀어쥔 양의가 군대를 거느리고 반역을 꾀하고 있고 양의의 무리 또한 승상의 영구를 빼앗고 적군마저 국경 안으로 끌어들이려 하고 있나이다. 이에 신은 잔도를 불태워 끊음으로써 이들을 막아 세우고 있나이다."

표문을 읽고 난 유선이 말했다.

"위연은 용장이 아닌가? 양의의 무리쯤이야 능히 막아낼 수 있을 터인데 어찌 잔도를 불태웠을꼬?"

그러자 옆에 있던 오태후가 말했다.

"일찍이 선제께서 말씀하시기를, 제갈 승상이 위연의 뒤통수를 보고는 반역할 상이라며 죽이려 했다가 그의 용맹이 아까워서 그냥 쓰고 있다 하시었습니다. 그러니 위연의 표문은 쉽게 믿을 바가 못 되옵니다. 오히려 양의야말로 문인이며 승상께서도 믿고 쓸 만하다 여겨 그에게 장사長史의 직을 맡기지 않으셨습니까? 한쪽의 말만 듣고 양의의 일을 판단할 수 없으니 차후에 더 숙고해보심이 옳을 듯합니다."

다른 관원들도 함께 이 일을 논하고 있는데, 마침 양의로부터 급히 표문이 올라왔다. 가까이 있는 신하가 그 표문을 읽어 내려갔다.

"장사 수군장군 양의, 성은에 황공하여 머리 조아리며 아뢰나이다. 승상께서는 임종하실 즈음 대사를 신에게 맡기시며 만사를 옛 법에 따라 처리하되 함부로 바꾸지 말라고 당부하셨습니다. 더불어 위연으로 하여금 뒤를 끊게 하고 강유에게는 뒤를 대비하라고 하셨습니다. 그런데 지금 위연이 승상의 유언을 따르지 않고 스스로 군대를 거느리며 먼저 한중으로 들어가 잔도를 불태우고 승상의 영거靈車마저 빼앗고 모반을 꾀하고 있습니다. 창졸간에 일어난 일인지라 삼가 급히 표문을 올리옵니다."

표문을 다 들은 태후가 말했다.

"경들은 어찌 생각하시오?"

장완이 아뢰었다.

"신의 어리석은 소견으로는 양의가 비록 성품이 과격하여 사물을 포용하지 못하기는 하오나 군량과 마초를 담당하고 군무에도 참여하는 등 오랫동안 승상과 함께 일해왔습니다. 승상 또한 임종하시면서 양의에게 대사를 맡기셨으니 그는 결코 함부로 반역할 이가 아닙니다. 반면에 위연은 평소에도 제 공만 믿고 오만방자하여 다른 이들을 온통 아랫사람 대하듯 했습니다. 하지만 양의는 그런 위연에게 아랑곳하지 않고 당당히 처신하였습니다. 이에 위연이 양의에게 반감을 품어온 줄로 아옵니다. 그런데 양의가 군대를 통솔하게 되자 위연이 이에 불만을 품고 일부러 잔도를 태워 길을 막은 후 거짓을 상주하여 양의를

156

해하려는 듯합니다. 신 장완, 제 가족의 목숨을 걸고 아뢰옵건대 양의는 결코 반란을 일으킬 자가 아니옵니다. 하오나 위연에 대해서는 그리 보증하지 못하겠나이다."

동윤도 아뢰었다.

"위연은 제 공만 믿고 기고만장한 데다 매사 불평불만이 많아 평소에도 원망의 말을 입에 달고 살아왔사옵니다. 그럼에도 감히 반역하지 못했던 것은 승상이 두려웠기 때문입니다. 그런데 이제 승상이 돌아가시니 그 틈을 타서 반란을 일으키려 하는 것이라 사료되옵니다. 양의는 재주가 기민하고 승상에게도 크게 쓰인 인물입니다. 그런 자가 어찌 반란을 꾀하겠사옵니까?"

유선이 물었다.

"위연이 정녕 모반했다면 어떻게 해야 막을 수 있겠소?"

장완이 아뢰었다.

"승상께서는 줄곧 위연을 의심하셨으므로 마땅히 이에 대한 계책을 양의에게 남기셨을 것입니다. 만일 양의에게 꺼리는 바가 있다면 어찌 골짜기 어귀로 군대를 물렸겠습니까? 위연은 이미 승상이 남긴 계책에 걸려들었을 터이니 폐하께서는 심려 놓으시옵소서."

얼마 후 위연의 표문이 또다시 올라왔다. 양의가 기어이 반란을 일으켰다는 내용이었다. 그 표문을 읽고 있는데, 양의의 표문 또한 다시 올라왔다. 이 역시 위연이 반란을 일으켰다는 내용이었다. 두 사람은 번갈아 표문을 올리며 서로 상대가 반란을 일으켰다 고하고 있었다. 이때 비의가 도착했다는 보고가 들어왔다. 유선은 비의를 궁 안으로 불러들였다. 비의는 위연의 배반을 자세히 아뢰었고, 마침내 유선은 결단을 내렸다.

157

"진실로 그러하다면 동윤은 절節을 가지고 가서 좋은 말로 위연을 달래보아라."

동윤은 어명을 받들어 떠났다.

한편 위연은 잔도를 불태우고 남곡南谷에 주둔하여 좁고 험한 골짜기 어귀를 지키고 있으면서 스스로 대단한 계책이라도 벌인 양 득의양양해 있었다. 그는 양의와 강유가 어둠을 틈타 군대를 이끌고 남곡 뒤쪽으로 빠져나갔으리라고는 꿈에도 생각지 못했다. 양의는 한중을 잃어버리지는 않을까 염려하는 마음에 하평을 선봉으로 하는 군사 3천을 미리 앞서서 가게 했고, 이어 승상의 영구를 이끌고 한중으로 갔다.

한편 하평은 군대를 이끌고 남곡 뒤편으로 가서 북을 두드리며 함성을 질렀다. 척후병이 급히 위연에게 달려가 이를 알렸다.

"양의가 선봉 하평에게 산중 소로를 지나게 하여 우리 군에게 싸움을 걸고 있습니다."

화가 난 위연은 급히 말에 올라 칼을 뽑아 들고는 적을 상대하러 달려 나갔다. 하평과 위연의 군대가 원을 이루며 마주 서자, 하평이 말을 달리며 소리쳤다.

"역적 위연은 어디에 있느냐?"

위연도 지지 않았다.

"네놈이야말로 양의를 도와 모반을 꾀한 주제에 감히 누구를 욕하느냐!"

하평도 고래고래 소리쳤다.

"돌아가신 승상의 골육이 아직 식지 않았거늘 네 어찌 감히 모반을 하느냐!"

그러고는 채찍을 휘두르며 다시 말했다.

"너희 군사들은 모두 서천 사람으로, 부모 형제 처자식 친구들 모두가 서천에 있지 않느냐! 승상께서 살아 계실 때 너희를 박대하지 않았는데, 어찌 역적을 도울 수 있단 말이냐? 차라리 고향으로 돌아가 상급을 기다리는 편이 낫다!"

하평의 말을 들은 병사 대부분이 소리를 지르며 흩어졌다. 위연은 불같이 화가 나서 칼을 빼 들고 하평에게 내달렸다. 하평은 장으로 위연을 상대했지만 몇 합 겨루지도 않은 채 패한 척 달아나기 시작했다. 위연은 매섭게 그 뒤를 쫓았다. 그러자 하평의 군사들이 일제히 위연에게 활을 쏘았다. 위연은 다급히 말을 돌려 도망치려다가 자신의 군사들이 산산이 흩어지는 광경을 목격했다. 위연은 머리끝까지 화가 나서 그중 몇의 목을 베었다. 그러나 걷잡을 수 없이 흩어지는 군사들을 상대하기란 역부족이었다. 그런 가운데 마대의 군대가 도망치지 않고 굳건히 서 있는 모습이 보였다. 위연은 마대에게 말했다.

"공이 진심으로 나를 도우니 내가 반드시 그대의 공을 저버리지 않겠소."

그러고는 마대와 함께 하평을 추격했다. 하평은 군대와 함께 바람같이 사라지고 없었지만 위연은 남은 군사들을 모아 대오를 정리하며 마대와 상의했다.

"차라리 투항하는 게 어떻소?"

마대가 말했다.

"장군의 말씀은 지혜롭지 않소이다. 사내대장부가 어찌 패업을 도모하지 않고 남에게 무릎을 꿇을 생각부터 하십니까? 나는 장군이 지모와 용기를 겸비한 무사이며 양천에서는 장군을 대적할 이가 없다 여겨왔습니다. 나는 맹세코 장군과 함께 한중을 탈취할 것이며, 그다음에는 서천으로 진격할 것이외다."

위연은 크게 기뻐하며 마대와 함께 남정으로 출병했다. 강유는 남정성에서 위연과 마대 군대의 위용을 보고는 급히 성문을 닫아걸었다. 위연과 마대는 성 앞에서 소리쳤다.

"어서 나와 항복해라!"

강유는 양의와 이 일을 상의했다.

"위연도 용맹한데 마대까지 그를 돕고 있으니 대적하기 쉽지 않을 듯합니다. 대체 어떤 계책이 좋을는지요?"

양의가 말했다.

"승상께서 임종하실 때 비단 주머니를 주시며 당부하지 않았습니까? 위연이 모반하여 그자와 대적하게 되거든 주머니를 열어보라고요. 위연을 죽일 계책이 그 안에 들었다고 하셨습니다. 어서 주머니를 열어봅시다."

비단 주머니를 열어보니 그 안에는 이렇게 씌어 있었다.

'위연과 대적할 때까지 기다렸다가 말 위에서 열어보시오.'

강유가 기뻐하며 말했다.

"승상께서 이런 계약戒約을 주셨으니 장사께서 행하시구려. 나는 먼저 군대를 이끌고 성 밖으로 나가리다."

강유는 곧바로 갑옷을 입고 말에 올랐다. 그는 칼을 든 채 군사 3천을 이끌고 성문을 나섰다. 두 군대가 부딪치니 북소리가 하늘까지 올렸다. 양측은 각자 진을 펴고 대치했다. 강유는 창을 세워 들고 문기 아래로 달려 나가며 소리쳤다.

"역적 위연, 이놈! 지난날 승상께서 그토록 너를 아끼셨거늘 어찌 반역을 꾀한단 말이냐!"

위연은 말을 탄 채 칼을 비껴들고 말했다.

"네가 끼어들 일이 아니다. 어서 양의나 나오라고 해라!"

그때 양의는 비단 주머니를 열어서 보고 있었다. 양의는 제갈량이 마련해둔 계책을 다 읽고는 기쁜 얼굴로 달려 나왔다. 그는 진 앞에 말을 세워두고는 손으로 위연을 가리키며 비웃었다.

"승상께서는 이미 너의 배반을 예상하고 계셨다! 그래서 나에게 잘 대비하라고 당부하셨지. 오늘 보니 그 말씀이 정녕 틀리지 않았구나. 네놈이 말 위에서 '누가 감히 나를 죽이랴?'라고 세 번 외친다면 내가 너에게 한중 땅을 넘겨주겠다."

위연은 껄껄 웃으며 대답했다.

"양의, 네놈! 잘 들어라. 제갈량이 살아 있다면 조금이라도 두려운 마음이 들겠으나 제갈량이 이미 죽었는데, 천하에 누가 감히 나와 대적하겠느냐? 그런 말쯤은 세 번이 아니라 삼만 번이라도 외칠 수 있다!"

위연은 칼을 쳐든 채 말 위에서 소리쳤다.

"누가 감히 나를 죽이랴?"

그의 첫 마디가 끝나기도 전에 뒤에서 누군가가 대답했다.

"내가 너를 죽여주마!"

그가 칼을 한 번 내리치니 위연의 목이 말 아래로 굴러떨어졌다. 모두가 놀라 고개를 돌려보니 위연을 벤 장수는 다름 아닌 마대였다. 사실 제갈량은 임종하기 전에 마대에게 남모르게 명령을 내려두었다. 위연이 "누가 감히 나를 죽이랴?"라고 외치면 곧바로 달려가 그의 목을 치라는 밀계였다. 양의는 비단 주머니를 펼쳐보고 마대가 왜 위연의 부하 행세를 하고 다니는지 깨닫게 되었고, 주머니에 써 있는 대로 행하자 위연의 목을 벨 수 있었다. 이 일에 관하여 후대에 쓴 시가 있다.

제갈량은 미리 위연의 속을 꿰뚫어 보고
훗날 서천에서 일어날 모반을 짐작했네.
비단 주머니 속 계책을 그 누가 헤아렸으랴만
마대가 앞에서 그 일을 성공시키네.

지략 해설

위연은 지모와 용기를 겸비한 장수였지만 죽은 제갈량은 살아 있는 위연보다 한발 앞서 있었다. 리더로서의 제갈량은 죽은 후에도 무시할 수 없는 영향력을 행사했다.

활용

'허를 찌르는 공격'에서 중요한 것은 '기발함'과 '창의성'이다. 상대의 습관적인 생각 속에 숨어 있는 허점을 찾아서 공격하라. 길들여진 사고, 습관화된 패턴, 굳어진 상식을 깨부수면 뜻밖의 승리를 거둘 수 있다.

제2장

기이하고도
고상한 지략

_제갈량의 지략술

사람은 누구나 자기 생각, 능력, 지위, 학식 등을 잣대로 하여 자신과 수준이 비슷한 사람을 라이벌로 삼는다. 오늘날의 경쟁사회에서는 라이벌의 유무와 더불어 그 상대가 진정한 적수인지, 그리고 장기적 혹은 단기적 적수인지 판별하는 문제가 매우 중요하다. 현명한 리더는 경쟁 상대에 관한 지식과 자신감을 바탕으로 전략을 세운다.

일찍이 제갈량은 사마의가 자신의 계책을 근거로 언젠가는 공성계空城計를 펴리라고 예상했다. 그러나 조진, 장합, 왕쌍 같은 위나라 장수들은 그런 지모를 갖추지 못했다고 판단했다. 이렇듯 승리를 거머쥐려면 먼저 경쟁 상대에 대해 잘 알고 있어야 한다. 현명한 전략가는 언제나 적을 알고 나를 안다. 상대방에 관한 충분한 정보를 손에 넣으면 정확한 전략을 세울 수 있다.

사위를 맞이하는 동오
미인계를 깨뜨리다

손권의 어머니가 감로사에서 사윗감을 보니
유비가 신방에서 신부를 맞이하네.
천하제일인 줄 알았던 주랑의 계책,
애끓은 부인과 병사만 잃고 말았네.

제갈량은 유비를 동오로 보내 손권의 누이동생을 부인으로 맞도록
했다. 이는 동오와의 연합을 위해서도 매우 중요한 일이었다. 그러나
손권과 주유의 속셈은 다른 데 있었다. 유비와의 혼인을 미끼로 형주
를 차지하려고 한 것이다.

유기劉琦, 유표의 장남가 병으로 죽자 동오에서는 노숙을 문상객으로 보
내면서 형주의 반환을 요구하기로 했다. 하지만 제갈량은 유비에게 서
천을 얻은 후 형주를 돌려주겠다는 내용의 문서를 써 보내도록 했다.
노숙이 동오로 돌아가 주유에게 이런 사실을 전하자 주유는 격노하며 제갈량을 비난했다. 그때 강북으로 보낸 정탐꾼이 동오로 돌아와 유비의 부인 감甘씨가 죽었다는 소식을 전했다. 이 말을 들은 주유는 계책 하나를 떠올렸다.

손권의 누이를 유비에게 시집보내는 것! 그렇게 된다면 유비를 동오로 불러들일 수 있고 형주를 돌려받을 때까지 붙잡아둘 수도 있을 것이었다. 주유는 즉시 서신을 써서 노숙을 통해 손권에게 전했다.

손권은 편지를 읽고 기뻐하며 여범呂范을 형주로 보내 유비에게 혼사를 청했다. 여범이 유비를 만나 혼인에 관한 이야기를 나눌 때 제갈량은 병풍 뒤에서 잠자코 둘의 이야기를 듣고 있었다. 유비는 여범을 돌려보내며 며칠 내에 결정을 내리겠다고 말했다.

제갈량은 유비에게 그 혼인을 수락하라고 권했지만, 유비는 주유가 자신을 해칠지도 모른다며 강동 가기를 꺼렸다. 그러자 제갈량이 웃으며 말했다.

"주유의 계책은 저와는 상대가 되지 않습니다. 주공께서 오후吳侯의 누이를 부인으로 맞아들이시고 형주도 잃지 않을 방법이 있으니 염려하지 마십시오."

제갈량은 손건을 동오로 보내 일을 처리하도록 했다.

건안 14년 10월, 유비는 조자룡과 손건을 비롯한 군사 5백 명과 함께 배를 타고 남서쪽으로 떠났다. 배가 떠나기 전에 제갈량은 조자룡에게 비단 주머니를 건네며 이 안에 계책이 들어 있으니 필요한 때에 열어보라고 말했다.

배가 동오에 도착하자 조자룡은 제갈량이 일러준 대로 우선 첫 번째 비단 주머니를 열어보았다. 그런 다음 함께 온 군사 5백 명에게 시내 곳곳을 돌아다니며 물건을 사면서 유비와 손권의 누이가 혼인한다는 소문을 퍼뜨리라고 했다. 한편 유비와 조자룡은 손책과 함께 주유의 장인인 교국로喬國老를 찾아가 인사 올리고 유비와 손권의 누이가 혼인하게 되었다는 말을 전했다.

교국로는 즉시 오국태吳國太, 오 부인, 손권의 어머니에게 이 소식을 전했다. 이를 처음 들은 오국태는 곧바로 사람을 풀어 소문을 확인했고, 그제야 유비와 자신의 딸이 혼인하게 되었다는 사실을 알았다.

오국태가 화를 이기지 못해 어쩔 줄 몰라 할 때 마침 손권이 안으로 들어왔다. 손권은 그 일이 진짜가 아니라 계략일 뿐이라고 해명했지만, 오국태는 분을 이기지 못한 채 주먹으로 가슴을 치며 울었다. 그녀는 손권과 주유를 싸잡아 욕하며 당장 감로사甘露寺로 가 유비를 만날 것인데, 만약 마음에 들면 유비를 정말 사위로 삼겠노라 말했다.

손권은 모친의 말대로 일을 처리하기로 하면서 감로사에 자객을 매복시켰다. 만일 어머니가 유비를 마음에 들어 하지 않으면 그 자리에서 유비를 베어버리기로 한 것이다. 그런데 뜻밖에도 오국태는 유비를 아주 마음에 들어 했다.

"진정 내 사윗감이로다!"

한참 후에 조자룡이 칼을 차고 들어오더니 유비의 숙소에 자객이 여럿 숨어 있더라고 말했다. 유비는 오국태 앞에 무릎을 꿇고는 자기를 죽이려거든 지금 당장 죽여달라며 눈물을 흘렸다. 이에 오국태가 손권을 나무라자 손권은 이 모든 일이 가화賈華의 소행이라며 책임을 떠넘겼다. 오국태는 이 말을 믿고 가화의 목을 치려 했지만, 유비가 만류하여 가화는 가까스로 목숨을 건질 수 있었다.

유비가 대업 성취의 꿈을 새로이 다지며 대전을 나서려는 순간 정원 쪽에 놓인 돌 하나가 그의 눈에 띄었다. 유비는 돌을 바라보며 소원을 빌었다.

"만일 저의 대업이 이루어질 것이라면 칼로 내리쳤을 때 이 돌이 쪼개지도록 하소서."

그러고는 칼로 내리치니 그 큰 돌이 정말 두 쪽으로 쪼개졌다.

유비와 손권은 함께 경치를 구경하며 거닐었는데, 이때 평온히 강위를 떠가는 배를 본 유비가 그것을 가리키며 말했다.

"남방 사람들은 배를 잘 타고 북방 사람들은 말을 잘 탄다더니 그 말이 참인가 봅니다!"

이 말을 들은 손권은 유비가 자신의 기마 솜씨를 얕본다고 생각하여 말 위에 올라 바람같이 산 아래로 내려갔다. 두 사람은 그렇게 말을 타고 달리며 호쾌하게 웃었다.

이후 오국태는 길일을 정해 자신의 딸 손상향孫尙香과 유비를 혼인시켰다.

마침내 신방으로 들어오게 된 유비는 방 안을 가득 채우고 있는 무기를 보고 깜짝 놀랐다. 이들의 방에서는 심지어 시녀들조차 칼을 차고 있었다. 유비의 놀란 얼굴을 보고 손 부인이 웃으며 말했다.

"반평생을 전쟁터에서 보내신 분이 병기를 보고 무서워하시다니요?"

그녀는 시녀들에게 소지한 병기를 모두 내려놓고 방 안의 병기들도 다른 곳으로 옮겨놓으라고 명했다.

주유의 계책이 뜻하지 않게 현실이 되어가는 가운데 손권은 유비와 함께 먹고 마시며 경사스러운 분위기에 흠뻑 빠졌다. 유비도 즐거운 기분에 젖어서 먹고 마시느라 형주의 일은 까맣게 잊고 있었다. 이때 조자룡이 두 번째 비단 주머니를 열어본 후 유비에게 고했다.

"조조가 적벽 패배를 만회하겠다며 오십만 대군을 이끌고 형주에서 살육을 벌인다 합니다. 주공께서는 빨리 돌아가셔야겠습니다."

유비는 그 말이 옳다 여기고 조자룡을 먼저 형주로 보내기로 했다.

유비와 조자룡이 나누는 이야기를 엿듣고 있던 손 부인은 자신도 유비를 따라 형주로 가겠다고 말했다. 두 사람은 새해 첫날 강변에서 조상께 제를 올린 후 조자룡의 호위를 받으며 동오를 떠났다.

이때 손권은 다른 장수들과 술을 마셔 취한 상태였다. 관원들이 유비와 손 부인이 동오를 떠났다는 사실을 손권에게 고한 때는 유비가 떠난 다음 날이었다. 손권은 진무와 반장에게 속히 유비를 쫓으라고 명했지만, 손 부인은 손권에게 서신을 보내 유비에게 손쓰기는 힘들 것 같다고 아뢰었다. 이 서신을 받은 손권은 크게 노하여 장흠, 주태에게 검을 주며 유비와 손 부인의 목을 베어 오라고 명했다.

한편 조자룡의 호위 속에서 유비와 손 부인은 시상柴桑 경계에 이르렀다. 손권의 군대가 뒤를 쫓고 있었기 때문에 조자룡은 급히 세 번째 비단 주머니를 열어보았다. 유비는 주유와 손권이 유비에게 쓴 계책을 손 부인에게 말해주고는 그녀에게 도움을 청했다.

이에 손 부인이 수레의 발을 걷어 올리고 서성, 정봉, 진무, 반장을 나무라자 네 사람은 잘못을 고백하며 길을 비켰다. 그렇게 유비 부부는 무사히 이곳을 지날 수 있었다.

장흠과 주태가 급히 뒤를 쫓았으나 유비 부부는 이미 멀리 달아난 후였다. 장흠은 서성과 정봉을 주유에게 보내 이 사실을 알리고, 수로를 통해 유비 부부를 추적해달라 청한 후 강변에서 계속 뒤를 쫓았다.

유비 일행이 유랑포劉郎浦에 도착한 후에도 추격병은 여전히 이들의 뒤를 쫓고 있었다. 혼란스러운 와중에 유비의 눈에 문득 강변에 있는 상선商船 20척이 눈에 들어왔다. 유비와 손 부인이 배에 오르고 보니 상선 안에 있던 사람들은 모두 형주의 수군들이었다. 장흠 등이 여전히 추격해 오고 있었지만 유비 부부는 안심했다. 배는 이미 강변으로부터 멀리 벗어났기 때문이다.

바로 그때 주유의 수군이 뒤쫓아 왔다. 유비가 탄 배가 먼저 강변에 닿고 주유의 배도 강변 쪽에 가까워지고 있을 때 갑자기 관우가 나타났다. 주유의 군사는 관우를 당해낼 수 없어 급히 배에 올라탔다. 형주의 병사들은 일제히 소리쳤다.

"주유의 계책이 천하제일인 줄 알았건만 손 부인에 군사까지 잃고 말았구나!"

이 소식을 듣고 분노한 주유는 배 위에서 쓰러지고 말았다.

지략 해설

손권은 제갈량에게 미인계를 간파당하면서 애꿎은 누이만 잃고 말았다. 사실 제갈량의 계획은 교국로가 힘을 써준 덕분에 성공할 수 있었다. 교국로는 주유의 장인이자 오국태의 친가 사람으로, 동오에서는 상당히 특수한 위치에 있는 인물이었다. 그런 그가 자신도 모르게 제갈량의 계획대로 움직임으로써 그를 돕고 만 것이다.

제갈량은 교국로를 통해 유비의 혼사를 오국태에게 알릴 계획을 세운다. 오국태에게 영향을 미칠 수 있는 사람은 교국로뿐이었기 때문이다. 오국태가 제시간에 모습을 드러내지 않았다면 유비는 주유의 계획대로 하염없이 동오에 묶여 있어야 했을지도 모른다. 오국태는 자신의 아들 손권에게 막강한 영향력을 행사함으로써 유비의 혼인을 도왔고 손권은 순순히 누이동생을 유비에게 내어줄 수밖에 없었다. 제갈량의 교묘한 계책에 탄복할 수밖에 없는 대목이다.

여기서 제갈량은 새해 첫날을 중요한 날로 정한다. 그 이유는 첫째, 이날은 조상께 제를 올려야 한다는 이유로 밖에 나갈 수 있었고 둘째, 정월 초하루는 사람들로 거리가 북적대는 날이어서 병사들의 군기도 다소 느슨해졌으며 셋째, 정월 초하루에는 각 민족 고유의 세시풍속을 지키기에 함부로 군대를 움직이거나 무기를 사용하지 않을 가능성이 다른 어느 날보다 컸기 때문이다. 따라서 이날은 추격병이 쫓아오더라도 군대를 회유할 수 있는 여지가 컸다.

제갈량은 이 모든 과정을 사전에 헤아려 각 계책이 순차적으로 맞물릴 수 있도록 조자룡에게 차례로 비단 주머니를 열어보게 했다.

그가 동오에 들어서자마자 유비의 혼인을 성사시킨 것은 동오와의 연합을 이루기 위한 수단이자 이후 유비가 맞닥뜨릴 문제를 해결하기 위한 전제였다. 그러나 손권의 진심은 진짜로 혼인을 성사시키는 것이 아니었으므로 유비는 혼인 후에도 동오에 오래 머물 수 없었다. 유비는 곧 형주로 돌아와 군무를 수행함으로써 정족지세를 확립해야 했지만, 손권이 유비를 쉽게 놓아줄 리 없었고 유비 또한 혼인이라는 경사에 취해 동오를 떠날 마음이 없었다.

제갈량의 두 번째 계책은 바로 이런 사정을 예견하고 준비한 것이었다. 유비와 손 부인은 동오를 떠나 형주로 가는 길에 뜻하지 않은 난관에 부딪힐 수도 있었다. 그곳은 아직 동오의 영토이므로 어디까지나 손 부인만이 영향력을 행사할 수 있었다. 제갈량의 세 번째 계책은 바로 이 점을 고려한 것이었다. 이 모든 계책이 순서대로 마련되어 있었다는 것은 제갈량이 만에 하나까지 철저히 대비하고 모든 일을 사전에 예측했다는 뜻이다.

그렇다면 이런 일을 실행할 사람은 누구일까? 제갈량은 유비를 동오에 보내기 전 이렇게 말한다.

"제가 이미 세 가지 계책을 마련해두었으나 주공께서는 직접 실행하실 수 없습니다."

제갈량은 그 대신 여러 장수 중 단연 용맹하고 세심한 조자룡에게 이 모든 일의 실행을 맡긴다. 그렇다면 이 모든 계책을 실행한 다음에는 어찌한단 말인가? 형주에 들어서려면 먼저 손씨 가문의 관할 지역을 벗어나야 했다. 그러나 추격병이 계속 따라오는 상황이라면 유비는 어떻게 해야 할까? 제갈량은 이런 최후의 대비에도 소홀하지 않았다. 자신이 직접 수로를 통해 유비 일행을 맞이하는 한편, 관우로 하여금 강변에 매복했다가 추격병을 막아내도록 한 것이다. 이처럼 여러 계책을 적절히 예비한 덕분에 제갈량은 무엇 하나 실패하는 법이 없었다.

활용

장계취계將計就計란 상대의 계책을 이용하여 그것을 무너뜨리는 일이다. 제갈량은 바로 이런 것에 능한 인물이었다. 주유가 제갈량의 계략에 패하고 만 것도 이 때문이다. 장간蔣干을 이용한 반간계로 조조를 깨뜨린 일 역시 장계취계였다.

장계취계를 하려면 먼저 상대의 계략을 정확히 꿰뚫어 보아야 한다. 상대의 의도를 알아야 그것에 걸맞은 계책으로 승리할 것 아닌가!

사실 '취계'는 매우 위험한 선택이다. 호랑이 굴로 직접 들어가야 하므로 자칫하면 상대에게 계략이 들통나 살아 돌아오기 힘들 수도 있기 때문이다. 유비의 혼인만 하더라도 제갈량이 아니었다면 손권, 주유, 오국태, 교국로 사이의 관계를 정확히 파악하지 못했을 것이며 '상산常山 조자룡의 웅대한 담력'이 아니었다면 호랑이 굴과도 같은 동오에서 유비가 무사히 빠져나오기란 힘들었을 것이다.

그런 의미에서 장계취계는 바둑에 비할 수 있다. 상대가 한 수를 두면 그것을 읽고 나도 한 수를 둔다. 이때 속마음을 상대에게 들켜서는 안 된다. 이 정도면 자신의 능력을 시험대에 올려놓는 도박에 가깝다고 할 수 있다.

《육도六韜》〈육벌六伐〉은 '무력만으로는 결코 적국을 정복할 수 없다'고 말한다. 반드시 '감미로운 음악과 보석, 아름다운 여인'으로 적의 마음을 녹여내야만 진정한 항복을 끌어낼 수 있다고 말한다.

'겸손한 말을 하고 자신의 몸을 낮추어 상대의 말을 들을 줄도 알아야 상대방도 진정으로 복종할 수 있다. 상대가 이를 싫어하지 않으면 계책은 이미 성공한 것이나 다름없다.'

고의로 적국 군주의 향락을 조장하고 탐나는 보석과 아리따운 여인으로 상대를 유혹하면 상대방은 어느새 싸울 의지를 잃게 된다. 이러한 미인계는 오늘날까지도 외교, 경제, 광고 등에서 광범위하게 활용되고 있다.

복잡다단한 이 시대에도 적의 속셈을 간파하는 통찰은 필요하다. 장계취계는 단순히 적을 무너뜨릴 뿐만 아니라 나의 목적도 교묘히 달성할 수 있게 해준다.

영릉을 얻다

장계취계 반취계

　장계취계에는 두 종류가 있다. 하나는 내가 적의 계략을 알고 펴는 것인데 가익賈翊이 조조를 무너뜨린 일, 강유가 왕요王瑤를 이용하여 거짓 항복으로 등애鄧艾를 패배시킨 일, 제갈량이 주유의 미인계를 무력화시킨 일 등이 여기에 속한다. 다른 하나는 적에게 일부러 나의 계책을 노출한 뒤 그걸 역이용하는 것인데, 그 대표적인 예가 제갈량이 적군 포로를 놓아주어 영릉零陵을 얻은 일이다.

　이 이야기는 《삼국지연의》 52회 '제갈량은 지혜로운 말로 노숙을 설득하고 조자룡은 계양桂陽을 얻는다'에 나온다.

유비 군대가 도착하자, 영릉태수 유도劉度는 아들 유현劉賢을 불러 대책을 논의했다. 유현이 유도에게 말했다.

"아버지, 마음 놓으세요. 그들에게 아무리 장비, 조자룡 같은 용맹한 장수가 있다 해도 우리에게는 상장上將 형도영邢道榮이 있지 않습니까. 저들이 만 명이나 몰려온다 해도 형도영이 능히 다 막아낼 것입니다."

유도는 유현의 말에 따라 형도영에게 군사 만 명을 내어주었다.

형도영은 성 밖으로 30리 떨어진 산에 진채를 마련했다. 그때 정탐꾼이 돌아와 보고했다.

"제갈량이 군대를 이끌고 오고 있습니다."

형도영은 즉시 출전을 명했고, 형도영과 제갈량의 군대는 각기 진을 펼치고 대치했다. 형도영이 먼저 개산대부開山大斧, 큰도끼를 휘두르며 말을 타고 달려왔다.

"역적 놈이 감히 우리 영토를 넘보다니!"

유비 진영에서도 황기黃旗를 떨치며 한 인물이 나섰다. 황기들 사이로 사륜거 하나가 앞으로 나왔는데, 머리에는 윤건을 쓰고 학창의鶴氅衣를 입은 이가 한가로이 부채질하며 말했다.

"나는 남양 사람 제갈량이다. 조조가 백만 대군을 거느리고 왔어도 나의 작은 계략 하나에 무너져 옷 하나 제대로 챙기지 못하고 도망쳤거늘 너희가 대체 무슨 수로 나에게 대적하려 하느냐? 내 지금 너희를 너그러이 받아들이려 하니 일찌감치 투항하는 게 좋을 것이다."

형도영이 큰 소리로 웃으며 말했다.

"적벽대전은 주유의 지모 덕분이 아니었더냐? 네가 뭘 했다고 여기서 헛소리를 지껄이는 게냐?"

형도영은 곧장 큰 도끼를 휘두르며 제갈량에게 달려갔다. 그러자

178

제갈량은 수레를 돌려 진 안으로 들어갔고 문을 닫아버렸다.

형도영이 진을 뚫고 들어가려 할 때 갑자기 진이 두 갈래로 나뉘더니 사람들이 저마다 달아나기 시작했다. 형도영은 멀리 중앙에 보이는 황색 깃발을 제갈량이라 짐작하고 황기를 향해 달려갔다. 그러나 산모퉁이에 이르자 갑자기 황기가 제자리에 멈춰 섰다. 그러고는 다시 두 갈래로 벌어졌다. 사륜거는 보이지 않았고, 돌연 한 장수가 고함을 지르며 튀어 나왔다. 바로 장비였다.

형도영은 큰 도끼로 상대해보았지만 몇 합 겨루기도 전에 힘에 부쳐 도망치고 말았다. 장비가 그 뒤를 바짝 쫓는데 커다란 함성이 울리며 양쪽에서 복병이 모습을 드러냈다. 그중 한 장수가 형도영을 가로막으며 소리쳤다.

"네놈은 상산 조자룡이라는 이름을 들어보지 못했느냐?"

형도영은 조자룡을 당해낼 재간이 없었지만 그렇다고 도망갈 길도 보이지 않았다. 하는 수 없이 형도영은 말에서 내려 투항했다. 조자룡은 형도영을 포박하여 유비와 제갈량 앞에 무릎 꿇렸다. 유비는 당장 참수를 명했지만, 제갈량이 이를 제지하며 형도영에게 물었다.

"네가 만약 유현을 사로잡아 온다면 너의 투항을 받아주겠다."

형도영은 연신 고개를 조아리며 그러겠다고 대답했다. 제갈량이 다시 물었다.

"어떤 방법으로 사로잡아 오겠느냐?"

형도영이 대답했다.

"군사께서 저를 풀어주신다면 제가 교묘한 말로 설득하여 붙잡아올 테니 오늘 밤 군사께서는 저희 진채를 공격해주십시오. 제가 안에서 호응하여 유현을 잡아 군사께 바치겠습니다. 유현을 사로잡으면 그의 아비 유도 또한 자연히 항복할 것입니다."

제갈량이 물었다.

"그 말이 틀림없으렷다?"

형도영이 자기 진채로 돌아가 이 모든 일을 유현에게 고하자 유현
이 말했다.

"그럼 어찌해야 하겠느냐?"

"장계취계를 해야지요. 오늘 밤 진채 밖에 군사들을 매복해두고 진
채 안에는 거짓으로 깃발을 늘어 세워 제갈량을 기다린 후 그자를 사
로잡으면 될 것입니다."

그날 밤 과연 병사 한 무리가 진채 주위 풀밭에 저마다 불을 놓기 시
작했다. 유현과 형도영이 군사를 이끌고 달려 나가자 불을 붙이던 병
사들이 퇴각하기 시작했다. 유현과 형도영은 맹렬한 기세로 그들의 뒤
를 쫓아갔다. 그렇게 10리쯤 달렸을 때 갑자기 병사들이 한 명도 보이
지 않았다. 그제야 놀란 두 사람은 다급히 진채로 되돌아갔다. 진채 주
위의 불길은 아직 다 잡히지 않았는데, 그 진채 안에서 장비가 달려 나
오는 것이 아닌가! 유현이 형도영에게 말했다.

"진채로 들어가지 말고 곧장 제갈량의 진채를 공격하자."

유현과 형도영은 다시 말 머리를 돌려 10여 리를 내달렸다. 그런데
여기서 조자룡의 군대와 마주쳤다. 조자룡의 창에 찔린 형도영이 말에
서 굴러떨어졌고 이에 유현은 급히 달아났다. 하지만 결국 장비에게
붙잡혀 제갈량 앞으로 끌려갔다.

유현이 말했다.

"이 모든 일은 형도영이 시킨 것입니다. 제 본심이 아니었습니다."

제갈량은 유현의 결박을 풀어주고 새 옷을 입힌 다음 술상을 차려

불안한 마음을 진정시켜주었다. 그러고는 아버지 유도의 투항을 조건으로 돌려보냈다. 결국 유도 또한 투항하면서 성문이 활짝 열렸다. 유도는 직접 인수印綬를 들고 성 밖으로 나가 유비에게 바쳤다. 제갈량은 유도를 영릉 군수로 삼고 그의 아들 유현은 형주에서 군사 일을 처리하게 했다. 영릉의 백성 모두가 기뻐했다.

지략 해설

　포로가 된 적장을 풀어주어 영릉을 얻은 제갈량의 계책은 참으로 빼어나다. 형도영은 장계취계했지만 제갈량 또한 형도영의 계책을 다시 장계취계했으니, 이 얼마나 놀라운가. 그런데 왜 이렇게 두 사람의 성패가 엇갈린 것일까? 형도영의 장계취계는 제갈량 계책에 대한 취계가 아니라 제갈량의 계책에 반하는 취계였기 때문이다.

　제갈량의 장계취계는 형도영으로 하여금 진채 습격을 계책에 불과한 것으로 믿게 하여 그에 대한 장계취계를 펼치게 함으로써 도리어 자신의 계책에 걸려들게 만든 것이었다. 형도영의 계책은 수준이 낮아 제갈량에게 쉽게 간파당한 반면, 제갈량의 계책은 심원하여 형도영이 쉽게 헤아리지 못했다.

　간파당하기 쉬운 계책은 무너지기 쉽다. 반면 간파당하기 어려운 계책은 쉽게 무너지지 않는다. 두 장계취계 중 하나는 성공하고 다른 하나는 실패한 이유가 바로 여기에 있다.

활용

　적을 속이려고 쓴 계책이지만 간파당하는 순간 무너지고 마는 것이 바로 장계취계의 속성이다. 장계취계가 성공하려면 계책을 간파당했더라도 처음의 계책을 밀고 나아가야 한다. 그 점이 바로 상대가 미처 예상치 못하는 부분이 되기 때문이다. 그렇지 않고 상대에게 간파당했다 하여 급히 방어로 전환하면_{반취계反就計} 도리어 상대의 계책에 걸려들고 만다.

장계취계를 하려면 먼저 적의 계책을 알아야 한다. 그래야 그것을 깨뜨리는 계책을 세울 수 있다. 또한 적의 계책을 알았다면 그것이 쉽게 바뀌리라고 생각하지 말아야 한다. 그 계책은 주도면밀하게 궁리한 끝에 성립되었을 것이며 무엇보다 상대에게 쉽게 노출되지 않으리라 여겨져 채택되었을 것이기 때문이다. 장계취계를 잘하려면 민첩한 지혜는 물론 주도면밀한 사고, 방대한 지식, 풍부한 경험을 갖추어야 한다. 이를 지닌 사람은 어떤 계책에도 쉽게 속지 않을뿐더러 본인이 장계취계할 때 적에게 간파당하지 않는다.

위군 격파
발 빠른 행동은 승리의 기본

전쟁에서 기선을 제압할 때 꼭 필요한 것은 속도이다. 먼저 빠르게 공격을 감행해야 빠른 속도로 기선을 잡을 수 있다. 내선작전內線作戰, 적의 협공이나 포위망을 뚫고 나가는 작전이든 외선 포위이든 승리의 관건은 속전속결이다. 이 이야기는 《삼국지연의》 99회 '제갈량은 위군을 크게 격파하고 사마의는 서촉을 침입하다'에 등장한다.

촉한 건흥 7년 4월 여름, 제갈량은 기산으로 출병하여 진채를 셋으로 나눈 뒤 위군을 기다렸다. 군대를 이끌고 장안으로 간 사마의를 맞이한 것은 장합의 군대였다. 사마의는 장합을 선봉으로, 대릉을 부장으로 임명하고 10만 군사와 함께 기산으로 올라가 위수 남쪽에 진채를 세웠다. 곽회와 손례가 진채에 들어서자 사마의가 물었다.

"당신들은 이전에 촉군을 상대한 적이 있소?"

"없소이다."

"촉군은 천 리 밖에서 왔으니 반드시 속전속결하려 할 것인데 저들이 가만히 있는 걸 보니 필시 다른 의도가 있을 듯하오. 농서의 군사들에게서는 다른 소식이 없었습니까?"

곽회가 말했다.

"각 군에 세작을 보냈는데, 밤낮으로 철저히 방비하고 있을 뿐 별다른 일은 없다고 합니다. 무도武都와 음평陰平 두 곳에서도 아직 아무런 소식이 없습니다."

사마의가 말했다.

"내가 사람을 보내 제갈량과 싸울 터이니 두 사람은 급히 샛길로 가서 무도와 음평을 습격하십시오. 촉군의 뒤를 덮치면 저들은 필시 혼란에 빠지고 말 것입니다."

곽회와 손례는 사마의의 계책대로 군사 5천을 이끌고 농서의 샛길을 따라 무도와 음평으로 가 촉군을 습격했다. 곽회가 손례에게 말했다.

"사마의와 제갈량 중 누가 더 대단합니까?"

"제갈량이 사마의보다 낫지요."

"하지만 이번 계책은 사마의가 낫지 않소? 제아무리 제갈량이 있는 촉군이라 해도 양쪽에서 한꺼번에 공격을 받는 데다 우리까지 뒤에서 치고 들어오면 혼란에 빠지지 않겠소?"

그때 척후병이 틸러와 보고했다.

"음평이 왕평에게 함락낭했고, 무도도 강유에게 무너졌습니다."

손례가 말했다.

"촉군이 이미 고을을 함락시켰다면 우리가 이렇게 밖에 나와 있을 필요가 없지 않은가? 무언가 계략이 숨어 있는 듯하니 어서 물러납시다."

곽회도 그 말을 따랐다. 그런데 군대를 막 철수시키려는 순간에 갑자기 포성이 울리며 산 뒤쪽에서 군사 한 무리가 달려 나왔다. 그들이 든 깃발에는 '한승상漢丞相 제갈량'이라고 씌어 있었다. 제갈량은 중앙의 사륜거에 단정히 앉아 있었다. 그의 왼쪽은 관흥이, 오른쪽은 장포가 지키고 있었다. 소스라치게 놀란 곽회와 손례에게 제갈량이 큰 소리로 말했다.

"곽회와 손례, 둘은 그 자리에 서라! 사마의의 계략 따위가 날 속일 수 있을 듯하더냐? 그자가 매일 우리 군대에 싸움을 걸고 너희가 뒤를 공격했지만 무도와 음평은 함락되었다. 너희 두 사람은 속히 항복하지 않고 무얼 하는 게냐?"

곽회와 손례는 당황해서 할 말을 잃었다. 그때 갑자기 등 뒤에서 하늘을 찢을 듯한 함성이 들렸다. 왕평과 강유의 군대가 몰려온 것이다. 퇴로 없는 협공에 위군은 무너졌고, 곽회와 손례는 말을 버리고 산으로 달아났다. 장포가 이들을 빠르게 뒤쫓았지만 서두르는 바람에 말과 사람이 뒤엉켜 계곡으로 빠지고 말았다. 뒤따르는 군사들이 장포를 구해냈으나 장포는 이미 머리가 깨져 피가 흐르는 상태였다. 제갈량은 장포를 성도로 보내 치료하게 했다.

곽회와 손례는 사마의에게 돌아가 말했다.

"무도와 음평은 이미 함락된 데다 제갈량이 중요한 길목마다 군사를 매복해두고 앞뒤로 협공해 오는 통에 우리 군이 크게 패하고 말았습니다. 저희도 말을 버리고 간신히 도망쳐 왔습니다."

사마의가 말했다.

"제갈량의 지모가 나보다 앞선 탓이니 그대들의 죄가 아니오. 두 사람은 다시 군사를 이끌고 옹성雍城과 미성郿城으로 가 성문을 닫아걸고 절대 출병하지 마시오. 나에게 적들을 물리칠 계책이 따로 있소이다."

두 사람은 사마의에게 절을 하고 물러났다. 사마의는 장합과 대릉을 불러 지시했다.

"지금 제갈량은 무도와 음평을 얻었으니 백성들을 안심시키느라 진채에 없을 것이다. 너희는 각기 정예병 일만을 이끌고 오늘 밤 초군의 진채 뒤를 급습해야 한다. 나는 진채 앞에 진을 펼칠 것이니 촉군이 혼란에 빠지면 일제히 군대를 몰아 협공하도록 하라. 양쪽의 군대가 힘을 합치면 촉군의 진채쯤은 쉽게 무너뜨릴 수 있을 것이다. 이곳은 산세와 지세가 험하니 촉군만 무너뜨리면 다른 어려움은 없을 것이다."

두 사람은 즉시 군사를 이끌고 출발했다.

대릉이 왼쪽, 장합이 오른쪽에서 각자 소로를 따라 촉군 진영 뒤편으로 깊숙이 들어갔다. 삼경 무렵에 두 군대가 큰길에서 만나 촉군의 뒤를 공격할 예정이었으나 30리쯤 갔을 때 갑자기 전군前軍이 행군을 멈추었다. 장합과 대릉이 앞으로 가보니 건초를 가득 실은 수레 수백 대가 길을 막고 있었다. 장합이 말했다.

"이는 필시 촉군이 따로 준비해둔 건초일 테니 다른 길로 돌아갑시다."

장합은 즉시 퇴각 명령을 내렸다 그런데 산 전체에 불길이 번지더니 북소리, 나팔 소리가 온 산을 뒤흔들었다. 곧이어 복병이 사방에서 일어나 장합과 대릉을 에워쌌다. 제갈량이 기산 위에서 소리쳤다.

"대릉과 장합은 들어라! 사마의는 내가 무도와 음평의 백성들을 위로하러 니긴 줄 알고 우리 진채를 급습하라 했나 본데, 도리어 내 계책에 걸려들고 말았다! 너희 둘은 이름도 없는 하급 장수이니 내 너희를 죽이지는 않겠다. 그러니 어서 투항해라!"

장합은 크게 노하여 제갈량을 꾸짖었다.

"산야의 촌부 주제에 우리 대국의 경계를 침범해놓고 무슨 헛소리냐! 내 너를 잡아 갈가리 찢어 죽이리라!"

그는 말을 마치자마자 창을 치켜들고 거침없이 산 위로 내달렸다. 화살과 돌이 비 오듯 쏟아지는 통에 산으로 올라가지는 못했지만, 말을 채찍질하며 포위를 뚫고 달려 나가니 촉군도 그 기세를 막지는 못했다. 이때 촉군은 대릉을 가운데 두고 겹겹이 둘러싸고 있었는데 포위를 뚫고 나온 장합은 대릉이 보이지 않자 다시 말 머리를 돌려 창을 휘두르며 포위를 재차 뚫고 대릉을 구해냈다. 제갈량은 산 위에서 장합이 홀로 군사 1만을 상대하며 용감하게 포위를 뚫는 모습을 보고는 좌우의 사람들에게 말했다.

"익덕 장군이 장합과 크게 싸울 때 모두가 크게 놀랐다고 들었다. 과연 오늘 보니 저자의 용맹함을 알겠구나. 저런 자를 그대로 두었다가는 필시 촉군에 해가 될 테니 반드시 저자를 없애야겠다."

한편 사마의는 군사들을 이끌어 진을 치고는 촉군이 흐트러지기만 기다리고 있었다. 그때 갑자기 장합과 대릉이 대패하고 돌아왔다는 소식이 들어왔다. 두 사람이 말했다.

"제갈량이 이미 모든 방비를 해둔 탓에 크게 패하고 말았습니다."

사마의는 깜짝 놀라 말했다.

"제갈량은 참으로 신인이로다! 내 일찌감치 물러나는 게 낫겠다."

사마의는 모든 군사에게 본진으로 돌아가라 명령하고 진채만 굳게 지킬 뿐 밖으로 나오지 않았다.

대승을 거둔 제갈량은 많은 무기와 말을 얻었다. 제갈량은 위연에게 매일 위군 진채에 싸움을 걸라고 명령했지만 위군은 좀처럼 밖으로 나오지 않았다. 그렇게 보름이 지났을 때였다. 제갈량이 장막 안에서 생각에 잠겨 있는데 갑자기 비의가 황제의 조서를 가져왔다는 말을 전했다. 제갈량은 비의를 장막 안으로 불러들인 후 향을 피워 예를 올리고 조서를 읽어 내려갔다.

'지난번 가정街亭 싸움에서 패한 허물은 마속馬謖에게 있었건만 그대는 스스로 책임을 지고 벼슬을 낮추었다. 그때 짐은 그대의 뜻을 따라주었다. 또한 그대는 위엄 있는 군사軍師로서 왕쌍을 죽였고, 올해에도 정벌에 나서 곽회를 물리치고, 저氐와 강羌의 무리를 항복시키고, 두 고을을 되찾아 흉포한 적들에게 위엄을 떨쳤으니 그 공훈이 참으로 빛나도다. 지금 천하가 소란스러우나 반역의 원흉은 잡지 못한 상태, 그대가 나라의 기둥으로서 큰 임무를 맡고 있는데 이렇게 오랫동안 낮은 자리에 머무르는 것은 공을 빛내는 일이 아니다. 짐은 이제 다시 그대를 승상으로 임명하니, 그대는 사양치 말라.'

제갈량은 조서를 읽고 나서 비의에게 말했다.

"내 아직 국가 대사를 이루어내지 못했는데 어찌 다시 승상 자리에 오를 수 있겠소?"

그러면서 한사코 승상직을 받으려 하지 않았다. 그러자 비의가 말했다.

"승상직을 받지 않으신다면 이는 천자의 뜻을 거스르는 일이며 다른 장수들의 마음도 서운케 하는 것입니다."

제갈량은 결국 설을 올리고 승상직을 받았다.

지략 해설

흔히 신속한 행동과 빠른 공격은 전쟁의 영혼과도 같다고 말한다. 이는 틀림없는 사실이다. 그 이유는 첫째, 상대가 손쓸 틈 없이 펼치는 능력은 심리적으로 크나큰 효과를 낳기 때문이다. 둘째, 전쟁터에서 일어나는 변화는 예측하기 어려우므로 기선을 잡았을 때 재빨리 행동해야만 승리할 수 있기 때문이다. 셋째, 전쟁은 인력과 물자를 소모하는 과정이므로 속전속결일수록 인력과 물자의 낭비를 막기 때문이다. 넷째, 적이 세력을 규합하기 전에 가차 없이 공격을 퍼부어야 아군의 약점을 보완하고 승리의 가능성도 높일 수 있기 때문이다. 이러한 이유로 온갖 요인이 변화무쌍하게 작용하는 전쟁터에서는 '시간이 곧 군대'라고 할 수 있다.

활용

전쟁에서 시간이 중요하듯, 경쟁이 난무하는 현대사회에서도 마찬가지다. 요컨대 '시간은 돈'이다. 이 말은 좁은 의미와 넓은 의미 두 가지로 이해할 수 있다. 좁은 의미로는, 시간이 금전의 가치에 직접적인 영향을 준다는 것이다. 현대사회에서는 같은 양의 화폐라도 시간의 흐름에 따라 가치가 크게 변한다. 넓은 의미로는, 시간이 금전의 점유와 이동주기에 영향을 준다는 것이다. 기업 자금은 끊임없이 순환하면서 가치를 창출하는데, 이러한 순환을 가리켜 자금회전이라고 한다. 그런데 자금회전에 걸리는 시간이 짧을수록, 즉 일정 시간 내에 자금회전의 빈도가 높을수록, 또한 점유하는 자금의 총액이 적을수록 자금이 가져오는 가치, 즉 경제적 효용이 커진다. 기업으로서는 같은 액수의 돈으로 더 많은 일을 하는 것이다. 따라서 자금회전이 빨라지도록 최대한 많은 대책을 강구해야 한다.

시간은 기회를 포착하는 데도 영향을 준다. 기회가 방향을 선회하여 바람처럼 날아드는 순간이 바로 성공의 시작점이다. 이런 기회를 잘 잡아야만 기업의 경영전략도 효과를 발휘할 수 있다. 기회는 시장의 수요를 의미하며 더러는 특정한 단계적 시점을 가리키기도 한다. 기업은 어떤 수요가 어떤 시점에 나타나는지 예의주시해야만 발 빠르게 대응할 수 있다.

기회를 잡는 일은 일종의 우연으로, 여기에는 시간이 결정적 역할을 한다. 시장의 수요는 일종의 필연으로, 우연을 통해 모습을 드러내기도 한다. 그러므로 기업들은 다른 기업들과의 경쟁 속에서 우연히 마주치는 현상과 기회에 늘 촉각을 곤두세워야 한다. 필연이 될 수도 있는 기회는 언제나 불시에 찾아오기 때문이다. 시장이 빠르게 변하고 경쟁이 치열해질수록 기회를 포착하는 일은 더더욱 중요하다. 정확한 눈으로 주시하면서 재빠르게 기회를 낚아챌 줄 알아야만 그에 대한 대응도 빨라지고, 그만큼 성공의 기회도 가까워진다. 경쟁적인 현대사회일수록 '기회 손실'의 중요성은 더욱 커져만 간다. 그러므로 1분 1초라도 아끼고, 기회를 만나거든 과감하게 돌진해야 한다.

거짓퇴군
적으로 하여금 속아 넘어가게 하라

사마의는 제갈량의 퇴군이 거짓임을 알고 있었지만, 제갈량이 계속 퇴군하며 꾀자 미심쩍어하면서도 제갈량의 군대를 추격한다. 그러다가 결국 계략에 걸려들고 만다.

이 이야기는 《삼국지연의》 99회 '제갈량은 위군을 크게 격파하고 사마의는 서촉을 침입하다'에 나온다.

제갈량이 진창성을 습격한 후 다시 기산에 오르자 위주는 사마의를 보내 제갈량의 군대를 상대하게 했다. 그러나 제갈량에게 여러 차례 패한 사마의는 진채만 굳게 지킬 뿐 좀처럼 밖으로 나오려 하지 않았다.

제갈량은 사마의가 한사코 출병하지 않자 한 가지 계책을 생각해냈다. 전군에 명령을 내려 진채를 거두고 물러나게 한 것이다. 정탐꾼이 이를 사마의에게 보고하자 사마의가 군사들에게 말했다.

"무언가 꿍꿍이가 있는 듯하니 다들 경거망동하지 마라."

그러나 장합의 생각은 달랐다.

"저들은 필시 군량이 떨어져 물러나는 것입니다. 그런데 어찌 뒤를 쫓지 않으십니까?"

사마의가 말했다.

"지난해에 풍년이 들었던 데다 지금은 또 보리가 익는 계절이다. 촉군의 군량이 부족할 리 없다. 이곳까지 운반해 오기가 힘들기는 하겠으나 앞으로 반년은 더 버티고도 남을 터이니 쉽게 물러나려 하지 않을 것이다. 이는 분명 우리를 유인해내려는 수작이니, 사람을 좀 더 멀리 보내 정탐해보는 것이 옳다."

멀리까지 갔다 온 정탐꾼이 말했다.

"제갈량은 여기서 삼십 리 떨어진 곳에 진채를 세웠습니다."

사마의가 말했다.

"과연 제갈량은 멀리 가지 않았구나. 앞으로도 진채를 굳게 지키거라. 절대 밖으로 나가 싸워서는 안 된다."

그렇게 열흘이 흘렀다. 그동안 별다른 움직임이 없었는데, 촉군은 딱히 싸움을 걸어오지 않았다. 사마의는 다시 정탐꾼을 보냈다. 정탐꾼이 돌아와 말했다.

"촉군은 이미 진채를 거두고 돌아갔습니다."

사마의가 즉시 옷을 갈아입고 군사들 사이에 섞여 나가 보았더니 촉군은 열흘 전에 있던 자리에서 다시 30리 떨어진 곳에 진채를 세워놓고 있었다. 사마의는 진채로 돌아와 장합에게 말했다.

"이는 제갈량의 계략이니 절대 저들의 뒤를 쫓아선 안 된다."

그렇게 며칠이 흘러 다시 사람을 보냈다. 정탐꾼이 돌아와 보고했다.

"촉군이 다시 삼십 리 떨어진 곳에 진채를 세웠습니다."

장합이 말했다.

"제갈량은 완병지계緩兵之計, 적의 공격을 지연시켜 시간을 버는 계책를 쓰면서 한중으로 물러나고 있는데, 도독께서는 어찌 의심만 하시고 저들을 뒤쫓지 않습니까? 이 장합이 나서서 한바탕 겨루고 오겠습니다!"

사마의가 말했다.

"제갈량은 계략이 많은 자다. 만에 하나라도 실수가 있으면 우리 군의 예기가 꺾일 수 있으니 함부로 움직여선 안 된다."

"제가 나갔다가 패하고 돌아온다면 군령을 달게 받겠습니다."

"정히 가겠다면 군사를 둘로 나누어 그중 한 무리만 이끌고 가 싸워라. 복병이 있을지도 모르니 나는 뒤에서 그대를 지원하겠다. 내일 먼저 출발하되 반쯤 가다가 멈추어 쉬고 그다음 날 진군하여 군사들이 피로해지지 않도록 하라."

다음 날, 장합과 대릉은 각자 부장 수십 명과 정예병 3만을 이끌고 용감하게 적진으로 나아갔다. 이들은 중간쯤에 진채를 세웠는데, 사마의는 이 중 상당수를 진채에 남긴 채 자신은 정예병 5천을 이끌고 뒤따라 진군했다. 미리 정탐꾼을 보낸 제갈량은 위군이 길 중간쯤에 진채를 세웠다는 보고를 받고 장수들을 불러모았다.

"지금 쫓아오는 위군은 죽기 살기로 싸우려 들 터이니 그대들은 혼자서도 열을 당해낼 수 있어야 하오. 나는 복병으로 위군의 뒤를 끊으려 하는데, 이 일은 지모와 용맹을 갖춘 장수가 아니면 맡길 수 없소."

재갈량은 말을 마치면서 위연을 바라보았다. 위연이 고개를 떨군 채 말이 없자 왕평이 나섰다.

"제가 하겠습니다."

제갈량이 물었다.

"실수를 저지르면 어찌하겠는가?"

"군령에 따라 처벌받겠습니다."

"돌과 화살까지도 무릅쓰며 직접 싸우기를 마다하지 않으니 진정한 충신이로다! 하지만 위군은 두 갈래로 나뉘어 앞뒤로 공격해 올 태세다. 제아무리 용맹한 왕평이라 해도 양쪽에서 공격해 오는 군대를 상대하기란 힘들 것이니 다른 장수 하나가 더 나서주어야 한다. 하지만 목숨을 걸고 이 일을 감당할 이가 더 이상 없는 듯하니 안타까울 뿐이로구나."

그때 한 장수가 나섰다.

"제가 하겠습니다."

장익이었다. 제갈량이 말했다.

"장합은 만 명의 장수가 달려들어도 당해내지 못할 명장이오. 그대의 적수가 아니오."

장익이 말했다.

"실수가 있을 시에는 제 목을 내놓겠습니다!"

"정히 그리하겠다면 어쩔 수 없지. 왕평과 함께 각자 정예병 일만을 이끌고 나가 산중 계곡에 매복했다가 위군이 오거든 뒤를 급습하시오. 만일 사마의가 뒤에서 따로 군대를 이끌고 오거든 군대를 둘로 나누어 장익이 적의 후방을, 왕평이 전방을 끊도록 하시오. 양쪽 군대 모두 필사적으로 싸움에 임할 터이니 나도 따로 계책을 내어 도우리다."

두 사람은 계책을 받고 물러나 각자 군사를 이끌고 나갔다.

제갈량은 강유와 요화를 불러 분부했다.

"그대들에게 각기 비단 주머니 하나씩을 줄 테니 정예병 삼천을 이끌고 나가 깃발을 낮게 눕히고 북소리도 죽인 채 앞산에 매복하시오. 위군이 왕평과 장익을 포위하여 위험해지더라도 절대 나가서 구하지 말고 먼저 비단 주머니를 열어야 하오. 그 안에 계책이 있을 것이오."

두 사람도 계책을 받고는 각자 군사를 이끌고 떠났다. 제갈량은 오반, 오의, 마충, 장의 네 장수를 불러 그들의 귀에 대고 분부했다.

"내일 오는 위군은 예기가 보통이 아닐 터이니 그대들은 섣불리 상대하지 말고 싸우다 달아나기를 반복하시오. 그러다가 관흥이 군사를 이끌고 나오거든 말 머리를 돌려 협공하시오. 나도 군사를 이끌고 나가 호응하리다."

네 사람도 계책을 받고 물러났다. 제갈량은 이어 관흥을 불렀다.

"그대는 정예병 오천을 이끌고 산중 계곡에 매복했다가 산 위에서 누군가가 붉은 깃발을 흔들거든 군사를 이끌고 나가 적을 공격하시오."

관흥도 계책을 받고 물러났다.

한편 장합과 대릉은 거침없는 기세로 군사를 이끌고 전진했다. 마충, 장의, 오의, 오반 네 장수가 이들을 만나 대적했다.

격노한 장합은 무서운 기세로 공격을 퍼부었고 촉군은 제갈량이 일러준 대로 싸우다 도망치기를 거듭했다. 위군은 달아나는 촉군의 뒤를 쫓아 20여 리를 내달렸다. 때는 마침 찌는 듯한 6월이라, 사람과 말 모두 땀을 비 오듯 흘렸다. 이렇게 50리가량을 추격하다 보니 위군은 모두 지쳐서 헐떡였다.

그때 제갈량이 산 위에서 붉은 깃발을 흔들자 관흥이 재빨리 군사를 이끌고 달려 나왔다. 그러자 마충 등 네 장수도 일제히 말 머리를 돌려 관흥의 공격에 합세했다. 장합과 대릉은 결사적으로 싸우며 물러나지 않았다. 그때 갑자기 커다란 함성이 울리며 양 갈래에서 군사들이 돌진해 왔다. 왕평과 장익이었다. 이들은 각자 맹렬한 기세로 달려들어 위군의 퇴로를 끊었다. 장합이 다른 장수들에게 외쳤다.

"지금 여기서 목숨을 걸고 싸우라! 또 언제 다른 때를 기다리겠는가!"

위군은 그렇게 사력을 다해 싸웠다. 그때였다. 갑자기 뒤쪽에서 거대한 뿔나팔 소리가 울리더니 사마의가 몸소 이끌고 온 정예병이 나타났다. 사마의는 그 자리에서 다른 장수들을 지휘하더니 왕평과 장익의 군사들을 가운데로 몰고 에워싸기 시작했다. 장익이 소리쳤다.

"승상께서는 참으로 신인이시구나! 이 모든 결과를 헤아리시다니. 우리는 그저 목숨을 다해 싸우기만 하면 되리라!"

그러고는 군대를 둘로 나누었다. 왕평은 장합과 대릉의 군사를 상대하고, 장익은 사마의의 군대를 상대했다. 격렬한 싸움이었는데, 저마다 창칼을 휘두르는 소리가 하늘까지 울려 퍼졌다. 산 위에 있던 강유와 요화는 위군의 세력이 커지고 촉군이 점차 밀리며 위태로워지는 모습을 보고 있었다. 이윽고 촉군이 위군을 제대로 당해내지 못하는 지경에 이르자 강유가 요화에게 말했다.

"사태가 위급하니 어서 비단 주머니를 열어보시오!"

두 사람이 주머니를 열어보니 그 안에는 이렇게 씌어 있었다.

'만일 사마의가 군사를 이끌고 나타나 왕평과 장익을 포위해 사태가 위급해지거든 그대들은 군대를 둘로 나누어 사마의의 진채를 급습하라. 사마의는 반드시 군대를 이끌고 물러날 것이다. 이때 적군이 혼란에 빠지거든 그 틈을 타 공격을 감행하라. 적군의 진채까지 얻지는

못하더라도 대승을 거둘 수 있을 것이다.'

두 사람은 기뻐하여 군대를 둘로 나누어 사마의의 진채를 향해 떠났다. 사마의는 제갈량이 무슨 계략을 펼지 몰라 길목 곳곳에 전령傳令을 심어둔 참이었다. 그중 하나가 급히 달려와 촉군이 진채를 급습하고 있다 보고했다. 사마의는 대경실색하며 한탄했다.

"제갈량의 퇴군이 거짓일 것이라고 그토록 조심했건만 내 말을 믿지 않고 추격을 독촉하더니 결국 일을 그르치고 말았구나!"

그는 급히 군사들을 모아 퇴각했다. 한순간 혼란에 빠진 위군은 장익의 끈질긴 추격 공격에 대패하고 말았다. 장합과 대릉은 형세가 불리해지자 산으로 달아나기 시작했다. 결국 촉군의 대승이었다. 사마의는 패잔병들을 이끌고 진채로 돌아갔고, 촉군도 본영으로 돌아갔다. 사마의는 패장들을 불러모아 꾸짖었다.

"그대들은 병법도 모르면서 혈기만 믿고 출전을 주장하더니 결국 패배하고 말았다! 앞으로 함부로 행동하는 자가 있으면 군법에 따라 엄히 처결할 테니 그리 알라!"

장수들은 부끄러움에 고개를 숙이고 물러갔다. 이 싸움에서 위군은 많은 병사를 잃었고 잃어버린 말과 무기도 셀 수 없이 많았다.

한편 제갈량은 승리한 말과 군사들을 이끌고 진채로 돌아와 또 한 차례 출정을 준비하고 있었다. 그런데 바로 그때 성도에서 온 자가 장포의 죽음을 전했다. 이 소식에 제갈량은 대성통곡을 하다가 피를 토하며 쓰러졌다. 곁에 있던 이들이 제갈량을 흔들어 깨우기는 했으나 그는 좀처럼 침상에서 일어나지 못했다. 다른 장수들은 제갈량의 이런 모습을 보고 큰 감동을 받았다. 이런 제갈량에 대해 후세에 쓴 시가 있다.

날래고 용맹한 장포, 큰 공을 세우려 했건만
하늘이 영웅을 돕지 않으니 슬프기만 하여라.
제갈량이 가을바람에 눈물을 흘뿌림은
이제는 곁에서 도울 이 없음을 슬퍼한 까닭이라.

며칠 후 제갈량은 동궐董厥과 번건樊建을 불러 당부했다.

"나는 일을 제대로 처리할 수 없을 정도로 정신이 혼미하니 한중으로 돌아가 병을 다스린 후에야 좋은 계략을 생각할 수 있을 듯하오. 이 사실을 알면 사마의가 반드시 공격해 올 터이니 그대들은 이 말이 절대 밖으로 흘러나가지 않도록 해야 하오."

제갈량은 그날 밤 소리 없이 진채를 거두어 한중으로 돌아갔다. 사마의는 제갈량이 떠난 지 닷새가 되어서야 이 사실을 알고는 길게 탄식했다.

"제갈량의 계책은 나와는 비교도 안 될 만큼 신출귀몰하구나!"

사마의는 장수들을 진채에 남겨두고 군사들을 나누어 각 요지를 지키게 한 뒤 낙양으로 돌아갔다.

지략 해설

　거짓말을 밥 먹듯이 하다 보면 어느 순간 진짜라고 착각하기 쉽다. 하물며 다른 사람은 어떻겠는가? 사마의도 처음에는 제갈량의 퇴군이 거짓인 줄 알았지만 막상 퇴군이 되풀이되자 진짜인가 싶어 뒤쫓기에 이르렀다. 그러나 사마의 역시 명책략가인지라 제갈량의 군대를 뒤쫓으면서도 곳곳에 매복병을 두어 대비하는 지혜와 장합을 선봉에 내세우고 자신은 뒤를 담당하는 주도면밀함을 잊지 않았다.

　그러나 제갈량은 역시 제갈량이었다. 장합의 군대는 제갈량의 군대를 쫓다 매복병을 만나고 이어서 관흥과 마충에게 협공까지 당하는 한편 왕평, 장익에게 퇴로가 막히는 지경에 이른다. 그러나 갑자기 사마의의 군대가 들이닥치면서 촉군은 차츰 형세가 밀리게 된다. 이때 강유와 요화가 두 방향에서 사마의의 진채를 공격하자 전세가 역전된다. 진채 급습 소식을 들은 사마의는 허를 찔렸음을 깨닫고 군사들을 모아 허겁지겁 퇴군한다. 촉군이 여세를 몰아 거침없이 공격하자 위군은 대패하고 말과 무기는 물론 군사들의 목숨까지 잃고 만다.

활용

　현명한 사람은 어둠 속에서도 빛을 보고 빛 속에서도 어둠을 발견한다. 때로는 돌아가는 게 방법이라고 생각해 우회를 감행함으로써 위기를 기회로 바꾼다.

시간을 두고 인내하는 방법이 때로는 가장 빠른 결과를 낳기도 한다. 시간과 조건이 무르익은 상태에서 공격해야 속전속결도 가능한 법이다. 시기와 조건이 무르익지 않았을 때는 섣불리 행동하기보다는 인내심을 가지고 장기적 계획을 세우며 실력을 쌓는 편이 낫다. 실력을 쌓으며 때를 기다리는 것도 중요한 지혜다.

'욕속부달欲速不達, 일을 빨리하려고 하면 도리어 이루지 못한다'이라고 했다. 시기와 조건이 무르익지 않은 상태에서 섣불리 내리는 결정은 실패를 가져오기 쉬울 뿐 아니라 진정한 성장과 승리마저 가로막는다.

적을 유인하는 법
지피지기면 백전불태

적을 알고 나를 알면
백 번을 싸워도 위태롭지 않다.

전쟁에서 승패를 결정짓는 중요한 기준은 적과 나를 얼마나 아느냐다. 적과 나를 모두 아는 쪽과 그렇지 않은 쪽이 싸운다면 반드시 전자가 승리하기 때문이다. 그렇다면 양쪽 모두 '적과 나를 잘 알고 있다'면 누가 승리할까? 이는 쉽게 대답하기 곤란한 질문이다.

이 이야기는《삼국지연의》100회 '촉한은 조진의 진채를 무너뜨리고 진법 대결에서 사마의를 누르다'에 나온다.

가을장마가 끝나가는데도 여전히 하늘이 맑아질 기미를 보이지 않자, 제갈량은 대군에게 적파赤坡에 주둔하라고 명한다. 그러고는 장막을 열어젖히고 장수들을 모두 모아 말했다.

"위군은 틀림없이 물러갈 것이며 조진과 사마의에게 회군하라는 조서가 내려졌을 것이다. 그러나 지금 뒤쫓으면 그들도 방비해둔 바가 있을 터이니 우선은 그대로 물러나도록 내버려두고 다음번에 계책을 써야 할 듯하다."

그때 왕평이 전령을 통해 위군이 물러나고 있음을 알려 왔다. 제갈량은 왕평에게 보낼 전령을 고른 후 말했다.

"나에게 다른 계책이 있으니 절대 그들의 뒤를 쫓아선 안 된다."

위군이 아무리 매복에 능하다지만,
한승상 제갈량은 처음부터 그들 뒤를 쫓을 생각이 없었다네.

장수들은 위군을 추격하지 말라는 제갈량의 말을 듣고 다시 장막으로 돌아와 물었다.

"위군이 장마를 못 견디고 물러나니 저들을 뒤쫓기 좋은 기회가 아닙니까? 그런데 승상께서는 어찌 추격하지 말라 하십니까?"

제갈량이 말했다.

"사마의는 용병에 능한 자라 회군을 하면서도 곳곳에 복병을 두었을 것이다. 그러니 우리가 그들 뒤를 쫓으면 사마의의 계책에 걸려들지 않겠는가? 아예 멀리까지 물러나도록 놔뒀다가 군사를 나누어 야곡斜谷으로 출병하면 기산을 얻을 수 있을 것이다."

장수들이 물었다.

"취하려면 다른 길도 많을 터인데 승상께서는 왜 기산을 고집하십니까?"

"기산은 장안을 두르고 있는 병풍 같은 산이다. 그러하기에 농서를 비롯한 다른 고을에서 군사가 들어오면 반드시 이곳을 지나야 한다. 또 기산은 앞으로는 위수가 흐르고 뒤로는 야곡에 기대어 있으니, 오른쪽으로 들어가 왼쪽으로 나올 수도 있고 군사를 매복할 수도 있어 병법을 펼치기에 아주 좋다."

이 말에 장수들은 모두 절하고 물러났다. 제갈량은 위연, 장의, 두경, 진식에게 기곡箕谷으로 가고 마대, 왕평, 장익, 마충은 야곡으로 간 다음 모두 기산에 모이도록 했다. 이들 군대를 전부 보내고 나서야 제갈량은 관흥, 요화를 선봉으로 한 대군을 이끌고 뒤따랐다.

한편 조진과 사마의는 뒤에 남아 군마를 감독하고 군졸 하나를 진창 옛길로 보내어 촉군의 동향을 살피게 했다. 돌아온 군졸은 촉군의 추격 낌새는 없다고 보고했다.

며칠 뒤, 후방에 매복했던 군사들 또한 돌아와 촉군에게는 아무런 움직임이 없다고 보고했다. 조진이 말했다.

"가을장마가 계속된 데다 잔도마저 끊겼는데, 촉군이 무슨 수로 우리를 쫓아오겠습니까? 우리가 퇴각하는 줄도 모를 텐데요?"

사마의가 말했다.

"아니오. 촉군은 반드시 우리 뒤를 쫓아올 것이오."

"어째서 그렇습니까?"

"요즘 날씨가 꽤 개었는데도 촉군은 우리를 뒤쫓지 않았소. 왜 그런지 아시오? 바로 매복이 있을 거라 생각했기 때문이오. 그들은 우리가 좀 더 멀리 물러나기를 기다렸다가 기산을 취하려 할 겁니다."

미심쩍은 표정을 짓는 조진에게 사마의가 말했다.

"어찌 내 말을 못 믿으시오? 제갈량은 필시 기곡과 야곡으로 진군해

들어올 것이오. 그대와 내가 각각 한 곳씩 맡아 열흘간 지켜봅시다. 그 안에 촉군이 나타나지 않으면 내 얼굴에 붉은 분을 바르고 여인의 옷을 입고 군영에 엎드려 죄를 받으리다."

"만일 촉군이 나타난다면 황제께 받은 옥대와 어마를 장군께 드리겠소."

그렇게 두 사람은 군대를 둘로 나누었는데, 조진은 기산 서쪽의 야곡 어귀를 지키고 사마의는 기산 동쪽의 기곡 어귀에 군대를 주둔시켰다. 진채를 세운 후, 사마의는 군사 한 무리를 계곡에 매복시키고 나머지 군사들을 여러 요충지에 배치했다. 그는 자신 또한 옷을 갈아입고, 다른 군사들 사이에 섞여 진채들을 두루 둘러보았다.

한 진채 앞에 이르렀을 때였다. 편장偏將 하나가 하늘을 올려다보며 원망했다.

"장마가 그렇게 오래가도록 회군할 생각을 안 하더니 이제는 또 이런 데 진채를 세워놓고 자기들끼리 내기를 한단 말인가? 이게 무슨 고생이란 말이냐!"

이 말을 들은 사마의는 즉시 자신의 장막으로 돌아온 뒤 여러 장수를 모아놓고 그 편장을 꾸짖으며 말했다.

"조정에서 천 일 동안 군사를 기르는 것은 필요할 때 유용하게 쓰기 위함인데, 네 어찌 원망의 말을 늘어놓으며 군심을 어지럽히느냐?"

그러나 편장은 그런 일이 없었노라고 발뺌했다. 사마의가 그의 곁에 있던 동료 군사를 불러내자 편장은 그제야 고개를 숙이며 말을 잇지 못했다. 사마의가 말을 이었다.

"나는 시금 내기를 하는 게 아니다. 나 또한 촉군을 물리쳐 그대들과 힘께 공을 세우고 조정으로 돌아갈 생각뿐이다. 그런데 너는 어찌

하여 함부로 원망의 말을 내뱉는 것이냐?"

그는 다른 군사에게 편장을 참수하라고 명한 후 말을 이었다.

"그대들은 있는 힘을 다해 촉군을 막고 우리 중군中軍이 포성을 울리거든 사면에서 일제히 진격하라."

장수들은 명을 받고 물러났다.

한편 위연, 장의, 진식, 두경 네 장수는 군사 2만을 거느린 채 기곡으로 가고 있었다. 그렇게 한참을 행군하고 있을 때 참모 등지가 급히 달려왔다.

"승상께서는 기곡으로 가는 길 곳곳에 위군이 매복해 있을지 모르니 섣불리 진군하지 말라 명하셨습니다."

진식이 말했다.

"승상께서는 용병하는 데 무슨 의심이 그리 많으시답니까? 위군들은 모두 큰 비를 맞느라 옷이며 갑옷이 모두 망가져 그저 돌아가고 싶은 마음뿐일 텐데, 따로 무슨 매복을 하겠습니까? 조금만 더 가면 대승을 거둘 판입니다. 그런데 어찌 진군을 말리신단 말입니까?"

등지가 말했다.

"승상의 계책은 여태껏 백발백중이었다. 그런데 그대는 어찌 감히 군령을 어기려 하는가?"

진식이 웃으며 말했다.

"승상의 지모가 그리 훌륭하시다면 가정을 잃지도 않았을 겁니다."

위연도 지난날 제갈량이 자신의 계책에 따라주지 않았던 일을 떠올리고는 웃으며 말했다.

"그때 승상께서 내 말을 들으셨다면 진즉 자오곡을 빠져나와 지금쯤은 장안에 낙양까지 얻었을 겁니다. 그런데 이제 와서 기산으로 가겠다니요? 게다가 이미 우리에게 진군하라 명하지 않으셨습니까? 그런데 이제는 진군하지 말라니요?"

진식이 말했다.

"나는 군사 오천을 이끌고 기곡을 지나 기산에 먼저 도착해 진을 치겠수다. 그런 다음 승상의 얼굴이 어떻게 변하는지 꼭 보아야겠소."

등지가 거듭 만류했음에도 진식은 기어이 군사 5천을 이끌고 기곡으로 갔다. 등지는 이 소식을 제갈량에게 알렸다.

한편 진식은 몇 리도 채 못 가서 포성 소리를 듣게 되었다. 그 순간 사방에서 복병이 달려들었다. 진식은 급히 회군하려 했으나 이미 적들에게 포위된 뒤라 빠져나갈 길이 없었다. 그때 또 한 번 포성이 울리더니 군사 한 무리가 들이닥쳤다. 위연의 군대였다. 위연은 진식을 구해 산골짜기로 간신히 빠져나왔으나 5천이었던 군사는 5백 남짓으로 줄었고 그마저도 대부분은 부상당한 상태였다. 계속 위군에 몰렸지만 마침 두경과 장의가 합세한 덕분에 적군을 쫓아낼 수 있었다. 진식과 위연은 모두 제갈량의 계책에 탄복하며 자신들의 어리석음을 후회했다.

지략 해설

　적과 나를 알고 있는 쪽과 그렇지 않은 쪽이 전쟁을 한다면 결과는 뻔하다. 그러나 양쪽 모두 자신과 상대를 잘 알고 있다면 그 전쟁의 결과는 쉽게 예측할 수 없다.

　이는 바둑을 둘 때와 비슷하다. 어느 한쪽이 고수이면 승부가 뻔하지만, 양쪽 모두 고수이면 한 수 한 수 둘 때마다 다음 수를 예측할 수 없기 때문이다. 예컨대 한쪽이 상대의 수를 짐작하고 바둑돌을 내려놓으면 상대는 예상을 벗어나는 새로운 수로 판세를 뒤흔든다.

　흔히 전쟁을 일컬어 '변화무쌍한 게임'이라고 한다. 어느 한쪽이 일방적으로 벌이는 싸움이 아니라 양쪽 모두 계책을 세우고 진을 벌이기 때문이다. 어느 쪽이든 조급하게 승리를 거머쥐려 했다가는 패배할 수 있고 패배할 줄 알았다가도 승리할 수 있다. 전쟁은 복잡할뿐더러 냉엄하다. 생과 사를 가르는 싸움 앞에서는 서로 한 발짝도 물러날 수 없기에 더욱 치명적인 위험이 도사리게 마련이다. 앞의 이야기는 백전불태百戰不殆를 위한 '지피지기知彼知己'의 중요성을 잘 보여줄 뿐 아니라 경쟁사회를 살아가는 현대인에게도 좋은 귀감이 된다.

활용

　상대를 파악하는 일은 자신을 잘 아는 것 못지않게 중요하다. 현대인들은 날마다 상사, 동료, 친구, 친척 등 많은 사람을 상대해야 한다. 이때 관계를 이어주는 것이 바로 말이다. 어떻게 말하느냐에 따라 인간관계에는 큰 변화가 나타난다. 과연 어떻게 해야 경쟁관계에서 자신의 이익을 극대화할 수 있을까? 바로 자신이 설정한 사고방식 안으로 상대를 끌어들이면 된다. 그러기 위해서는 상대에 대한 이해가 무엇보다도 중요하다. 《한비자》는 이 문제에 관한 이야기를 다음과 같이 담고 있다.

'말하는 것 자체는 어렵지 않다. 말이 어려운 이유는 언변이 뛰어나지 못하거나 용기가 부족해서가 아니다. 바로 내 지식이 부족해서다. 또한 말하기가 어려운 이유는 상대방의 마음을 꿰뚫어 보아 그가 바라는 대로 말을 해야 하기 때문이다. 예컨대 명예를 추구하는 사람과 이익을 논한다면 그는 나를 업신여길 것이다. 반대로 이익에 관심이 많은 사람과 명예를 추구하지만 속으로는 이익을 꾀하는 사람에게 명예 이야기를 꺼내면 그는 겉으로는 찬동하는 척하면서도 속으로는 관심이 멀어질 것이다. 반대로 그에게 이익 이야기를 꺼내면 겉으로는 관심 없는 척해도 귀를 기울여 이야기를 들으려고 할 것이다.'

《한비자》는 이러한 전제를 먼저 언급한 후에 구체적인 이야기를 이어간다.

'자랑스러워할 만한 일로 상대방을 칭찬하면 그는 자신이 부끄러워할 일을 망각하게 된다. 상대방이 자신의 행동을 숙고하는 사람이라면 자신이 너무 이익을 밝히는 것처럼 보이지는 않을까 걱정할 것이다. 이때 그에게 정의의 명분을 쥐어주면 그는 자신감을 가지고 말할 수 있게 된다. 부득이하게 상대방의 행동을 폄하하게 되었다면 다른 장점을 언급하며 칭찬해주어 상대가 안심할 수 있도록 해야 한다. 상대방이 지나치게 이상적이어서 그 이상에 도달하지 못하고 있다면 그 점을 분명히 지적하되 이상은 이상일 뿐이므로 꼭 도달할 필요는 없다고 말해주어야 한다. 마찬가지로 상대방에게 위험한 일을 중지시키려면 그 일이 그에게 어떻게 불리한지를 에둘러 이야기해야지, 노골적으로 일의 유불리를 따져 말해서는 안 된다.'

　이것은 아첨이나 영합이 아니라 인간관계를 매끄럽게 처리하는 기술이다. 누구나 상대방에게 좋은 말부터 듣고 싶어 하는 법이다. 그러나 우리는 이런 사소한 대화 기술을 무시하다가 큰 문제를 일으키곤 한다. 상대방의 장점 하나 칭찬할 줄 모른다면 어디에 가도 환영받을 수 없다. 따라서 인간관계에서는 먼저 상대방의 마음과 욕구를 헤아리고 나의 말로 그 마음을 충족시킬 필요가 있다. 그래야만 그 사람도 나에게 호감으로 내 이야기에 귀를 기울일 수 있기 때문이다. 이렇게 하면 타인을 나의 사고방식 안으로 끌어들일 수 있다.

아궁이를 늘리는 계책
적을 계략에 빠뜨려 무사히 회군하다

제갈량과 사마의의 지모 싸움은 전쟁사에 한 획을 긋는 대결이었다. 제갈량은 네 번째로 기산에 출병하여 북벌을 단행하려 했으나 소인의 중상모략으로 유선으로부터 회군하라는 조서를 받는다. 제갈량은 군대를 다섯 갈래로 나누어 철군하는 와중에 아궁이를 늘리는 계책을 펴서 사마의가 쫓아오지 못하도록 방비한다.

퇴군하면서 아궁이 수를 줄임으로써 적을 유인했던 손빈의 병법을 반대로 실행해 무사히 회군하는 이 이야기는《삼국지연의》100회 '촉한은 조진의 진채를 무너뜨리고 제갈량은 진법 대결에서 사마의를 누르다'에 나온다.

대승을 거둔 제갈량이 군사를 거두어 기산으로 돌아왔을 때 영안성永安城에 있던 이엄李嚴은 도위都尉 구안苟安을 시켜 촉군에게 식량을 보냈다. 그런데 구안은 술을 좋아하는 사람인지라 도중에 술을 즐기느라 열흘이나 늦게 도착하고 말았다. 제갈량은 이런 구안에게 크게 화를 내며 말했다.

"전쟁을 치를 때 가장 중요한 것이 식량임을 모르느냐? 사흘만 늦어도 참수로 다스려야 마땅한데, 열흘이나 늦었으니 변명의 여지가 없으렷다?"

그러고는 즉시 군사들에게 구안을 참수하라 명했다. 그러자 장사 양의가 말했다.

"구안은 이엄이 쓰는 사람입니다. 전량錢粮은 서천에서 많이 나는데, 지금 이 사람을 죽이면 나중에 군량을 운송하겠다고 나서는 사람이 없을 것입니다."

이에 제갈량은 구안에게 곤장 80대를 치는 것으로 형을 가볍게 해주었다. 그러나 구안은 이 일로 가슴에 원한을 품고 밤에 기병 몇을 이끌고 위군의 진채로 가 투항했다. 사마의가 그런 구안에게 말했다.

"제갈량은 워낙 지모가 뛰어난 자라 네 말을 곧이곧대로 믿을 수가 없다. 네가 우리 군을 위해 큰 공을 세운다면 황제께 네 일을 아뢰어 너를 상장上將으로 삼아주겠다."

구안은 무슨 일이든 힘써 하겠노라고 대답했다. 사마의가 말했다.

"그렇다면 성도로 돌아가 제갈량이 유선을 내몰고 스스로 황제가 되려 한다는 유언비어를 퍼뜨려라. 촉한의 유선이 제갈량을 성도로 불러들이게만 한다면 이를 너의 공으로 여기겠다."

구안은 그러겠노라 대답하고 성도로 돌아가 여러 환관에게 제갈량이제 공만 믿고 분수를 어겨 황제 자리에 오르려 한다는 유언비어를 퍼뜨렸다. 환관들은 이 이야기를 황제께 자세히 고했고, 유선은 깜짝 놀라 환관들에게 되물었다.

"그럼 이제 어찌해야 하오?"

환관들이 말했다.

"조서를 내리시어 제갈량을 성도로 불러들이신 후 반역을 꾀하지 못하도록 병권을 박탈하시옵소서."

유선은 제갈량에게 속히 성도로 돌아오라는 조서를 내렸다. 그때 장완이 유선에게 아뢰었다.

"승상께서는 출병하신 이래 줄곧 큰 공을 세우셨는데 어인 일로 승상을 다시 불러들이시옵니까?"

"승상과 얼굴을 맞대고 긴히 논할 일이 있어 그러오."

유선은 사신에게 조서를 주어 제갈량에게 보냈다.

사신은 밤새 말을 달려 기산에 있는 제갈량의 진채에 도착했다. 조서를 읽은 제갈량은 하늘을 우러러 탄식했다.

"주상께서 아직 어리시니 주위에서 간신들이 농간을 부리는구나. 이제 겨우 전공을 세우려는 판인데 어찌 돌아오라 명하시는가? 내가 돌아가지 않으면 군주를 기망하게 되고 명을 받들어 돌아가면 이런 기회를 다시 얻기 어려울 텐데."

곁에 있던 강유가 물었다.

"우리가 한꺼번에 물러난다면 사마의가 그 틈을 타 우리를 공격해 올 것입니다. 어찌하면 좋을까요?"

제갈량이 말했다.

"군사를 다섯 갈래로 나누어 회군해야겠소. 먼저 우리 군영부터 움직이되, 움직이는 군사가 일천 명이면 아궁이를 이천 개로 파고, 다음 날에는 삼천 개, 그다음 날에는 사천 개를 파면서 그 수를 늘려가야 하오."

양의가 물었다.

"손빈이 방연龐涓을 잡을 때는 군사를 늘리고 아궁이 수를 줄였다 들었습니다. 하온데 승상께서는 어찌 퇴군하면서 아궁이 수를 늘리려고 하십니까?"

제갈량이 대답했다.

"사마의는 용병에 능한 자라 우리가 퇴군하는 줄 알면 반드시 뒤쫓아 올 것이오. 그러면서 우리가 혹시 군사를 매복시키지는 않았을까 의심하며 날마다 아궁이 숫자를 세어볼 것이오. 그러니 우리가 아궁이 숫자를 매일 늘리면 우리가 정말 물러나는지 아닌지 짐작할 수 없어 섣불리 추격하지 못할 것이오. 이렇게 하면 우리는 병력을 잃지 않고 무사히 돌아갈 수 있소."

제갈량이 즉시 모든 군사에게 퇴각 명령을 내렸다.

한편 사마의는 구안에게 맡긴 계책이 들어맞았을 것으로 믿고 제갈량이 군사를 거두어 돌아갈 때 일제히 공격할 생각을 하고 있었다. 마침 촉군이 진채를 거두어 머물던 자리가 텅 비었다는 소식이 전해졌다. 그러나 사마의는 제갈량의 지모를 잘 알고 있었기에 곧바로 추격하지 않고 먼저 기병 100명을 촉군의 진채가 있던 자리로 보내어 아궁이 수를 세어보도록 했다. 다음 날도 사마의는 촉군이 머물렀던 자리에 군사를 보내어 아궁이 수를 세어보게 했다.

군사들이 돌아와 사마의에게 말했다.

"어찌 된 일인지 영내에 있는 아궁이 수가 어제보다 배로 늘었습니다."

사마의가 여러 장수에게 말했다.

"역시 제갈량은 지모가 뛰어난 자다. 물러가면서도 도리어 군사가 늘어가니 추격하면 반드시 제갈량의 계략에 걸려들고 말 것이다. 우선은 물러나 있다가 촉군의 동태를 살핀 다음에 계책을 펴야겠다."

이렇게 해서 위군은 촉군을 추격하지 않고 본래의 진채로 돌아왔고, 제갈량은 단 한 명의 군사도 잃지 않고 무사히 성도로 돌아갈 수 있었다.

이튿날 사마의는 서천의 백성들로부터 제갈량이 회군할 때 군사의 수는 늘지 않는데도 아궁이 수를 늘리더라는 말을 듣고 하늘을 보며 탄식했다.

"제갈량이 우후虞詡, 동한 시대 무도武都태수로, 서강족과의 전투에서 아궁이 수를 늘려가는 계책으로 적을 물리쳤다의 법을 그대로 따라 나를 속였구나! 내 지모가 이토록 제갈량에게 미치지 못하다니!"

사마의는 연거푸 탄식하며 대군을 거두어 낙양으로 돌아갔다.

바둑에서도 호적수를 만나면 이기기 어렵듯이
장수도 뛰어난 상대를 만나면 교만해지기 어렵도다.

지략 해설

계책은 그때그때 구체적인 현실을 바탕으로 세워야 한다. 손빈의 감조법_{아궁이를 줄여가는 계책}이 방연을 꾀기 위한 계략이었다면, 제갈량은 증조법_{아궁이를 늘려가는 계책}으로 아군의 세력을 과장해 사마의의 의심을 불러일으키고 나아가 그의 오판을 유도해 촉군을 무사히 회군하게 하였다. 요컨대 감조법은 적을 깊이 유인해 섬멸하는 계책이고, 증조법은 적의 의심을 조장해 적에게서 벗어나는 계책이다.

활용

제갈량의 증조법은 무엇 하나 고정된 것이 없다는 교훈을 가르쳐준다. 특히 모든 조건이 변하기 쉬운 전쟁터에서는 어떤 계책이든 그 목적과 수단이 조금씩 변할 수 있다. 지휘관은 변화를 날카롭게 포착하고 분석하는 안목으로 승리를 이끄는 지혜를 운용할 줄 알아야 한다. 제갈량은 병법의 융통성을 발휘하여 감조법이 아닌, 증조법으로 상황에 대처했다.

관리자의 일 또한 마찬가지다. 우수한 관리자라면 관리상의 원칙을 잘 알고 있어야 하지만, 바로 그 원칙 아래서 다양한 방법을 운용할 줄 알아야 한다. 원칙은 '불변의 진리'가 아니다. 원칙은 일정한 범위 안에서 다양성이 허용되지만, 불면의 진리는 말 그대로 '불변성'과 '일정성'이 특징이다. 관리자는 다양한 사람과 직무, 다양한 시공간을 상대해야 한다. 따라서 그때마다 가장 적절한 방법으로 목표에 도달해야 한다. 절대적인 방법이란 없다. 그때그때 상황에 따라 요구되는 전략은 천차만별이기 때문이다. 관리자는 원칙에는 어긋나지 않는 범위 안에서 가장 적절한 방법이 무엇인지를 알고 실행할 수 있어야 한다. 급변하는 시대에 불변하는 관리 모델이란 없다. 변화에 잘 대응하려면 관리 원칙을 분명히 인식하고 상황에 가장 적합한 방법을 선택하여 목표에 도달할 수 있어야 한다.

계략에 빠진 장합
적을 유인하여 함정에 빠뜨리다

별처럼 쏟아지는 만 개의 화살 아래
목문도 위로 병사들이 쓰러지네.
지금도 사람들은 검각을 지나며
제갈량의 지혜를 칭송하네.

이 이야기는 《삼국지연의》101회 '제갈량은 농서로 가서 천신을 가
장하고 장합은 검각으로 달리다가 계략에 걸려들다'에 나온다.

제갈량은 다섯 번째로 기산에 오를 때 천신을 가장하여 농서 지역
의 밀을 거두어 군량으로 충당하고 노성지금의 간쑤甘肅성 톈수이天水 서남쪽에 복
병을 두어 사마의를 공격했다. 이로 말미암아 대패한 위군은 서량西涼
에 지원군을 요청하기에 이르렀다.

한편 영안지금의 쓰촨성 펑제을 지키면서 촉군의 군량을 책임지던 이엄은
제날짜에 군량을 조달하기가 힘들어지자 제갈량에게 질책을 받을까

218

봐 동오가 촉나라를 공격하려 한다고 거짓 동향을 보고했다.

이 소식을 들은 제갈량은 뜻밖의 소식에 깜짝 놀라 동오의 급습을 막고자 회군을 결심했다. 제갈량은 먼저 기산에 주둔한 군사들에게 서천으로 돌아가라 명하고 양의와 마충에게 군사를 이끌고 각자 검각지금의 쓰촨성 검각 북쪽과 목문도木門道, 지금의 간쑤성 톈수이 서남쪽에 군사를 매복시킨 뒤 포성이 울리거든 일제히 협공하라고 명했다. 또 위연과 관흥에게는 적의 뒤를 끊도록 하고 노성의 곳곳에 깃발을 잔뜩 꽂아놓으라고 명했다. 그러고는 자신은 대군을 이끌고 목문도로 떠났다.

사마의는 촉군이 물러나고 있다는 소식을 전해 듣고 기뻐하며 말했다.

"지금 제갈량이 군대를 물린다 하는데, 누가 나서서 뒤쫓겠는가?"

대장大將 장합이 나서자 사마의가 고개를 저으며 말했다.

"그대는 성정이 너무 급해서 안 되네."

그러나 장합은 요지부동이었다.

"도독께서는 출병하실 때 항성 저를 선봉으로 세우셨습니다. 지금이야말로 적을 무너뜨려 공을 세울 때인데 어찌하여 저를 내치십니까?"

"촉은 퇴군하면서 험지 이곳저곳에 복병을 두었을 것이다. 그러나 주위를 세심히 살피는 자라야 문제없이 촉군을 추격할 수 있다."

"저도 그렇게 할 수 있습니다. 제발 저를 보내주십시오."

사마의는 할 수 없다는 듯이 말했다.

"정히 그렇다면 나중에 후회하지나 말게."

"목숨을 바쳐 나라의 은혜에 보답하는 것이 사내대장부의 도리입니다. 설령 죽는다 한들 무슨 후회가 있겠습니까?"

"그대 뜻이 그리도 굳으니 군사 오천을 이끌고 촉군을 추격하되, 위평에게 군사 이만을 맡겨 복병을 상대하도록 하라. 나도 군사 삼천을 이끌고 뒤를 따르겠다."

명을 받은 장합은 바람 같은 속도로 촉군을 뒤쫓았다. 그렇게 30리쯤 갔을 때였다. 갑자기 등 뒤에서 포성이 울리더니 느닷없이 숲속에서 군사 한 무리가 나타났다. 위연의 군대였다. 장합은 격노하며 위연을 상대했지만 몇 합 싸우기도 전에 위연이 도망쳤다.

장합은 군사들을 이끌고 위연의 뒤를 쫓아 30리를 더 달렸다. 복병이 없었기 때문에 장합은 용기백배하여 위연의 뒤를 계속 쫓았다. 그런데 산비탈을 지날 무렵 또다시 관흥의 군대와 마주쳤다. 관흥이 장합과 열 합을 겨루기 전에 패배하고 도망쳤으므로 장합은 관흥의 뒤를 계속 쫓았다. 그러다가 나무가 빽빽이 우거진 숲에 이르렀다. 장합은 매복이 의심스러워 여러 군사에게 주위를 잘 살펴보라고 일렀다. 그러나 복병은 없었다. 장합은 안심하고 다시 촉군의 뒤를 쫓았다. 그런데 뜻밖에도 위연의 군대가 다시 앞을 막아섰다. 이번에도 위연은 몇 합 겨루다 말고는 패배한 척 도주했다. 장합은 더욱 약이 올라 미친 듯이 위연의 뒤를 쫓았다. 그러자 관흥이 또다시 앞길을 막아섰다. 바싹 약이 오른 장합은 관흥을 뒤쫓았지만 관흥은 또 제대로 겨루지 않고 도망을 쳤다. 촉군이 갑옷들을 버리고 도망치자 위군은 말에서 내려 갑옷들을 줍느라 바빴다. 위연과 관흥은 이렇게 번갈아 나타나 장합의 앞을 가로막았다. 싸우다 물러나기를 반복하면서 머리끝까지 화가 난 장합은 전력 질주로 그들의 뒤를 쫓았다.

어느덧 어스름이 되었다. 목문도에 다다르자 위연이 말을 몰고 되돌아와 큰 소리로 장합을 꾸짖었다.

"장합, 이 역적 놈아! 나는 너와 싸울 뜻이 없건만 어찌 한사코 내 뒤

220

를 쫓느냐? 그래, 좋다. 여기서 사생결단을 내보자!"

장합은 더 이상 참지 못하고 창을 비껴든 채 위연에게 달려들었다. 위연은 칼로 장합과 십여 합을 겨루다가 또 달아나기 시작했다. 그는 갑옷마저 버린 채 목문도로 도망쳤다. 장합은 죽일 듯한 기세로 달려드느라 다른 생각을 할 수가 없었다. 하늘은 점점 어두워졌고 이제는 목문도도 검은 그림자로만 보였다. 장합이 한참 위연의 뒤를 쫓고 있는데, 어디선가 포성이 울리더니 서쪽 산 위에서 불빛이 번쩍했다. 그와 동시에 거대한 돌과 나무토막들이 어지럽게 떨어지기 시작했다. 돌들은 산길을 막을 만큼 수북이 쌓였다. 다행히 중간에는 작은 공터가 있었지만 양옆이 절벽인지라, 장합은 그 안에 꼼짝없이 갇히고 말았다. 그때 또다시 딱따기 두드리는 소리가 들리더니, 이번에는 서쪽 산에서 화살이 쏟아지기 시작했다. 장합과 부장部將 100여 명은 퇴로도 없이 갇힌 채 화살을 맞고 쓰러져 죽었다.

장합이 죽은 줄도 모르고 장합의 뒤를 따르던 위군은 길이 막힌 것을 보고서야 그가 계략에 빠졌음을 알았다. 위군이 말 머리를 돌리려는데 산 위에서 누군가가 소리쳤다.

"제갈 승상이 여기 있다!"

위군들이 올려다보니 제갈량이 환한 불빛 사이에 서 있었다. 제갈량은 위군을 가리키며 말했다.

"오늘 사냥에서 말馬, 사마의의 마을 쏘려고 했는데, 잘못해서 노루樟, 장합의 장과 발음이 비슷함를 맞혔구나. 너희는 안심하고 돌아가서 사마의에게 전해라. 조만간 내가 사로잡겠노라고."

위군은 돌아가서 이 일을 사마의에게 자세히 전했다. 사마의는 하늘을 우러러 탄식했다.

"장합이 죽은 것은 다 내 잘못이다!"

슬픔에 빠진 사마의는 군사를 거두어 낙양으로 돌아갔고, 위주도 장합이 죽었다는 소식에 눈물을 흘리며 슬퍼했다.

지략 해설

제갈량의 계략이 성공할 수 있었던 것은 크게 두 가지 요인 때문이다. 첫째, 지리적 이점을 잘 활용했고 둘째, 적의 심기를 돋우어 생각할 틈을 주지 않았다. 제갈량은 장합을 공격하기 좋은 장소에 군사를 매복시켜두었다. 하지만 장합은 앞뒤 안 가리고 촉군을 쫓는 데만 정신이 팔려 후방 부대와 점점 멀어지고 말았다.《손자병법》〈지형편〉은 이렇게 말한다.

'무릇 지형이란 병법의 보조적 조건이다. 적정을 판단하여 승리할 수 있는 계책을 수립하고 험지의 멀고 가까움을 정확히 헤아리는 것은 상장上將의 임무이다.'

그렇다. 지형은 전쟁에 큰 도움이 되는 요소이다. 적의 움직임을 자세히 살피고, 전쟁의 주도권을 장악하며, 지형지세를 잘 관찰하고, 길의 멀고 가까움을 정확히 헤아리는 것은 현명한 지휘관이라면 반드시 해야 할 일이다. 이런 준비를 철저히 하고 전쟁에 임해야 승리할 수 있다. 물론 지형지세보다 더 중요한 것은 사람의 지혜이다. 지형은 죽은 것이지만 사람은 살아 있는 존재이기 때문이다. 살아 있는 지혜로 적을 함정에 유인하는 데 성공하면 승리는 저절로 따라온다.

활용

제갈량이 장합을 목문도로 유인한 이야기는 상대를 이기기 전에 먼저 유리한 조건을 갖추어야 함을 말해준다. 적절한 때와 장소는 바로 이런 조건들 중 하나이다. 여기에 일부러 아군의 약점을 노출하면 상대는 기고만 장해져서 판단력이 흐려질 수 있다. 그 틈을 파고들어 공격하면 쉽게 승리 할 수 있다.

장계취계
날카로운 혜안으로 적을 간파하다

제갈량이 여섯 번째로 기산에 올라 사마의를 이길 수 있었던 것은 정문鄭文의 거짓 투항을 눈치채고 이를 장계취계했기 때문이다.

제갈량은 사마의가 워낙 신중하여 사람을 함부로 쓰지 않는다는 것을 잘 알고 있었다. 사마의는 진랑秦朗을 전장군으로 임명했는데, 이는 그의 무공이 탁월하기 때문이다. 그래서 제갈량은 자신을 찾아와 투항하겠다고 하는 정문의 말도 사실이 아님을 직감한다.

제갈량은 여러 장수와 계책을 의논하던 중에 위군 한 명이 투항해 왔다는 보고를 들었다. 제갈량은 그자를 안으로 들여 투항 연유를 물었다.

"저는 위나라의 편장 정문입니다. 근래에 진랑과 함께 군사를 이끌어왔으나 사마의가 사심에 편향되어 진랑은 전장군에 임명하면서도 저는 초개와 같이 취급했습니다. 가슴에 울분이 쌓여 승상께 투항하고자 왔습니다. 저를 받아주신다면 하찮은 힘이나마 충성을 다하겠습니다."

정문의 말이 채 끝나기도 전에 진랑이 진채 밖에서 싸움을 걸고 있다는 소식이 전해졌다. 제갈량이 정문에게 물었다.

"그대의 무예는 진랑과 비교하면 어떤가?"

정문이 대답했다.

"제가 당장 저자의 목을 베어 오겠습니다."

"그대가 진랑의 목을 베어 온다면 더 이상 그대를 의심하지 않겠다."

정문은 흔쾌히 말을 타고 진채 밖으로 나가서 진랑과 싸웠다. 제갈량도 몸소 나가 둘의 대결을 지켜보았다. 진랑이 창을 치켜들고 정문을 꾸짖었다.

"반역자인 주제에 감히 내 말을 빼앗아 타고 있다니 어서 내놓지 못할까?"

정문이 말을 달려 진랑을 상대하더니 일 합을 겨루기도 전에 진랑의 목이 땅에 떨어졌다. 정문은 머리를 가지고 진채로 돌아왔다. 장막 안으로 들어온 제갈량은 자리를 잡고 앉아 좌우 군사들에게 소리쳤다.

"당장 저자를 참수하라!"

정문이 깜짝 놀라 말했다.

"제가 무슨 죄를 지었습니까?"

"나는 진랑을 알고 있다. 네가 목을 벤 자는 진랑이 아니다."

제갈량은 웃으며 말을 이었다.

"사마의가 너더러 거짓 투항을 하라더냐? 내 눈은 속일 수 없다. 어서 사실을 말하지 않으면 당장 너를 참수할 것이다!"

정문은 그제야 자신의 거짓 투항을 자백하며 목숨만은 살려달라고 읍소했다. 제갈량이 말했다.

"살고 싶거든 지금 당장 일이 잘되었다는 편지를 써라. 사마의가 우리 진채를 공격하도록 만들 수 있다면 네 목숨을 살려주마. 만일 사마의를 붙잡게 되면 그 또한 너의 공이니 마땅히 중용해주마."

정문은 사마의에게 보내는 서신을 써서 제갈량에게 바쳤다. 정문을 옥에 가두고 나자 제갈량 곁에 있던 번건이 물었다.

"저자가 거짓으로 투항한 줄을 어찌 아셨습니까?"

"사마의는 사람을 가벼이 쓰지 않소. 진랑이 전장군이라면 필시 무예도 출중할 터인데 정문과 일 합도 겨루지 못하고 죽었겠소? 나는 그 싸움을 보고 그자가 진랑이 아님을 확신했소. 그러니 정문의 투항도 거짓일 가능성이 크지요."

제갈량은 말을 마치더니 말솜씨가 뛰어난 군사를 골라 귓속말로 계책을 알려주었다. 그 군사는 정문이 쓴 서신을 가지고 위군의 진채로 가서 사마의에게 뵙기를 청했다. 사마의는 편지를 읽고 나서 그 군사에게 물었다.

"너는 누구냐?"

"저는 중원 사람으로 정문 장군과는 동향인데, 여기저기 떠돌다 촉나라로 흘러들었습니다. 오늘 정문 장군이 공을 세워 제갈량이 정문 장군을 선봉으로 세웠습니다. 정문 상군께서는 저에게 편지를 전해달라 부탁하셨습니다. 내일 밤 횃불이 보이거든 도독께서는 불빛을 신호 삼아 친히 대군을 이끌고 촉군의 진채를 공격해달라고 하십니다. 그러면 정문 장군께서도 안에서 호응하겠다고 하셨습니다."

사마의는 한참을 더 캐묻더니 다시금 편지를 자세히 들여다보았다. 군사의 말과 다른 부분을 찾아볼 수 없었다. 사마의는 그 군사에게 술과 음식을 대접하라 이르고는 말했다.

"오늘 밤 이경에 촉군 진채를 급습하겠다. 승리하면 내 너를 중용하마."

군사는 사마의에게 절하고 물러난 뒤 촉군 진채로 돌아가 제갈량에게 모든 사실을 고했다. 제갈량은 칼을 들고 보강步罡, 북두성 별자리를 밟듯 걸음하며 원願을 올렸다. 그런 다음 왕평과 장의, 마충과 마대, 그리고 위연에게 각각 계책을 내렸다. 제갈량 자신은 군사 수십 명을 이끌고 높은 산 위에 앉아 군대를 지휘했다.

한편 사마의는 정문의 편지를 보고 두 아들과 함께 군사를 이끌고 촉군의 진채를 급습할 준비를 하고 있었다. 그때 맏아들 사마사司馬師가 간했다.

"아버지는 어찌 편지 한 통만 보시고 모험을 감행하십니까? 만일 일이 잘못되면 어찌시려고요? 차라리 다른 장군을 먼저 보내시고 아버지는 뒤를 따르시는 편이 낫지 않겠습니까?"

그 말이 옳다 여긴 사마의는 진랑에게 군사 1만을 주어 먼저 촉군의 진채를 공격하도록 하고 자신은 그 뒤를 따랐다. 그날 밤 초경에는 달빛이 밝고 바람도 잔잔했다. 그런데 이경이 되자 사방에서 검은 구름이 밀려오더니 앞이 깜깜해져서 누가 누구인지 분간이 되지 않았다. 사마의는 기뻐하며 말했다.

"하늘이 나를 돕는구나!"

위군은 모두 함매衛枚, 조용히 하려고 군사들의 입에 막대를 물림하고 말에는 재갈을 물린 채 앞으로 나아갔다. 먼저 촉군 진채에 당도한 진랑은 거침없이 공격을 시작했다. 그러나 촉군 진채에는 사람이 하나도 보이지 않았다. 진랑은 제갈량의 계략임을 직감하고 퇴군을 명령했다. 그 순간 사방에서 횃불이 오르더니 고함 소리가 진동했다. 곧이어 왼쪽에서는 왕평과 장의가, 오른쪽에서는 마대와 마충이 군대를 몰고 나왔다. 진랑은 죽기 살기로 싸웠으나 적의 포위를 뚫을 수 없었다. 진랑의 뒤를 따르던 사마의는 이기고 있는지 여부를 알 수 없어서 일단 촉군 진채를 향해 내달렸다. 그런데 새로운 함성과 함께 북과 피리 소리가 들리기 시작했다. 화포도 하늘을 찌를 듯 터져댔다. 그와 동시에 왼쪽에서는 패하여 군사들 중 열에 아홉은 죽거나 다치고 나머지는 뿔뿔이 흩어졌다. 촉군에게 포위된 진랑은 메뚜기 떼처럼 날아드는 화살을 맞고 목숨을 잃고 말았다. 진랑이 죽자 사마의는 패잔병을 이끌고 본영으로 돌아갔다.

삼경이 지나자 날이 밝기 시작했고, 제갈량은 산 위에서 군대를 거두었다. 이경 무렵 짙은 구름이 밀려들었던 것은 제갈량이 둔갑법遁甲法을 쓴 덕분이었다. 또 군대를 거둘 때 하늘이 다시 맑아진 것은 육정육갑六丁六甲으로 구름을 흩어버렸기 때문이다.

승리를 거두고 본채로 돌아온 제갈량은 정문을 참수하고 위수 남쪽을 칠 계획을 논의했다. 제갈량은 매일 위군 진채에 군사를 보내 싸움을 걸었으나 위군은 모든 문을 굳게 닫은 채 밖으로 나오지 않았다.

지략 해설

사람은 매우 복잡한 존재이기 때문에 그를 제대로 알아보기란 쉬운 일이 아니다. 세상에는 순진해 보이는 강도가 있는가 하면, 겉으로는 공손하지만 속으로는 거만한 사람이 있고, 태도는 신중하지만 하는 일은 성실하지 않은 사람이 있다. 꼼꼼해 보이지만 실없는 사람이 있는가 하면 진실해 보이지만 한결같지 않은 사람도 있다. 지혜롭지만 판단 앞에서는 우유부단한 사람, 겉으로는 과감하지만 사실은 아둔한 사람, 진심 어린 태도로 말하지만 행동은 신뢰할 수 없는 사람, 미련해 보이지만 성실한 사람, 과격하지만 실천력은 없는 사람, 강해 보이지만 겁많은 사람, 엄숙해 보이지만 평범한 사람, 까다로워 보이지만 따뜻한 사람도 있다.

사람은 이렇게 겉모습과 속마음이 꼭 일치하는 것은 아니다. 표리부동한 사람은 대개 위장술에 능하기에 더욱 판별해내기가 쉽지 않다. 그저 좋아만 보이는 사람일수록 이런 부류에 속할 가능성이 크다. 사심이 가득한 사람일수록 정의와 공정을 내세우고 속임수에 능한 사람일수록 정직을 표방한다. 그러므로 겉모습만 보고 현혹되어서는 안 된다.

활용

겉만 보고 사람을 판단해서는 안 되지만, 사소한 기미나 안색만으로도 그 사람을 깊이 이해할 수도 있어야 한다. 열린 눈과 귀로 예리한 관심을 기울이면 한눈에 그 사람의 진면목을 알아볼 수 있다.

목우유마지계
미끼로 고기를 낚다

제갈량이 언제나 승승장구한 것은 아니다. 제갈량 또한 위군에게 포위되어 군량을 제대로 수송하지 못할 위기에 처한 적이 있다. 하지만 제갈량은 이때 '목우유마'를 만들어 군량 수송에 성공하고 결국 위군과의 싸움에서도 승리할 수 있었다.

사마의가 촉군을 물리칠 계책을 고심하고 있을 때 촉군의 동향을 살피던 정탐꾼이 돌아와 보고했다.

"촉군이 목우유마를 이용하여 군량과 마초를 운반하는데, 사람은 힘이 들지 않고 소와 말에게는 먹이를 줄 필요가 없다고 합니다."

사마의는 처음 듣는 말에 깜짝 놀랐다.

"촉군이 군량을 옮기지 못하고 있다기에 진채를 지키며 군량이 떨어지기만 기다리고 있었거늘, 그 무슨 소리란 말인가? 그런 방법을 쓰고 있다면 쉽게 물러나지는 않을 모양이구나. 허허, 이를 어찌할꼬?"

사마의는 급히 장호와 악침을 불러 분부했다.

"너희 둘은 각기 군사 오백을 이끌고 야곡 소로로 가서 촉군이 목우유마를 가지고 지나가거든 일제히 덮쳐서 그중 네댓 대를 빼앗아 오너라."

명을 받은 두 사람은 촉군 진영으로 가서 밤중에 몰래 촉군의 옷으로 갈아입고 야곡 어귀에 매복했다. 그들은 촉의 장수 고상이 군사들과 목우유마를 이끌고 지나가자 북을 울리며 덮쳤다. 촉군은 기습 공격에 미처 손을 쓰지 못하고 목우유마를 버려둔 채 도망쳤다. 장호와 악침은 이 목우유마를 위군 진채로 가져갔다. 사마의가 목우유마를 살펴보니 움직임이 정말 살아 있는 짐승과 다르지 않았다. 사마의가 기뻐하며 말했다.

"너희가 이런 걸 만들어 쓰는데, 우리라고 쓰지 못하랴!"

그는 즉시 목공 100여 명을 불러들여 촉군에게서 빼앗은 목우유마를 똑같이 만들어내라고 명했다. 사마의는 진원장군鎭遠將軍 잠위岑威에게 명하여 이 목우유마를 이용해 농서의 군량을 운반하도록 했다. 식량을 싣고 오는 목우유마를 보자 위군들은 하나같이 기뻐했다.

한편 고상은 제갈량에게 돌아와 위군에게 목우유마 몇 대를 빼앗긴 일을 전했다. 제갈량이 웃으며 말했다.

"그런 일이 일어날 줄 알았소. 지금은 고작 몇 대를 잃었을 뿐이지만 조만간 더 많은 것을 얻게 될 테니 두고 보시오."

옆에 있던 장수들이 제갈량의 말을 듣고 반문했다.

"승상께서는 어찌 그리 생각하십니까?"

"사마의가 우리의 목우유마를 본다면 반드시 그대로 만들어 쓸 것이오. 그때가 되면 나에게도 사용할 계책이 있소이다."

며칠 후, 위군이 정말 목우유마를 만들어서 농서의 곡식을 운반하고 있다는 소식이 전해졌다. 제갈량이 웃으며 말했다.

"역시 내 예측이 빗나가지 않았군."

그는 왕평을 불러 말했다.

"그대는 군사 천 명을 위군처럼 꾸며 밤중에 몰래 북원을 지나가되, 순량군巡粮軍, 군량 호송을 위한 순찰병이라 속이고 위군과 함께 가다가 곡식을 운반하는 장소에 도착하면 호송병들을 모두 죽이고 목우유마를 빼앗아 북원을 거쳐 돌아오라. 그리하면 필시 위군이 쫓아올 터이니 목우유마의 혀를 반대로 돌려놓고 도망치도록 해라. 혀가 돌아간 목우유마는 움직이지 않을 것이니, 위군은 결국 이걸 버려두고 갈 것이다. 그때쯤 내가 군사를 보낼 터이니 그대는 목우유마가 있는 곳으로 되돌아가 혀를 제 방향으로 돌려놓고 진채로 끌고 오라."

왕평은 계책을 받고 물러났다. 이어 제갈량은 장의를 불러 분부했다.

"그대는 군사 오백을 귀신 머리에 짐승 몸을 한 육정육갑 신병神兵으로 꾸민 뒤 오색 물감을 칠해 괴이하게 보이도록 하라. 또 군사 모두에게 한 손에는 수놓은 기를, 다른 한 손에는 보검을 들고 인화물을 넣은 호리병을 몸에 달고 산기슭에 매복하게 하라. 그러다 위군이 목우유마를 데리고 나타나거든 일제히 연기를 피우며 목우유마를 빼앗아 달아나야 한다. 위군은 귀신이 나타나 목우유마를 데려가는 줄 알고 놀라서 감히 뒤쫓지 못할 것이다."

장의도 명을 받고 물러났다. 제갈량은 위연과 강유를 불러 분부했다.

"그대들은 군사 일만을 이끌고 북원으로 가서 목우유마를 빼앗아 오는 우리 군사들을 돕도록 하라."

그는 이어 요화와 장익을 불러 말했다.

"군사 오천을 이끌고 가서 사마의가 돌아오는 길을 끊도록 하라."

그러고는 마충과 마대를 불러 말했다.

"그대 둘은 군사 이천을 이끌고 위수 남쪽으로 가서 위군 진채에 싸움을 걸도록 하라."

여섯 사람은 모두 명을 받고 물러났다.

한편 위장 잠위는 곡식을 실은 목우유마를 이끌고 농서에서 돌아오고 있었다. 그런데 갑자기 순량군 1천여 명이 나타났다는 소식이 전해졌다. 잠위가 사람을 보내 살펴보니 다행히 위군이라 하기에 안도하며 길을 재촉했다. 그런데 위군과 순량군이 마주치자 갑자기 함성이 울리면서 촉군이 쳐들어왔다.

"촉군 대장 왕평이 여기 있다!"

위군은 기습 공격에 속수무책이었다. 결국 절반 이상이 촉군의 칼에 맞아 쓰러졌고, 잠위마저 패잔병을 독려하다 왕평의 칼에 목이 달아났다. 나머지 위군들도 뿔뿔이 흩어졌다. 왕평은 목우유마를 모두 거두어 촉군 진채로 돌아왔고 위의 패잔병들은 북원으로 달려가 이 소식을 전했다.

촉군의 기습으로 군량을 빼앗겼다는 소식에 곽회는 군사를 이끌고 왕평을 추격했다. 왕평은 제갈량의 지시대로 목우유마의 혀를 반대로 돌려놓고는 도망쳤다. 곽회는 군사들에게 추격을 멈추라 명하고 목우유마를 거두어 돌아가려고 했다. 그런데 목우유마가 꼼짝도 안 하는 게 아닌가! 곽회가 이상히 여기고 있는데 갑자기 뿔나팔 소리와 함께 함성이 울리더니 양쪽에서 촉군이 들이닥쳤다. 위연과 강유의 군대였다. 여기에 왕평까지 다시 합세해 세 방향에서 위군을 공격하니, 위군은 협공을 이기지 못하고 도망쳤다. 왕평이 군사들을 시켜 목우유마의 혀를 원래대로 돌려놓고 이것들을 데려가니, 멀리서 이 광경을 보던 곽회가 혀를 내두르며 말했다.

"귀신이 저들을 돕는 모양이다."

위군은 하나같이 놀라서 촉군을 뒤쫓을 엄두를 내지 못했다.

한편 사마의는 북원의 군사들이 패했다는 소식에 급히 군사를 이끌고 이들을 구원하러 갔다. 그러나 도중에 포화가 터지더니 길 양쪽 험준한 곳에서 군사들이 쏟아져 나오며 함성을 질렀다. 멀리 깃발을 보니 '한장漢將 장익', '한장 요화'라고 씌어 있었다. 사마의는 물론 위군도 소스라치게 놀라 각자 도주할 길을 찾기에 정신이 없었다.

길 위에서 신장神將을 만나 군량을 빼앗기고
이 몸은 기병奇兵을 만나 목숨이 위태로워라.

사마의의 군대가 장익, 요화에게 크게 패하자 사마의는 필마단창匹馬單槍, 창 하나를 들고 말 한 필에 의지함으로 깊은 숲속으로 도망쳤다. 장익은 후군을 거두었고 요화가 앞장서서 사마의를 쫓아갔다. 요화가 자신의 뒤를 바짝 뒤쫓고 있음을 본 사마의는 급한 마음에 나무를 돌아 피하려 했는데, 이때 요화가 칼로 내리쳤다. 다행히 칼은 사마의를 빗나가 나무에 내리꽂혔다. 요화가 다시 칼을 뽑아 들었을 때 사마의는 이미 숲을 벗어나 뒤였다. 요화는 사마의를 계속 쫓았지만 사마의가 어디로 갔는

235

지 도무지 알 수 없었다. 그런데 숲 동쪽에 사마의 대신 황금 투구 하나가 떨어져 있었다. 요화는 그 투구를 주워 들어 말 안장에 매달고 동쪽으로 말을 달렸다. 그러나 사실 사마의는 투구를 동쪽에 버려두고는 서쪽으로 달아나고 있었다.

요화는 한참을 쫓았지만 사마의를 찾지 못한 채 산골짜기를 빠져나왔다. 그는 그곳에서 강유를 만나 함께 제갈량에게 돌아왔다. 목우유마에 실려 있는 곡식은 무려 1만 석이나 되었다. 제갈량에게 투구를 바친 요화는 일등 공신으로 인정받았다. 이를 본 위연은 불만으로 투덜거렸지만, 제갈량은 들은 척도 하지 않았다.

지략 해설

제갈량은 당시로서는 매우 혁신적이라고 할 만한 운송기구 목우유마를 발명했다. 이는 사람이 직접 곡식을 운반할 때와 비교하면 매우 편리한 것이었다. 목우유마는 진짜 짐승이 아니기에 먹지도 않고 피로도 느끼지 않아 밤낮으로 일할 수 있었기 때문이다. 사마의는 목우유마가 있더라는 말에 깜짝 놀라 그중 몇 대를 빼앗아 오게 한다. 직접 목우유마를 살펴보니 매우 편리한지라 여러 대를 만들라고 명하기에 이른다. 그러나 그는 제갈량이 설계해놓은 한 가지 기능을 알지 못했다. 바로 목우유마의 혀를 돌려놓으면 목우유마가 움직이지 못한다는 사실이었다.

활용

제갈량은 목우유마지계木牛流馬之計를 통해 적을 사로잡고 싶을 때 오히려 놓아줌으로써 사마의가 실어나르던 엄청난 군량을 취한다. 이것은 투자다. 오늘날과 같은 경쟁사회에서 큰 이익을 얻고자 한다면 얼마간의 투자가 필요하다. 미끼를 던져야 고기를 낚을 수 있듯이 말이다.

상방곡을 불태우다
지혜와 의지의 대결

골짜기 안으로 광풍이 불어와 불길이 치솟으나
푸른 하늘에서는 때아닌 소나기가 쏟아지네.
무후의 기묘한 계책이 뜻대로 이루어졌다면
어찌 천하가 진晉나라에 귀속되었으랴.

    제갈량은 기산에 오래 주둔할 생각으로 묘안을 냈다. 군사들이 위나라 백성들과 함께 농사를 지어 수확물의 3분의 1은 촉군이, 3분의 2는 백성이 가져가고 다른 영역은 침범하지 않기로 한 것이다. 이에 위나라 백성들은 기뻐하며 생업에 종사했다. 사마의의 아들 사마사는 이 일을 아버지께 고했다.

    "촉군이 우리 군량을 그렇게 빼앗고도 지금 우수 근처에서 백성들과 함께 둔전병사들이 직접 주둔지에서 땅을 경작해 그 소출을 군량으로 쓰는 논밭을 일구고 있다 합니다. 오래 주둔할 요량인 듯한데, 이렇게 되면 향후 우리에게 큰 근심이 될 것입니다. 하온데 아버지는 어찌하여 제갈량과 승부를 겨루는 일전을 벌이지 않으십니까?"

사마의가 말했다.

"우리 군영을 굳게 지키라는 어명이 있어 함부로 움직일 수가 없구나."

그때 한 군사가 달려와 밖에서 촉장 위연이 욕을 하며 사마의에게 싸움을 걸고 있다고 전해 왔다. 위연은 한나절이나 욕을 퍼부은 후에야 촉진으로 돌아갔다.

사마의가 좀처럼 출병하지 않자 제갈량은 마대에게 밀명을 내렸다.

"진채 안에 목책을 두르고 깊은 구덩이를 판 후 그 안에 마른 풀과 인화물을 잔뜩 쌓아두라. 근처 산 위에도 마른 풀과 나무로 가짜 초막을 짓고 그 안팎에 지뢰를 묻어두라."

모든 준비를 마치자 제갈량은 마대에게 다시 은밀히 명했다.

"호로곡 뒷길을 끊고 골짜기 안에 군사를 매복시켜라. 사마의가 추격해 오거든 골짜기 안으로 들어가도록 유인한 다음, 지뢰와 마른 풀에 일제히 불을 질러라."

마대는 명을 받고 물러났다.

제갈량은 또 군사 한 무리에게 낮에는 골짜기 안에서 칠성기를 들고 서 있다가 밤이 되면 칠성등을 들고 서 있으라고 했다. 그리고 위연에게 말했다.

"그대는 군사 오백을 이끌고 위군 진채로 가서 싸움을 걸되, 반드시 사마의가 직접 출병하도록 이끌어야 한다. 사마의와 싸우면서는 꼭 이기려고 하지 말고 지는 척하면서 사마의를 칠성기가 있는 쪽으로 유인하라. 밤에는 칠성등이 보이는 쪽으로 유인하면 된다. 그렇게 해서 사마의를 호로곡 안으로 들이기만 하면 내가 그를 사로잡을 것이다."

위연은 계책을 받고 물러나 군사를 이끌고 위군 진채로 떠났다.

제갈량은 또 고상을 불러 지시했다.

"그대는 목우유마를 이끌고 스물에서 서른 마리 혹은 마흔에서 쉰 마리씩 무리를 지어 군량을 싣고 왔다 갔다 하라. 만일 위군이 그것을 빼앗아 간다면 이는 그대의 공이다."

고상 또한 제갈량의 계책을 받고 떠났다.

제갈량은 기산에 있는 군사들에게 하나씩 일을 맡겨 보내고는 둔전 병만 따로 모아 명령했다.

"너희는 위군이 싸우러 오거든 패한 척 물러나되, 사마의가 직접 군사를 이끌고 나타나거든 있는 힘을 다해 위수 남쪽을 공격해 그들이 회군할 길을 끊도록 하라."

제갈량은 모든 준비를 마친 후 직접 군사 한 무리를 이끌고 상방곡 근처에 가 진채를 세웠다.

한편 하후혜夏候惠와 하후하夏候和 형제는 사마의에게 가서 고했다.

"근래 촉군이 사방에 진채를 세우고 둔전까지 일구며 오래 버틸 생각을 하고 있다 들었습니다. 저들을 일찌감치 내치지 않으면 시간이 갈수록 상대하기 어려워질 것입니다."

사마의가 말했다.

"이것도 분명 제갈량의 계책이다."

"도독께서는 어찌하여 매사에 그렇게 의심만 하십니까? 이러다가 어느 세월에 저들을 물리친단 말입니까? 저희 형제가 가서 결사항전을 벌여 나라의 은혜에 보답하고 오겠습니다."

"정히 그렇다면 군사를 둘로 나누어 싸워보거라."

사마의는 하후혜와 하후화에게 각각 군사 5천을 주어 촉군을 물리치게 하고 자신은 가만히 앉아 일의 형세를 관망하기로 했다.

하후혜와 하후화는 군사를 둘로 나누어 따로 진군하던 중 목우유마를 이끌고 오는 촉군과 마주쳤다. 두 사람은 일제히 촉군을 공격했지만 촉군은 패배한 척 달아나버렸다. 이들이 버려두고 간 목우유마는 고스란히 위군 차지가 되었다.

이튿날도 두 사람은 촉군 100여 명을 말과 함께 사로잡아 위군 진채로 끌고 왔다. 사마의는 이들에게 제갈량의 허실을 심문한 후에 촉군 진채로 돌려보냈다.

제갈량은 고상에게 군량 수송을 가장하여 상방곡으로 목우유마를 몰고 가라 명했다. 하후혜와 하후화는 이번에도 고상의 군대를 기습했다. 지난번의 승리 이후 보름이 채 지나기 전에 거둔 또 한 번의 승리였다. 사마의도 내심 이를 기뻐했다.

하루는 촉군 수십 명이 붙잡혀 오자 사마의가 이들에게 제갈량이 어디에 있느냐고 물었다. 그러자 잡혀 온 촉군 하나가 대답했다.

"승상께서는 기산의 진채에 계시지 않고 상방곡 서쪽에 군영을 마련하고 계십니다. 제가 듣기로는 그곳에 머물며 매일같이 군량을 운반하신다 했습니다."

사마의는 여러 장수를 모아놓고 말했다.

"그대들은 내일 일제히 힘을 합하여 기산 대채大寨,큰 군영를 공격하라. 나도 직접 군대를 이끌고 가 돕겠다."

장수들은 각기 군사를 모아 출병을 준비했다. 그러자 사마사가 사마의에게 물었다.

"아비지는 어찌하여 적의 후방을 공격하십니까?"

"기산은 촉군의 근거지와 다름없는 곳이다. 우리 군이 그곳을 치면 다른 여러 곳의 군대가 촉군을 구하기 위해 몰려들 것이다. 그러면 우리는 어렵지 않게 상방곡을 손에 넣을 수 있다. 상방곡의 군량을 모조리 불태우면 전군과 후군이 호응할 수 없게 되어 저들은 대패하고 말 것이다."

사마의의 의견에 동감한 사마사는 절하고 물러났다. 사마의는 군사를 선발하는 한편 장호 등에게는 후방을 지원하라 명했다.

한편 제갈량은 산 위에서 위군이 3~5천 명 또는 1~2천 명씩 흐트러진 대오로 진군하는 모습을 보았다. 제갈량은 이들이 기산 대채를 습격하려 한다 판단하고 장수들을 불러 밀명을 내렸다.

"사마의가 직접 군대를 이끌고 나타나거든 그대들은 위군 진채를 공격하여 위수 남쪽을 탈취하라."

위군은 기산 대채로 진격했고 촉군은 사방에서 고함을 지르며 나타나 진채를 구하는 척했다. 사마의는 촉군이 기산의 본진을 구하러 왔다고 생각하고 두 아들과 함께 중군을 이끌며 호위 군마를 거느리고 상방곡으로 쳐들어갔다.

골짜기 어귀에 있던 위연은 사마의가 오기만을 기다리고 있었는데, 갑자기 위군 한 무리가 몰려들어 촉군을 공격했다. 위연이 말 위에서 돌아보니 앞장선 이는 틀림없는 사마의였다. 위연이 소리쳤다.

"사마의는 거기 서라!"

위연이 칼을 휘두르며 달려가니 사마의가 창을 치켜들고 위연을 맞이했다. 두 사람이 삼 합쯤 겨루었을 때 위연은 말 머리를 돌려 달아나기 시작했다.

사마의는 그 뒤를 바짝 쫓았다. 위연은 칠성기가 보이는 쪽으로 달려갔다. 사마의는 위연 주위에 군사가 많지 않음을 보고는 마음 놓고 위연의 뒤를 쫓았다. 사마소와 사마사도 사마의를 좌우에서 도왔다.

위연이 이끄는 군사 5백이 상방곡으로 들어서자 사마의도 이들을 따라 골짜기 어귀에 들어섰다. 그러나 사마의는 먼저 정탐꾼을 보내 안을 살펴보는 신중함을 잊지 않았다. 정탐꾼은 골짜기 안에 복병은 없고 초막만 가득하더라고 전했다.

사마의가 말했다.

"분명 그곳에 둔전에서 거둔 곡식을 쌓아두었을 것이다."

그는 전체 군마를 이끌고 골짜기 안으로 들어갔다. 하지만 사마의의 눈에 보이는 것이라고는 초막과 건초뿐이었고 위연은 온데간데없었다. 사마의는 석연치 않은 마음이 들어 두 아들에게 말했다.

"촉군이 골짜기 어귀의 길을 끊어버리기라도 하면 큰일인데."

그 말이 채 끝나기도 전에 고함 소리가 진동하더니 산 위에서 불덩이가 날아들었다. 사마의의 걱정대로 불이 골짜기 어귀로 난 길을 끊어버리면서 위군은 퇴로를 잃고 말았다. 산 위에서는 계속 불화살이 쏟아졌고 여기저기서 지뢰가 터지고 초막과 전초가 불타올랐다. 놀라서 어찌할 바를 모르던 사마의는 말에서 내려 두 아들을 끌어안고 울었다.

"우리 세 부자가 여기서 죽겠구나!"

그렇게 한참을 울고 있는데 갑자기 광풍이 몰아치면서 하늘에 어둠이 드리워지기 시작하더니 벼락이 내리쳤다. 곧이어 굵은 빗방울이 쏟아져 내렸다. 골짜기를 가득 메운 불길은 비를 맞으면서 꺼지기 시작했고 더 이상 지뢰가 터지지 않으면서 산 위에서 쏟아지던 화공도 힘을 잃었다. 사마의의 얼굴에 비로소 화색이 돌았다.

"지금이 아니면 언제 여기를 빠져나가랴!"

그는 급히 말을 달려 골짜기를 빠져나갔다. 마침 장호도 사마의 일행을 구하기 위해 달려왔기에 이들은 함께 위수 남쪽에 있는 대채로 돌아갈 수 있었다.

그러나 책문은 이미 촉군의 손에 뜯겨 나간 뒤였고, 곽회 등이 부교浮橋 위에서 촉군과 접전을 벌이고 있었다. 사마의는 급히 달려가 곽회를 도왔다. 사마의가 합세하자 촉군은 비로소 물러갔다. 사마의는 부교를 태워 끊어버리고 북쪽 언덕에 새로이 진채를 세웠다.

한편 기산에서 촉군 진채를 공격하던 위군은 사마의가 대패했다는 소식에 서둘러 위수 남쪽으로 퇴각했다. 연이은 패전 소식으로 군심이 흔들릴 때 사방에서 촉군이 달려들었다. 위군은 열에 여덟아홉이 부상을 당했고 죽은 병사도 부지기수였다. 살아남은 병사들은 간신히 위수로 달아났다.

제갈량의 대승이었다. 그러나 제갈량은 사마의를 상방곡 어귀로 유인하여 화공을 퍼부었음에도 때아닌 소나기로 말미암아 사마의 부자를 놓치고 말았다.

제갈량은 하늘을 우러러 탄식했다.

"일을 꾸미는 것은 사람에게 달렸어도 일이 이루어지는 것은 하늘의 뜻이로구나. 내가 억지로 해서 될 일이 아니로다."

지략 해설

사마의는 제갈량과 막상막하의 지모를 겨루는 상대였다. 신중하고 의심이 많던 그는 치밀한 계책을 세우면서도 함부로 군사를 움직이지 않았다. 이런 상대와 겨루는 제갈량도 힘이 들기는 마찬가지였을 것이다.

상방곡 공격의 관건은 다음과 같다.

1. 적의 전략적 핵심을 근본에서부터 뒤흔든다.

사마의가 한사코 몸을 사리며 버틸 수 있었던 것은 촉군에 비해 군량 사정이 좋았기 때문이다. 제갈량은 바로 이런 심리를 이용하여 군량 확보에 만전을 기하는 한편 후방에서도 끊임없이 군량을 공급받았다. 이에 사마의는 하는 수 없이 목숨을 건 출병을 감행했는데, 이로써 그는 전략적 우위를 상실하고 만다. 오래 버티는 것만이 능사가 아님을 심리적으로 인정한 그 순간부터 전략의 핵심을 잃어버리고 제갈량의 계책에 휘말린 것이다.

2. 기술이 결정적 역할을 담당했다.

'촉군이 목우유마를 이용하여 군량을 운반하는데, 사람은 힘이 들지 않고 목우유마는 먹이를 필요로 하지 않는다.'

이 사실에 사마의는 깜짝 놀라며 말한다.

"촉군의 군량이 다할 날만 기다리며 이제껏 버텨왔는데, 그들이 그런 방법까지 사용하는 것을 보니 필시 오래 주둔할 모양이구나. 아아, 이를 어찌할꼬?"

촉군이 선진 기술 덕분에 군량 걱정을 덜게 되었다는 확신이 들자, 사마의는 자신의 결심을 돌이킨다.

3. 상대에게 빈번히 승리를 허용함으로써 상대를 방심하게 만들었다.

제갈량은 고상에게 목우유마로 군량을 운반하며 수시로 상방곡을 드나들도록 했다. 그 덕분에 하후혜 등은 촉군과 싸워 이긴 지 보름이 되기 전에 또다시 고상의 군대를 습격하여 승리를 거둔다. 사마의는 촉군이 연일 패하자 기쁜 낯을 감추지 못한다.

4. 군졸들에게 거짓말을 시켜 적장을 현혹했다.

하후혜와 하후화는 각자 두 갈래로 군사를 이끌고 가다가 목우유마를 이끌고 가는 촉군과 마주친다. 두 군대가 일제히 협공하자 촉군은 대패했고 목우유마마저 위군에게 빼앗긴다. 위군은 목우유마를 사마의에게 가져가는데, 다음 날이 되자 또다시 촉군 포로 100여 명을 붙잡는 성과를 거둔다. 사마의가 이들을 상대로 촉군의 허실을 자세히 캐묻자 붙잡혀 온 촉군은 이렇게 말한다.

"승상께서는 도독이 통 출전하지 않으시자 오래 버틸 생각으로 저희를 사방에 보내 둔전을 일구도록 하셨습니다. 그런데 이렇게 붙잡히게 될 줄은 몰랐습니다."

어느 날 또다시 촉군 수십 명을 붙잡게 되자 사마의는 이들을 장막 안으로 들여 "제갈량이 어디 있느냐?"고 묻는다. 촉군이 대답한다.

"승상은 상방곡에서 서쪽으로 십여 리 떨어진 곳에 진채를 세우고 계십니다. 그곳에서 매일 상방곡으로 군량을 나르고 계시지요."

사마의는 자세한 사정을 더 물은 뒤 촉군을 돌려보내고는 수하의 장수들에게 말한다.

"제갈량은 기산이 아니라 상방곡에 있다. 그대들은 내일 일제히 기산 대채를 습격하라. 나도 군사를 이끌고 가서 호응하겠다."

이렇게 해서 사마의는 제갈량의 두 번째 그물에 걸려들고 만다.

5. 지형의 유리함을 이용했다.

상방곡은 호리병처럼 생겨서 그 안에 수천 명이 들어갈 수 있는 공간이 있었다. 그리고 양쪽의 산이 합쳐지는 골짜기에도 4~5백 명이 드나들 수 있을 만큼 길이 좁았는데, 이는 화공을 펴기에 최적의 장소였다.

6. 빈틈없이 맞아떨어지는 계책으로 상대가 자신도 모르는 사이에 계략에 걸려들도록 했다.

앞서 언급했듯, 상방곡은 화공을 펴기에 아주 좋은 지형이었다. 사마의 또한 이 사실을 모르지 않았다. 그럼에도 사마의는 군대를 이끌고 상방곡으로 들어온다. 이 일이 가능할 수 있었던 이유는 무엇일까? 바로 제갈량이 사마의에게 각인시킨 이미지 때문이었다. 제갈량은 상방곡이 촉군의 군량 창고라는 이미지를 심어놓음으로써 사마의로 하여금 화공을 의심하지 못하도록 만든다.

사마의는 상방곡 입구에서 정탐꾼을 보내 골짜기 안을 살펴보게 한다. 하지만 그 안에 복병은 없고 초막만 가득하다는 말을 듣자 이렇게 답한다.

"그곳에는 필시 곡식이 쌓여 있을 것이다."

사마의는 상방곡이 군량 창고라는 확신을 가지고 군사들과 함께 골짜기 안으로 들어선다. 하지만 사방에 건초만 가득할 뿐 위연이 보이지 않자 비로소 의심하며 두 아들에게 말한다.

"촉군이 골짜기 어귀로 난 길을 끊으면 큰일인데."

아니나 다를까, 그 말이 채 끝나기도 전에 어디선가 함성이 울리면서 불화살이 빗발치더니 골짜기 입구에 불이 붙기 시작한다. 위군이 퇴로를 잃고 당황하는 와중에도 불화살은 계속 쏟아진다. 엎친 데 덮친 격으로 여기저기서 지뢰가 터지고 초막에도 불이 붙어 막막해진다. 사마의는 두 아들을 붙잡고 통곡한다.

"우리 세 부자가 여기서 죽겠구나!"

그러나 때마침 비가 내리는 바람에 제갈량의 화공은 수포로 돌아가고 만다. 이처럼 때로는 사람의 노력으로도 안되는 일이 있는 법이다.

활용

서로 맞붙는 적수들에게 각자 고유한 감정과 약점이 있게 마련이다. 현명한 사람은 적과 나의 현실을 모두 알기에 심리적 수단을 써서 적에게 약점을 고백하게 만든 후 자신의 강점을 발휘하여 승리를 얻어낸다. 여기서 말하는 강점과 약점에는 능력과 조건은 물론 기후, 외교관계 등이 두루 포함된다. 앞의 이야기에서 사마의의 강점은 군량과 병력이었고 단점은 지모였으며, 제갈량의 장점은 지모였지만 약점은 군량 사정이 불안하다는 것이었다. 이 때문에 제갈량은 위연과 마주치는 군사들에게 일부러 패배한 척 퇴각하라는 명령을 자주 함으로써 사마의의 경계심을 풀고 마침내 출병을 이끌어낸다. 양쪽 모두 자신들의 약점이 드러나고 양쪽 모두 강점을 발휘하게 된 상황이라 어느 쪽이 승리할지는 장담할 수 없는 상황이다. 처음에는 사마의도 담을 높게 쌓고 끝까지 출병을 거부함으로써 군량면에서 자신감을 표현하지만 적의 약점이 하나둘 드러나기 시작하자 껍질을 깨고 나와 출병을 결심한다. 그러나 한 발짝씩 나아갈수록 사마의 쪽의 병력 손실은 커져만 갔고 제갈량도 뜻하지 않은 날씨 변화로 속수무책이 되고 만다. 이와 같은 치열한 지모 싸움에서는 누가 먼저 상대방을 나의 계획 속으로 끌어들이느냐에 따라 승패가 결정된다.

제3장

심리전이 상책이요, 군사전은 하책이라

_제갈량의 공심술

손무의 《손자병법》〈모공편〉은 원칙적으로 가장 바람직한 병법을 다음과 같이 제안한다.

'용병의 기술은 적국을 온전한 채로 포섭하는 것이 최상이며 적의 국토를 파괴하고 얻는 것은 차선이다. 적의 군단을 온전한 채로 포섭하는 것이 최상이며 그것을 파괴하고 얻는 것은 차선이다. 적의 여단을 온전한 채로 포섭하는 것이 최상이며 그것을 파괴하고 얻는 것은 차선이다. 분대를 온전한 채로 포섭하는 것이 최상이며 그것을 파괴하고 얻는 것은 차선이다. 따라서 백전백승이 결코 최상의 방법은 아니다. 싸우지 않고 포섭하는 것이야말로 최상의 방법이다. 최상의 전법은 적의 모략을 깨뜨리는 것이고 그다음이 외교관계를 파괴하는 것이다. 그다음은 군사적 정벌이요, 최하는 적의 요새를 공격하는 일이다.'

손무의 생각에는 '싸우지 않고 포섭하는 것'이 가장 좋은 방법인 셈이다.

상책 중의 상책인 '공심술攻心術, 마음을 공격하는 것'은 제갈량이 자주 사용한 방법으로, 경쟁사회를 살아가는 현대인에게도 지침이 될 만하다. 사람의 마음을 헤아리기 힘든 현대사회에서는 사람의 마음을 얻는 쪽이 쉽게 승리한다. 천하를 다루는 싸움은 결국 인심의 향배에 따라 결정되는 것이다. '사람의 마음을 얻는 자가 천하를 얻는다'고 하지 않던가. 여기서 사람의 마음에는 민심民心, 군심軍心, 장상지심將相之心, 장수와 재상의 마음이 모두 포함된다. 이 세 마음은 서로 연결되어 있기에 긴밀하게 영향을 주고받는다. 이 마음들을 모두 얻으면 반드시 승리할 수 있다.

주유를 세 번
화나게하다
상대에게 심리적 타격을 가하다

와룡이 남양에서 채 깨어나지 않았는데
서성舒城에 또 빛나는 별이 있네.
하늘은 이미 주유를 내었는데
어찌 또 제갈량을 세상에 내었단 말인가?

    제갈량은 북벌을 추진하는 과정에서 '공심술'로 주유를 세 번 화나
게 한다. 이 심리전은 상대방의 계책을 완전히 부수어 피 한 방울 묻히
지 않고 승리를 이끌어낸다. 주유를 세 번 화나게 한 일은 바로 제갈량
의 가장 빛나는 전략이다.

    제갈량이 연거푸 공심술을 도모하게 된 데는 다음과 같은 배경이 있
었다. 우선 유비-손권 동맹으로 조조가 크게 패배한 후 형주를 셋으로
나누어 손권과 유비가 각각 한 부분씩을 차지하고 조조도 패배 와중에
남군, 형주, 양양 등을 얻은 것이다. 이 가운데 조조가 차지하고 있는

땅은 제갈량과 주유 모두가 탐을 내고 있었다. 심지어 유비가 이미 점유하고 있는 땅에 대해서까지 쌍방이 모두 욕심을 내고 있는 상황이었다. 그러나 이 문제에 대한 제갈량의 전략은 주유와 크게 달랐다.

주유는 형주 전역을 얻을 수만 있다면 유비-손권 동맹을 깨뜨려도 상관없다고 생각했지만, 제갈량은 조조가 차지하고 있는 형주 일대를 회복하되 손권과의 동맹도 깨고 싶지 않았다. 그렇지 않아도 조조가 적벽대전의 패배로 군사들을 다그치고 있는 마당에 유비와 손권이 서로 싸운다면 조조에게만 유리해질 것이었다.

제갈량은 주유와의 정면 대결을 피하면서 신묘한 계책으로 주유의 마음을 공격하는 공심전을 펼쳤다. 즉, 주유의 음모를 분쇄하고 주유에게 심리적 타격을 주어 다시는 형주를 넘보지 못하게 할 참이었다.

제갈량은 남군과 형주를 얻고 주유의 미인계_{손권의 누이동생과 혼인시킨다고 하여 유비를 동오로 불러내 결박하려던 시도}를 무너뜨린 후에도 가슴 한구석이 답답했다.

주유는 줄곧 복수를 벼르고 있었다. 형주의 일은 자꾸만 지연되는데 유비가 서천을 얻으려 하자, 주유는 움직이는 대신 노숙의 편에 서신을 보내 유비를 독촉하기로 했다.

제갈량이 노숙에게 말했다.

"서천 익주를 다스리고 있는 유장은 저희 주군의 아우로서 같은 한실의 골육입니다. 숙부가 조카의 땅을 빼앗는다면 천하가 욕을 할 것이요, 서천을 얻지 못하는 마당에 형주를 반환한다면 저희는 몸 둘 곳조차 없어 그 또한 난감한 일입니다."

유비도 가슴을 치고 통곡하며 노숙에게 조금만 더 기다려달라고 청했다.

노숙은 성품이 따뜻한 사람인지라 일단 그러겠노라 약속하고는 주유에게 가 모든 사실을 알렸다. 주유는 노숙의 말을 듣더니 발을 동동 구르며 말했다.

"노숙께서 제갈량의 계략에 걸려드셨소이다!"

주유는 다시 유비에게 가서, 동오군이 서천을 공격하여 혼인 예물로 드릴 터이니 즉각 형주를 반환해달라고 말하라 했다. 그러자 노숙이 말했다.

"서천은 먼 곳이라 취하기가 쉽지 않을 텐데요."

"노숙은 참 뭘 모르시오. 내가 정말 서천을 취하려고 이러나요? 서천을 핑계로 형주를 얻으려는 겁니다. 우리가 서천을 취하려면 형주를 지나야 하는데, 이때 유비에게 전량을 좀 빌려달라 하면 유비도 우리 동오군을 위로하러 성 밖으로 나오지 않겠소이까? 이 틈을 타서 유비를 사로잡아 형주를 취하려고 합니다. 그리되면 내 한도 풀릴 것이외다."

노숙은 그 말을 듣고 기뻐하며 곧장 형주로 갔다. 유비는 노숙의 손을 맞잡으며 사례했다.

"이게 다 노숙께서 말씀을 잘해주신 덕분입니다. 공근께서 군사를 이끌고 와주신다면야 제가 기꺼이 성 밖으로 나가 맞이해야지요."

제갈량도 거들었다.

"공근께서는 참으로 마음이 좋으신 분이오."

노숙은 기뻐하며 작별을 고했다. 노숙이 떠나자 제갈량이 말했다.

"저것은 '가도멸괵지계假道滅虢之計, 길을 빌려 괵나라를 멸망시킨 계책'입니다. 서천을 취한다는 핑계로 형주를 얻으려는 것이지요. 적이 준비되지 않았을 때 불시에 공격해야 하는 법. 이번에 주유가 오면 죽이지는 않더라도 거의 힘을 쓰지 못하게 해야겠습니다."

한편 주유는 강 위에 전함을 빽빽이 늘어세우고 형주로 떠났다. 그러나 성 아래쪽에 들어선 후에도 별다른 동정이 보이지 않자 주유는 군사들에게 성문을 열라고 소리치도록 했다. 그런데 홀연 딱따기 소리가 들리더니 성 위에서 군사들이 창과 칼을 쥔 채 일제히 일어섰다. 조자룡이 성 위에서 앞으로 나와 주유에게 외쳤다.

"도독의 계책은 우리 군사께서 다 간파하고 계십니다. 우리 주공은 유장과 한실 종친이라 의를 저버리면서까지 서천을 취할 뜻이 없으십니다."

주유는 그 말을 듣자마자 말을 돌려 달아나려고 했으나 이미 제갈량의 군사들에게 사방이 포위된 후였다. 이들의 함성은 인근 100리까지 울려 퍼질 지경이었다. 이들은 모두 주유를 사로잡기 위해 달려들었고, 주유는 화를 내며 소리를 치다가 지난번 화살에 맞은 상처가 다시 갈라지면서 말에서 떨어지고 말았다. 좌우의 군사들이 급히 주유를 구해 배로 데려갔다. 군사들이 주유에게 전했다.

"유비와 제갈량은 앞산 정상에서 술을 마치며 음률을 즐기고 있습니다."

주유는 터져 나오는 화를 간신히 참으며 이를 악물었다.

"내가 서천을 취하지 못할 줄 알고? 반드시 손에 넣을 테니 두고 봐라!"

그러고는 군사들에게 속히 전진하라 명했다. 주유의 군대가 파구巴丘에 이렀을 때는 이미 제갈량이 유봉과 관평에게 수로를 막으라 지시한 뒤였다. 제갈량은 또 주유에게 서신을 보냈는데, 그 서신에는 이렇게 씌어 있었다.

'시상에서 공근과 작별한 후로 공근의 모습이 아른거려 잊을 수가 없습니다. 듣자 하니 서천을 취하러 가신다고 하는데, 제가 생각하기에 그 일은 불가능할 듯합니다. 익주는 백성들이 용맹한 데다 지세도 험준하여 그들 스스로 성을 방비하고도 남습니다. 공근께서 군사들을 수고롭게 하면서까지 떠나시는 정벌은 오기吳起, 전국 시대의 병법가와 손무《손자병법》의 저자, 손자도 감당하기 힘든 먼 길입니다. 조조 또한 적벽에서 큰 손실을 입어 복수할 기회만을 벼르고 있으니 이런 시기에 군사를 이끌고 원정을 떠나시면 조조가 동오의 허를 파고들어 강남을 쑥대밭으로 만들지 않겠습니까? 차마 보고만 있을 수 없어 이렇게 말씀드리는 것이니, 부디 숙고해주시기 바랍니다.'

주유는 서신을 읽고 길게 한숨을 내쉬었다. 그러고는 붓과 종이를 가져오라고 명해 마지막 서신을 썼다.

주유는 장수들을 불러놓고 말했다.

"내 충성을 다해 나라에 보답하고자 했건만 명이 다해 어쩔 수가 없구려. 그대들은 왕을 잘 보필하여 대업을 이루길 바라오."

주유는 그렇게 말하고는 정신을 잃고 쓰러졌다. 얼마 후 간신히 정신을 차린 주유는 하늘을 우러러 탄식했다.

"하늘은 이미 주유를 세상에 내시었으면서 어찌 또 제갈량을 내셨단 말인가!"

주유는 그 말을 마지막으로 하고 세상을 떠났다. 그의 나이 서른여섯이었다.

지략 해설

주유를 첫 번째로 화나게 한 일은 수고와 보답이 일치하지 않은 점이었다. 주유는 목숨을 걸고 노력했건만 제갈량은 별다른 노력 없이 조조군의 점령지를 손에 넣었다. 그러니 어찌 화가 나지 않겠는가!

주유가 두 번째로 화가 난 이유는 손 부인을 잃고 군사적 손실까지 입게 되었기 때문이다. 유비가 형주를 차지하고 있어 어찌하지 못하던 차에 주유는 한 가지 계책을 생각해낸다. 손권의 누이동생을 유비에게 시집보낸다는 명목으로 유비를 동오에 불러들여 감금한 뒤 형주와 유비를 맞바꾸려는 계획이었다. 그러나 일찌감치 그 속셈을 간파한 제갈량은 유비와 조자룡을 함께 동오로 보내면서 조자룡에게 계책을 담은 비단 주머니 세 개를 건네준다. 첫째 비단 주머니에 들어 있던 계책은 손권의 어머니와 주유의 장인을 조력자로 만들어 주유의 제안을 재빨리 현실화하는 것이었다. 이로써 유비는 뜻하지 않았던 배우자를 얻고 주유의 미인계는 사실상 실패하고 만다. 애꿎은 손 부인만 유비에게 바친 셈이 된 것이다.

'주유의 계책이 천하제일인 줄 알았건만 손 부인에 군사까지 잃고 말았네.'

지난번에는 남군에서 병사를 잃었는데, 이번에는 애꿎은 손 부인까지 유비에게 넘겨주고 말았으니 화가 날 법도 하지 않은가! 그렇지 않아도 격분해서 혼절하기까지 했던 주유는 유비와 손 부인이 형주로 돌아가자 예전에 입었던 상처가 도져 인사불성이 되기에 이른다.

주유가 세 번째로 화가 난 일은 이 세상에는 이미 주유라고 하는 걸출한 책략가가 있건만 하늘이 또 제갈량을 세상에 내었다는 사실이다. 주유는 서천을 얻겠다는 핑계로 형주를 탈취하러 떠나는 '가도멸괵'의 계책을 펼친다. 그러나 주유가 3천 정예병을 이끌고 형주에 도착했을 때 성 위에는 칼과 창을 든 병사들이 잔뜩 늘어서 있었다. 그들 가운데 조자룡이 나와 소리친다.

"우리 군사제갈량께서는 도독주유의 가도멸괵지계를 훤히 꿰뚫고 계시오! 그래서 나 조자룡이 여기 있는 것이외다!"

이때 정탐꾼이 돌아와 주유에게 알린다.

"사방에서 촉군이 밀려들고 있습니다. 강릉에서는 관우가, 자귀秭歸에서는 장비가, 공안公安에서는 황충이, 이릉夷陵에서는 위연이 달려들고 있는데, 이들의 군마가 어느 정도인지 헤아릴 수조차 없습니다. 이들이 내지르는 함성이 백 리를 울리고 있습니다."

이 말을 들은 주유는 충격에 빠져 소리를 지르다가 다 나아가던 상처가 도져 말 위에서 떨어지고 만다. 좌우의 군사들이 주유를 부축해 배 위로 데려갔지만, 주유가 받은 심리적 타격은 거의 치명적인 수준이었다. 주유는 파구에 도착해서 제갈량의 서신을 받게 되는데, 이는 주유의 서천 원정을 비판하는 내용이었다. 제갈량은 서신에서 주유의 원정으로 말미암아 자칫 조조가 동오를 습격할 수도 있음을 경고한다.

'조조가 동오의 허를 틈타 습격해 오면 강남은 산산이 부서지고 말 것입니다.'

이 권고하는 듯한 완곡한 표현에 주유는 심리적 타격을 받는다. 주유는 화가 나면서도 부끄러운 마음이 들어 제갈량의 조언을 받아들인다. 이 사건으로 말미암아 쓰러졌다가 다시 깨어난 주유는 하늘을 우러러 탄식한다.

"하늘은 이미 주유를 세상에 내시었으면서 어찌 또 제갈량을 내셨단 말인가!"

활용

이 이야기의 정수는 '심리적 타격'이라는 계책이다. 제갈량은 주유를 화나게 하는 공심술로 전쟁 같지 않은 전쟁을 벌여 성공한다. 이 계책을 '전쟁 같지 않은 전쟁'이라 한 이유는 쌍방이 모두 군사를 준비하여 대치하기긴 했지만, 창칼 한 번 부딪히지 않았고 그러면서도 상대가 맥을 못 추도록 만들었기 때문이다. 두 진영은 창과 화살을 준비했지만, 주유가 패배하고 쓰러진 이유는 군사적 손실 때문이 아니었다. 주유가 몸을 가눌 수 없을 만큼 충격을 받은 것은 바로 제갈량의 '심리적 공격', 즉 공심술 때문이었다. 주유는 극도의 분노로 쓰러지지만, 결국 자신의 허점을 인정하고 제갈량의 논리에 승복하고 만다.

칠종칠금

마음에서 우러난 승복이야말로 진정한 승리

부채를 들고 윤건을 쓰고 앉은 제갈량,
일곱 번 사로잡는 기묘한 계책으로 남만의 왕을 제압하네.
지금도 남만에서는 제갈량의 덕을 기리려고
높은 언덕을 골라 묘당을 세웠네.

제갈량이 맹획을 일곱 번 사로잡아 일곱 번 풀어준 일은 공심술의 걸작이다. 맹획은 제갈량의 인내와 지혜에 감격하여 눈물 흘리며 맹세한다. 자자손손 반역하지 않을 것이며 제갈량의 북방 정벌에 힘을 보태면서 후방을 공고히 하겠노라고.

건흥 3년, 익주에서 돌아온 정탐꾼이 보고를 올렸다.
"만왕 맹획이 십만 군사를 일으켜 변경을 약탈하고 있습니다."
제갈량은 급히 조정에 아뢰었다.
"만왕이 불복하는 것은 우리 촉국에 큰 근심거리이옵니다. 신이 직

261

접 대군을 이끌고 가서 저들을 정벌하겠나이다."

건흥 3년서기 225년 5월, 제갈량은 남만을 정벌하기 위해 노수를 건넜고 7월에는 남중에 도착했다.

만왕 맹획은 전쟁 영웅으로서 남방의 소수민족들에게 인심을 얻고 있었을뿐더러 한족에게도 어느 정도 존경을 받고 있었다. 그래서 제갈량은 전쟁을 벌여 정복하기보다는 심리적 승복을 이끌어내는 것이 더 중요하다고 판단했다.

맹획은 영웅이었으나 병법에는 그리 밝지 못했다. 촉군과의 첫 접전에서도 촉군이 도망가는 모양새만 보고 앞뒤 생각 없이 뒤쫓다가 제갈량이 군사들을 매복해놓은 곳까지 이르는 바람에 위연에게 사로잡히고 말았다.

이때 맹획은 이제 죽은 목숨이라고 생각하고 있었는데, 제갈량은 뜻밖에도 맹획을 풀어주면서 좋은 말로 귀순을 권했다. 하지만 맹획이 귀순 요구를 한사코 거절하자, 제갈량은 더 이상 강요하지 않고 좋은 술과 음식으로 대접한 뒤 남만으로 돌려보냈다. 장수들은 도무지 제갈량의 태도를 이해할 수 없었다.

"맹획은 남만의 수령입니다. 그자를 사로잡는 것은 남만을 평정한 것과 다름없는데, 어찌하여 풀어주십니까?"

제갈량이 웃으며 말했다.

"맹획을 사로잡는 일쯤이야 주머니에서 물건을 꺼내는 일만큼이나 쉽소. 하지만 진정으로 저들을 평정하려면 마음으로부터 승복을 이끌어내야 하오."

하지만 장수들은 그렇게 생각하지 않았다. 이들은 맹획 같은 야만인들은 결코 스스로 복속되려 하지 않을 것이라고 생각했다.

262

남만으로 돌아간 맹획은 촉군과 대항할 군사를 모으는 한편 작전을 제대로 펴지 못한 두령들을 크게 벌했다. 그러나 맹획은 또다시 술에 취해 있다가 양옆의 수하들에게 붙들려 제갈량 앞으로 끌려가고 말았다.

하지만 맹획은 이번에도 내부의 배신자들 때문에 이렇게 된 것이지 촉군에게 붙잡힌 것은 아니라며 한사코 귀순 요구를 거부했다. 제갈량은 이번에도 잘잘못을 따지지 않고 도리어 맹획에게 촉군의 병영을 둘러보게 한 다음 돌려보냈다.

촉군의 병력이 크지 않음을 본 맹획은 오늘 밤에라도 촉군의 진채를 급습하면 무너뜨릴 수 있겠다고 생각했다. 그렇게 또 제갈량의 계략에 걸려든 맹획은 세 번째로 제갈량 앞에 붙잡혀 왔다. 그러나 제갈량은 이번에도 맹획을 풀어주었다.

맹획은 마음을 다잡고 10만 대군을 규합하여 촉군과 목숨을 건 결전을 벌였다. 그러나 제갈량은 진채만 굳게 지킬 뿐 나와서 싸우지 않았다. 화가 난 맹획은 미친 사람처럼 날뛰었다. 며칠 뒤 촉군은 진채를 거두고 돌아가버렸으니, 촉군이 머물던 자리는 텅 비어버렸다.

맹획은 촉나라에 어떤 다급한 사정이 있어 철군한 줄 알고 기뻐하면서 촉군의 뒤를 쫓았다. 그러나 촉군에게 포위되는 바람에 또다시 붙잡혔다. 그러나 맹획은 이번에도 항복하지 않았고, 제갈량은 그런 맹획을 또 풀어주었다.

맹획은 더 이상 촉군을 상대로 전쟁을 벌이지 않았으나, 그 대신 독룡동이라는 험지로 들어가 몸을 숨기고 완강히 버텼다. 촉군은 혹독한 자연조건을 이겨낸 끝에 현지 백성의 도움으로 독룡동을 기습하여 다섯 번째로 맹획을 사로잡았다. 물론 맹획은 또다시 풀려났다.

이후에도 촉군은 맹획이 끌어들인 각 부족의 수령과 괴수를 물리치고 여섯 번째로 맹획을 사로잡는 데 성공했다.

그 후 등갑군藤甲軍, 그늘진 골짜기에서 자라는 등藤을 떼어다 반년 동안 기름에 재운 뒤 햇볕에 말리기를 10여 차례 되풀이하여 만든 갑옷을 입은 병력을 불태우고 일곱 번째로 맹획을 사로잡았을 때, 제갈량은 맹획에게 사람을 보내어 말했다.

"제갈승상은 당신과 대면하기 부끄러우시다며 다시 한 번 풀어드릴 테니 세력을 모아 싸워보자고 청하셨습니다."

비로소 맹획은 눈물을 흘리며 말했다.

"자고로 일곱 번 사로잡고도 일곱 번이나 풀어주었다는 이야기는 들어본 적이 없소. 내 비록 변방의 야인이나 예의가 무엇인지는 알고 있소. 내 어찌 또다시 부끄러이 군사를 모아 싸울 수 있겠소?"

맹획은 형제와 처자식과 각 부족의 수령들과 함께 제갈량 앞에 무릎을 꿇고 다시는 반역하지 않겠으며 영원히 항복하겠노라고 약속했다.

제갈량이 만왕 맹획을 일곱 번이나 사로잡고도 일곱 번 풀어준 것은 모든 부족 사람들로부터 마음에서 우러난 항복을 받아내기 위해서였다. 제갈량은 그해 11월에 촉나라로 돌아갔는데, 맹획은 대소大小 동주洞主, 추장, 각 부족의 백성을 이끌고 변경까지 나가 제갈량을 배웅했다. 남만을 평정한 제갈량은 군사들과 함께 당당히 개선했다.

지략 해설

전술은 전략이라는 큰 틀에 귀속된다. 제갈량이 남만을 평정하는 과정에서 사용한 전술은 모두 '심리전'이었다. 맹획은 '만왕' 치고는 병법을 아는 편이었지만 지략이 뛰어난 제갈량에게는 미치지 못했다. 제갈량이 이런 맹획을 무너뜨리기란 아주 쉬운 일이었다.

첫 대결에서 제갈량은 낮에는 군대를 철수시키고 밤에는 앞뒤로 협공하는 전술로 맹획을 사로잡는다. 그러나 단순한 무력 진압의 효과는 그리 오래가지 않았다. 이들은 촉나라 대군이 떠나기만 하면 험준한 지리 조건을 믿고 또다시 반란을 일으켰던 것이다. 다시 대군을 이끌고 와서 이들을 진압하자면 먼 길을 고생하며 달려와야 했으므로 보통 번거로운 일이 아니었다. 게다가 남만 정벌로 촉나라를 비웠다가 위나라에게 공격을 받기라도 하면 큰일이었다. 그 때문에 북벌을 위해서라도 남만 문제를 깨끗이 해결할 필요가 있었다.

이에 제갈량은 남만을 마음으로부터 굴복시킴으로써 한 번의 노력으로 영원한 안정을 꾀하고자 했다. 제갈량이 굳이 '칠종칠금'이라는 수고로운 노력을 택한 데는 바로 이런 까닭이 있었다. 맹획을 사로잡는 일 자체는 쉬웠으나 일곱 번씩이나 사로잡는 일이 그리 쉽지만은 않았다. 일곱 번씩이나 맹획을 사로잡기 위해서는 온갖 계책이 동원되어야 했기 때문이다. 제갈량은 내부 만인蠻人을 이용하기도 했고, 종당宗黨을 이용하기도 했으며, 진채를 급습하여 만병蠻兵을 포위하기도 했다. 때로는 거짓 투항을 알고도 받아주거나 적이 무방비 상태일 때 갑자기 공격하는 등의 방법을 사용했다.

노수의 독기, 아천, 유천, 흑천, 회천, 도화계桃花溪 등 위험한 곳이 한둘이 아니었던 탓에 제갈량은 운신하기조차 힘들었다. 이 때문에 부드러운 수단 외에도 3만 등갑군을 불태우는 강경책을 쓸 수밖에 없었는데, 제갈량도 이런 방법에 대해서는 해악을 인정했다.

"오과국烏瓜國에서 사람의 씨를 말린 것은 나의 대죄이다."

역사적으로 볼 때 제갈량이 소수민족의 심리적 승복을 중시한 것은 비교적 현명한 정책이었다. 그러나 다른 봉건 통치자들과 마찬가지로 다소 잔혹한 방법이 동원되었던 것도 사실이다. 《삼국지연의》에서 등갑군을 불태운 이야기는 사실에 근거한 것은 아니지만, 본질적인 의미에서는 역사적 진실에 부합한다.

사실 심리 공격을 위해서는 칠종칠금과 같은 인내도 마다하지 않아야 하지만, 일반인들은 이런 방법을 쉽게 이해하지 못한다. 이해한다 해도 인내심을 가지고 실천하기란 쉽지 않다. 확실히 이 전략을 운용하려면 원대한 안목과 남다른 인내심이 반드시 필요하다.

제갈량이 칠종칠금을 행할 수 있었던 배경에는 군사력의 우위도 한몫했다. 제갈량 자신의 말대로 맹획을 사로잡는 일이 '주머니에서 물건을 꺼내는' 일만큼 쉽지 않았다면 사로잡은 적을 놓아준 일은 농담거리밖에 되지 않았을 것이다.

하지만 군사력은 어디까지나 수단일 뿐 목적은 아니라는 것을 분명히 인식해야 한다. 마음을 얻어내는 승복 그리고 정치적 합의가 바탕이 되어야만 안정적인 통치 질서가 오래 지속될 수 있기 때문이다.

제갈량은 이 점을 명확히 인식하고 있었다. 그가 많은 목숨을 희생하면서까지 칠종칠금이라는 연극을 연출한 것도 바로 이 때문이었다.

전략에서 가장 중요한 것은 심리전으로 상대의 기를 꺾는 일이다. 제갈량은 여기에 초점을 맞추었기에 남만을 평정할 수 있었다.

활용

'심리 공략'은 다른 말로 '사상 개조'라고 할 수 있다. 마음속의 어두운 면, 소극적인 면을 개조하여 바람직한 방향으로 전환시키는 작업이기 때문이다. 이를 위해서는 먼저 시기와 형세를 잘 판단해야 하고 복잡한 현실을 정확히 이해하여 어떻게 대응할지 분명한 태도를 정해야 한다. 이러한 심리 공략에 동원되는 수단은 얻고자 할 때 주고 펼치고자 할 때 억누르를 줄 아는 지혜이다. 제갈량이 맹획을 일곱 번 사로잡아 일곱 번 풀어준 일이 바로 그렇다. 얼핏 보면 시간을 소모하고 자원만 낭비하는 듯하지만, 실제로는 맹획의 마음을 진정으로 감복시켜 다시는 반역하지 않겠다는 맹세를 이끌어냄으로써 영원한 승리를 도모할 수 있었다.

장기적 경영전략은 고대의 상인이나 오늘날의 기업가 모두에게 '우회함으로써 직행하는 지혜'를 의미한다. 예를 들면 '더불어 이익을 나누는 것이야말로 나에게 가장 큰 이익'이며 '박리薄利는 손님을 부르고 폭리暴利는 손님을 내쫓는다'는 인식, '30% 이익은 합당하지만 70% 이익은 본전만 갉아먹을 뿐'이라는 판단, '고객의 편의를 소홀히 하면 사업 전체가 위태로워질 수 있다'는 냉철한 분석 등이 여기에 해당한다. 예로부터 전통처럼 내려오는 이러한 말은 사람의 심리를 정확히 인식하고 반영한 장사철학이기도 하나.

제갈량에게 승리를 안겨준 것, 즉 '심리 공략'이 최선의 방책이라는 생각은 경쟁사회를 살아가는 현대인에게도 좋은 지침이 아닐 수 없다. 큰일을 도모하는 가운데 사업상 우위를 점하고자 하는 이라면 다른 사람의 마음을 얻으려는 노력을 게을리해서는 안 된다. 여기서 다른 사람의 마음을 얻는다는 말은, 안으로는 부하의 마음을 얻고 밖으로는 고객의 마음을 얻는다는 의미이다.

이익이 걸린 문제에 맞닥뜨렸을 때는 당장 이익을 취하려고 눈에 불을 켜기보다는 그 이익을 둘러싼 현실을 냉정하게 인식하고 그에 걸맞은 전략을 세워야 한다. 그 전략이 상대에게 존경심을 주는 것이든 두려움을 자아내는 것이든 전략을 쓸 때는 그 목적이 어디까지나 상대방의 마음을 공략하는 데 있음을 잊지 말아야 한다. 상대방의 마음을 공략하려면 무엇보다 그들을 자신의 사고방식 안으로 끌어들여야 한다.

대대적인 심리 공략은 경쟁이 치열한 현대사회에서 가장 일상적으로 사용되는 전술이다. 일례로, 중국의 한 백화점에서는 지하 1, 2층에 자동 할인 매장을 개설하고 있다. 이 백화점에 진열한 모든 상품에는 가격이 표시되어 있는데, 가격표 상단에는 해당 상품을 처음 진열한 날짜가 함께 표시되어 있다. 이 상품들은 시간이 흐름에 따라 점차 가격이 할인되어 진열한 지 한 달이 지나면 0원이 되고 자선단체 등에 기부된다. 상품이 처음 진열된 날부터 하루가 지날 때까지는 원래 가격대로 판매된다. 하지만 그 다음 날, 즉 진열된 지 이틀이 지나면 원래 가격에서 25%를 할인하고 다시 6일이 지나면 원래 가격에서 50%를 할인한다. 그리고 6일이 지나도록 팔리지 않으면 그 상품은 자선단체에 기부된다. 이처럼 이 백화점은 자동 할인이라는 방식을 이용하여 싼 가격을 좋아하는 소비자의 마음을 사로잡는 동시에 재고 물량을 신속히 처리하는 유통혁신까지 이룩하고 있는 것이다. 실제로 이 방법은 대성공을 거두어 소비자들은 아낌없이 지갑을 열고 있다.

모든 물건이 계속 할인된다면 가장 낮은 가격이 될 때까지 구매를 미루지 않겠느냐고 반문하는 사람도 있을 것이다. 그러나 이것은 하나만 알고 둘은 모르는 생각이다. 소비자의 심리는 그렇게 단순하지 않다. 물건값이 떨어지면 다른 사람이 그 물건을 먼저 사지나 않을까 하는 염려 때문에 값이 내려가기 전에 물건을 사려고 하기 때문이다. 이 또한 백화점 측의 소비자 '심리 공략'이라고 할 수 있다.

심리 공략의 전술은 광고전에서도 효과를 발휘한다. 문 앞에 큰 술통을 내놓고 그 위에 '훔쳐보지 마시오!'라고 써놓은 음식점이 있었다. 그러나 그 술통에는 뚜껑이 덮여 있지도, 주위에 울타리가 둘려 있지도 않았다. 이는 단지 행인들의 호기심을 자극하여 걸음을 멈추게 하려는 의도인 것이다. 그 술통 안에는 이렇게 씌어 있었다.

'우리 음식점은 다른 음식점들과는 다릅니다. 깔끔하고 맛이 좋은 맥주가 한 잔에 겨우 5위안약850원! 얼른 맛보고 가세요!'

술통에 호기심을 느낀 사람들은 결국 음식점 안으로 걸음을 옮기게 마련이었다.

반당의 무리를
척결하다
적들 사이에 의심을 자아내는 이간계

제갈량은 남만을 평정하러 가기 전에 내부의 반란을 잠재우고자 일
부러 적들 사이에 의심을 자아내는 이간계離間計를 폈다. 이로써 반란
을 도모하려던 반당反黨 무리는 서로를 공격하려는 가운데 쉽게 평정
되었다.

이 이야기는 《삼국지연의》 87회 '제갈량은 남만을 평정하기 위해
군사를 크게 일으키고 남만왕은 군대에 저항하다가 처음으로 사로잡
히다'에서 볼 수 있다.

건흥 3년, 만왕 맹획이 10만 군사를 일으켜 변경을 침략하고 있다는

소식이 익주로 날아들었다.

"건녕建寧태수 옹개雍闓는 십방후什防侯 옹치雍齒의 후손인데, 맹획과 결탁하여 반역을 하고 있습니다. 장가태수 주포朱褒와 월준태수 고정高定도 반역의 무리에게 성을 바쳤습니다. 하지만 영창태수 왕항王伉만은 역도에게 항복하지 않고 버티고 있습니다. 지금 옹개, 주포, 고정 세 사람의 수하들이 맹획의 길잡이 노릇을 하며 영창군을 공격하고 있고, 왕항만이 공조功曹 여개呂凱와 함께 백성들을 규합하여 간신히 성을 사수하고 있으니 매우 위급한 형세입니다."

제갈량은 이 사실을 즉시 조정에 아뢰었다.

"신이 보기에 남만이 불복하여 변경을 침범하는 일은 나라에 큰 걱정거리입니다. 신이 몸소 대군을 이끌고 가 그들을 토벌하겠습니다."

유선이 물었다.

"동쪽에는 손권이, 북쪽에는 조비가 날을 세우고 기회만 엿보고 있소. 그대가 떠났을 때 동오군이나 위군이 쳐들어오기라도 하면 어찌하오?"

"동오는 우리와 강화했으니 다른 마음을 품지 않을 것입니다. 설혹 다른 마음을 품는다 해도 백제성에 이엄이 있으니 육손의 군대를 능히 감당할 것입니다. 또한 조비는 이전 싸움에 대패하여 예기가 크게 꺾인 탓에 이곳까지 정벌을 오기는 힘들 것입니다. 게다가 마초가 한중의 관문을 지키고 있으니 심려치 않으셔도 됩니다. 또한 신이 관흥과 장포에게 군사를 나누어주어 위급할 때 대처하도록 해두었으니 폐하를 보호하는 데는 한 치의 실수도 없을 것입니다. 신은 이번에 만방蠻方을 평정한 연후에 북벌을 단행하여 중원 지역을 도모함으로써 지난날 선제께서 신을 세 번이나 찾아와주신 은혜와 탁고의 중임을 맡겨주신 은혜에 보답하고자 합니다."

"짐은 아직 어려서 무시하니 그대가 모든 일을 알아서 해주시기만 바라오."

유선의 말이 채 끝나기도 전에 누군가가 나서며 만류했다.

"그건 아니 되옵니다."

모두가 바라보니 남양 사람 왕련王連이었다. 왕련은 자가 문의文儀로, 간의대부였다. 왕련이 말했다.

"남방은 불모의 땅으로 풍토병이 창궐하는 곳입니다. 승상은 중임을 맡고 계시온데 그렇게 먼 땅으로 정벌을 떠나다니 있을 수 없는 일입니다. 차라리 다른 대장을 보내어 토벌케 하는 것이 옳은 줄로 아뢰옵니다."

제갈량이 왕련에게 말했다.

"남만의 땅은 중원에서 멀리 떨어져 있소. 그래서 천자의 교화를 입지 못한 탓에 복종시키기 어려운 곳이오. 내가 직접 가서 그때그때 형편에 따라 강온強溫의 양책을 번갈아 써야만 하오."

왕련이 거듭 간했으나 제갈량은 듣지 않았다. 마침내 유선에게 하직 인사를 올린 뒤 제갈량은 장완을 참군으로, 비의를 자사로, 공궐과 번건을 연사椽史로, 조자룡과 위연을 대장으로 삼아 군마를 총지휘토록 하고 왕평과 장익을 부장으로 삼아 서천 장수 수십 명과 서천 군사 50만을 이끌고 익주를 떠났다. 그때 관우의 셋째 아들 관색關索이 군중으로 찾아와 제갈량에게 말했다.

"저는 형주가 함락된 후 포가장鮑家莊으로 피해 병을 다스리고 있었습니다. 서천으로 가서 선제를 뵙고 싶은 마음은 가득하나 상처가 아물지 않아 실행하지 못하고 있었지요. 근래에 상처가 조금 아물어 소식을 알아보니 성을 함락시킨 원수들이 모두 주륙誅戮을 당했다 하기에 서천으로 황제를 뵈러 가던 중이었습니다. 마침 승상께서 남정을 떠나신다기에 인사를 드리러 왔습니다."

제갈량은 관색의 이야기에 놀라움을 감추지 못했다. 제갈량은 조정에 사람을 보내 유선에게 관색의 일을 아뢰고 관색을 전군 선봉으로 삼아 함께 남정을 떠나기로 했다. 대군은 각기 대오를 이루어 행군했다. 배가 고프면 밥을 먹고, 밤이 되면 머물고, 새벽이 되면 길을 떠났다. 촉의 대군은 가는 길 어디에서나 백성들의 삶을 침범하지 않았다.

옹개는 제갈량이 직접 대군을 이끌고 온다는 소식에 고정, 주포와 상의하여 군사를 셋으로 나누었다. 이들은 고정이 가운데, 옹개가 왼쪽, 주포가 오른쪽을 맡아 각자 5~6만 군사를 이끌고 세 갈래로 나아가 제갈량의 군대를 맞을 준비를 했다. 고정은 악환顎煥을 전군의 선봉으로 삼았는데, 9척 장신에 험상궂은 얼굴을 한 그는 방천화극方天化戟한 자루로 만 명을 상대할 만큼 용맹을 떨치는 장수였다. 악환은 촉군을 상대하기 위해 군사를 이끌고 진채를 떠났다.

제갈량이 이끄는 대군은 익주 경계에 도착했다. 전군 선봉 위연과 부장 자익, 왕평은 익주 경계에 들어설 무렵 악환의 군마와 마주쳤다. 양쪽 군사들은 둥글게 진을 이루고 대치했다. 위연이 먼저 말을 부려 내달리며 소리쳤다.

"반역자는 어서 앞으로 나와 항복하라!"

이에 악환이 호응하여 위연과 겨루었다. 두 사람이 맞붙어 싸운 지 얼마 되지 않았을 때 위연이 패한 척 달아나기 시작했다. 악환은 그런 위연의 뒤를 기세 좋게 쫓았다. 그런데 얼마 못 가서 갑자기 함성이 울리더니 장익과 왕평의 군대가 두 갈래 길에서 쏟아져 나와 악환의 퇴로를 끊었다. 열심히 달아나던 위연도 말 머리를 돌려 악환을 공격하니, 악환은 세 갈래의 협공을 견디지 못하고 생포되었다. 제갈량은 악환의 포승을 풀어주고 술과 음식을 대접하며 물었다.

"그대는 누구의 부장인가?"

"고정의 부장이오."

"나는 고정이 충의지사라고 알고 있다. 그런데 이번에 옹개의 꾐에 빠져 이런 지경에 이르다니 참으로 안타깝구나. 내 오늘 그대를 풀어줄 터이니 돌아가서 고정에게 속히 항복을 권유하라. 또한 항복하면 큰 화는 면할 것이라고 전하라."

악환은 절하고 물러나 고정에게 돌아가서 제갈량의 덕을 이야기했고 고정은 크게 감격했다.

이튿날 옹개가 고정의 진채로 찾아왔다. 옹개는 인사한 후 고정에게 물었다.

"악환이 제갈량에게 붙잡혔다던데, 어찌 돌아올 수 있었소?"

"제갈량이 풀어주었다 합니다."

"이는 제갈량의 반간계가 틀림없소. 우리 둘 사이를 갈라놓으려는 수작이외다!"

고정이 반신반의하고 있는데 촉장이 진채 앞에서 싸움을 걸고 있다는 소식이 전해졌다. 옹개는 직접 3만 군사를 이끌고 출병했지만 몇 합 싸우기도 전에 말 머리를 돌려 달아나기 시작했다. 위연은 이들을 쫓아 20여 리를 달렸다.

다음 날 옹개가 또다시 군대를 이끌고 와 싸움을 걸었지만 제갈량은 사흘이 지나도록 나와 싸우지 않았다. 나흘째가 되었을 때 옹개와 고정이 두 길로 나누어 촉군의 진채를 공격해 들어왔다.

제갈량은 위연에게 길에 매복했다가 적이 오기를 기다리라고 명했다. 옹개와 고정이 두 갈래 길로 진격해 들어올 때 매복했던 위연의 군사가 이들을 공격하니 이들 중 절반은 죽고 무수한 병사가 사로잡혀 촉군의 진채로 끌려왔다. 제갈량은 옹개와 고정의 군사들을 각자 따로 수용하고는 군사들을 시켜 헛소문을 퍼뜨렸다.

"고정의 군사들은 모두 살려주고 옹개의 군사들만 죽이겠다는군."

얼마 후 제갈량이 옹개의 군사들을 장막 안으로 불러들여 물었다.

"너희는 누구의 부하들이냐?"

그러자 모두가 거짓으로 답했다.

"저희는 고정의 부하들입니다."

제갈량은 이들을 모두 살려주고 술과 음식을 배불리 먹인 후 사람을 시켜 변경까지 배웅하라 일렀다. 제갈량은 다시 고정의 부하들을 불러들여 물었다.

"저희야말로 진짜 고정의 부하들입니다."

제갈량은 이들도 모두 살려주고 술과 음식을 내린 다음 한껏 목소리를 높이며 말했다.

"오늘 옹개가 너희 주인의 머리를 바쳐 투항하겠다고 전해 왔다. 그러나 내 어찌 그러도록 놔둘 수 있겠느냐? 너희는 모두 고정의 부하들이니 돌려보내겠다. 다시는 반역하지 마라. 만일 또다시 사로잡히는 날에는 결단코 용서치 않을 것이다."

이들은 모두 감사의 절을 올리고 물러났다. 진채로 돌아간 이들은 고정에게 모든 사실을 털어놓았다. 고정은 비밀리에 옹개의 진채로 사람을 보내 동정을 살펴보도록 했는데, 그자가 돌아와 말하기를 옹개의 부하들이 제갈량의 더을 칭송하며 그에게 귀순하려 한다고 했다.

고정은 믿을 수가 없어서 다시 제갈량의 진채에 정탐꾼을 보냈다.

그런데 염탐꾼은 매복한 촉군에게 붙잡혀 제갈량에게 끌려가고 말았다. 제갈량은 그를 장막 안으로 불러들여 짐짓 옹개의 부하로 취급하며 물었다.

"너희 주인은 고정과 주포의 목을 바치겠다고 약속해놓고 어찌하여 기일을 지키지 않는 것이냐? 그러고도 일이 돌아가는 사정을 알고자 염탐 짓거리를 한단 말이냐?"

붙잡혀 온 정탐꾼은 입을 다문 채 말이 없었다. 제갈량은 그에게 술과 음식을 내리고는 밀서 한 통을 써주었다.

"너는 이 밀서를 옹개에게 전하고 속히 고정과 주포의 목을 갖다 바치라 전해라. 한 치의 실수도 없어야 한다."

정탐꾼은 절을 하고 돌아가 고정에게 밀서를 보여주며 제갈량에게 들은 말을 전했다. 고정은 밀서를 읽고 분개했다.

"내가 이제껏 저를 진심으로 대했거늘 어찌 나를 해하려 한단 말인가! 용납할 수 없는 일이로다!"

그러고는 악환을 불러 일을 논의했다. 악환이 고정에게 말했다.

"제갈량은 인의가 있는 자입니다. 그러니 그를 배신하는 것은 좋지 않습니다. 우리가 모반하게 된 것도 따지고 보면 옹개의 부추김 때문이 아니었습니까? 차라리 우리가 옹개의 목을 갖다 바치는 편이 낫겠습니다."

"그자의 목을 어떻게 벤단 말인가?"

"술자리를 마련하고 옹개를 부르십시오. 옹개에게 딴마음이 없다면 선뜻 응할 것이고 오지 않는다면 다른 마음을 품고 있다는 뜻이니 제가 가서 그자를 공격하겠습니다. 옹개의 진채 뒤에 매복해서 기다리면 옹개쯤은 쉽게 잡을 수 있습니다."

고정은 악환의 말에 따라 술자리를 마련하고 옹개를 불렀다. 과연 옹개는 전날 제갈량에게서 풀려난 병사들의 말을 들은 바가 있어 선뜻 술자리에 응하지 않았다. 그날 밤 고정은 군사들을 이끌고 옹개의 진채를 급습했고, 제갈량에게서 풀려난 옹개의 부하들은 자신들이 고정의 덕에 풀려났다는 생각에 고정을 돕고 나섰다.

옹개의 군사들이 자기들끼리 싸우는 꼴이 되자, 옹개는 하는 수 없이 말을 타고 산으로 도망쳤다. 그렇게 2리쯤 달렸을 때 요란한 북소리가 울리더니 군사 한 무리가 나타났다. 악환이었다. 악환은 방천극을 들고 옹개에게 달려들었고, 옹개는 미처 손을 쓰기도 전에 악환의 극에 찔려 말에서 굴러떨어졌다. 옹개의 부하들은 곧바로 고정에게 투항했다. 고정은 자신과 옹개의 군사들을 모두 이끌고 제갈량에게 가서 옹개의 머리를 바치고 항복했다. 높은 자리에 앉아 있던 제갈량은 좌우의 군사들에게 호령했다.

"당장 저자를 잡아 참수하라!"

고정이 화들짝 놀라 물었다.

"저는 승상의 은혜에 감복하여 옹개의 머리를 베어다가 항복하려고 했을 뿐입니다. 그런데 어찌 저를 죽이려 하십니까?"

제갈량이 웃으며 말했다.

"네가 감히 거짓 투항으로 나를 속이려 드는 게냐?"

"제가 어찌 승상께 거짓 투항을 한단 말입니까?"

제갈량은 문갑 안에서 밀서 한 통을 꺼내더니 고정에게 던졌다.

"주포가 이미 사람을 보내 투항 서신을 바쳐 왔다. 너와 옹개는 죽음을 함께하기로 맹세한 사이라 늘었거늘 어찌 옹개의 목을 벨 수 있었단 말이냐? 네가 말하는 항복은 거짓이 틀림없으렷다!"

고정이 억울함을 호소하며 말했다.

"주포가 그런 서신을 올린 것이야말로 이간계입니다. 믿으시면 안됩니다."

"나 또한 한쪽 말만 믿을 수는 없으니 너에게 기회를 주겠다. 만일 네가 주포를 사로잡아 내 앞에 데려온다면 네 진심을 믿겠다."

"알겠습니다. 반드시 주포를 사로잡아 승상께 바치겠습니다."

"그리한다면 더 이상 의심하지 않겠다."

고정은 즉시 부장 악환과 함께 자신의 군사들을 거느리고 주포의 진채로 달려갔다. 그런데 주포의 진채를 10리쯤 앞두고 있을 때 갑자기 군사 한 무리가 나타났다. 주포는 고정의 군사를 알아보고 웃으며 그들을 맞이했다. 그러나 고정은 주포를 꾸짖으며 말했다.

"네 어찌 제갈 승상에게 밀서를 보내는 반간계로 나를 해치려 한 게냐?"

주포는 눈이 휘둥그레진 채 아무런 말도 하지 못했다. 그 순간 악환이 달려들어 방천극으로 주포를 해치웠다. 고정이 주포의 부하들에게 소리쳤다.

"누구든지 나에게 순종하지 않는 자는 이렇게 죽임을 당할 것이다."

주포의 부하들이 일제히 땅에 엎드리며 항복했다. 고정이 군사들을 이끌고 제갈량에게 가서 주포의 머리를 바치자 제갈량은 크게 웃으며 말했다.

"그대로 하여금 두 역적을 처단케 한 것은 그대의 충성심을 보고 싶어서였다."

제갈량은 고정을 익주태수로 삼아 세 고을을 다스리게 하고 악환은 아장牙將으로 삼았다. 삼군의 반역은 그렇게 평정되었다.

지략 해설

'거짓으로 문제를 만들어 이간계를 편다.'

이것이 이 이야기의 핵심이다.

제갈량이 대군을 이끌고 익주 변경에 도착하자 옹개, 주포, 고정은 군사를 이끌고 제갈량에게 맞선다. 그런데 고정의 선봉인 악환이 촉군에게 사로잡히자, 제갈량은 악환이 고정의 부하임을 알고 이렇게 말한다.

"고정은 충의지사인데 옹개의 꾐에 빠져 이렇게 되었구나. 너를 풀어줄 테니 가서 고정에게 일찌감치 항복하라 권해라. 그리하면 큰 화는 면할 것이다."

제갈량에게서 풀려난 악환이 고정에게 돌아가 제갈량의 말을 자세히 전하자 고정은 감동한다. 제갈량은 고정의 마음을 흔들기 위해 악환을 풀어준 것이지만 고정의 마음을 확실히 사로잡지는 못했다. 옹개와 고정이 군사를 이끌고 촉진을 공격하다가 옹개와 고정의 군사들이 한꺼번에 촉군에게 사로잡히자 제갈량은 각 군사들을 따로 수용하고 군졸들을 시켜 헛소문을 퍼뜨린다.

"고정의 군사들은 살려주겠지만 옹개의 군사들은 모조리 죽이겠다고 하시더라."

그러고는 먼저 옹개의 군사들을 장막으로 불러들여 너희는 누구의 부하들이냐 물으니 옹개의 군사들은 살고 싶은 마음에 고정의 부하들이라고 대답하고 무사히 풀려난다. 이어 고정의 부하들에게도 너희는 누구의 부하들이냐 물으니 이들 또한 모두 고정의 군사들이라고 대답한다. 제갈량은 이들에게 거짓 정보를 흘린다.

"옹개가 오늘 너희 주인과 주포의 머리를 나에게 바치고 투항하겠다 했지만 나는 그자의 말을 믿을 수 없어 불안하다. 너희는 모두 고정의 부하라고 하니, 일단 돌려보내주겠다. 다시는 반역하지 마라."

이 석방으로 고정과 옹개의 군사들은 서로를 의심하게 되었고 마침내는 서로를 죽이려 들기에 이른다.

적의 칼을 빌려 적을 처단한다는 말은 바로 이런 경우를 두고 하는 말이다. 고정은 제갈량의 온후한 대접에 감동하지만 제갈량의 말을 완전히 믿을 수 없어서 수하의 군졸을 제갈량의 진채로 보내 허실을 탐지하게 한다. 그러나 이 군졸을 사로잡은 제갈량은 그를 짐짓 옹개의 부하로 취급하며 묻는다.

"너희 주인은 고정과 주포의 머리를 내게 바치겠다고 약조해놓고 어찌하여 기일을 지키지 않는 것이냐?"

그러고는 밀서 한 통을 주면서 말한다.

"너희 주인에게 가서 자신이 쓴 이 밀서의 내용을 속히 시행하라 전해라."

이것은 슬쩍 밀서를 흘려 고정으로 하여금 옹개를 죽이도록 하려는 것이었다. 아니나 다를까. 고정은 밀서를 읽고 격분하여 악환과 함께 야심한 시각을 틈타 옹개의 진채를 급습, 옹개를 죽이는 데 성공한다. 고정은 옹개의 머리를 제갈량에게 바치지만 제갈량은 고정의 공로를 치하하기는커녕 준엄한 목소리로 참수를 명한다. 제갈량이 고정의 거짓 투항을 꾸짖자 고정은 대체 무슨 말을 듣고 그런 의심을 품느냐며 항변한다. 제갈량은 그런 고정에게 서신을 보여주며 말한다.

"주포가 이미 투항 서신을 보내왔는데, 그 서신에는 너와 옹개가 죽음을 함께하기로 맹세한 사이라 했다. 그런 네가 어찌 옹개를 죽일 수 있단 말이냐? 이는 분명 거짓을 고하는 것이렷다!"

고정이 항변했다.

"그것은 주포의 반간계입니다!"

"그렇다면 네가 주포를 사로잡아 오너라. 그리하면 네 진심을 믿어주겠다."

이에 고정은 악환과 함께 군사를 이끌고 주포의 진채로 떠난다. 주포와 마주친 악환은 주포를 죽이고 주포의 수급을 제갈량에게 바친다. 제갈량은 그제야 웃으며 말한다.

"내 그대에게 두 역적을 베게 하여 그대의 충성심을 보려고 했다."

이 이야기에서 제갈량은 먼저 고정에게 충의를 부여하여 고정의 마음을 얻은 뒤 고정, 옹개, 주포 사이에 의심을 자아내어 서로를 배반하게 만들었다. 제갈량 자신은 아무런 힘도 들이지 않고 옹개와 주포를 처단했으니, 반역의 무리를 평정하는 데 이보다 빛나는 이간계가 또 있을까!

활용

손무는 군사용 이간계를 '인간因間', '내간內間', '사간死間', '생간生間', '반간反間' 등 다섯 종류로 분류하였다. 인간이란 적의 고향 사람을 간첩으로 이용하는 것이고, 내간이란 적진에 속한 사람을 매수하여 간첩으로 이용하는 것이다. 사간이란 아군의 간첩을 희생하면서 적진에 거짓 정보를 흘리는 것이고, 생간이란 간첩을 적진에 보내 정탐 활동을 하도록 하여 적의 동정을 보고하게 하는 것이다. 끝으로 반간은 적의 간첩을 매수하여 아군 측에서 이용하거나 적의 간첩을 통해 거짓 정보를 흘리는 장계취계를 가리킨다. 이 중 사간과 반간은 가장 적극적인 형태의 이간계에 속하는데, 그중에서도 반간은 군사적 권모술수의 절정이라고 할 수 있다.

공명, 사마의를 물리치다

불신을 이용한 이간계

처음 기산에 오를 때 위나라는 병력이 충분히 갖추어지지 않은 탓에 적을 상대할 형편이 아니었다. 하지만 제갈량은 군사적 위세와 지략의 우위로 일련의 승리를 거둔다.

제갈량은 출병하기 전 위나라 도읍 업성鄴城, 지금의 허베이성 린장臨漳현 서남쪽에 사람을 보내 사마의가 반역을 꾀하고 있다는 내용의 방을 곳곳에 써 붙였다. 이것은 《손자병법》〈계편〉의 반간계 '친이리지親而離之, 적이 서로 친하면 분열시킨다'를 이용해서 조예에게 사마의의 병권을 박탈하게 하고 그를 낙양시키려는 의도였다. 사마의는 지모가 뛰어난 인재인지라 당시 옹주雍州, 지금의 산시陝西성 평샹凤翔현와 양주涼州, 지금의 간쑤성 장가촨張家川의 군마

283

를 지휘하고 있었는데, 이 두 곳이 바로 제갈량의 첫 공격 목표였다. 사마의에 대한 반간계의 성공으로 제갈량은 관중關中을 얻는 데 최대의 장애물을 제거할 수 있었다.

이 이야기는 《삼국지연의》 91회 '제갈량은 노수에 제를 올린 뒤 회군하여 중원을 정벌하기 위한 출사표를 올리다'에 나와 있다.

남만을 평정하고 돌아온 제갈량은 북벌 준비에 나섰다. 그러나 사마의가 서량西涼 등을 지키고 있는 탓에 함부로 군사를 움직일 엄두가 나지 않았다.

그런데 마침 위나라의 조비가 세상을 떠났다는 소식이 전해지자 제갈량은 깜짝 놀라서 말했다.

"조비가 죽고 그의 어린 아들 조예가 즉위했다 하니 크게 염려할 것은 없으나 사마의의 지모가 워낙 뛰어나 걱정이다. 사마의는 옹주와 양주의 총독이 아닌가. 이는 우리 촉나라에 큰 우환이 될 것이다. 어서 서둘러 정벌해야 하는데……."

그때 참군 마속이 말했다.

"승상께서는 이제 막 남만을 평정하고 돌아오셨습니다. 말과 병사들도 피로할 터이니 우선은 좀 쉬어야 하지 않겠습니까? 저에게 승상께서 원정을 떠나지 않고도 사마의를 죽일 계책이 있습니다."

"그 계책이 무엇인가?"

"사마의는 위나라의 대신이지만 조예는 그에게 의심을 품고 있습니다. 하오니 몰래 낙양, 업군 등지로 사람을 보내 사마의가 모반을 꾀한다 헛소문을 퍼뜨리고 곳곳에 방을 붙이십시오. 그리하면 조예는 사마의를 의심하여 죽일 것입니다."

제갈량은 마속의 말에 수긍하고는 여러 사람을 은밀히 위나라로 보내 계책대로 실행하게 했다.

마침내 업성 성문에 처음 보는 방이 붙었다. 문지기는 이것을 떼어내고는 조예에게 올렸다. 방의 내용은 이러했다.

'옹주와 양주 등의 병마를 훈련시키고 있는 표기대장군 사마의는 삼가 신의로써 천하에 포고한다. 지난날 태조 무황제께서 나라를 열어 기틀을 닦으시고 진사왕陳天華 조식曹植, 자는 자건子建을 사직의 주인으로 삼으셨으나 간악한 신하들의 모략으로 오랜 세월 잠룡潛龍, 제위에 오르기 전의 황제으로 지내셔야 했다. 황손 조예는 덕행도 없으면서 함부로 지존의 자리에 올라 태조의 유의遺意를 저버렸다. 이제 나는 하늘의 뜻에 순명하고 사람의 마음에 순응하여 만백성이 바라는 바를 이루고자 군사를 일으킨다. 이 방을 보는 이들은 즉시 새 임금의 명에 귀의하라. 순종하지 않는 자는 구족을 멸하리라. 이 방문을 듣고 전하는 이들은 삼가 명심하라.'

조예는 이 내용을 읽고 놀라서 입을 다물지 못했다. 조예는 급히 신하들을 불러 모았다. 먼저 태위 화흠華歆이 아뢰었다.

"사마의가 옹주, 양주를 지키겠노라 표를 올린 것도 바로 이런 뜻을 품고 있어서였나 봅니다. 이전에 태조 무황제께서도 신에게 '사마의는 매처럼 노려보고 이리처럼 돌아보니 결코 그에게 병권을 주어서는 안 된다. 그렇지 않으면 반드시 나라에 큰 화가 닥칠 것'이라고 당부하셨습니다. 그런데 이제 이렇게 모반의 뜻이 명명백백히 드러났으니 당장 주벌해야 할 줄로 아옵니다."

조예는 군사를 일으켜 식섭 사마의를 치려고 했다. 그런데 반열에서 대장군 조진이 나와 아뢰었다.

"아니 되옵니다, 폐하. 문 황제께서 신을 비롯한 다른 신하들에게 후사를 맡기신 것은 사마의에게 다른 뜻이 없음을 알고 계셨기 때문입니다. 반역의 진위조차 가려지지 않은 상태에서 무리하게 군사를 움직이시면 도리어 반역을 부추길 수도 있습니다. 어쩌면 이는 촉과 오의 세작들이 반간계를 펴서 우리 군신을 혼란에 빠뜨리려는 수작인지도 모릅니다. 저들이 이런 혼란을 틈타 침입해 올 수도 있으니 폐하께서는 부디 굽어 살펴주시옵소서."

조예가 조진에게 물었다.

"사마의가 정말 모반했다면 어찌하는가?"

"그리 의심되신다면 한고조께서 사용하신 거짓 운몽지계雲夢之計, 조나라 왕 한신의 모반을 의심한 한 고조 유방은 지방을 순시한다는 명목으로 행차하여 마중 나온 한신을 사로잡았다를 펴시옵소서. 폐하께서 안읍安邑으로 행차하시면 사마의가 영접을 나올 터이니 동정을 잘 살피다가 수레 앞에서 사마의를 사로잡으시면 되옵니다."

조예는 조진의 말에 따르기로 하고 그에게 감국監國, 천자가 나라를 비울 때 일시적으로 권한 대행을 맡김으로 임명한 후 직접 어림군御林軍 10만을 이끌고 안읍으로 갔다. 아무것도 모르고 있던 사마의는 천자께 자신이 조련한 군대의 위엄을 보이고 싶은 마음에 군마를 정비하고 갑옷 군사 수만 명을 이끌고 천자를 영접하러 갔다. 그러자 가까이 있던 신하가 조예에게 아뢰었다.

"사마의가 십만 군사를 이끌고 오는 것을 보니 과연 반역의 뜻이 있는 듯하옵니다."

조예는 조휴에게 군사를 이끌고 앞서도록 명했다. 사마의는 멀리 군마가 보이자 어가 행렬이 친히 당도하는 줄 알고 땅에 엎드렸다. 사마의 앞에 이른 조휴가 말했다.

"공은 선제로부터 탁고의 중임을 받았으면서 어찌 반역을 꾀하는가?"

깜짝 놀란 사마의는 식은땀을 흘리며 어찌 그런 말을 하느냐고 물었다. 조휴가 그간의 사정을 자세히 전하니 사마의가 말했다.

"이는 분명 촉과 오가 펴는 반간계입니다. 우리 군신을 이간하여 서로 다투게 만들고 그 틈을 타 우리를 치려는 것입니다. 제가 직접 폐하를 알현하여 자세히 아뢰겠습니다."

그러고는 급히 군마를 물리고 조예의 어가 앞으로 나아가 울며 아뢰었다.

"신은 선제로부터 탁고의 중임을 받은 몸이옵니다. 그런 신이 어찌 감히 다른 뜻을 품겠나이까? 이는 필시 촉과 오의 간계이니 부디 저에게 얼마간의 군사를 내어주시어 촉과 오를 정벌할 수 있도록 허락하소서. 먼저 촉을 격파하고 나중에 오를 벌하여 선제와 폐하의 은혜에 보답하고 저의 충심을 밝히겠나이다."

조예는 여전히 의심이 풀리지 않아 선뜻 결정을 내리지 못했다. 그러자 화흠이 아뢰었다.

"사마의에게 병권을 주어서는 안 됩니다. 파직시키고 고향으로 내려보내시옵소서."

조예는 그의 말에 따라 사마의의 관직을 삭탈하고 고향으로 돌려보냈다. 옹주와 양주의 군마는 조휴가 지휘하도록 했다.

지략 해설

제갈량이 퍼뜨린 유언비어로 말미암아 사마의는 삭탈관직을 당한다. 이런 방법이 통할 수 있었던 것은 조예와 사마의 사이에 존재하는 의심 때문이었다. 조씨 가문과 사마의는 처음부터 한마음 한뜻이 아니었다. 조조는 환관 출신이었고, 사마의는 사족土族 출신이었다. 동한 말년 환관과 사족 간의 극심한 대립 때 사족이 환관을 업신여긴 탓에 이들이 함께 일하기란 보통 어려운 일이 아니었다. 조조가 사마의에게 관직을 내리고 거사를 일으키려 할 때 사마의는 병을 핑계로 응하지 않았다. 그러나 훗날 조조가 자신을 죽일지도 모른다는 위기감에 마지못해 조조의 청을 받아들였으니, 그 정도가 어떠했는지 짐작이 가고도 남는다. 이 때문에 조조는 항상 사마의를 경계했으며 화흠에게도 사마의를 조심하라는 당부를 잊지 않았다.

"사마의는 매처럼 노려보고 이리처럼 돌아보니 결코 그에게 병권을 주어서는 안 된다. 그렇지 않으면 반드시 나라에 큰 화가 닥칠 것이다."

화흠은 조씨 부자에게 충성을 맹세한 신하였기에 사마의가 반역을 꾀한다는 소문을 듣자마자 "그를 주벌해야 한다"고 주장한다. 조예도 사마의를 '의심하고 꺼리는 마음'이 있었던 탓에 사마의의 반역이 사실이 아니었음에도 이 기회를 이용하여 사마의의 관직을 삭탈하고 그를 낙향시킨다. 조씨와 사마의 사이에는 이런 불신이 있었기 때문에 제갈량의 반간계가 곧바로 효과를 거둘 수 있었다.

활용

극심한 경쟁을 딛고 살아남기 위해서는 경쟁 상대를 제압할 지략을 갖추어야 한다. 이 과정에서 전략적 우위를 지키는 방법은 '나는 상대를 알아도 상대는 나를 모르게 하는 것'이다. '지피지기'의 '지피'에 해당하는 첫 번째는 그때그때 믿을 수 있는 정보를 확실히 장악하고 어떤 일이 일어나기 전에 미리 그것을 인지하고 통찰하는 능력이다. 다른 한편으로는 '상대는 나를 모르게 하는' 전략은 핵심 정보의 유출을 철저히 차단하면서 첩자를 잘 식별하고 방비하여 제거하는 것이다. 이 두 가지 목표가 가장 극명하게 실현되는 것이 바로 첩보전이다. 동서고금의 전쟁사를 보면 승리는 눈에 보이는 전쟁을 통해서만 결정되지 않는다. 때로는 특수한 형태의 전쟁, 바로 첩보전이 승리를 좌우한다.

강유의 투항
혼란을 자아내는 이간계

    의심은 사람의 마음을 혼란 상태로 내몬다. 이런 상태에 처하면 잘
못된 판단이나 결정을 하게 되고, 심지어 잘못된 판단이라도 내리고
싶어 하는 지경에 이른다. 평소 두뇌가 명석한 사람이라고 해도 예외
는 아니다. 과도한 의심이나 경계심이 위험한 이유는, 현실은 결코 상
상하는 바와 같지 않으며 현실에서 발생한 문제는 오히려 과도한 의
심이 만들어낸 결과일 가능성이 크기 때문이다.

    이 이야기는 《삼국지연의》 93회 '강백약은 제갈량에게 투항하고 무
향후武鄕侯는 왕랑을 꾸짖어 죽이다'에 실려 있다.

천수군天水郡 태수 마준馬遵은 하후무夏候楙가 남안성南安城에 포위되어 있다는 소식을 듣고 문무관원들을 모아 대책을 논의했다. 공조功曹 양서梁緒, 주부主溥 윤상尹賞, 주기主記 양건梁虔 등이 말했다.

"하후 부마駙馬는 황실의 금지옥엽과 같은 존재입니다. 그분께 불상사라도 생기면 저희는 모두 앉아서 구경만 했다는 벌을 받게 될 것입니다. 그런데 태수께서는 어찌 군사를 내어 그분을 구하지 않으십니까?"

마준이 당장 결단을 내리지 못하고 망설이는 동안 하후 부마가 심복 장수 배서裵緒를 보내왔다는 소식이 전해졌다. 배서는 마준에게 공문을 전하며 말했다.

"도독께서 밤새 안정安定과 천수의 군사를 이끌고 와서 속히 도와달라 하셨습니다."

배서는 말을 마치자마자 급히 돌아갔다.

다음 날 다시 파발꾼이 달려와 말했다.

"안정의 군사들은 벌써 떠났습니다. 태수께서도 얼른 합세하라 하십니다."

마준이 군사를 준비하려 하자 한 사람이 밖에서 들어오며 말했다.

"이는 제갈량의 계략입니다. 말려들지 마십시오."

모두가 돌아보니 그는 천수군 기冀 땅 사람인 강유였다. 강유는 자가 백약伯約으로, 어릴 때부터 온갖 책을 두루 읽은 데다 병법과 무예에도 능한 자였다. 그는 지극한 효성으로 고을 사람들에게 존경받고 있었고, 후에 중랑장이 되어서는 천수군의 군사 일을 맡아 보고 있었다.

강유가 마준에게 말했다.

"듣사 하니 제갈량이 남안성에 포위된 하후무를 물샐틈없이 공격하고 있다 합니다. 그런데 그분이 무슨 수로 포위를 뚫고 나오겠습니까? 배서라는 자 역시 이름 없는 하급 무관인 듯한데, 저는 그자를 본 적도 없습니다. 안정에서 왔다는 파발은 공문조차 가지고 있지 않습니다. 이로 미루어 보건대 그자는 위나라 장수로 위장한 촉장이 분명합니다. 태수를 성 밖으로 나오게 하여 성을 무방비 상태로 만들어놓고 근처에 매복해둔 군사들을 이용하여 천수성을 빼앗으려는 계략이지요."

마준은 그제야 모든 사정이 훤히 이해되었다.

"백약이 그리 말해주지 않았다면 꼼짝없이 제갈량의 계략에 걸려들 뻔했소!"

강유가 웃으며 말했다.

"태수께서는 안심하십시오. 제갈량을 사로잡고 안정을 위기에서 구할 방책이 있습니다."

계책을 펼쳤건만 또 다른 적수를 만났고
지혜를 다투다 뜻밖의 강적을 만났도다.

강유는 마준에게 자신이 생각한 계책을 말했다.

"제갈량은 분명 우리 고을 뒤편에 군사를 매복해두었다가 우리가 성을 비우면 그 틈을 타 성을 공격해 들어올 것입니다. 저에게 정예병 삼천을 내어주시면 오지에 군사를 매복해두겠습니다. 태수께서는 군사를 이끌고 뒤따라 나오시되, 멀리 가지는 마시고 삼십 리쯤 가다가 되돌아오십시오. 그러다가 불빛이 보이거든 그것을 신호 삼아 촉군을 앞뒤로 협공하십시오. 그리하면 분명 대승을 거둘 것입니다. 만일 제갈량이 직접 군사를 이끌고 나타난다면 제가 반드시 제갈량까지 사로잡겠습니다."

마준은 그 계책에 따라 강유에게 정예병 3천을 내어주었다. 마준 자신은 양건과 함께 성 밖으로 나서면서 양서와 윤상에게 성을 지키도록 했다.

한편 제갈량은 강유의 짐작대로 조자룡을 산으로 보내고 산에 매복하여 천수의 군사들이 성 밖으로 나오기를 기다렸다가 성을 급습하라고 명했다. 그날 정탐꾼이 조자룡에게 돌아와 천수태수 마준이 군사를 이끌고 성 밖으로 나섰다는 소식을 전했다. 조자룡은 성안에 문관들만 있다는 말에 기뻐하며 장익과 고상에게 사람을 보냈다. 길목을 잘 지키고 있다가 마준이 오거든 공격하라는 명을 전하기 위해서였다. 장익과 고상 역시 제갈량이 매복해둔 장수들이었다.

조자룡은 군사 5천 명을 이끌고 천수성 아래에 당도하여 소리쳤다.

"나는 상산 조자룡이다! 지금 당장 성을 헌납하라! 그리하면 죽음만은 면할 수 있게 해주겠다!"

성 위에 있던 양서가 웃으며 말했다.

"어리석은 것들! 네놈들이 오히려 강유의 계략에 빠졌느니라! 아직도 모르겠느냐?"

조자룡이 성을 공격하려는 찰나 갑자기 함성이 들리더니 사방에서 불길이 치솟았다. 그러더니 젊은 장수 하나가 창을 비껴들고 말을 부려 내달리며 외쳤다.

"너희는 천수의 강유를 본 적이 있느냐?"

조자룡은 창을 치켜들고 강유를 상대했다. 하지만 몇 합 겨루자 강유의 창에 실리는 힘이 배로 강해져 조자룡은 깜짝 놀랐다.

"여기서 이런 자를 만나게 될 줄이야."

그렇게 한참을 겨루고 있는데 군사 두 무리가 협공으로 들어왔다. 바로 마준과 양건의 군사들이었다. 조자룡은 앞뒤 모두를 상대하기 버거워지자 퇴로를 열어 군사들과 함께 달아났다. 강유가 그 뒤를 매섭게 쫓아갔다. 그때 마침 장익과 고상이 달려와 지원한 덕분에 조자룡은 겨우 적진에서 빠져나올 수 있었다.

조자룡은 제갈량에게 돌아가 자신들이 도리어 적의 계략에 빠졌노라고 고했다. 제갈량이 크게 놀라며 물었다.

"대체 누가 나의 계획을 꿰뚫어 보았단 말인가?"

"아마도 강유일 것입니다. 강유는 자가 백약으로, 천수군 기현 사람입니다. 모친에 대한 효성이 지극하고 문무를 겸비한 데다 지혜와 용기까지 출중한 당세의 영걸英傑이지요."

조자룡도 강유의 창 솜씨를 칭찬하며 보통 사람들과는 크게 달랐다고 했다. 그 말에 제갈량도 감탄했다.

"천수를 얻으려는 마당에 그런 인재를 만나게 될 줄이야."

한편 강유는 마준에게 돌아가 말했다.

"조자룡이 패하고 물러났으니 이제는 제갈량이 직접 올 것입니다. 제갈량은 우리 군이 성안에만 있는 줄 알 터이니 군마를 넷으로 나누어 한 무리는 제가 이끌고 가서 성 동쪽에 매복하겠습니다. 촉군이 오면 제가 상대할 터이니 태수께서는 양건, 윤상과 함께 각기 한 무리씩의 군사를 이끌고 가 성 밖에 매복해 계시고 양서는 백성들을 성 위로 데려가 지키고 서 있으십시오."

마준은 강유의 말대로 군사들을 배치했다.

제갈량은 강유의 지모에 대비하여 직접 전군을 이끌고 천수를 향해 출발했다. 성 가까이에 당도한 제갈량이 군사들에게 말했다.

"성을 취하려면 첫날 바로 삼군을 독려하며 북을 울리고 진격해야
한다. 차일피일 늦어지면 군사들의 예기가 떨어져서 성을 공격하기 어
려워진다."

군사들은 곧장 성 아래로 진격했다. 그러나 성 위에 깃발들이 가지
런히 늘어서 있자 차마 공격을 감행하지는 못하고 밤이 되기를 기다
렸다. 그런데 밤이 되자 사방에서 불길이 치솟으며 함성이 들려왔고
성 위에서도 북이 울리며 함성이 울렸다. 촉군은 혼란에 빠졌다. 제갈
량은 황급히 말 위에 올랐고 관흥과 장포는 제갈량을 호위하며 적군
의 포위를 뚫었다. 간신히 포위망을 빠져나와 고개를 돌려보니 동쪽에
군사 한 무리가 늘어서 있는데, 각자가 불을 들고 선 모습이 마치 뱀처
럼 보였다. 제갈량은 관흥에게 그 군사들을 알아보라고 지시했다.

"강유의 군사들입니다."

관흥의 보고에 제갈량은 탄식하며 말했다.

"군사는 많은 것이 능사가 아니라 누가 쓰느냐에 따라 달라지는 법!
참으로 대단한 장수로다!"

제갈량은 본영으로 돌아가 오랜 생각에 잠긴 끝에 안정 사람 하나
를 불러 물었다.

"강유의 모친은 지금 어디 있느냐?"

"기현에 살고 있습니다."

제갈량은 즉시 위연을 불러 지시했다.

"지금 군사를 이끌고 가서 기현을 취할 듯 허장성세를 펴고 강유가
오거든 공격하지 말고 그대로 입성하도록 놔두어라."

세살량은 다시 안정 사람에게 물었다.

"이 부근에서 가장 중요한 곳이 어디인가?"

"천수의 돈과 양식은 모두 상규上邽에 있습니다. 상규를 무너뜨리면 천수의 양도糧道,군량을 운반하는 길도 저절로 끊어질 것입니다."

제갈량은 기뻐하며 조자룡을 불러 상규를 치도록 했다. 그리고 제갈량 자신은 천수성에서 30리 떨어진 곳에 새로 진채를 마련했다. 이 소식은 발 빠르게 천수군에도 전달되었다. 정탐꾼은 촉군이 군사를 셋으로 나누어 한 무리는 천수성을 지키고, 한 무리는 상규를 공격하고, 또 다른 한 무리는 기현을 치러 갔다고 전했다. 강유는 그 말을 듣고는 슬픈 낯빛으로 마준에게 말했다.

"기성에 계시는 어머니가 걱정되어 견딜 수가 없습니다. 저는 군사를 이끌고 어머니가 계신 기성을 구하러 가겠습니다."

마준은 강유의 청을 허락하고 강유에게 군사 3천을 주어 기성을 지키도록 했다. 또한 양건에게도 군사 3천을 주어 상규를 지키게 했다.

강유가 군사를 이끌고 기성에 막 당도했을 때였다. 군사 한 무리가 강유의 앞을 가로막았는데 바로 촉장 위연의 군사들이었다. 위연은 강유와 몇 합 겨루다 말고 패한 척 달아났지만 강유는 위연을 추격하지 않고 곧장 성안으로 들어갔다. 그는 문을 굳게 닫아걸고 군사들에게 성을 잘 지키라고 명했다. 그길로 어머니를 찾아뵌 강유는 좀처럼 나와서 싸우려 들지 않았다. 조자룡도 양건을 상규성으로 들어가도록 놔두었다. 일이 뜻대로 되자 제갈량은 곧장 남안으로 사람을 보내어 감금 중인 하후무를 장막 안으로 데려오라고 분부했다. 제갈량은 하후무에게 말했다.

"너는 죽음이 두렵지 않느냐?"

그러자 하후무는 황망히 엎드려 목숨을 구걸했다. 그런 하후무에게 제갈량이 말했다.

"천수군의 강유가 지금 기성을 지키고 있는데, 나에게 서신을 보내왔다. 부마만 살려 보내준다면 기꺼이 나에게 투항하겠노라고 말이다. 오늘 네 목숨을 살려준다면 가서 강유를 데려올 수 있겠는가?"

"기꺼이 그러하겠소이다."

제갈량은 하후무에게 새 옷과 말안장을 내어주었다. 그리고 한 명의 부하도 거느리지 않고 혼자 기현으로 떠나게 했다. 촉진을 벗어난 하후무는 곧바로 달아나고 싶었지만 길을 몰라 어찌하지 못했다. 하는 수 없이 곧장 앞으로 달리는데 중간에 바삐 달려오는 사람들을 만나게 되었다. 하후무가 어디로 가는 중이냐고 물으니 그들 중 한 사람이 대답했다.

"저희는 기현의 백성인데 강유가 제갈량에게 성을 바치고 투항한 후로 촉장 위연이 불을 지르며 민가를 약탈하고 있습니다. 그리하여 저희는 집을 버리고 상규로 달아나는 중입니다."

하후무가 다시 물었다.

"천수는 누가 지키고 있소?"

"마태수가 지키고 있습니다."

하후무는 말을 달려 천수성으로 향했다. 그런데 도중에 또다시 천수성 백성들을 만나게 되었다. 그들은 저마다 사내아이는 걷게 하고 계집아이는 품에 안은 채 길을 가고 있었다. 그들도 아까 만난 기현 백성들과 똑같은 말을 했다.

하후무는 천수성에 이르러 성문을 두드렸다. 성 위에 있던 사람들은 하후무를 알아보고 문을 열어주었다. 마준은 하후무에게 절하며 기산의 사정을 물었다. 하후무가 오는 길에 백성들에게서 들은 이야기며 강유의 일까지 그대로 이야기하자마자 마준이 탄식했다.

"강유가 촉국에 투항할 줄이야!"

그런 마준에게 양서가 말했다.

"도독을 구하려는 마음에 거짓 투항을 했을 수도 있습니다."

그러나 하후무는 단호하게 말했다.

"강유는 이미 항복했소이다."

그렇게 이야기를 나누는 동안 시간은 어느덧 초경을 지나고 있었다. 그때 촉군이 성 밖에서 공격을 해왔다. 어른거리는 불빛 사이로 보니 강유가 창을 들고 말을 세운 채 소리치고 있었다.

"하후 도독은 답해주시오!"

하후무와 마준이 성 위로 올라가 보니 강유가 단단히 벼른 모양새로 외치고 있었다.

"나는 도독을 위해 항복했건만 도독은 어찌하여 의를 저버리신 게요?"

"그대는 위나라의 은혜를 입었으면서 어찌 촉국에 투항할 수 있단 말인가?"

"도독이 나에게 촉국에 항복하라는 서신을 보냈으면서 이제 와 무슨 소리요? 자기 몸 보전하겠다고 나를 이리 모함할 수 있는 게요? 어쨌거나 나는 촉국에 항복한 몸이 되었고 상장까지 되었는데, 어떻게 다시 위나라로 돌아갈 수 있겠소?"

강유는 그렇게 말하고는 밤새 성을 공격하다가 새벽이 되어서야 돌아갔다. 사실 그는 진짜 강유가 아니라 강유로 변장한 촉군이었다. 강유와 비슷하게 생긴 자를 강유처럼 꾸며 천수성을 공격하게 한 제갈량의 계략이었던 것이다. 밤중에 비치는 불빛으로는 진짜 강유인지 아닌지 구분하기가 힘들었기 때문에 위나라 군사들은 감쪽같이 속았다.

한편 제갈량은 기성을 공격하고 있었다. 강유의 성안에는 양식이 넉넉지 않아 수많은 군사가 끼니마저 거르고 있었는데, 성 위에서 보니 촉군은 크고 작은 수레에 군량과 마초를 가득 실어다가 위연의 진채로 옮기고 있었다. 강유는 군사 3천을 뽑아 군량을 탈취하기로 마음먹었다. 강유가 빼앗은 군량 수레를 이끌고 성으로 들어오려는데 갑자기 군대 한 무리가 강유를 막아 세웠다. 촉장 장익이었다. 두 장수는 바로 창칼을 겨루었다. 그러나 몇 합 싸우기도 전에 왕평이 군사를 이끌고 달려와 양쪽에서 강유를 협공했다. 강유는 협공을 견디지 못하고 퇴로를 뚫어 성 쪽으로 달아났다. 그런데 이게 어찌 된 일인가. 성 위에서 촉국의 깃발이 나부끼는 것이 아닌가! 강유가 군량을 빼앗으려 성을 비운 사이에 위연이 성을 급습하여 함락한 것이다.

강유는 혈로를 뚫고 천수성으로 달아났다. 그의 수하에는 기병 십여 명이 전부였다. 강유는 달아나는 길에 또다시 장포의 군사와 마주쳤다. 강유에게 남은 것이라고는 이제 필마단창뿐이었다. 천수성 앞에 이른 강유는 성문을 열라고 소리쳤다. 성 위에서 강유를 알아본 군사들이 마준에게 이를 보고하자 마준은 강유를 의심했다.

"강유가 나를 속여 성문을 열게 하려는 수작이다."

마준은 강유에게 화살을 퍼부으라고 명했다. 강유는 하는 수 없이 상규성으로 도망쳤으나 상규성 위에서 강유를 알아본 양건이 강유를 나무랐다.

"나라를 배반한 역적 놈이 어디 감히 나를 속이려 드느냐? 너는 이미 촉군에 투항하지 않았더냐!"

그러고는 어지럽게 화살을 쏘아댔다. 강유는 무어라 말도 못 하고 하늘을 우러러 탄식했다. 눈에서는 하염없이 눈물만 흘러내렸다. 강유는 다시 말을 돌려 장안으로 향했다. 그런데 몇 리를 가기도 전에 거대한 숲이 나타났고, 그 안에서 함성과 함께 수천 명의 군사가 쏟아져 나왔다. 촉장 관흥이 앞장서서 강유의 길을 막았다.

강유는 지칠 대로 지쳐서 더 이상 저항할 여력도 없었다. 그래도 다시 말 머리를 돌려 달아나려는 찰나, 산 중턱에서 수레 한 대가 나왔다. 수레에는 윤건을 쓰고 학창의를 입은 제갈량이 앉아 있었다. 제갈량이 강유에게 말했다.

"그대는 어찌하여 아직도 항복하지 않는가?"

강유는 한참을 궁리했지만 앞에는 제갈량, 뒤에는 관흥이 버티고 있어 도저히 빠져나갈 길이 없었다. 하는 수 없이 강유는 말에서 내려 투항했다. 제갈량은 얼른 수레에서 내려 강유의 손을 맞잡았다.

"나는 초려에서 나온 이래 현자를 구하여 내 평생 배운 바를 전하려 했소. 이제껏 그런 사람을 만나지 못해 한이었는데, 이제 장군을 만났으니 내 소원을 이루었소이다."

강유도 기뻐하면서 절로써 감사를 표했다.

지략 해설

제갈량은 적이 의심할 수밖에 없는 상황을 만들어 이간계를 펼치곤 했다. 특히 강유에게 쓴 이간계는 상당히 주도면밀해서 적들이 강유의 배반을 의심하지 않을 수 없게 만들었다. 사실 의심은 양날이 달린 칼이다. 일단 의심하게 되면 남을 믿지 않음으로써 도리어 자신이 함정에 빠질 가능성이 커지기 때문이다.

의심은 주로 알지 못하는 사람, 평소 아무런 연고가 없는 사람에게 품게 된다. 의심은 분명 진실만을 믿기 위한 선택이지만 우리는 자신이 잘 알지 못하는 문제에 대해서도 함부로 의심하곤 한다. 하지만 아무런 증거도 없는 상황에서 무분별한 의심을 하면 자신의 판단만 믿고 무조건 남을 믿지 못하는 오류를 범하게 된다. 이는 양심상으로도 옳지 못한 태도이다.

특히 지도자 위치에 있는 사람일수록 남을 함부로 의심해서는 안 된다. 그랬다가는 이야기 속 마준처럼 부하에 대한 신뢰를 쉽게 버림으로써 남에게 바로 그 약점을 이용당할 수 있기 때문이다. 불신 때문에 사람을 잃으면 자신이 지닌 권력과 명예, 심지어 신분마저 잃어버릴 수 있다.

무조건 의심하는 것이나 무조건 신뢰하는 것은 모두 위험한 태도이므로 그사이의 중도를 취할 줄 알아야 한다.

활용

의심은 사람 사이의 관계에 해악을 끼친다. 이는 사람의 지혜를 흐려 미혹에 빠지게 하거나 적을 친구로 여기게 만들어 자신이 하는 일마저 파괴한다. 의심은 군주를 폭군으로 만들고 평범한 사람을 질투심으로 몰고 가며 지혜로운 사람을 곤경에 빠뜨린다. 의심의 칼은 타인은 물론 자신마저 해칠 수 있다. 의심에 관한 의미심장한 이야기가 있다.

두 친구가 함께 사막을 걷다가 가져온 물이 다 떨어지고 말았다. 둘 중 하나가 물을 구하러 갈 수밖에 없었다. 몸은 건강하지만 너무나 목이 마른 이가 친구에게 말했다.

"자네는 여기서 기다리게. 내가 물을 구해 오겠네."

두 사람은 그렇게 헤어졌다. 한 사람은 물을 찾으리라는 확신으로 길을 떠났고, 다른 사람은 친구가 정말 돌아올까 하는 의심을 품은 채 친구를 기다렸다. 누워서 하늘을 보고 있는데, 시간이 흐르자 조금씩 두려워지기 시작했다. 친구가 정말 물을 찾았을까, 도중에 물을 다 마셔버리면 어쩌지? 친구가 정말 물을 찾았다면 자기를 두고 혼자 가버리는 것은 아닐까? 그러다 보니 그의 감정은 격해질 대로 격해졌다.

"이럴 필요가 있을까? 이대로 앉아서 죽기만 기다리다가 독수리에게 눈이라도 파 먹힌다면 얼마나 고통스러울까? 아! 차라리……."

결국 그는 칼을 꺼내 자살해버렸다. 얼마 후 물을 찾으러 갔던 사람은 낙타 대상隊商과 함께 돌아왔지만, 그를 기다리고 있는 것은 친구의 주검 뿐이었다.

조진을 화나게 하다
싸움 없이 적을 물리치는 기술

누군가를 욕하거나 화나게 해서 죽게 만드는 것은 대표적인 심리
공격인데, 이는 제갈량이 탁월하게 구사한 방법이다.

이 이야기는《삼국지연의》100회 '촉군은 조진의 진채를 급습하고
제갈량은 진법을 다투어 사마의를 부끄럽게 하다'에 실려 있다.

제갈량이 다시 군사를 이끌고 기산에 올랐을 때 위연, 진식, 두경,
장의 등은 제갈량의 장막으로 와서 엎드리며 죄를 청했다. 제갈량이
그들에게 물었다.

"누구의 잘못으로 대군을 잃었는가?"

위연이 말했다.

"진식이 호령을 따르지 않고 골짜기 입구로 잠입하는 바람에 대패하고 말았습니다."

얼른 진식이 말했다.

"그 일은 위연 장군이 저에게 시킨 것입니다."

제갈량이 말했다.

"위연은 그대를 구해냈는데 어찌하여 그에게 책임을 넘기는가? 분명 그대가 명령을 어긴 것이니 변명할 자격이 없다."

그러고는 진식을 참수하라고 명했다. 제갈량이 위연을 살려둔 것은 훗날 쓸 일이 있었기 때문이다.

제갈량이 진식을 참수한 후 장수들을 모아 계책을 논하고 있는데, 갑자기 정탐꾼이 돌아와 조진이 병상에 누워서 일어나지 못하고 있다는 소식을 전해 왔다. 제갈량은 기뻐하며 장수들에게 말했다.

"조진의 병세가 가볍다면 장안으로 돌아갔을 텐데 이제껏 위군이 물러나지 않은 것을 보면 조진의 병이 깊은 모양이오. 그러니 군중에 머물며 군사들을 안심시키려는 것이겠지. 투항한 위군을 통해 서신을 전해야겠소. 그리하면 조진은 서신을 읽자마자 화가 나서 죽게 될 것이오."

제갈량은 투항한 위군 장수들을 장막으로 불러놓고 물었다.

"너희는 모두 위나라 군사들이라 처자식도 모두 중원에 있지 않느냐? 그러하니 이번에 너희를 모두 풀어주려고 하는데 너희 뜻은 어떠하냐?"

위군들은 감격하여 눈물을 흘렸다.

"조진과 이미 약속해둔 바가 있으니 너희는 내가 써주는 서신을 가지고 가서 조진에게 전해라. 그리하면 크게 상을 받을 것이다."

위군들은 제갈량의 편지를 받고 위군 진채로 달려가 조진에게 전했다. 조진은 겨우 몸을 일으켜 서신을 읽어 내려갔다.

'한승상 무향후 제갈량이 대사마 조진에게 쓴다. 무릇 장수는 능히 버리고 취할 줄 알며 부드러움과 강함, 나아감과 물러남, 강함과 약함을 두루 펼칠 수 있어야 한다. 또한 산처럼 함부로 움직이지 않으며 음양처럼 헤아리기 어렵고 하늘과 땅처럼 무궁하며 큰 창고와 같이 충실하고 새해와 같이 드넓으며 해와 달과 별과 같이 빛날 줄 알아야 한다. 그리하여 천문을 통해 가뭄과 장마를 미리 헤아리고 지리에 밝아 그 유불리를 헤아리며 진세陣勢를 읽어 싸울 때를 파악하고 적의 장단점을 꿰뚫어 볼 수 있어야 한다. 하지만 그대처럼 배운 바 없는 후배는 위로는 감히 하늘을 거슬러 역적을 도와 낙양에서 나라를 찬탈하고 황제를 칭하고 있으니 슬픈 일이 아닐 수 없다. 그대는 야곡에서 대패하여 도주하고 진창에서 장마를 만나지 않았는가? 그대의 군은 수륙으로 곤경에 빠져 갑옷이며 칼과 창까지 버리고 도망치기에 바빴다. 그대의 도독 사마의가 가슴이 찢어지고 쓸개가 갈라질 듯 괴로워하니 장군조진은 쥐구멍을 찾아 도망치느라 바빴도다! 도대체 관중의 어르신들은 무슨 낯으로 대할 것이며 승상부의 청당廳堂, 재상들이 모여 정사를 논하는 곳에는 무슨 염치로 오를 것인가! 사관들은 붓을 들어 이 모든 일을 전할 것이며 백성들의 입도 이 모든 일을 널리 퍼뜨릴 것이다. 사마의는 싸우러 나갈 때마다 두려워 떨었으며 조진은 바람 소리만 들려도 황망히 달아났다 말하겠지. 우리 촉군은 강하고 말은 늠름하며 대장은 범처럼 사납고 붕처럼 날렵하니 진천을 휩쓸면 평지가 될 것이며 위국을 소탕하면 황폐한 언덕이 되어버릴 것이다.'

서신을 다 읽은 조진은 울화가 치밀어올라 가슴이 턱 막혔다. 그날 밤 조진은 군중에서 숨을 거두었다. 사마의는 조진의 관을 수레에 싣고 낙양으로 보내 장사지내도록 했다.

지략 해설

제갈량은 조진의 약점을 정확히 꿰뚫어 보고 있었다. 조진은 이기기 좋아하고 오만하며 위나라에 공을 세우고 싶어 했다. 그런데 촉군과 싸우고도 아무런 공을 세우지 못하자 가슴이 답답해진 나머지 병상에 드러눕기에 이른다. 제갈량은 이때가 조진을 죽일 기회라고 여기고 서신 한 통을 써 보낸다. 창칼을 휘두르지 않고 조진을 화나게 만드는 것만으로도 그를 죽음으로 몰아넣은 것이다. 과연 '세 치 혀'의 위력은 만 명의 적을 상대하고도 남는다.

활용

'심리전이 군사전보다 우위'라는 말은 항상 회자되는 명언이다. 칭찬으로 상대방의 마음을 주무르는 심리전은 일상생활에서뿐만 아니라 시장 점유율이 승패를 결정하는 마케팅 세계에서도 중요한 전략이다. 시장에서의 심리전은 소비자의 복잡하고 다양한 마음을 노려 소비자가 기쁜 마음으로 지갑을 열게 만든다.

제4장

물샐틈없는 담판

_제갈량의 외교술

외교란 사람과의 만남, 교제를 통칭하는 개념이며 '외교 정벌'은 외교를 수단으로 자신의 목적을 달성하는 것을 가리킨다. 전략적 외교는 매우 고차원적인 활동으로, 그 성패에 따라 미래에 대한 전망은 물론 현실의 전체 국민이 영향을 받는다. 전략적 외교는 포괄하는 영역이 매우 넓을뿐더러 그 안에 포함된 내용 역시 다채롭다. 무엇보다 극비의 성격을 띠어 전략을 기획하고 실행하는 사람은 대체로 주모자와 실행자로 국한된다.

《삼국지연의》의 외교전에서 빛나는 전략들이 가장 극적인 양상을 보이는 때는 바로 적벽대전 전날 밤이다. 그날, 제갈량은 강동으로 가서 동오의 관원들과 설전을 벌이고 손권을 설득하는 한편 주유를 화나게 한다. 이러한 노력의 결과로 마침내 손권-유비 동맹이 성사된다. 그렇게 촉군과 동오군은 연합하여 조조 대군에 맞선다. 어쩌면 이는 유비와 손권 모두 자기 나라나 보전할 정도의 군사력밖에 없었기 때문에 가능한 일이었을 것이다. 약한 군사력으로 강대한 조조군을 상대하려면 연합이 필요했을 것이니 말이다.

그러나 적벽대전에서의 승리는 단순히 손권-유비 연합군의 군사적 승리가 아니라 외교적 성과의 의미가 더욱 크다. 제갈량의 외교전은 지략 전쟁의 주요한 부분으로, 그 밑바닥에는 '남북의 군대가 맞붙어서 만일 남군이 승리하면 조조를 물리침으로써 형주를 얻을 것이요, 북군이 승리하면 여세를 몰아 강남을 얻을 것'이라는 계산이 깔려 있었다.

동오 관원들과 벌인 설전

비범한 담판 기술

와룡은 명을 받들어 강동에 사신으로 가서
조조에게 대항할 연합을 꾀하네.
동오 관원들이 던지는 날카로운 말들을
입술의 창과 혀의 검으로 막아내어 위엄을 떨치네.

외교전의 무기는 바로 혀다. 오죽하면 '혀로 사람의 마음을 지배하는 것'이 바로 외교라고 할까. 외교전은 관련 정보를 풍부하게 수집하여 공격과 수비를 번갈아 하는 과정이기 때문에 설전舌戰이라고도 한다.

설전에는 언제나 의견과 입장에서 대립이 있게 마련이다. 말솜씨가 뛰어난 사람은 설전 중에도 서로의 입장을 명확히 정리하여 쌍방이 합의할 결론을 이끌어낸다. 설전에 드리운 겹겹의 안개를 언어의 봄바람으로 걷어내어 위기를 돌파하고 해결의 실마리를 찾아내는 것이다. 상대에게 말할 기회를 충분히 주어 그가 하고자 하는 말을 다 할 수 있게 만드는 것이야말로 고수의 기술이자 승리의 비결이다. 이를 잘 보여준 인물이 바로 제갈량이다.

조조가 남방 정벌을 준비하자, 제갈량은 손권과 연합하여 조조군을 격파하기 위해 동오에 사신으로 간다. 당시 동오에서는 주전파主戰派와 주화파主和派가 대립하고 있었는데, 주화파의 수가 압도적으로 많았다. 그랬기에 제갈량은 동오에 도착하자마자 치열한 설전을 벌여야 했다.

제갈량은 '의관만 멋들어지게 차려입은' 주화파들의 생각을 일찌감치 꿰뚫어 보고 그들의 무능함과 유약함, 두려움을 날카롭게 지적하여 그들을 설복시키는 데 성공한다. 그런 특별한 사람들을 상대하는 데는 그야말로 남다른 담판 기술이 필요했다.

《삼국지연의》에서 제갈량이 동오 관원들과 벌인 기지 넘치는 설전은 후대 사람들이 자주 언급하는 미담이기도 하다.

제갈량은 장소張昭, 고옹顧雍 등 20명 남짓한 문무관원들이 의관을 정제하고 근엄하게 앉아 있는 모습을 보자 모두에게 일일이 예를 표한 뒤 자리에 앉았다. 장소 등은 제갈량의 말쑥하고 담대한 풍모를 보고 그가 유세遊說하러 왔음을 직감했다. 장소가 먼저 제갈량을 시험했다.

"나 장소는 강동의 보잘것없는 사람이나 선생이 융중에 머물러 계실 때 스스로를 관중과 악의樂毅에 비견했다 들었소. 정말 그렇소이까?"

제갈량이 웃으며 대답했다.

"그 정도는 제 한평생을 작게 비유한 말이지요."

"근래 유비께서는 선생이 계신 초려에 세 번이나 찾아간 끝에 선생을 얻고 '이제야 물고기가 물을 만난 것 같다'고 하셨다지요? 유비께서는 그 여세로 곧장 형주와 양양을 석권할 듯했으나 지금 그 땅들은 조조의 수중에 넘어갔소이다. 대체 어찌 된 일이오?"

'장소는 손권 수하에서 가장 뛰어난 모사이니 초반에 이자를 제압하지 않으면 손권을 설복시키기 힘들겠구나.'

제갈량은 속으로 생각하며 대답했다.

"저희 주공께서 형주의 땅을 얻기란 손바닥을 뒤집는 것만큼이나 쉬운 일입니다. 저희 주공께서는 겸허하고 인의가 있어 같은 종실 형제의 땅을 함부로 빼앗을 수 없기에 사양하신 것뿐입니다. 그런데 자기 멋대로인 데다가 어린아이 같은 유종은 간사한 이들의 말을 함부로 듣고 제 한 몸 보전하고자 투항하여 조조를 날뛰게 하고 말았습니다. 지금은 저희 주공이 강하江夏에 군사들을 주둔시키시면서 따로 생각하고 계시니 장차 좋은 일이 있을 것입니다."

"그렇다면 선생의 말은 좀 어긋난 데가 있소이다. 스스로를 관중, 악의와 비교하셨다 들었는데 관중은 제나라 환공을 도와 스스로를 패제후霸諸侯라고 칭한 뒤 천하를 통일했고, 악의는 힘이 미약한 연나라를 도와 제나라의 성 칠십여 개를 손에 넣었소이다. 이 두 사람은 참으로 제세濟世, 세상을 구함의 영웅이라 하겠으나, 선생은 단지 초려에 머물며 제 한 몸 보전하기에 바쁘지 않았소이까? 이제는 유비를 도와 백성을 돌보고 역적을 물리치신다 하나, 유비는 선생을 만나기 전에도 천하를 종횡으로 누비며 여러 성을 거느리고 있었소. 그러다 이제 선생까지 얻었으니 세 살 난 아이까지도 유비가 날개를 얻은 호랑이가 되었다고 말하고 있지요. 그러하기에 조야의 모든 선비도 눈을 씻고 다시 보며 선생에 대해 희망을 품고 있소. 하지만 선생은 유비를 따르면서도 조조군이 오면 갑옷을 버리고 달아나기 바빴고 신야를 버리고 번성으로 달아나는가 하면 당양當陽에서 패하고 하구河口로 달아나느라 지금

313

은 몸 둘 곳조차 없는 신세이지요. 천하의 백성들은 선생이 유표의 유의遺意마저 저버렸다 하여 크게 실망하고 있소이다. 유비께서는 선생을 얻으셨는데 어째 신세가 처음보다 못한 것입니까? 관중과 악의도 그러했답니까?"

제갈량은 소리 없이 웃으며 말했다.

"대붕이 날개를 펼치면 만 리를 나는 법입니다. 작은 참새가 어찌 대붕의 뜻을 알겠습니까? 오랫동안 병을 앓은 사람을 만나면 먼저 미음과 약한 약을 먹여 기운을 차릴 때까지 기다렸다가 고기로 몸을 보충한 연후에 차차 독한 약을 써야만 병이 뿌리까지 치유되어 다시 건강해지는 법입니다. 병자가 기운을 차리기도 전에 독한 약과 기름진 음식을 먹이면 몸이 좋아지기 힘들지요. 저희 주공께서는 이전에 여남에서 패배하고 유표에게 의탁해 살고 계셨습니다. 그때 거느린 군사는 천 명이 채 되지 않았고 따르는 장수들도 관우, 장비, 조자룡 정도였습니다. 더욱이 신야는 작은 현이라 땅도 좁고 사람도 많지 않아 잠시 몸을 둘 수 있을 뿐 오래 머물 곳은 되지 못했습니다. 그러나 그런 환경에서도 박망파 싸움을 승리로 이끌었고 조조군을 수몰시켜 하후돈 등의 간담을 서늘하게 했습니다. 그러니 관중과 악의의 용병이 도리어 저보다 못한 것이 아니겠습니까? 유종이 조조에게 투항할 때 주공께서는 그 일을 모르고 계셨습니다. 더욱이 위기에 빠진 틈을 타서 종친의 땅을 빼앗는 것은 더더욱 할 짓이 못 되지 않습니까? 당양에서의 패배는 주공께서 백성들의 고통을 두고 볼 수 없어 수십만이나 되는 어르신들, 아이들과 함께 강을 건너느라 하루에 십 리 정도밖에 가지 못해 그리된 것입니다. 그러는 중에 얻을 수도 있었던 강릉을 버리셨으니 이 얼마나 자애로운 마음입니까? 중과부적의 싸움이나 전쟁에

314

서의 승패는 병가지상사입니다. 지난날 한고조 유방께서도 항우에게 수없이 패배하셨지만 해하 전투에서의 승리 한 번으로 천하를 얻으셨습니다. 그 모든 공은 한신의 지모에 있지 않았습니까? 그러나 한신 또한 유방을 모신 지 얼마 안 되었을 때는 전쟁에서 그리 많이 승리하지 못했습니다. 국가 대사와 천하의 안위는 책사의 지모에 달려 있다고들 말하지요. 하지만 말만 번지르르한 무리는 허영으로 사람의 기나 죽일 뿐이요, 가만히 앉아서 의론이나 일삼을 뿐이니 정작 긴급할 때는 형세의 변화에 부응하지 못하고 무엇 하나 제대로 해내는 일이 없습니다. 그러니 천하의 비웃음을 사는 게지요!"

장소는 제갈량의 말에 한마디도 대꾸하지 못했다. 그때 한 사람이 목소리를 높이며 제갈량에게 물었다.

"지금 조조가 백만 대군을 주둔시키면서 장수 천여 명과 함께 강하江夏를 얻으려고 호시탐탐 노리고 있습니다. 선생께서는 어찌하실 생각인지요?"

제갈량이 보니 우번虞翻이었다. 제갈량이 답했다.

"조조가 원소의 개미 떼 같은 군사들을 거두고 유표의 오합지졸을 사로잡아 백만 대군을 이루었다 해도 조금도 두려워할 일이 아닙니다."

우번은 그 말을 듣더니 냉소했다.

"선생의 군대는 당양에서 패하고 하구에서 계책이 바닥나 구차하게 남에게 구원을 요청하지 않았소? 그런 마당에 '두렵지 않다'니 허풍이 너무 심하십니다."

"주공께서는 인의지심을 지닌 군사 수천 명이 전부인데 백만이나 되는 잔혹한 군대를 어찌 당해내겠소이까? 하구로 퇴군한 것은 때를 기다리기 위해서였을 뿐입니다. 지금 강동의 정예병은 군량이 풍족한 데다 장강이라는 험준한 지형까지 있는데도 모두가 조조에게 투항하라 권하고 있지 않소? 천하 사람들의 비웃음 소리가 들리지 않는 게지요. 그에 비하면 우리 주공께서는 조조를 두려워하지 않으시는 것이 아닙니까?"

우번은 무어라 대꾸할 말이 없었다. 좌중에서 또 한 사람이 제갈량에게 물었다.

"선생은 장의張儀와 소진蘇秦처럼 우리 동오에 유세를 하러 오셨소?"

제갈량이 보니 보즐步騭이었다.

"선생은 장의와 소진이 변사辯士인 줄만 알 뿐 그들이 호걸인 줄은 모르시나 보오. 소진은 여섯 나라의 재상이었고, 장의 또한 진나라에서 두 번이나 재상을 지냈소. 두 사람 모두 나라를 이끄는 모사로서 강한 상대를 두려워하거나 약자를 기만하지 않았고 창칼의 위협에 벌벌 떠는 겁쟁이가 아니었소. 그대들은 조조가 거짓으로 지어낸 격문에도 겁을 먹고 투항할 궁리만 하고 있는데, 그러고도 감히 장의와 소진을 비웃을 수 있습니까?"

보즐도 무어라 대꾸할 말이 없었다. 그때 또 한 사람이 제갈량에게 물었다.

"선생은 조조가 어떤 사람이라고 보시오?"

설종薛綜, 자는 경문敬文이었다. 제갈량이 웃으며 대답했다

"조조는 역적이 아닙니까? 뭘 더 물으시오?"

설종이 말했다.

"선생의 말은 맞지 않소. 한나라는 오늘에 이르러 천수를 다해가고 있소. 지금 조조가 천하의 삼 분의 이를 차지하고 있는 것은 그만큼 사

람들이 조조에게 기울었다는 뜻이기도 하오. 반면 유비는 천시天時를 깨닫지 못하고 강적과 싸움을 일삼고 있으니 이는 계란으로 바위를 치는 격 아니오?"

제갈량은 버럭 소리를 질렀다.

"선생은 어찌 군신, 부자의 도도 모르는 것처럼 말씀하시오? 사람이 강상綱常의 윤리를 안다면 응당 충효를 입신의 근본으로 삼아야 하는 법. 선생은 나라의 신하이면서 어찌 신하 된 자의 마음을 가지고 있지 않으시오? 그런 불신지심不臣之心을 버린 후에만 신하로서의 참된 길을 따를 수 있을 겁니다. 조조의 선조는 대대로 한 왕조의 녹을 먹어왔건만 한실에 은혜를 갚으려 하기는커녕 도리어 반역할 뜻을 품었으니 천하의 사람들이 모두 그를 증오하고 있습니다. 그런데 선생은 어찌 조조에게 천수가 기울었다 하시며 강상의 윤리마저 모독하시는 게요? 선생과는 더 이상 할 말이 없으니 다시는 내게 말을 꺼내지 마시오!"

부끄러워진 설종도 무어라 대꾸할 말이 없었다. 그때 또 한 사람이 제갈량에게 물었다.

"조조가 비록 천자를 끼고 제후를 호령하고 있으나 상국相國 조참曹參의 후예임은 분명하오. 반면에 유비는 스스로 중산정왕中山靖王의 후손이라 내세우지만 별다른 근거가 없지 않소? 우리는 유비가 돗자리나 짜고 짚신이나 삼던 모습만 보았소. 그런 사람이 어찌 조조를 상대할 수 있단 말이오?"

제갈량이 보니 육적陸績이었다. 제갈량은 웃으며 답했다.

"조조는 물론 상국 조참의 후예입니다. 하지만 한 왕조의 신하이기도 하지요. 그런데도 제 손에 권세를 틀어쥐고 농단하며 군왕을 기망하고 있으니 이는 군왕을 욕되게 하는 일일 뿐만 아니라 제 선친을 욕되게 하는 일이기도 하지요. 조조는 한실에서는 난신亂臣이요, 조씨 가문에서는 적자賊子이나 저희 주공은 정정당당한 황실의 후손으로서 현황제께서도 세종조보世宗祖譜에 따라 관작을 내리셨습니다. 그런데 어찌 근거가 없다 하십니까? 또한 한고조께서도 시골 마을 정장亭長, 고을의 하급관리 출신으로 대업을 일으키셨는데, 저희 주공께서 돗자리 좀 짜고 짚신 좀 삼으셨다 한들 무슨 흠이 되겠습니까? 그런 의론이야말로 어린아이의 소견에 지나지 않으니 높으신 선비의 말 같지 않소이다!"

육적도 말이 막혀 잠자코 입을 다물었다. 또 한 사람이 말했다.

"선생의 말씀은 모두가 억지로 끌어다 붙인 말들뿐이라 더 논할 거리가 없소이다. 그래도 하나만 더 묻겠소. 선생이 공부하신 경전은 대체 무엇이오?"

제갈량이 보니 엄준嚴畯이었다.

"지금 내 말이 어디서 찾은 글귀인지 묻는 것이오? 그런 물음은 썩 어빠진 선비들이나 던지는 것이 아닙니까? 그런 자세로 대체 어떻게 나라를 일으켜 세울 수 있겠소? 먼 옛날 밭을 갈며 몸을 지키던 이윤伊尹, 은나라 태종 때의 명신이나 위수에서 낚시하던 강자아姜子牙, 강태공姜太公 혹은 장량張良, 한대 초기의 개국공신, 등우鄧禹, 후한 광무제 때의 공신 모두 한 시대를 연 재사들이나 무슨 경전을 보고 공부했다는 말은 들어보지 못했소이다. 선생들은 어찌 묵은 서생마냥 먹 색깔이나 논하고 문장이나 희롱하면서 구구한 벼루 놀음을 하고 있는 겝니까?"

엄준 또한 할 말이 없어 고개를 푹 숙였다. 그때 또 누군가가 목청을 높이며 물었다.

"선생은 말씀은 잘하시오만 제대로 된 학문을 익히지는 못하신 듯한데, 그러다 다른 문인들에게 비웃음을 사지 않을까 걱정이오."

제갈량이 보니 정덕추程德樞였다.

"문인, 학자라면 군자와 소인의 구분쯤은 아시겠지요. 군자인 문인은 임금에 충성하고 나라를 사랑하며 정의를 목숨처럼 지키고 간악한 것을 물리치면서 있는 힘을 다해 시대를 바로 세우고 그 공으로 자신의 이름을 후세에 남깁니다. 하지만 소인인 학자들은 그저 책벌레처럼 글줄이나 파고들면서 잔재주에 급급하고 문장에는 힘을 쓰나 젊을 적에는 부賦나 짓고 늙어서는 경전이나 외워댈 뿐이지요. 붓으로는 온갖 문장을 지어대지만 가슴에 품은 뜻이라고는 자잘한 계책뿐이니 이를테면 양웅揚雄 같은 자라 할 수 있지요. 당대에는 문장으로 이름깨나 날렸을지 모르나 역적 왕망王莽에게 굽실거리다가 결국 누각에서 몸을 던져 죽고 말았으니, 이것이 소인 유학자의 말로가 아니겠습니까? 하루에 만 개의 문장을 지어낸다 한들 그게 다 무슨 소용이란 말이오?"

정덕추도 무어라 대꾸할 말이 없었다. 제갈량이 막힘없이 대답하니 자리에 앉은 관원들은 하나같이 놀란 기색을 감추지 못했다. 그때 또 한 사람이 밖에서 걸어 들어오며 제갈량에게 물었다.

"선생은 당대의 기재奇才이신데, 그토록 매서운 말로 선생을 난처하게 하는 것은 손님을 대하는 예가 아니지요. 지금 조조의 대군이 국경에 들이닥칠 판국에 적운을 물리칠 계책은 논하지 않고 이 무슨 입씨름이란 말이오?"

모두가 돌아보니 독량관督糧官, 군량과 마초를 담당하는 관리 황개黃蓋, 자는 공복公覆였다. 황개가 제갈량에게 말했다.

"선생은 그런 금석 같은 말을 어찌 우리 주공께는 전하지 않으시오?"

제갈량이 말했다.

"여러 선비께서 시국의 다급함을 보지 못하고 난감한 말만 물으니, 답하지 않고는 배길 수가 없었소이다."

지략 해설

이 이야기에서 제갈량은 천재적인 변론 능력을 선보인다. 그에게 날 선 질문을 던지는 동오의 재상들은 사실상 유명무실한 선비들이었으나, 그들을 이기지 못하면 손권을 설득하여 조조에 대항할 동맹을 성사시키기도 힘들어질 판이었기에 제갈량은 최선을 다해 이들과 담판을 벌인다.

동오의 관원들은 조조에게 투항하자 주장하고 있었기에 제갈량도 이 부분에 중점을 두어 그들을 설득해간다. 제갈량은 그들의 논리로 그들을 설득한다는 전제하에 조소에는 조소로 맞서고 방어해야 할 때는 준엄한 질책도 마다하지 않는다. 그의 막힘없는 대답에 동오의 관원들은 입을 다물지 못하고 마침내 투항파들의 논리는 산산이 부서지고 만다.

상대에 따라 다른 논리로 대응하고 때에 따라 가장 적절한 태도를 취하는 등 하나의 열쇠로 하나의 자물쇠를 여는 것은 담판의 대가들이 공통으로 선보이는 기술이다. 제갈량이 동오의 관원들과 벌인 설전은 장소를 우두머리로 하는 주화파들에게 '폭로'와 '비교'라는 기법을 구사한다. 제갈량은 장소, 우번, 보즐, 설종 등이 던지는 까다로운 질문을 조목조목 분석하며 그들 안에 있는 허위의식을 꼬집는다.

"구차한 투항에만 목을 매니 천하 사람들의 비웃음 소리도 들리지 않는 게지요."

"나라의 은혜에 보답할 생각은 하지 않고 반역자에게 동조하는 마음을 품고 계십니다."

"고루한 경전 이야기나 일삼으며 쓸데없는 벼루 놀음을 하고 있소."

"붓으로는 온갖 문장을 지어대지만 가슴에 품은 뜻이라고는 자잘한 계책뿐입니다그려."

이 모든 폭로는 제갈량 자신의 생각을 뚜렷이 전하는 가운데 촉군의 실력을 당당히 과시함으로써 손권-유비 동맹을 가로막는 모든 장애물을 제거하는 역할을 했다.

활용

상대에 따른 담판전략이란 본질적으로 임기응변을 가리킨다. 그러나 자신의 의견을 적극적으로 펼치는 가운데 반드시 고려해야 할 사항이 있다. 바로 상대에게 돌아갈 이익의 내용과 크기이다. 어느 한쪽이 아무것도 얻지 못하는 협상이라면 시간 낭비에 불과하기 때문이다.

손권을 설득하다

본론을 설명하기에 앞서
상대를 자극하다

제갈량이 강동으로 손권을 찾아가니
손권의 비범한 풍모를 한눈에 알아보았네.
제갈량이 항전의 득실을 자세히 설명하니
손권도 마침내 조조 대군에 대항할 뜻을 굳히네.

제갈량은 손권을 설득하기 전에 먼저 그를 자극했다. 이는 손권이
장소 등과는 다른 상대였기 때문이다. 장소 등의 무리는 문인이므로
그들의 논리를 반박함으로써 할 말을 잃게 만들면 될 뿐이었다. 하지
만 손권은 영웅이므로 마음을 자극하여 승리를 갈망하게끔 만들어야
만 실제 행동을 이끌어낼 수 있었다.

이 이야기는 《삼국지연의》 43회 '제갈량은 동오의 관원들과 설전을
벌이고 노숙은 조정의 중론을 물리치다'에 실려 있다.

제갈량은 유비의 명을 받들어 손권을 설득하고자 강동으로 가고,

노숙은 그런 제갈량을 맞아들여 손권에게로 안내한다. 손권은 푸른 눈에 붉은 수염을 지닌 인물로, 그 모습부터가 아주 위풍당당했다. 제갈량은 무슨 말로 손권의 마음을 움직일까 하다가 조금 과감한 말을 던졌다. 얼마간 한담을 나눈 후 손권이 물었다.

"조조의 병력은 어느 정도나 되오?"

"수륙 양군을 합쳐 백만이 넘습니다."

그러나 손권은 믿지 않았다. 제갈량이 다시 말했다.

"조조는 연주에 있을 때 청주군靑州軍이 이삼십만이었고 하북을 평정한 후에는 오륙십만을 더 얻었습니다. 중원에서도 삼사십만을 새로이 얻었고 지금은 또 형주에서 이삼십만을 더 얻었습니다. 그러니 족히 백오십만이 될 겁니다. 그런데도 제가 백만이라고 말씀드린 이유는 강동의 선비들이 너무 놀랄까 봐 염려된 까닭입니다."

그 말을 들은 노숙이 제갈량에게 눈짓했으나 제갈량은 짐짓 모르는 체했다. 손권이 다시 물었다.

"조조 수하의 장수들은 얼마나 되오?"

"지혜가 뛰어난 모사와 전쟁 경험이 풍부한 장수를 합쳐 이만여 명쯤 될 겁니다."

"조조가 강동을 치려고 한다면 싸워야겠소, 말아야겠소? 선생이 결정해보시구려."

"조조는 관도 전투에서 승리한 이래 새로이 형주까지 얻어 그 기세가 천하에 진동하고 있습니다. 영웅은 여럿 있으나 무력을 펼칠 만한 땅이 없으니 저희 주공께서도 강하에 내려가 계시지요. 장군께서 오吳와 월越의 군사로 조조군을 충분히 상대할 수 있으시다면 하루빨리 조조와의 관계를 끊으셔야 할 것이고, 그렇지 않다면 모사들의 주장대로 조조에게 투항하심이 옳지 않을는지요?"

"선생의 말씀대로라면 유비는 어찌 조조에게 투항하지 않은 것이오?"

"전횡田橫은 제나라의 일개 장수였던 탓에 투항하느니 차라리 모욕을 당하지 않는 편을 택할 수 있었습니다. 그러나 저희 주공께서는 황실의 후예로 세상을 뒤덮을 만한 영웅인 데다 뭇사람의 추앙을 받고 계신 분입니다. 설령 대업이 이루어지지 않는다 해도 그것은 하늘의 뜻일 뿐인데, 저희 주공께서 어찌 다른 자에게 몸을 굽힐 수 있겠습니까?"

손권은 그 말을 듣더니 안색이 변했다. 불쾌해진 그는 크게 화를 내며 후당後堂으로 들어가버렸고, 관원들도 하나같이 제갈량의 말씀씨를 비웃으며 자리를 떠났다. 노숙도 제갈량의 무례함을 나무랐다. 그러자 제갈량이 웃으며 말했다.

"저에게는 조조군을 격파할 계책이 있습니다. 그러나 먼저 묻지 않으시니 저도 말하지 않을 수밖에요."

노숙은 그 말을 듣고 곧장 손권이 있는 후당으로 갔다. 손권은 노숙이 전해주는 말을 듣자 얼굴에 희색이 돌았다. 그는 어서 제갈량을 데려와 술을 대접해야겠다고 했다.

제갈량이 손권에게 말했다.

"저희 주공께서 근래에 패하기는 하셨으나 아직도 관운장에게 정예병 일만이 있고 강하에 있는 유기에게도 군사 일만이 있습니다. 조조의 군사가 아무리 많다 해도 먼 길을 달려와야 하니 분명 피곤할 겁니다. 이를 두고 '아무리 강한 활도 먼 거리를 향해 당기면 얇은 비단조차 뚫지 못한다'고 하지요. 또한 조조군은 북방 출신이라 수전에 익숙하지 않습니다. 형주의 백성이 조조에게 귀의하고 있는 것도 당장의 형세 탓에 어쩔 수 없이 그리하는 것일 뿐 결코 마음에서 우러난 본뜻은 아닙니다. 하오니 장군께서 성심성의를 다해 저희 주공과 동맹을 맺으신다면 반드시 조조군을 격파할 수 있습니다. 조조군이 패한다면 당연히 북방으로 물러날 터이고 그리되면 형주와 동오의 세력은 더욱 막강해져 천하를 삼분하는 정족지세를 이룰 수 있습니다. 이 모든 일의 성패는 지금 장군께서 어떤 결단을 내리시느냐에 달려 있습니다."

손권은 제갈량의 말을 듣고 크게 기뻐했다.

"선생의 말을 들으니 막혔던 가슴이 탁 트이는구려. 나는 이미 마음을 정했소. 그러니 당장 모사들과 논의하여 조조군을 물리칠 군사를 일으키겠소!"

손권은 노숙에게 모든 문무관원을 불러들이라 명하고 제갈량은 역관으로 돌아가 쉬게 했다.

지략 해설

제갈량은 강동 최고 정책 결정권자인 손권의 신분을 염두에 두고 조조 군에 투항할 때와 맞서 싸울 때의 차이, 과거와 현재의 군 상황 등을 자세히 언급하며 그의 투지를 자극했다. 그리하여 그의 마음을 움직이는 데 성공한다. 그런 다음 조조군과 손권 유비 동맹군의 장단점과 군사력의 크기를 자세히 비교함으로써 마침내 손권이 '군사를 일으켜 조조군을 격퇴하겠다'는 결정을 하도록 만든다.

제갈량은 노숙의 안내로 손권을 만나면서 '손권과 연합한다'는 계획이 포함된 '융중대'를 처음으로 실현한다.

제갈량은 처음에 조조가 세워온 혁혁한 전공을 언급하면서 유비가 형주에서 도망치게 된 경위를 자세히 설명하는데, 이것은 얼핏 상대도 익히 알고 있는 자기편의 치부를 드러내는 것처럼 보이기도 한다. 하지만 진짜 목적은 다른 데 있다. 유비가 도주할 수밖에 없었던 것은 유비가 무력해서가 아니라 조조가 지나치게 강해서라는 사실을 슬쩍 암시하기 위함이었던 것이다. 그는 원술, 여포, 원소 등도 한때는 막강한 세력을 자랑했지만 끝내 조조의 제물이 되었으니 다음 차례는 손권일 수도 있다는 암시를 준다. 이어 과감히 손권의 심기를 자극하는 말을 던진다.

"장군 스스로 동오의 힘을 헤아려보시고 결정하십시오. 조조를 대항할 만하거든 한시라도 빨리 조조와의 관계를 정리하시고, 조조를 상대하기 버거우시다면 무기를 버리고 투항하여 조조의 신하 노릇을 하시면 됩니다. 지금 장군께서는 조조에게 복종하는 체하며 속으로는 머뭇거리고 있는데 막상 일이 닥친 후에도 결정을 못 하신다면 더 큰 화가 닥칠 수 있습니다."

제갈량이 손권의 속마음을 날카롭게 간파하고 그의 고민을 건드리자 손권이 에둘러 묻는다.

"그럼 유비께서는 어찌 투항하지 않고 계시오?"

이런 물음을 던졌다는 것 자체가 제갈량의 의도에 걸려들었다는 뜻이다. 이 기회를 놓칠 리 없는 제갈량은 힘주어 말한다.

"전횡은 제나라의 일개 장수였던 탓에 투항하느니 차라리 의리를 지켜 모욕을 당하지 않는 편을 택할 수 있었습니다. 그러나 저희 주공께서는 황실의 후예로 세상을 뒤덮을 만한 영웅인 데다 뭇사람의 추앙을 받고 계신 분입니다. 설령 대업이 이루어지지 않는다 해도 그것은 다만 하늘의 뜻일 뿐인데, 저희 주공께서 어찌 다른 자에게 몸을 굽힐 수 있겠습니까?"

전횡은 진나라 말년의 제나라 사람으로, 초-한 각축이 벌어지던 시기에 제나라 왕이 되어 항우, 유방과 대항했던 인물이다. 그러다가 유방이 천하를 얻자 그는 자신을 따르는 5백여 명과 함께 바다를 건너 도주했다. 유방은 사람을 보내 전횡을 사로잡았지만, 전횡은 유방의 신하가 되기를 거부하고 스스로 목숨을 끊었다. 이 소식을 전해 들은 전횡 수하의 5백여 명도 모두 자진했다. 제갈량은 이렇게 절의를 꺾지 않고 끝까지 저항한 전횡의 예를 들면서 당당한 군주인 데다 유비보다도 형편이 좋은 손권이 조조에게 투항한다면 일개 장수에 지나지 않았던 전횡보다 못하지 않느냐는 뉘앙스를 전달하고 있다.

전횡을 예로 든 이 이야기는 손권의 마음을 완전히 돌려놓았다. 손권은 마침내 조조에게 투항하지 않겠다는 뜻을 확고히 했지만, 여전히 주저하는 마음이 남아 있어서 조조의 대군을 어떻게 상대해야 할지 고민이었다.

유비와 연합한다 해도 유비군의 전력이 변변치 않은 마당에 얼마나 큰 효과가 있을지 의문이었던 것이다.

이에 제갈량은 조조군과 촉-오 동맹군의 군사력의 장단점을 꼼꼼히 비교하고 연합작전의 이점을 설명하여 손권을 설득함으로써 마침내 손권-유비 동맹을 성사시킨다.

제갈량은 먼저 이런 말로 시작한다.

"촉군이 장판長坂에서 패하기는 했지만 계속 들어오고 있는 육군과 관운장의 수군을 합치면 일만은 되고 강하에 주둔 중인 유기에게도 일만의 군사가 있습니다."

또한 제갈량은 유비의 군사력이 결코 약하지 않음을 강조하여 손권을 안심시킨다. 그럼에도 손권은 유비의 군사가 2만 남짓이라고는 하나, 조조군의 막강한 위력에 비하면 계란으로 바위치기가 아닐까 생각한다. 제갈량은 그 점을 미리 헤아리고 손권이 묻기 전에 다음의 세 가지 사실을 주지시킨다.

첫째, 조조군은 먼 길을 와야 한다.

먼 길을 오는 동안 조조군은 극도의 체력 손실을 겪어야 한다. 게다가 유비를 추격하려면 아무리 날랜 기병이라도 하루 밤낮으로 꼬박 3백 리를 달려야 한다. 활도 너무 먼 곳을 향해 당기면 얇은 비단 한 장 뚫지 못하는 법.《손자병법》〈군쟁편〉에서는 '오십 리 정도 떨어진 먼 곳을 습격할 때 중간에 뜻하지 않은 곤경을 만나면 선봉 장수가 먼저 의지가 꺾여 전체 군사의 절반만이 목적지에 다다른다'고 했다. 조조군은 벌써 이러한 금기를 어긴 셈이었다.

둘째, 조조군은 북방 출신이라 남방에서의 수전에는 익숙하지 않다.

셋째, 형주의 백성들은 조조에게 투항한 상태이나 이는 형세의 다급함 때문이지, 마음에서 우러난 복종이 아니다.

제갈량은 손권이 매력적으로 느낄 만한 결정적 청사진을 제시한다. 그는 손권과 유비가 연합하면 조조는 반드시 대패할 것이므로, 천하삼분지세天下三分之勢를 형성할 수 있다고 보았다. 좀 전만 해도 조조에게 투항하여 동오의 산천을 통째로 넘길 생각에 답답했는데, 조조군을 격파하면 천하를 삼분할 수도 있다니 어찌 가슴이 뛰지 않을 수 있겠는가?

제갈량은 먼저 투항이냐, 저항이냐의 이분법을 제시하여 제3의 가능성은 생각도 하지 못하게 만든 다음 어느 정도 위협적 수사를 동원하여 계속 망설이다가는 더 큰 화를 당할 수도 있음을 경고한다. 또 유비는 그토록 구차하게 투항을 고민하지 않았다고 말하면서 손권의 심기를 자극하는 것도 잊지 않는다. 그런 다음 전횡의 일을 꺼내 손권의 태도와 비교함으로써 손권에게 은연중에 수치심을 느끼게 만든다. 이렇게 해서 손권이 뜻을 확정하도록 만든 후에는 조조군이 그렇게까지 두려워할 상대가 아닌 이유를 조목조목 설명한다. 또한 유비군에게 기대를 걸어도 좋은 이유도 자세히 밝힘으로써 손권이 마음 놓고 조조군에게 대항할 수 있도록 한다. 바로 이 점이 제갈량의 설득에서 가장 빛나는 대목이다.

활용

먼저 상대의 생각을 낱낱이 파악하고 세부적 논거 자료를 빈틈없이 준비한 후 상대에게 선택의 여지를 제시하면 상대를 쉽게 설득할 수 있다. 나의 생각이 상대의 생각보다 더 자세하고 내가 알고 있는 정보가 상대보다 더 많으면 상대방은 내 의견이 더 정확하리라고 여기기 때문이다.

설득에 성공하는 사람은 처음 담판을 시작할 때 상대방이 제기할 가능성이 있는 모든 문제를 허심탄회하게 꺼낼 줄 안다. 비록 상대방이 제기하는 문제가 어느 정도 일리가 있고 나의 해명이 결코 완벽하지 않다고 해도 상대가 제기하고자 했던 문제를 충분히 제기하는 것만으로도 상대는 이미 내가 유도하는 심리 안으로 들어오게 된다. 어느 순간 그 문제들이 더 이상 문제로 여겨지지 않게 되기 때문이다. 이런 의식의 변화를 통해 나의 설득은 점점 더 힘을 얻게 된다.

설득을 잘하는 사람은 상대가 원하는 바를 예민하게 감지하고, 그것을 자신이 설득하고자 하는 문제와 잘 연결할 줄 안다.

누구나 대화 중에 자기만의 생각과 주장을 갖게 마련이다. 그러나 상대의 존재 자체를 무시하면서 내 견해만 강조하면 상대와 나 사이에 보이지 않는 경계가 만들어져 어떤 일도 함께할 수 없다. 따라서 먼저 상대의 관점에서 그의 관심사를 중심으로 이야기를 풀어나가야 한다. 그렇게 하면 상대도 대화에 관심을 보이면서 대화가 무르익게 되고, 이런 과정을 통해 내 의견을 개진하다 보면 점차 내 주장도 쉽게 받아들여진다.

주유를 화나게 하다
상대의 약점을 찌르다

주유가 명을 받들어 시상으로 돌아가니
노숙은 조조와 싸울 것을 주장하네.
제갈량이 동작부 이야기를 넌지시 꺼내니
주유의 노기가 폭발하고 마는구나.

　격장법激獎法, 상대를 자극하여 화나게 하는 방법은 적은 물론 아군과 우방에도 사용할 수 있는 대표적인 심리 공략법이다. 격장법을 아군에게 쓰는 이유는 아군 장수들에게 적에 대한 반감을 고취시키기 위함이고, 우방에게 쓰는 이유는 대개 공동의 적에 대한 분노를 강화하기 위함이다. 제갈량이 동오군에 이 계교를 사용한 것도 바로 이런 이유에서다. 격장법을 적에게 사용하는 목적은 적의 마음을 분노에 휩싸이게 만들어 이성을 잃고 잘못된 판단을 하도록 유도함으로써 아군에게 유리한 기회를 만들기 위해서다. 격장법은 고대 병법서에 '격기激氣', '여기勵氣', '노이요지怒而撓之, 분노로 동요하게 함'로 표현되는데 이는 각각 아군, 우방, 적군을 대상으로 할 때를 가리킨다. 제갈량은 조식이 지은 〈동작대부銅雀臺賦〉의 내용을 슬쩍 언급하여 주유를 화나게 하는데, 이 이야기는《삼국지연의》44회 '제갈량은 지모로 주유를 화나게 하고 손권은 조조를 물리칠 계책을 정하다'에 실려 있다.

파양호鄱陽湖에서 수군을 훈련시키던 대도독 주유는 조조군이 남하하여 시상 근처에까지 이르렀다는 소식을 들었다. 주유와 각별한 사이인 노숙이 자세한 소식을 전하자 주유가 말했다.

"저에게 생각이 있으니 너무 걱정하실 필요 없습니다. 먼저 제갈량을 만나게 해주세요."

그날 밤 노숙은 제갈량에게로 안내하기 전 주유에게 말했다.

"지금 조조가 남쪽으로 침략해 오려는 판인데 맞서 싸워야 할지 화친을 해야 할지 주공께서 결정하기 힘들어하십니다. 장군의 생각은 어떠하신지요?"

주유가 대답했다.

"조조는 천자의 이름을 빌려 힘을 떨치고 있는지라 그와 더불어 싸우기 힘듭니다. 그의 형세 또한 대단하니 전쟁을 벌이면 질 게 뻔합니다. 차라리 투항하면 위급함을 모면할 수 있지 않겠습니까? 나는 이렇게 뜻을 정했으니 내일 주공을 뵈면 그리 아뢸 생각입니다."

노숙은 주유의 말에 놀라 입이 딱 벌어졌다.

"어찌 그런 말씀을 하십니까? 강동의 대업은 삼대째 내려온 것인데, 어찌 하루아침에 다른 자에게 내어줄 수 있단 말입니까?"

"강동의 많은 백성이 선챙터로 내몰리면 조조군과 싸우느라 화를 입을 것이 뻔합니다. 그리뇌면 모든 원망이 이 몸에게 쏟아지지 않겠소이까? 차라리 투항하는 것이 낫소이다."

두 사람이 그렇게 옥신각신하고 있는데 제갈량이 다가와 지그시 웃었다. 그런 제갈량에게 주유가 물었다.

"선생은 어찌 그리 웃으시오?"

"도독께서 시무時務를 파악하지 못하고 계시니 딱해서 그럽니다. 도독께서 생각하시듯 조조에게 투항하면 처자식은 물론 온 백성을 지킬 수 있고, 여기에 더해 부귀까지 얻을 수 있을 것입니다. 그저 천명에 순응하기만 하면 되는데 애석해할 일이 무엇이란 말입니까?"

노숙이 버럭 화를 냈다.

"선생! 지금 우리 주공께 역적 앞에 무릎을 꿇으라 말씀하시는 것이오?"

"저에게는 조조에게 인印을 헌납하지 않아도 되고 도독께서 직접 강을 건너지 않아도 되는 계책이 있습니다. 사자 한 명과 다른 두 사람을 배에 태워 조조에게 보내기만 하면 조조는 즉시 백만 대군을 이끌고 물러날 것입니다. 강동에서 두 사람을 보내는 일쯤이야 큰 나무에서 잎 하나를 떼어내는 일이요, 큰 창고에서 좁쌀 하나를 덜어내는 일과 같지 않습니까? 조조는 이 두 사람만 얻으면 기쁘게 돌아갈 것입니다."

주유가 물었다.

"그 두 사람이 대체 누구요?"

"제가 융중에 있을 때 조조가 장하漳河에 새로이 동작대銅雀臺를 지었다고 들었습니다. 그 아름다운 누대에 천하 미인들을 두루 모아놓고 있다 하더이다. 강동 교공喬公의 두 딸은 그 미색이 물속에 잠긴 물고기, 땅 위로 내려앉는 기러기 같고 구름 속에 숨은 달, 부끄러워하는 꽃과 같다고 하지요. 본래 여색을 탐하는 조조가 그 말을 듣고는 '사해

334

를 평정하여 패업을 이룬 뒤에 강동의 이교二喬, 두 명의 교씨를 얻어 동작대에 두고 만년을 즐긴다면 죽어도 여한이 없으리라'고 했다 합니다. 지금 조조가 백만 대군을 이끌고 강남으로 쳐들어오는 것도 바로 그 두 미녀를 얻기 위해서이지요. 조조는 이 두 여인만 얻으면 흡족해하며 군사를 거두고 돌아갈 것입니다.

이는 범려范蠡가 서시西施를 바친 계책전국 시대 월나라 신하 범려는 서시를 오나라 왕인 부차夫差에게 바쳤는데, 부차는 서시에게 빠져 국정을 돌보지 않아 나라를 망하게 했다이기도 하니, 전례를 따라 행하심이 어떠할는지요?"

주유가 물었다.

"조조가 두 여인을 얻고 싶어 한다는 걸 증명하실 수 있소?"

"조조에게 조식이라는 아들이 있는데, 글솜씨가 보통이 아니라 합니다. 그리하여 아비 조조가 조식에게 부를 한 수 지으라 했더니 조식이 〈동작대부〉를 지어 바쳤지요. 그 내용을 보면 자기네 가문이 반드시 황제가 되어 이교를 얻으리라 말하고 있습니다."

"혹시 그 부를 외우고 계시오?"

"문장이 화려하고 아름다워 외우고 있지요."

"그럼 한번 들어봅시다."

제갈량은 즉시 〈동작대부〉를 읊었다.

한 쌍의 누대를 좌우로 지어
옥룡玉龍과 금봉金鳳이라 하고
두 명의 교씨를 동남에서 잡아 와
아침저녁으로 함께 즐기리라.

주유는 이 대목을 듣더니 크게 노하여 자리를 박차고 일어나 손으로 북방을 가리키며 말했다.

"늙은 역적 놈이 말이 심하구나! 나를 이리 모독하다니!"

제갈량이 때를 놓치지 않고 주유에게 말했다.

"도독께서는 어찌 그리 화를 내십니까? 지난날 한왕조의 천자도 국경을 침범하는 선우單于, 흉노의군주에게 공주를 바쳐 화친을 맺었는데, 도독께서는 어찌 민가의 여인을 그리 아끼시는 겝니까?"

"선생이 모르시나 본데, 두 교씨는 손책 장군의 부인과 내 아내를 뜻한단 말이오!"

제갈량은 그제야 그 사실을 알았다는 듯이 짐짓 난감해했다.

"내 그런 줄도 모르고 실언을 했소이다. 정말 죽을죄를 지었소."

"내 그 역적 놈을 가만두지 않을 것이오. 내일 주공을 찾아뵙고 군사를 일으키시라 말씀드려야겠소."

"도독께서 그 뜻을 저버리지만 않으신다면 저도 견마지로를 다하겠소이다."

이렇게 해서 두 사람은 서로 연합하여 조조군에 대항하기로 뜻을 모았다.

지략 해설

 강동에서 가장 영향력 있는 인물인 주유. 제갈량은 그에게서 콧대 높은 자부심을 보았다. 이에 제갈량은 지략을 동원하여 주유의 성품을 자극함으로써 자신의 의도에 순순히 걸려들게 했다. 주유는 손가락으로 북쪽을 가리켜 "조조가 나를 심하게 모욕한다"고 격노하며 "저 역적 놈을 가만두지 않겠다"고 벼른다. 조조에게 투항할 생각이던 주유는 도리어 제갈량에게 '함께 힘을 합쳐 조조를 무찔러달라'고 간구하는 입장이 돼버린다.

 여기서 제갈량은 주유가 가장 중요시하는 부분을 건드린다. 사실 손책의 부인과 주유의 아내가 교씨임을 모르는 사람은 아무도 없었다. 동오에 사신으로 온 제갈량이 이 사실을 모를 리는 더더욱 없었다. 그러나 제갈량은 〈동작대부〉의 '이교二橋, 두 개의 다리'를 교묘하게 '이교二喬, 두 명의 교씨'로 바꿈으로써 의도적으로 주유를 격분시킨다. 이로써 주유는 조조를 격파하겠다는 의지를 불태우게 되는 것이다.

 제갈량이 정말 고의로 '이교二橋'를 '이교二喬'로 바꾸었는가에 대해서는 의견이 분분하지만, 조조가 실제 호색한이었으므로 그렇게 바꾸어 읊었더라도 결코 억지가 아니라는 지적도 많다. 조조는 실제로 사욕을 채우려고 자신에게 투항한 장수張繡의 숙부 아내를 취한 적이 있는데, 이로 말미암아 장수가 일으킨 육수淯水의 난에 시달리기도 했다. 그러니 조조가 정말 강동을 평정했다면 교씨 자매를 가만히 놔두었으리라고 장담할 수 없다. 두목杜牧, 만당 시인의 시에서처럼 '동풍이 주랑周郎, 주유를 돕지 않았다면 동작대는 봄 깊은 날 이교를 가두었음'지도 모르니 제갈량이 개사가 억측이라고 할 수만은 없는 일이다.

활용

사람의 내면, 특히 감정은 외부의 객관적인 사물만큼이나 기묘하고 변화무쌍하다. 때로는 말 한마디가 상대방의 의도를 돕기도 하고, 말이 마음속으로 들어온 후 어떤 변화가 일어나 뜻하지 않은 결과를 낳기도 한다. 그러한 변화는 보통 서로 원만하지 않은 관계에서 한쪽이 모든 문제를 자신의 판단기준이나 감정적 기호에 따라 결정할 때 일어난다. 이러한 변화를 막기 위해서는 먼저 상대방의 판단기준이나 감정적 기호가 무엇인지, 또 사회적 관계망 속에서 그의 위치가 어디쯤 되는지 등을 인식해야 한다. 그다음 그런 특성들을 이용하여 자신에게 유리한 방향으로 그의 감정을 유도하면 된다. 이것이 바로 실생활에서 흔히 사용하는 격장법이다.

격장법은 특정 인물의 정서적 충동을 이용하는 일종의 심리전으로, 그 사람이 제일 중요하게 생각하는 어떤 것을 건드릴 때 가장 효과적이다. 특히 상대방이 가장 중요시하는 부분을 건드려서 화나게 하면 최대 효과를 기대할 수 있다. 상대방을 자극하여 화를 돋우는 것은 도의적 차원에서의 자극을 의미하며, 이러한 자극을 받은 상대는 논의 사항을 반드시 해야 하는 일로 받아들이게 된다.

이런 방법은 전통적 도덕의 영향이 강하고 개인의 성품과 도덕적 수양을 중시하는 사회에서 도의나 절개를 논할 때 매우 효과적이다. 사람들은 저마다 도의에 대한 기준을 가지고 있다. 이러한 기준을 도덕의 이름으로 자극하면 상대방의 마음 깊숙한 곳을 움직일 수 있기 때문에 상대방은 바로 그 도의적 행동을 실현하려고 한다. 이때 도의는 일종의 추진력을 갖게 되어 기본적인 도덕성을 지닌 사람이라면 기꺼이 주도적으로 그 일에 대한 책임과 의무를 지려고 한다.

여기서 말하는 도의적 행동은 항상 거창한 것만을 가리키지는 않는다. 일상에서의 자질구레한 일도 도의라는 명분으로 상대방의 마음을 자극하면 쉽게 해결할 수 있다.

제갈근의 설득을 물리치다

이론적 호소의 힘

제갈근諸葛瑾, 자는 자유子瑜, 오나라에 살면서 촉나라와의 외교 교섭을 여러 번 추진하였으나 한 번도 성공시키지 못했다은 아우 제갈량의 논리에 아무런 대답도 하지 못한다. 실로 담판의 백미라고 할 만한 이 대목의 자세한 이야기는 다음과 같다.

주유는 거처로 돌아와 제갈량에게 함께 일을 의논하고 싶다고 청했다. 제갈량이 들어오자 주유가 말했다.

"조조를 물리칠 계책을 말씀해주시오."

"아직 손 장군의 마음이 정해지지 않았으니 지금은 계책을 정할 수 없습니다."

"그게 무슨 말씀이시오?"

"손 장군께서는 조조의 군사가 워낙 많아서 중과부적의 싸움이 될까 봐 염려하고 계십니다. 도독께서 손 장군을 설득하시어 손 장군의 의심이 풀린다면 일을 이룰 수 있을 것입니다."

주유는 바로 손권을 찾아갔다. 손권이 주유에게 물었다.

"이 늦은 시간에 무슨 일이오?"

"내일이 출병일인데 주공께서는 무슨 걱정이라도 있으십니까?"

"조조의 군사가 너무 많아 걱정일 뿐 다른 염려는 없소."

주유가 웃으며 말했다.

"바로 그 심리를 풀어드리려 찾아왔습니다. 조조가 가진 수륙의 군사가 백만이라는 격문을 보고 걱정을 하시는 모양입니다. 그러나 여기에는 허실이 있습니다. 저들이 가진 중원의 군사는 십오륙만이 되지 않는 데다 그나마 오랜 행군으로 피로한 상태입니다. 또 원소의 군사 칠팔만을 얻었다 하니 그들이 진심으로 조조에게 승복했는지는 알 수 없습니다. 지쳐 있는 군사와 의심을 품은 군사가 아무리 많다 한들 두려워할 이유가 무엇이겠습니까? 우리 군사 오만이면 조조군을 물리치기에 충분하오니 주공께서는 심려를 놓으시옵소서."

손권이 주유의 어깨를 두드리며 말했다.

"공의 말을 들으니 의혹이 싹 가시는구려. 장소에게 별다른 계책이 없어 상심이 컸는데, 그대와 노숙만은 나와 한마음인 듯하오. 그대는 노숙, 정보와 함께 내일 군사를 뽑아 출병하도록 하시오. 나는 군사와 군량을 보내면서 뒤를 받쳐주겠소. 출병이 순조롭지 않거든 내가 직접 가서 조조와 결전을 벌이리다."

주유는 가만히 생각했다.

'제갈량은 진작에 주공의 마음을 헤아리고 있었구나. 나보다 한 수 위로다. 제갈량은 훗날 강동의 근심거리가 될 자이니 없애는 것이 좋겠다.'

주유는 이 일을 노숙과 상의했다. 그러나 노숙은 "안 된다"고 잘라 말했다.

"조조를 깨뜨리기 전에 현명한 선비부터 죽일 수는 없습니다. 그건 우리 쪽에도 좋은 일이 못 됩니다."

노숙은 제갈근을 끌어들여 제갈량으로 하여금 동오를 섬기게 하는 것이 어떻겠느냐고 제안했다.

이튿날, 주유는 제갈근을 불러 말했다.

"그대의 아우 제갈량은 참으로 임금을 보필할 만한 인재요. 그런데 어찌 유비 같은 주군을 섬긴단 말이오? 마침 그대의 아우가 강동에 와 있으니 이왕이면 유비를 버리고 동오를 섬기는 편이 어떻겠느냐고 잘 말해보시오. 그리되기만 하면 우리 주공은 어진 선비를 얻게 되고 선생 또한 아우와 함께 지낼 수 있으니 얼마나 좋소?"

제갈근은 흔쾌히 대답했다.

"강동에 온 후로 변변한 공 하나 세우지 못했는데, 이런 명을 내려주시니 있는 힘을 다해 돕겠습니다."

제갈근은 곧바로 말 위에 올라 제갈량을 만나러 갔다. 제갈량과 제갈근은 서로 얼싸안고 울며 그간의 일을 이야기했다. 제갈근은 이어 간곡하게 제갈량을 설득하기 시작했다.

"너는 백이와 숙제를 알고 있느냐?"

제갈량은 주유가 형을 보냈다는 사실을 직감하고는 대답했다.

"백이와 숙제는 모두 옛 성현이지요."

"백이와 숙제 두 형제는 수양산에서 굶어 죽을지언정 끝까지 함께 했는데, 너와 나는 한 어머니에게서 난 형제이면서도 각기 섬기는 주군이 달라 아침저녁으로 얼굴을 볼 수 없으니, 백이 숙제 보기에 부끄럽구나!"

제갈량은 단호하게 말했다.

"형님이 말씀하시는 것은 정情이지만, 제가 지키고자 하는 것은 의義입니다. 형님과 저는 모두 한나라 사람이 아닙니까? 지금의 제 주공도 한 황실의 후예이니, 형님께서 동오를 버리고 저와 함께 제 주공을 섬긴다면 한나라에도 부끄럽지 않고 골육이 서로 함께하니 정과 의를 모두 지킬 수 있습니다. 형님의 뜻은 어떠하신지요?"

제갈근은 뜻밖의 논리에 할 말을 잃었다.

'아우를 설득하려 했는데 도리어 내가 설득을 당하는구나.'

주유에게 돌아온 제갈근이 제갈량의 말을 자세히 전하자 주유가 말했다.

"공의 뜻은 어떠하오?"

"그동안 손 장군의 은혜를 두터이 입었는데 제가 어찌 배반을 할 수 있겠습니까?"

"공이 충심을 다해 주공을 섬긴다면 무슨 말이 더 필요하겠소? 제갈량은 내가 설득하리다."

지략 해설

제갈량과 제갈근의 담판은 표면적으로는 개인 간의 대화이지만, 실은 집단 간의 담판이라는 점에서 특히 주목할 만하다. 두 사람은 각자 자신의 필요에 걸맞은 계책을 내세웠는데, 제갈량이 제시한 '수준 높은 차원, 수준 높은 필요, 수준 높은 방식'의 담판 원칙은 제갈근의 '낮은 차원, 낮은 필요, 낮은 방식'을 상대로 승리를 거두었다.

제갈근은 형제의 정을 바탕으로 '우애롭게 함께 있어야 함'의 필요성을 제시했는데, 이는 '상대방을 나의 필요에 맞게 순종하도록' 하는 방침이었다. 그러나 제갈량은 개인 간의 정의와 더불어 충군忠君이라는 집단 윤리까지 내세운다. 이는 '나와 상대방의 요구를 모두 만족시키는' 전략이다. '의'로써 '정'을 이기거나 '공公'으로써 '사私'를 제압하는 논리, 공·사와 정·의를 모두 실현하는 방안 앞에서 제갈근은 할 말을 잃고 자리를 뜨고 만다.

활용

상대방의 진의를 파악했다면 먼저 강수를 두어 내 의지가 분명함을 알림으로써 상대가 어떤 말을 해도 소용없다고 느끼게 만들어야 한다. 그러면 내 목적을 손쉽게 이룰 수 있다. 예를 들어 당신에게 돈을 빌리려고 하는 어떤 친구가 아무 말도 하지 않고 다짜고짜 울어버린다고 하자. 그때 당신이 그의 의도를 파악했다면 먼저 당신의 어려움을 주절주절 이야

기함으로써 상대로 하여금 돈을 빌려달라는 말을 꺼낼 수 없도록 할 수
있다.

노숙의 설득을
물리치다
제삼자를 끌어들이는 담판전략

    형주는 전략적 요충지였다. 그래서 제갈량은 '융중대'에서 형주와 익주의 이로움을 말하며 동오와 함께 위나라를 협공하려면 촉나라가 먼저 형주를 근거지로 삼아야 한다고 강조했다. 노숙의 '탑상책傷上策' 도 장강 전역을 차지하여 우선은 동오의 안전을 도모하고 차차 기회를 보아 천하를 도모하되, 그러려면 반드시 형주를 차지해야 한다고 강조했다. 이처럼 촉나라와 오나라가 모두 같은 땅을 노리다 보다 보니 정치적 해결보다는 무력 충돌이 앞설 수밖에 없었다. 그러나 노숙은 큰 국면을 고려하여 협상으로 문제를 해결하려고 노력했다.

    노숙은 우선 외교적 차원에서 형주를 세 차례 오가는데, 이때 제갈량과 벌인 담판은 두 사람의 협상 스타일과 계책의 차이를 잘 보여준다. 이 이야기는 《삼국지연의》 52회 '제갈량은 노숙의 설득을 물리치고 조자룡은 계책을 써서 계양을 얻다'에 나온다.

제갈량이 남군성은 물론 형주와 양양까지 얻자 주유는 화가 나서 미칠 지경이었다. 때마침 화살에 맞은 상처까지 덧나 그는 한참을 혼절해 있다가 겨우 정신을 차리고 일어났다. 주유는 자신을 위로하는 장수들에게 말했다.

"제갈량 이 촌놈을 죽이지 않고는 내 가슴속 원한이 풀리지 않을 것 같소! 우리 동오가 남군성을 차지할 수 있도록 다들 나를 도와주길 바라오."

그렇게 일을 논하고 있는데 노숙이 왔다. 주유가 말했다.

"내 당장 출병하여 유비, 제갈량과 자웅을 겨루고 남군성을 얻을 작정이오. 선생도 나를 도와주시오."

노숙이 말했다.

"안 됩니다. 지금 우리 동오는 조조와 승부를 내지 못했고 주공께서도 합비를 공격하고 있으나 아직 결판이 나지 않았습니다. 이런 와중에 우리끼리 서로 땅을 넘보며 으르렁거린다면 조조군이 그 틈을 타서 공격할 테고 그리되면 형세가 아주 위급해질 것입니다. 더욱이 유비는 조조와 교분이 두터운지라 형세가 다급해지면 모든 땅을 조조에게 바치고 조조와 합세하여 동오를 공격할지도 모를 일입니다. 그때 가서는 어찌하시렵니까?"

"우리가 계책을 세워주고 병마는 물론 군량까지 허비해가며 저들의 일만 이루어준 셈이 되었는데 어찌 분통이 터지지 않겠소!"

"우선은 좀 참으십시오, 제가 직접 유비를 찾아가서 잘 얘기하겠습니다. 말이 통하지 않으면 그때 가서 군사를 움직여도 늦지 않을 것입니다."

주유의 동의를 얻은 노숙은 시종을 데리고 남군으로 갔다. 성 아래에 이르러 문을 열라고 외치니 조자룡이 나왔다.

"내 유비공을 만나 할 말이 있소."

"저희 주군과 군사께서는 모두 형주에 계십니다."

이에 노숙은 다시 형주로 발길을 돌렸다. 형주성에 이르러 가지런히 정렬해 있는 깃발들을 보니 감탄이 절로 나왔다.

'제갈량이라는 자는 참으로 대단하구나!'

군졸 하나가 성으로 들어가 노숙이 왔음을 알리니 제갈량은 성문을 열도록 명하고 노숙을 반갑게 맞아들였다. 서로 인사를 나누고 자리에 앉아 차를 마신 후 노숙이 먼저 입을 열었다.

"저희 주공과 도독께서는 유비공께 설명할 일이 있어 나를 보냈소이다. 지난번에 조조가 백만 대군을 끌고 온 것은 강남을 취하겠다는 명분에서였지만, 실은 유비공 공격이 의도였음을 아실 테지요. 다행히 우리 동오군이 조조를 무찔러 유비공을 구해드렸으니 형주의 아홉 군은 응당 동오에 돌아와야 합니다. 그런데 지금 유비공께서는 계책을 꾸며 우리 동오의 군마와 전량을 다 쓰고도 이익은 혼자 얻고 계십니다. 이건 잘못된 것이 아닙니까?"

제갈량이 말했다.

"고명하신 선비께서 어찌 그런 말씀을 하십니까? 옛말에 '모든 사물은 반드시 그 주인에게 돌아간다'고 했습니다. 형주와 양양 아홉 군은 본래 동오의 땅이 아니라 유포가 기틀을 잡은 곳입니다. 그리고 저희 주공은 유표의 아우입니다. 유표는 죽었으나 그의 자식들이 살아 있으니 숙부가 조카들을 도와 형주를 찾아준 것뿐인데, 어찌 부당하다 하시는지요?”

“유표의 장남인 유기가 형주를 차지했다면 차라리 합당하다 하겠으나 유 공자는 지금 강하에 있지 않소?”

“그럼 선생께서 직접 유 공자를 만나보겠습니까?”

제갈량은 즉시 좌우의 군사들에게 명했다.

“유 공자를 모셔오너라.”

그러자 시종 두 사람이 병풍 뒤에서 유기를 부축하고 나왔다. 유기가 노숙에게 말했다.

“병구의 몸이라 예를 차리기 힘드니 선생께서는 허물을 묻지 말아 주십시오.”

노숙은 놀라서 한참이나 말을 잃었다. 그러다 겨우 입을 떼었다.

“공자께서 아니 계신다면 어찌하시겠소?”

제갈량이 대답했다.

“공자께서 하루를 계신다면 하루를 지킬 것이고, 공자께서 아니 계신다면 그때 가서 다시 상의하리다.”

“공자께서 아니 계신다면 반드시 우리 동오에 형주를 돌려주셔야 하오.”

“선생의 말씀이 옳습니다.”

제갈량은 주연을 벌여 노숙을 잘 대접했다.

술자리가 끝나가 노숙은 인사하고 성 밖으로 나왔다. 그는 밤새 말을 달려 진채로 돌아와 주유에게 모든 일을 고했다. 주유가 말했다.

“유기는 창창한 나이인데 대체 언제 죽을 줄 알고 형주를 돌려받는다는 말입니까?"

"형주는 꼭 돌려받을 테니 마음 놓으십시오."

"무슨 방책이라도 있소?"

"유기는 주색에 깊이 빠져 있어 얼굴이 수척하고 숨도 제대로 못 쉬더이다. 피까지 토하는 듯했소. 반년도 못 가서 죽을 터이니 그때 가서 형주를 취하면 유비도 어쩌지 못할 것입니다."

그러나 주유의 노기는 쉽게 가라앉지 않았다.

지략 해설

형주는 원래 유표의 근거지였으나 당시의 '이치'로 보자면 형주는 '대한大漢'의 형주이지, 유표의 형주가 아니었다. 유비는 유표의 종친이었으므로 유표의 아들이 형주를 차지할 수 있다면 유표의 종친인 유비 또한 형주를 차지할 수 있을 것이었다. 제갈량은 이번 일로 동오와 낯을 붉히게 되면 동오가 촉나라를 공격할 수 있다는 사실을 잘 알고 있었다. 또한 동오가 군사를 움직이면 조조도 그 틈을 타서 유비에게 쳐들어올 수 있었다. 그래서 노숙이 형주를 되찾기 위해 형주로 찾아왔을 때 제갈량은 힘으로 겨루기보다 유기를 내세우며 '조카들은 숙부가 지켜주고 있을 뿐'이라는 구실로 노숙을 돌려보냈다.

활용

제갈량은 유비와 연합하여 조조군을 무찌르자고 동오에 제안할 때 '천하삼분지계'를 내세웠다. 하지만 형주와 양양의 땅을 두고 노숙과 담판을 벌일 때는 협상의 당사자가 아닌 제삼자를 내세워 위기를 돌파한다. 노숙은 동오가 대군을 동원하여 조조군을 격퇴하고 유비를 구해주었으므로 그 과정에서 얻은 형주와 양양은 응당 동오에 귀속되어야 한다고 강조한다. 또한 유비가 중간에서 계책을 부려 두 땅을 차지한 것은 합당한 처사가 아니라고 질타한다. 동오의 무력이 동원되었으니, 동오의 땅이 되어야 한다는 논리이다. 제갈량은 이 담판에서 형주와 양양의 반환 여부를 논하지 않고 먼저 '모든 사물은 그 주인에게 돌아간다'는 논리를 내세운다. 상대가 무방비 상태로 얼떨결에 그 논리에 동의하게 만든 후 슬쩍 제삼자를 끌어들이는 전략인 것이다. 노숙은 이미 상대방의 논리에 동의한 후라 말을 바꾸기 힘들어지자 바로 그 억지로 끌어들인 제삼자가 없어지면 어떻게 하겠느냐고 묻는다. 미리 확답의 포석을 깔아두려는 의도였다. 제삼자 핑계를 댄 제갈량도 그때 가서는 형주를 돌려주겠노라고 약속한다. 그러나 그것은 당장의 상황을 무마하려는 대답일 뿐이었으므로 나중에 다른 일이 발생하면 어찌 될지 알 수 없는 일이었다. 유기가 죽어서 노숙이 다시 찾아오면 제갈량은 그때 가서 또 '어물쩍 넘어갈 것'이라고 한 주유의 말은 그래서 일리가 있다.

제갈량의 담판 기술은 현대사회의 협상 기술과도 비슷하다. '우호'와 '적대'의 두 얼굴을 자유자재로 드러냄으로써 상대방의 판단력을 흐리게 하고 협상이 막바지에 이르렀을 때 미처 언급하지 못했던 문제를 다시 제기함으로써 협상의 주도권을 쥐는, 어떤 의미에서는 다소 불량스럽게 보일 전략들이 여기에 속한다.

두 번째 형주 담판
얼렁뚱땅 담판술

얼렁뚱땅 외교는 어수룩한 외교와는 쌍둥이 형제관계이다. 전자는 일부러 시비관계를 흐리면서 모호하게 나오는 것이고, 후자는 일부러 어수룩한 체하며 진실과 거짓을 교묘히 뒤섞는 것이다. 이에 대한 자세한 이야기는 다음과 같다.

형주에 주둔하던 유비는 손권이 합비에서 패하고 남서南徐로 돌아갔다는 소식을 듣자 계책을 논하기 위해 제갈량을 불렀다. 제갈량이 유비에게 말했다.

"어젯밤 하늘을 보니 서북쪽에서 별 하나가 떨어졌습니다. 황족 중

한 분이 세상을 떠나신 듯합니다."

그때 유기가 병으로 사망했다는 소식이 전해졌다. 유비는 그 자리에서 대성통곡했다. 그런 유비에게 제갈량이 말했다.

"사람이 살고 죽는 일은 명에 따른 것이니, 주공께서는 너무 상심하지 마십시오. 그러다가 몸만 상하십니다. 우선 유기가 있는 곳에 사람을 보내 성을 지키게 하고 장례를 치르도록 해야겠습니다."

"누구를 보내면 좋겠소?"

"운장 장군이 적임자입니다."

유비는 관우를 양양으로 보내 성을 지키라 명하고 다시 제갈량에게 말했다.

"유기가 죽었으니 이제 동오에서 형주를 내놓으라고 할 텐데, 어찌하면 좋겠소?"

"제가 알아서 잘 상대하겠습니다."

그렇게 보름쯤 지나자 동오에서 정말 노숙을 문상객으로 보내왔다.

제갈량은 노숙이 온다는 소식을 듣고 유비와 함께 성 밖으로 나가 예를 갖추어 노숙을 맞이했다. 노숙이 말했다.

"저희 주공께서는 유공자가 세상을 떠나셨다는 소식을 듣고 특별히 예물을 갖추어 문상하라 전하셨습니다. 주 도독께서도 두 분께 안부를 전해달라고 거듭 말씀하셨습니다."

유비와 제갈량은 감사히 예물을 받고 술자리를 마련하여 노숙을 대접했다. 노숙이 말했다.

"지난날 유비공께서 유 공자가 없으면 형주를 돌려주시겠다고 말씀하셨지요. 이제 유 공자가 세상을 떠났으니 형주를 돌려주셔야 하는데, 언제 주시렵니까?"

유비가 말했다.

"먼저 한 잔 드시지요. 천천히 의논해도 늦지 않소이다."

노숙은 마지못해 여러 잔을 비우고는 다시 물었다. 그러자 유비가 무어라 대답할 새도 없이 제갈량이 정색하며 말했다.

"선생은 참으로 사리에 어두우십니다. 꼭 그렇게 대답을 들어야 하시겠소이까? 고황제高皇帝, 유방께서 참사기의斬蛇起義, 진나라를 상징하는 하얀 뱀을 참하고 군사를 일으킴하여 한나라를 세우신 이래 오늘에 이르렀건만 사방에서 간웅들이 일어나는 통에 천도가 흐트러져 정통을 회복해야 할 판이 되었습니다. 저희 주공은 중산정왕의 후예로 효경황제의 현손玄孫이시며 현 황제의 숙부이시온데 어찌 따로 땅을 나누어 갖지 못합니까? 더욱이 유표는 저희 주공의 형님이십니다. 동생이 형의 기업基業을 잇는 일이 어찌 도리에 어긋난다 하십니까? 그대 주인이야말로 전당錢塘의 일개 소리小吏의 아들로, 조정에 아무런 공덕도 쌓지 못했으면서 세력만 믿고 육 군 팔십일 주를 차지하고 그것도 모자라 한나라의 땅까지 탐하고 있지 않소이까? 유씨 천하인 세상에서 그대 주공은 손씨이면서도 어찌 유씨의 땅까지 빼앗으려 하십니까? 적벽대전에서도 우리 주공께서는 많은 공을 세우셨고 촉의 장수들 또한 목숨 바쳐 싸웠거늘, 어찌 모두 동오가 한 일이라고만 하십니까? 내가 동풍을 일으키지 않았다면 주 도독이 어찌 그 큰 공을 세울 수 있었겠소이까? 강남이 조조 손에 넘어갔다면 두 명의 교씨 또한 동작대에 갇혔을지도 모를 일이며 공들의 집안 또한 무사하지 못했을 것이외다. 우리 주공께서 선생의 물음에 하나하나 대답하지 않으신 것은 선생께서 고명한 선비이기에 굳이 그럴 필요가 없다고 믿어서였소. 그런데 어찌 이리도 사리를 헤아릴 줄 모르십니까?"

노숙은 어안이 벙벙해서 아무 말도 하지 못했다. 얼마 후 노숙이 간신히 입을 열어 말했다.

"선생의 말씀에도 일리가 있으나 이 몸이 참으로 난처하게 되었소이다."

"어찌 그런 말씀을 하십니까?"

"지난번 유비공께서 당양에서 어려움을 겪으실 때 제가 선생과 함께 강을 건너 저희 주공을 뵙게 해드렸고 그 후 주 도독이 군사를 이끌고 형주를 취하려 들 때도 내가 나서서 막지 않았소이까? 또 유 공자가 세상을 떠나면 동오에 형주를 돌려주겠다고 하신 말씀도 내가 전했소이다. 그런데 이제 와서 그 모든 약속을 못 지키겠다고 하시면 내가 무슨 낯으로 동오에 돌아갈 수 있겠소이까? 우리 주공이 나와 주 도독에게 죄를 물으실 게 뻔합니다. 그러다가 동오에서 군사를 일으키기라도 하면 유비공께서도 형주에 편히 계실 수만은 없을 게 아니겠소이까? 이러다 결국 천하 사람들의 비웃음만 사지 않을까 걱정입니다."

제갈량이 말했다.

"조조가 천자의 이름을 빌려 백만 대군을 이끌고 내려와도 개의치 않았거늘 내 어찌 도독을 두려워하겠소이까? 하지만 선생께서 동오로 돌아가 주공을 뵐 낯이 없다 하시니 저희 주공께 문서를 하나 써달라고 부탁드리겠습니다. 우선 형주를 잠시 빌려 지내다가 우리 촉이 따로 성을 얻으면 그때 동오에 형주를 돌려드리겠다고 말입니다. 어떻소이까?"

"대체 어디를 빼앗아 형주를 돌려주시겠다는 말이오?"

"중원을 도모하기는 아직 이르나 서천의 유장은 어리석고 유약하니 저희 주공께서 쉽게 도모하실 수 있을 겁니다. 서천을 얻게 되면 형주를 돌려드리지요."

노숙은 하는 수 없이 제갈량의 말에 따랐다. 유비는 직접 붓을 잡고 문서를 작성해 이름을 쓰고 보증인으로 제갈량의 이름을 썼다. 제갈량이 노숙에게 말했다.

"저는 저희 주공 쪽 사람이라 제가 보증을 선다는 건 모양새가 좋지 않습니다. 번거로우시겠지만 선생께서도 여기에 이름을 적으시지요."

"유비공께서는 인의가 있는 분이니, 이 약속을 저버리지 않으리라 믿겠소이다."

노숙도 이름을 적고 문서를 받았다. 식사를 마친 노숙이 하직 인사를 올리자 유비와 제갈량은 강가까지 따라 나가 그를 전송했다. 제갈량이 노숙에게 당부했다.

"선생께서 돌아가 도독을 뵙거든 부디 잘 말씀드려 다른 뜻을 품지 않도록 해주십시오. 만약 우리 쪽 문서를 받아주지 않으면 우리도 마음을 바꾸어 강동의 팔십일 주를 빼앗을지도 모릅니다. 그저 양쪽 집안이 화목을 유지하여 조조의 웃음거리가 되지 않았으면 합니다."

노숙은 인사를 하고 배에 올라 주유가 있는 시상에 당도했다. 주유가 노숙을 보고 말했다.

"형주의 일은 어찌 되었소?"

"여기 문서를 가지고 왔소이다."

노숙이 주유에게 문서를 보이자 주유가 발을 구르며 말했다.

"선생께서는 또 제갈량의 꾐에 빠지셨소이다! 이것은 잠시 빌린다고 하고서 어물쩍 넘기려는 수작입니다! 서천을 얻으면 형주를 돌려주겠다고 하지만 대체 언제 서천을 얻는단 말입니까? 십 년이 지나도 서천을 얻지 못하면 우리도 십 년 동안 형주를 돌려받지 못한다는 것인데, 이까짓 문서가 다 무슨 소용이란 말입니까! 게다가 선생께서 보증을 하셨으니 저들이 형주를 돌려주지 않으면 그 책임이 선생에게 까지 미칠 것입니다. 주공께서 죄를 물으시면 대체 어쩌려고 이러셨소이까?"

노숙은 그 말을 듣자 한동안 멍해졌다.

"그래도 유비는 나를 저버리지 않을 것이오."

"선생은 참 뭘 모르십니다. 유비는 사나운 영웅이고 제갈량은 교활한 모사꾼입니다. 그들은 결코 선생 같은 마음씨를 가지고 있지 않을 것이외다."

"그렇다면 어찌해야 합니까?"

"선생께서는 내 은인이고 지난날 내가 어려움에 처해 있을 때 군량을 보내 날 구해준 분이시니 도와드리지요. 며칠만 더 기다려보시구려. 강북에 보낸 정탐꾼이 돌아오면 다시 생각해봅시다."

노숙은 마음이 불안했다.

지략 해설

유기가 병으로 죽자 유비와 제갈량은 이제까지 써먹어 온 핑곗거리가 바닥나고 말았다. 그래도 제갈량은 잠시나마 형주를 차지할 수 있는 계책을 떠올린다.

"다른 성을 얻으면 형주를 동오에 돌려주겠다는 문서를 써주리다."

그러자 노숙이 묻는다.

"대체 어디를 얻어서 형주를 돌려주겠다는 것이오?"

"중원을 도모하기는 어렵고 서천의 유장은 어리석고 유약하니 저희 주공께서 쉽게 도모하실 수 있습니다. 서천을 얻으면 형주를 돌려드리리다."

노숙은 유비가 작성하여 서명하고 제갈량와 노숙이 보증인으로 서명한 문서를 가지고 동오로 돌아간다. 그러나 주유는 격분하여 발을 동동 구른다. 제갈량의 속셈을 한눈에 알아본 것이다.

"선생께서는 또 제갈량의 꾐에 빠지셨소! 이것은 잠시 빌린다고 하고서 어물쩍 넘어가려는 수작입니다! 서천을 얻으면 형주를 돌려주겠다고 하지만 대체 언제 서천을 얻는단 말입니까? 십 년이 지나도 서천을 얻지 못하면 우리도 십 년 동안 형주를 돌려받지 못한다는 뜻이 아닙니까? 이까짓 문서가 다 무슨 소용이라고 보증까지 서셨습니까?"

주유의 말이 맞다. 유비가 형주를 잠시 빌린다는 말은 어물쩍 넘어가려는 수작이었기 때문이다. 여기서 작성된 문서는 제갈량이 연출하고 유비가 만들어낸 어물쩍 문서, 즉 얼렁뚱땅 문서였다.

활용

제갈량의 얼렁뚱땅 담판술은 때로는 모호한 언어 표현과 모호한 성격의 문서가 유용한 외교술外交術이 될 수 있음을 보여준다.

세 번째 형주 담판
성실 외교와 어물쩍 외교

노숙이 세 번째로 형주 반환을 요구해 왔을 때도 제갈량은 능숙한 솜씨로 어물쩍 넘겨버린다. 이 이야기는 《삼국지연의》 56회 '조조는 동작대에서 잔치를 열고 제갈량은 주유를 세 번 화나게 하다'에 실려 있다.

조정에서 주유를 남양태수로 봉하자 주유는 촉에 복수할 생각으로 형주를 돌려받아야 한다는 내용의 서신을 올렸다. 손권이 노숙에게 말했다.

"지난번 유비에게 잠시 형주를 빌려주게 되었노라고 말하지 않았소? 그런데 유비가 자꾸 시간을 끌면서 돌려주지 않는구려. 대체 언제쯤이나 돌려받을 수 있겠소?"

노숙이 말했다.

"문서에는 서천을 얻으면 형주를 돌려주겠노라고 씌어 있습니다."

손권이 격노하며 말했다.

"말로는 서천을 얻으면 돌려주겠다고 하지만 실상은 군사를 움직일 기미도 없지 않소? 나보고 늙어 죽을 때까지 기다리라는 말이오?"

"제가 다시 가서 담판을 지어보겠습니다."

노숙은 배를 타고 형주로 갔다.

한편 유비와 제갈량은 형주에서 군량을 모으며 군사를 훈련시키고 있었다. 노숙이 도착했다는 소식을 전해 듣자 유비가 제갈량에게 물었다.

"노숙이 무슨 일로 왔겠소?"

제갈량이 대답했다.

"손권이 주공을 형주목으로 천거한 것은 조조를 두려워해서이고 조조가 주유를 남군태수로 봉한 것은 우리와 손권을 서로 싸우게 만들어 어부지리를 얻으려는 속셈이지요. 노숙은 이제 주유가 남군태수가 되었으니 형주를 돌려달라고 말하러 왔을 겁니다."

"그럼 어찌해야 하오?"

"노숙이 형주 이야기를 꺼내면 주공께서는 그저 목 놓아 우십시오. 그러면 제가 나서서 해결하겠습니다."

두 사람은 그렇게 입을 맞추고 노숙을 맞이했다. 유비가 노숙에게 자리를 권하자 노숙이 말했다.

"이제 유비공께서는 동오의 사위이시니 이 노숙의 주인이기도 합니다. 제가 어찌 같은 자리에 앉을 수 있겠습니까?"

유비가 웃으며 말했다.

"선생께서는 내 오랜 벗이니 그리 겸양하실 것 없소이다."

노숙이 자리에 앉으며 말했다.

"저희 주군께서 형주의 일을 매듭지으라고 저를 보내셨습니다. 유비공께서는 형주를 빌려 머무신 지가 오래되었는데도 지금껏 형주를 돌려주지 않고 계십니다. 이제 사돈도 되었고 하니 정을 생각해서라도 하루 속히 돌려주시지요."

유비는 그 말을 듣더니 통곡하기 시작했다. 노숙이 놀라서 물었다.

"무슨 일로 이러십니까?"

유비는 통곡을 그치지 않았다. 그때 제갈량이 병풍 뒤에서 나오며 말했다.

"뒤에서 오래 듣고 있었는데, 선생께서는 정말 저희 주공이 우시는 까닭을 모르시겠습니까?"

"모르겠소이다."

"당초 저희 주공께서 형주를 빌리실 때 서천을 얻으면 형주를 돌려드리겠다고 약속하셨습니다. 그런데 깊이 생각해보니 익주목 유장은 저희 주군의 아우이자 한실의 골육이라 군사를 일으켜 성을 빼앗으면 세상 사람들이 욕을 할 테고, 서천을 얻지 않고 형주를 반환하면 몸 둘 곳조차 없게 되지 않겠습니까? 그렇다고 형주를 돌려주지 않으면 처가를 대하기가 민망하니 진퇴양난이 아닐 수 없지요. 그러니 이렇게 우실 수밖에요."

유비는 제갈량의 말을 듣자 자신의 처지가 더욱 서러워 가슴을 치고 밭을 구르며 더 크게 울었다. 노숙이 유비를 달래며 말했다.

"너무 괴로워 마십시오. 제가 제갈 선생과 방책을 논의해보겠습니다."

제갈량이 말했다.

"선생께서 수고로우시겠지만 손권공께 저희의 이런 처지를 잘 말씀드려 조금만 더 시간을 달라고 간청해주십시오."

"주군께서 듣지 않으시면 어쩝니까?"

"그분은 누이동생을 저희 주공께 시집보내셨으니 분명 들어주실 겁니다. 부디 잘 말씀드려주십시오."

노숙은 관대하고 어진 사람인지라, 유비가 애통해하는 모습을 보니 심히 안쓰러웠다.

유비와 제갈량은 감사의 예를 행하고 마련한 술자리가 끝나자 노숙은 동오로 가는 길에 배에 올랐다. 노숙은 먼저 시상에 들러 주유에게 이 모든 일을 전했다. 그러자 주유는 또 발을 구르며 답답해했다.

"또 제갈량의 꾐에 빠지셨소! 유비는 유포에게 의탁해 있을 때도 틈틈이 형주를 손에 넣으려고 별렀는데 그깟 유장이 문제겠소? 이런 식으로 자꾸 시일을 끌다 보면 선생에게까지 화가 미칠 것이오!"

지략 해설

제갈량과 노숙은 촉-오 동맹208년, 적벽대전에서 시작된 동맹이다. 이후 형주 반환 문제로 위

기를 맞았으나 위나라가 오로군을 편성하여 촉을 압박해 오자 촉에서 등지를 보내어 다시 동맹 결성을 추진했다 을

성사시키는 데 크게 기여한 이들이다. 그러나 형주 반환 문제를 대할 때

는 다른 태도를 보였다. 노숙은 평화로운 문제 해결을 위해 되도록 한발

양보하려 했지만, 제갈량은 문제 해결을 차일피일 미루면서 어물쩍 넘기

려고만 한다. 노숙의 외교가 성실형 외교라면, 제갈량의 외교는 어물쩍

외교이다.

노숙은 줄곧 성실한 태도로 문제를 처리해 나아가는 타입이다. 따라서

그가 살아 있는 한 촉과 오는 어느 정도 갈등은 겪겠지만 관계가 급속히

악화되지는 않아서 촉-오 동맹을 끝까지 유지할 수 있다. 그러나 제갈량

의 어물쩍 외교로는 일시적으로 시간은 벌 수 있을지 모르나 문제를 제대

로 해결하기는 힘들다. 자칫하면 촉-오 동맹이 완전히 깨지는 결과를 가

져올 수도 있는 것이다. 이는 제갈량이 평소에 견지해오던 양국 동맹의 본

의에도 어긋나는 일이다.

활용

현실에서는 성실형과 술수형, 두 종류의 외교 사절이 있다. 이 둘은 서

로 반대인 것처럼 보여도 실은 모두 감당하기 힘든 상대이다. 외교란 대단

히 복잡한 임무라서 작은 것 하나만 소홀해도 큰 손해로 이어질 수 있기

때문이다. 그렇다면 성실형과 술수형 중 한 수 위는 어느 쪽일까? 한마디로 단언할 수는 없지만 너 죽고 나 살자는 식의 격렬한 대립이 벌어질 때는 술수형이 위력을 발휘하고, 협력과 신뢰가 중시되는 우방과의 관계에서는 성실형 외교가 통한다.

와룡의 조문
마음을 움직여 적을 친구로 만들다

주유가 제갈량 때문에 화를 이기지 못하고 죽자, 제갈량은 직접 조문을 가기로 한다. 동오에서는 제갈량의 방문에 군사적 긴장을 늦추지 않지만, 결국 동오의 장수들이 제갈량의 제문에 감동을 받으면서 촉과 동오 사이의 갈등은 깨끗이 해결된다.

제갈량은 형주에 있을 때 이미 주유의 죽음을 알고 유비에게 말했다.
"조문을 구실로 동오에 한번 다녀와야겠습니다. 가서 주공을 도울 어진 선비들도 찾아볼 생각입니다."
"동오의 장수들이 선생을 해치지는 않을까 걱정이오."

"주유가 살아 있을 때도 두려워하지 않았는데, 주유가 죽은 마당에 무엇을 두려워하겠습니까?"

제갈량은 조자룡과 함께 군사 5백을 이끌고 동오로 떠났다.

시상에 도착한 제갈량은 노숙의 영접을 받았다. 주유의 부하들은 제갈량을 죽이려 벼르고 있었지만, 검을 차고 제갈량을 뒤따르는 조자룡 때문에 차마 손을 쓰지 못했다. 제갈량은 주유의 영전에 예물을 바치고 직접 술을 따른 후 무릎을 꿇고 앉아 직접 쓴 제문을 읽어 내려갔다.

"오호라, 주유여. 불행히도 이른 나이에 세상을 떠났구나. 명이란 본래 하늘에 달려 있다 하나 그대 목숨이 너무나 짧아 애통해하지 않을 수 없도다. 나 또한 마음이 아파 술 한 잔 올리니, 그대의 영혼이 기꺼이 받아주기를 바라오. 손책과 교유하던 어린 시절에는 의리를 지키고 재물을 멀리했고 다른 이에게 집을 내주어 살게 하기도 했도다. 약관의 나이에 만 리를 나는 붕새가 되어 패업을 이루고 강남에 자리를 마련했고, 장년에는 멀리 파구를 진압해 유표를 근심케 했으며 역적을 토벌하여 평안히 했고, 빼어난 풍채로 교씨를 배필로 맞아들여 한나라 신하의 사위가 되어 조정을 대하기에도 부끄러움이 없었다. 그대는 볼모를 보내지 않도록 간언하기도 했으니, 그대의 기개에 애도를 표하노라. 처음에는 날개를 움츠리고 있다가 끝내 그 날개를 펼쳤으니, 파양에 있을 무렵 장간이 와서 설득할 때는 술잔을 높이 들어 넓은 아량과 높은 뜻을 드러냈고 재주 또한 비상하여 문무와 지략을 두루 갖추었으며 적벽 싸움에서는 화공으로 거침없이 강적을 물리쳤도다. 생전의 그대는 영웅의 기품을 떨쳤는데, 이리도 일찍 세상을 떠나니 나는 다만 땅에 엎드려 통곡하며 피눈물을 흘리노라. 충의지심과 영웅의 기개를 갖추고도 서른이 못 되어 세상을 떠나니, 그 이름이 백세에 남으리라.

그대의 죽음이 너무도 슬퍼 간담이 끊어지는 듯하오. 그대의 죽음으로 하늘과 땅도 어두워지고 삼군조차 슬픔에 잠기며 그대의 주공도 슬퍼 울고 그대의 벗들도 눈물을 멈추지 못하오. 내 비록 재주는 없으나 그대에게 지혜와 지략을 청해 동오를 도와 조조를 물리치고 한실을 도와 내 주공을 편안케 하고자 그대와 힘을 합쳤으니 장차 살아남든 죽게 되든 무슨 걱정이 있었으리오? 오호라, 주유여! 이제 영원히 그대와 이별하오. 그대의 곧은 정절도 저세상 너머로 사라져가오. 그대 영혼으로 부디 내 마음을 비춰주오. 이제 천하에는 나를 알아줄 지음知音이 없소이다. 오호, 통재라. 엎드려 청하니 부디 이 제사를 받아주기를 바라오."

제갈량은 제문을 다 읽고 나서 바닥에 엎드려 펑펑 울었다. 비 오듯 쏟아지는 눈물이 멈출 줄 모르자 곁에 있던 동오의 장수들이 서로 수군거렸다.

"주유와 제갈량이 사이가 좋지 않다고 하더니만 오늘 보니 제문에 담긴 정이 참으로 지극하오. 세상 사람들 말이 틀렸나 보구려."

노숙도 제갈량이 비통해하는 모습을 보고 함께 마음 아파했다.

'제갈량은 이토록 정이 깊은 사람인데, 주유가 속이 좁아 스스로 신세를 망쳤구나!'

노숙은 술자리를 마련하여 제갈량을 대접했고, 자리가 파하자 제갈량은 유비에게 돌아갔다.

지략 해설

　제갈량이 화를 돋운 탓에 주유가 죽음에 이르렀음에도 그는 감히 동오로 가서 문상한다. 이는 보통 담력이 아니고서는 할 수 없는 일이다. 그러나 사실이 증명하듯이, 그는 동오와 장수들에게 위해를 입지 않았을 뿐 아니라 오히려 애틋한 정이 넘치는 제문으로 사람들의 마음을 울려 위기를 해소했다. 촉과 오의 관계가 더욱 공고해진 것은 물론이다.

　물론 제갈량은 위기를 돌파할 지혜가 있었기에 호랑이 굴로 들어간 것이다. 첫째, 그는 주유에 이어 노숙이 대도독이 되었다는 사실과 노숙의 성품에 대해 잘 알고 있었다. 노숙은 온화하고 사리 분별이 뚜렷하며 충동에 사로잡히지 않는 사람이었다. 동오에서 기다리는 사람이 장비처럼 거칠고 충동적인 사람이었다면 제갈량도 동오에 갈 생각은 하지 못했을 것이다. 둘째, 제갈량은 용기가 있었다. 여기서 말하는 용기란 무모하고 맹목적인 필부의 용기가 아니라 자신과 남에게 부끄럽지 않고 대담하면서도 늠름한 정기正氣를 말한다. 제갈량의 이런 당당함은 동오 장수들에게도 알게 모르게 영향을 미쳤다. 셋째, 제갈량의 제문이다. 그의 제문은 무조건적인 감정 표출을 자제하고 주유의 공과 업적을 구체적으로 기술하면서 고인을 무조건 치켜세우기만 하지 않고 주유에 대한 흠모의 감회를 담아 듣는 이들에게 감동을 주었다.

활용

　지혜와 용기는 현대사회를 살아가는 모든 이에게 중요한 덕목이다. 지혜만 있고 용기를 갖추지 못했을 경우에는 과감하게 행동하지 못하는 것은 물론 눈에 보이는 결과도 만들어내지 못한다. 이러한 지혜는 잔재주에 불과하므로 결코 큰일을 이루어내지 못한다. 반면, 용기만 갖추었을 경우에는 거칠고 충동적인 행동을 일삼기 쉽다. 이는 임무를 완수하는 데 아무런 보탬이 되지 않을 뿐만 아니라 심각한 악영향을 미칠 수도 있다.

　현대를 살아가는 우리에게는 지혜와 용기가 필수이다. 이를 갖춘 사람이라면 어느 곳에서나 제 역할을 다하고도 남을 것이다.

제갈근을 속이다
'공 돌리기' 담판술

외교술을 펼치는 데서 제갈량은 주로 명감독을 맡았지만, 때로는 빼어난 주연을 맡기도 했다. 이 이야기는《삼국지연의》66회에 실려 있다.

손권이 형주를 되찾는 문제로 고심하고 있을 때, 장소가 나와 계책을 아뢰었다.

"제갈량은 유비가 의지하는 사람입니다. 그런데 그의 형 제갈근이 마침 동오의 관원이지 않습니까? 제갈근의 식솔들을 잡아 가두고 제 갈근을 서천으로 보내어 제 아우에게 이 사실을 알리게 하면 어떻겠습니까? '형주를 돌려주지 않으면 내 가족이 모두 죽을 수도 있다'며 유비를 설득한다면 제갈량도 형의 아픔을 모른 체할 수 없을 것입니다."

손권이 말했다.

"제갈근은 성실한 군자인데, 어찌 그의 식솔들을 잡아 가둘 수 있단 말이오?"

"어디까지나 계책일 뿐이라고 귀띔해주시면 제갈근도 마음을 놓을 것입니다."

손권은 장소의 말에 따라 제갈근의 식솔들을 관부에 가두고 제갈근에게 서신을 주어 서천으로 보냈다.

제갈근이 서천에 도착하자 사신이 유비에게 이 소식을 알렸다. 유비가 제갈량에게 물었다.

"그대의 형님이 서천에는 왜 오셨소?"

"아마 형주를 되찾으러 왔을 겁니다."

"하, 그럼 또 무어라 대답해야 하오?"

"이러이러하게 하시면 됩니다."

그렇게 서로 계책을 정한 후 제갈량은 성 밖으로 나가 제갈근을 맞이했다. 제갈근은 제갈량을 보자마자 통곡하기 시작했다. 제갈량이 물었다.

"형님, 무슨 일로 이렇게 우십니까?"

"우리 집 식솔들이 다 죽게 생겼다."

"형주 때문이 아닙니까? 이 아우 때문에 형님 가족들을 잡아두다니 제 마음이 어찌 편하겠습니까? 형님은 걱정하지 마십시오. 저에게 형주를 돌려드릴 계책이 있습니다."

제갈근은 기뻐하며 제갈량과 함께 유비를 만나러 갔다. 제갈근은 손권에게서 받은 서신을 유비에게 올렸다. 그러나 유비는 서신을 보더니 버럭 화를 냈다.

"손권공은 제 누이동생을 나에게 시집보내놓고 내가 형주에 없는 틈을 타서 몰래 누이를 데려가버렸소. 어찌 이럴 수가 있단 말이오? 내 군사를 일으켜 강남에 쳐들어가 복수를 해도 모자랄 판에 오히려 형주를 돌려달라니!"

제갈량도 울며 땅에 엎드렸다.

"손권은 제 형님의 가족들도 잡아두었다 합니다. 형주를 돌려주지 않으면 저희 형님 일가는 모조리 죽임을 당할 것입니다. 형님이 돌아가시고 나면 저 혼자 어찌 살란 말입니까? 저를 봐서라도 주공께서는 형주를 동오에 돌려주셔서 저희 형제간의 정을 되찾게 해주십시오."

제갈량이 거듭 청했으나 유비는 듣지 않았다. 그러자 제갈량은 더 크게 통곡하며 유비에게 부탁했고, 이를 본 유비가 마지못해 말했다.

"정히 그렇다면 선생의 얼굴을 봐서 장사, 영릉, 계양 등 형주의 절반을 돌려주도록 하겠소."

제갈량이 말했다.

"주공께서 그리 허락하셨으니 운장 장군에게 서신을 보내 삼군三郡을 돌려주도록 하시지요."

유비가 제갈근에게 말했다.

"내 편지를 써드릴 테니 선생께서 직접 내 아우 운장에게 잘 이야기해보시오. 아우의 성격이 불같아 때로는 나조차 겁이 날 지경이니 조심하셔야 합니다."

제갈근은 서신을 받아들고 유비와 제갈량에게 작별 인사를 한 후 형주로 떠났다. 제갈근을 만난 관우가 제갈근을 중당中堂으로 청하여 자리를 권하고 앉자 제갈근은 유비에게서 받은 서신을 건넸다.

"유비공께서 삼군을 동오에 돌려주시겠다고 하셨습니다. 그러니 장군께서도 이에 따라주시어 제가 동오로 돌아가 주공을 뵐 수 있게 해주십시오."

그 말을 들은 관우의 안색이 싹 변했다.

"나는 형님과 도원에서 의를 맺고 한실을 바로 세우기로 맹세한 사이요. 형주는 본래 한나라의 영토인데 어찌 함부로 내어줄 수 있단 말이오? 장수가 밖에 있을 때는 임금의 명도 거역할 수 있는 법이오. 형님의 서신을 가져왔다고 해도 나는 한 뼘의 땅도 내어줄 수 없소!"

제갈근이 말했다.

"우리 주공이 내 식솔들을 모두 잡아 가두었소. 장군께서 형주를 돌려주시지 않으면 내 가족들은 꼼짝없이 죽게 생겼소이다. 제발 나 좀 불쌍히 여겨주시오."

관우가 말했다.

"이게 다 손권공의 계략이 아니오? 그깟 계략에 내가 속아 넘어갈 것 같소?"

"장군께서는 인정도 없으십니까?"

그러자 관우가 칼을 빼 들며 말했다.

"닥치시오! 이 칼은 더더욱 인정사정이 없소이다!"

그러자 관평이 관우를 말리며 말했다.

"제갈 선생의 체면을 생각해서라도 노여움을 푸세요, 아버지."

관우가 제갈근에게 말했다.

"제갈 선생을 봐서 이번만은 특별히 돌려보내주겠소. 그러니 다시는 이 일로 나를 찾지 마시오."

제갈근은 수모를 당하고 급히 배에 올라 제갈량을 만나기 위해 서천으로 갔다. 그러나 제갈량은 이미 각 고을의 순시를 떠난 후였다. 제갈근은 결국 유비에게 가서 관우가 자신을 죽이려 했노라고 말했다. 그러자 유비가 제갈근을 달래며 말했다.

"아우 성격이 원체 급해서 함께 말을 나누기가 힘드오. 선생께서는 잠시 동오로 돌아가 계십시오. 내가 동천東川과 한중 땅을 얻으면 운장을 그리로 보내어 지키게 할 터이니 그때 가서 무사히 형주를 돌려드리리다."

제갈근은 하는 수 없이 동오로 돌아가 손권에게 모든 사실을 전했다. 손권은 크게 화를 내며 말했다.

"이것은 모두 제갈량의 계략이오!"

"아닙니다! 제 아우는 유비에게 삼군을 돌려주라고 간곡히 청했는데, 관우가 고집부리며 불복한 것뿐입니다."

"어쨌든 유비가 삼군을 돌려주겠다고 말했으니 장사, 영릉, 계양에 관리들을 보내고 저들이 어떻게 나오는지 한번 봅시다."

"주공의 말씀이 옳습니다."

손권은 제갈근의 식솔들을 모두 풀어주고 삼군에 각각 관리를 보냈다. 그러나 부임한 관리들은 모두 하루도 못 가서 쫓겨 돌아왔다.

"관우가 저희를 성으로 들여주지 않았습니다. 더욱이 그곳 군사들이 죽일 듯한 기세로 달려드는 통에 죽기 살기로 이렇게 돌아올 수밖에 없었습니다."

지략 해설

이 이야기는 제갈량, 유비, 관우가 벌인 한바탕의 '공 돌리기 게임'이었다. 제갈근이 제갈량에게 울며 청하자 제갈량은 제갈근을 안심시킨다.

"저에게 형주를 돌려드릴 계책이 있으니 형님은 걱정 마세요."

제갈량은 제갈근을 유비에게 안내한다. 그러나 유비는 제갈근의 청을 들어주지 않는다. 제갈량 또한 제갈근의 가족이 처한 상황을 전하면서 바닥에 엎드려 울며 간청한다. 제갈량은 이렇게 제갈근을 데리고 가서 울고 간청하는 방법으로 형주 반환이라는 공을 유비에게 넘긴다.

유비는 애걸하는 제갈량을 보고 마지못해 청을 들어준다.

"선생의 얼굴을 봐서 장사, 영릉, 계양 등 형주의 절반을 동오에 돌려주겠소."

이때 제갈량은 공을 넘길 다른 길을 또 열어놓는다.

"주공께서 허락하셨으니 운장 장군에게 서신을 보내 삼군의 땅을 돌려주라고 하지요."

유비도 옳다구나 하는 마음으로 관우에게 보내는 서신을 쓰고는 말했다.

"내 편지를 써드릴 테니 선생께서 직접 내 아우 운장에게 잘 이야기해 보십시오. 아우는 성정이 불같아 때로는 나도 겁이 날 지경이니 조심하셔야 합니다."

유비와 제갈량은 그렇게 서로 공을 주거니 받거니 하면서 판을 짜놓았다. 그러고는 마지막으로 관우에게 공을 차 넘겼다. 유비의 서신을 가지고 형주로 간 제갈근이 관우에게 서신을 전하자 관우는 안색이 돌변하여 말한다.

"나는 형님과 도원에서 의를 맺고 한실을 바로 세우기로 맹세한 사이요. 형주는 본래 한나라의 영토인데 어찌 함부로 내어줄 수 있단 말이오? 장수가 밖에 있을 때는 임금의 명도 거역할 수 있는 법이오. 설령 형님의 서신을 가져왔다 해도 나는 땅 한 뼘도 내어줄 수 없소!"

관우는 그렇게 공을 차서 저 멀리 날려버렸다. 제갈근은 울상이 되어 제갈량을 만나려고 서천으로 돌아왔지만, 제갈량은 이미 순시를 떠나고 없는 상태였다. 제갈근은 하는 수 없이 유비를 찾아간다. 유비는 제갈근을 달래며 말한다.

"아우 성격이 원래 그렇게 급해서 같이 말을 나누기가 힘이 들지요. 선생께서는 잠시 동오로 돌아가 계시오. 내가 동천과 한중 땅을 얻으면 운장을 그리로 보내 지키게 할 터이니 그때가 되면 무사히 형주를 돌려드리리다."

활용

'공 돌리기' 외교의 법칙은 다음과 같다.

첫째, 선인·악인·중간자의 역할을 맡은 이들이 서로 공을 돌리면서 적을 함정에 빠뜨린다. 제갈근이 찾아와 형주 문제를 논의했을 때 제갈량이 맡은 역할은 선인이었다. 유비는 중간에서 강온의 양면정책을 구사했고 관우는 서슴없이 자신이 책임질 일이 없는 악역을 수행했다. 그렇다면 제갈근은 무엇을 했을까? 이리저리 넘겨지는 공을 따라 오가며 허탕을 쳤다.

둘째, 여러 장애물을 곳곳에 배치하고 함정에 걸려들 상대를 불러들인다. 이 법칙의 핵심은 곳곳에 불필요한 관문을 설치하여 간단한 문제를 복잡하게 만드는 데 있다. 오늘날에도 협상 중에 문제를 복잡하게 만드는 경우가 있는데, 이 역시 교묘한 공 돌리기 수법이다.

곳곳에 장애물을 설치한 후 적을 끌어들이는 전략에는 다시 두 종류가 있다. 첫째는 우리 편이 처한 상황은 물론 지금 상황에서 가장 필요한 것이 무엇인지를 명확히 인식하고 자신의 의견을 공개적으로 표출하는 것, 즉 공격을 최선의 수비로 삼는 전략이다. 둘째는 협상 상대 중 제일 약한 사람을 골라 가장 공격하기 쉬운 약점을 파고드는 것이다. 이 전략은 작은 충격으로 전체 국면을 와해시키는 장점이 있다.

강동을 구한 종이 한 장

아군이 하나로 뭉치면
적은 힘을 잃는다

거침없는 기세로 달려오는 강적을 단숨에 상대하는 건 계란으로 바위를 치는 형국이다. 이런 경우에는 적의 약한 부분을 공격하거나 적의 배후를 타격하는 등 정면 대응을 피하는 전략이 필요하다. 이렇게 하면 대개는 적도 처음의 목표를 포기하게 된다. 제갈량도 마초를 통해 이런 방법으로 조조군을 제압하는데, 이 이야기는 《삼국지연의》 58회 '마초는 군사를 일으켜 원수를 갚고 조조는 수염을 자른 후 전포를 벗어던지고 도망하다'에 실려 있다.

조조는 주유가 병사했다는 소식을 듣고 다시 강동을 공격할 생각으로 군마를 준비했다. 조조는 그 와중에 서량주의 진동장군鎭東將軍 마등馬騰이 그 틈을 타서 허도를 공격해 들어올까 내심 우려되었다. 조조는 이 문제를 해결하기 위해 서량주에 특사를 보내 조정의 이름으로 마등에게 정남장군征南將軍의 직함을 내리고 손권을 토벌하기 위한 행군에 동참하도록 했다. 이에 마등은 자신의 두 아들 마휴馬休와 마철馬鐵을 비롯하여 서량군 5천여 명을 이끌고 허창성 아래에 도착했다.

그런데 얼마 지나지 않아 서량군은 조조군에게 진압당하고 마등 부자도 죽임을 당했다. 이어 조조는 후환을 없애려고 군사 30만을 일으켜 강동으로 곧장 진격했다. 강동에서는 이 소식을 듣고 노숙을 형주로 보내어 유비에게 구원을 요청했다. 제갈량은 강동에서 보내온 서신을 읽다가 문득 계책을 떠올리고 유비에게 말했다.

"강동의 군사는 물론 형주의 군사도 동원할 필요가 없습니다. 조조가 강동으로 진군하지 못하게 만들 좋은 방법이 있습니다."

제갈량은 강동에서 보내온 서신을 특사에게 들려주며 말했다.

"조조군의 침략을 막아낼 계책은 주공께서 가지고 계십니다."

그러고는 유비에게 말했다.

"조조가 평생에 걸쳐 근심해온 것이 무엇인지 아십니까? 바로 서량의 군사입니다. 지금 조조가 마등 부자를 죽였으니 마등의 장자 마초가 서량의 군사를 모아 조조에게 원한을 갚겠다며 벼르고 있을 것입니다. 주공께서는 편지 한 통을 써서 마초에게 그를 도울 테니 중원의 관문으로 가 있으라고 하십시오. 그렇게만 된다면 조조는 섣불리 강동을 치지 못할 것입니다."

한편 마초는 아버지와 두 동생이 어이없는 죽임을 당했다는 소식을 듣고 슬픔에 잠겨 통곡했다. 바닥에 주저앉아 울던 그는 조조를 원망하며 이를 갈았다. 그때 유비가 보낸 사신이 편지 한 통을 전했다. 편지를 뜯어보니 유비는 조조에 대해 한바탕 욕을 하고는 지난날 마등과 함께 한황제의 밀조를 받아 역적 조조를 주살하기로 했다 적고 있었다. 그리고 마초가 서량 군사들을 이끌고 조조의 오른쪽을 친다면 유비 자신은 형주와 양양의 군사들을 모두 끌어모아 조조의 앞을 치겠다고도 했다. 이렇게 하면 역적 조조를 사로잡고 간악한 무리를 멸할 수 있으며 마초는 부친의 원수를 갚고 유비 자신은 한실을 부흥시킬 수 있다는 얘기였다.

서신을 다 읽은 마초는 눈물을 흘리며 답장을 쓰고 나서 사신 편에 편지를 보냈다. 그러고는 곧장 서량군을 정비하여 진군을 서둘렀다. 그때 서량태수 한수가 사람을 보내 마초를 만나고 싶다고 청했다. 원래 한수는 마등과 의형제 사이였으니, 어찌 보면 한수와 마초는 숙질 지간이기도 했다. 한수가 마초에게 말했다,

"우리는 숙부, 조카 사이이니 조카 혼자 해를 입을까 봐 염려되는구려. 우리 서로 군사를 연합하여 함께 조조를 무찔러 부친의 원수를 갚는 것이 어떤가?"

한수는 조조가 보내온 사자를 죽이고 수하의 군사들 중 8부部를 선발했다. 그런 다음 자신의 군사와 마초의 군사를 합쳐 10부 20만 대군을 조직한 후 당당히 장안으로 쳐들어갔다. 조조는 관중이 위험하다는 급보를 듣고는 손권을 치러 남하하려던 계획을 거두었다. 그러고는 관중의 마초, 한수 부대를 토벌하고자 전력을 다해 진군했다. 이렇게 제갈량은 편지 한 통으로 조조군의 남하를 저지했고, 이로써 손권은 큰 화를 면할 수 있었다.

지략 해설

제갈량이 조조군을 저지하여 동오의 근심을 없애는 데 사용한 방법은 '외부의 힘을 빌려 적을 제압'하는 것이었다. 제갈량은 유비에게 편지 한 통을 쓰도록 하여 강동으로 남하하려는 30만 조조군을 막는다.

조조가 정남장군 마등을 죽이자 마등의 아들 마초는 아버지의 원수를 갚기 위해 서량의 군대를 조직한다. 그런데 조조에게는 서량군이 평생의 근심거리였다. 제갈량은 조조 주변의 이러한 갈등관계를 파악하고 유비를 통해 마초에게 서신을 전한다. 마초가 관중의 관문으로 진격하여 아버지의 원수를 갚는다면 유비 자신도 뒤에서 돕겠다는 내용이었다. 마초는 그길로 군대를 조직하여 장안으로 쳐들어간다. 장안이 위태롭다는 소식에 조조는 결국 남하하려던 군사들을 거두어 중원으로 돌아온다.

활용

사물의 움직임에는 고유한 법칙뿐만 아니라 공통점이 존재한다. 즉, 모든 움직임은 다른 사물의 움직임과 관련되어 있다는 사실이다. 남들이 미치는 영향을 고려하여 내 행동을 정해야 할 때도, 적극적으로 남에게 영향을 미치는 행동을 해야 할 때도 있다. 외부의 영향을 잘 받아들이고 활용하는 사람을 일컬어 흔히 "인간관계에 능하다"라고 말하는데, 사교적인 사람은 자신의 시야, 능력, 사업, 역할 등을 끊임없이 키워가기 때문이다. 원리는 간단하다. 한 사람의 능력에는 한계가 있으므로 다른 사람들과의 교제를 통해 그들의 힘을 끌어들여 사용하는 것이다. 이렇듯 능동적인 자세로 움직이면 자신의 부족함을 극복할뿐더러 무한한 역량을 발휘할 수 있다. 그런 의미에서 인간관계란 서로의 힘을 빌리는 것이라고 말할 수 있다. 관리자라면 상사의 힘, 부하의 힘, 통신 수단의 힘, 규율이나 제도의 힘 등을 빌릴 수 있으며, 최고 관리자라면 여기에 더해 기업 외부의 힘까지도 빌릴 수 있다. '외교전'이란 바로 이런 외부의 주요 자원을 끌어들여 목표에 한 걸음 더 가까이 다가가는 활동이다.

다시 맺어지는
촉–오 동맹
정치적 목적에 부응하는 외교 수단

　제갈량은 전략의 전반적 형세를 통찰하는 눈이 뛰어났다. 그는 초려에 머물던 시절에도 '천하삼분'의 형세를 예측하고 있었으며, 정족지세가 형성된 후에는 유비에게 동오와 연합하여 조조를 무너뜨려야한다고 조언했다. 동오와의 연합은 통일전략의 일종으로, 후방을 공고히 하는 가운데 모든 역량을 집중하여 주적을 토벌하는 데 기여했다. 촉–오 동맹이 형주 반환 문제로 위기를 맞자 위나라는 그 틈을 타 동오와 연합하여 다섯 갈래 길로 진군하여 촉나라를 공격한다. 제갈량은 동오와의 관계를 복원하여 정족지세를 확립하기 위해 두 가지 방법을 취한다. 촉나라를 공격해 들어오는 네 갈래의 군대를 평정하는 한편 남다른 사명감을 지닌 외교사절을 발탁하여 동오에 파견한 것이다. 외교사절로 파견된 호부상서 등지는 말솜씨가 뛰어나고 동오의 전략에 밝다는 두 가지 요건을 모두 갖추고 있었다.

이 이야기는 《삼국지연의》 86회 '진복이 탁월한 구변으로 장온을 비난하고 서성은 화공으로 조비를 격파하다'에 실려 있다.

손권이 정탐꾼을 보내 알아보니 다섯 갈래의 군사들 중 서번의 군사들은 서평관을 지날 무렵 마초를 보더니 싸우지 않고 물러났다 하고, 남만의 맹획은 사군四郡을 공격했으나 위연이 의병계를 쓰는 바람에 남만으로 돌아갔다 하고, 상용上庸의 맹달孟達은 행군 도중에 병이 들어 행군을 멈추었다 하고, 조진의 군대는 양평관을 지났으나 가는 곳마다 조자룡이 요충지를 막고 있어 야곡에 주둔하다가 결국 물러갔다고 했다. 손권은 이 모든 사정을 전해 듣고 문무관원들에게 말했다.

"육손의 말이 귀신같이 들어맞는구려. 내 만일 함부로 군사를 움직였다면 서촉과 원한을 질 뻔했소 위나라는 손권에게 지금 다섯 갈래로 군사를 내어 촉을 공격하려 하니 동오에서도 한 길을 맡아 공격해달라고 청했다. 손권은 육손에게 의견을 물었다. 육손은 섣불리 위나라의 청을 들어주지 말고 군사들이 어떤 상태인지 살핀 연후에 그들이 승리하는 듯하면 그때 군사를 내어도 늦지 않다고 조언했다."

그런데 그때 서촉에서 등지가 왔다는 보고가 들어왔다. 장소가 손권에게 아뢰었다.

"등지는 제갈량이 위군을 물리치기 위해 보낸 세작일 것입니다."

손권이 물었다.

"등지에게 뭐라고 말해야 좋겠소?"

"대전 앞에 큰 가마솥을 걸어놓고 기름 수백 근을 부은 뒤 불을 지피십시오. 그러다 기름이 끓으면 키가 큰 무사 천 명을 골라 손에 칼을 쥐게 하고 궁 앞에서부터 대전까지 길게 세운 다음 등지를 대전 안으로 들이십시오. 그런 다음 역이기鄜食其의 일한나라 유방이 역이기를 제나라로 보내 전쟁 준비를 멈추도록 설득했으나 한나라 대장이 제나라로 쳐들어오자 제나라 왕은 역이기가 자신을 속였다며 가마솥에 넣어 삶아 죽였다을 들어 등지를 꾸짖으시고 그가 어떻게 나오는지 보시옵소서."

손권은 장소의 말대로 기름을 담은 가마솥을 준비하고 칼을 든 무사 천 명을 세운 후 등지를 안으로 불러들였다. 의관을 정제하고 안으로 들어간 등지는 위풍당당한 무사들이 칼, 도끼, 극, 단검 등을 든 채 대전 앞에 반듯하게 늘어선 모습을 보고 손권의 의도를 간파했다. 그러나 등지는 안색에 변함이 없이 허리를 곧게 세우고 안으로 들어갔다. 대전 안에는 시뻘건 불길이 기름 가마솥을 달구고 있었다. 좌우의 무사들도 무서운 눈빛으로 자신을 노려보고 있었다. 등지는 빙긋이 웃음을 지었다.

가까운 신하가 등지를 손권 안으로 안내했으나 등지는 길게 읍을 할 뿐 절은 하지 않았다. 손권이 주렴을 걷어 올리라 명하며 소리쳤다.

"네 어찌 절을 하지 않느냐?"

등지는 등을 꼿꼿하게 세운 채 의연히 대답했다.

"상국上國의 사절은 작은 나라의 주인에게 절을 올리지 않습니다."

손권이 버럭 화를 냈다.

"네 감히 세 치 혀만 믿고 역이기를 흉내 내려 하는 게냐?"

등지가 큰 소리로 웃으며 말했다.

"동오東吳에는 어진 선비가 많다고 들었는데, 어찌 저같이 하찮은 선비를 두려워하십니까?"

"내 어찌 너 같은 필부를 두려워한단 말이냐?"

"저를 두려워하지 않으신다면 이 야단을 벌이면서 저를 기다리실 까닭이 없지 않습니까?"

"네놈은 우리에게 위나라와 관계를 끊고 촉과 연합하라는 말을 하려고 제갈량이 보낸 세작이 아니더냐?"

"저는 촉나라의 일개 유생으로, 오나라의 이해利害를 말씀드리러 왔을 뿐입니다. 그런데 이렇게 무사들을 세우고 기름 가마솥까지 올려놓고 계시니 참으로 도량이 좁으십니다."

그 말을 듣고 새삼 부끄러워진 손권은 도열한 무사들에게 물러나라 명했다. 그러고는 등지를 대전 위로 불러들여 자리를 권하며 물었다.

"그렇다면 오와 위의 이해가 어떻다는 건지 말해보거라."

"대왕께서는 촉과 화친하고 싶으십니까, 위와 화친하고 싶으십니까?"

"촉과 화친하고 싶으나 촉의 주인이 아직 어리고 견식이 얕으니, 관계가 끝까지 이어질 수 있을까 걱정이다."

"대왕께서는 난세의 영웅이시고 제갈량 또한 당세의 준걸입니다. 촉의 산천이 험준하다면 이와 입술처럼 두터운 관계가 될 것입니다. 그 여세로 곧장 앞으로 나아간다면 천하를 삼킬 수 있을 것이요, 뒤로 물러난다 해도 굳건한 정족지세를 이룰 수 있을 것입니다. 대왕께서 몸을 굽혀 위나라의 신하가 되신다면 위나라는 필시 대왕께 입조하라 요구할 것이고 대왕의 태자도 데려가 내시로 삼을 것입니다. 하오나 만일 불복하신다면 위나라는 군사를 일으켜 강남을 공격할 것이고 촉도 그 흐름에 이끌려 강남으로 쳐들어올 수 있습니다. 그리되면 강남의 땅은 다시는 대왕의 것이 될 수 없겠지요. 만일 대왕께서 이 사람의 말이 어리석다 여기고 받아들이지 않으신다면 저는 기꺼이 대왕 앞에 서 죽어 세작이라는 말을 듣지 않겠습니다."

등지는 옷 소매를 걷어 올리더니 대전 아래로 내려가 가마솥을 향해 걸어갔다. 손권은 좌우에 명하여 황급히 등지를 저지하고 등지를 후전後殿으로 청했다. 손권은 등지를 상빈上賓의 예로 대하며 말했다.

"선생의 말씀이 바로 내 뜻과 같소. 내 촉주와 화친을 논할 터이니 선생께서 자리를 마련해주시지요."

등지가 말했다.

"방금 전 저를 삶아 죽이려 했던 분도 대왕이시고 지금 저에게 일을 맡기는 분도 대왕이십니다. 대왕께서 이렇듯 뜻을 분명히 정하지 못하고 계신데, 제가 어찌 대왕의 말씀을 믿을 수 있사온지요?"

"내 뜻은 분명하니 더 이상 의심하지 않아도 되오."

이에 손권은 등지를 좀 더 머물게 하고 문무백관을 불러 모아 물었다.

"과인은 강남의 팔십일 주에 형초荊楚의 땅까지 얻었으나 저 편벽한 곳에 있는 서촉만도 못하오. 촉에는 등지 같은 이가 있어 그 주인을 욕되게 하지 않건만 어찌 우리 동오에는 촉에 들어가 과인의 뜻을 전할 사람이 하나도 없는 게요?"

그때 반열에서 한 사람이 나와 아뢰었다.

"신이 사신으로 가겠습니다."

모두가 돌아보니 성은 장張, 이름은 온溫, 자가 혜서惠恕로 중랑장 자리에 있는 자였다. 그는 오군吳郡 사람이었다. 손권이 장온에게 말했다.

"경은 촉으로 가서 제갈량을 만나 내 뜻을 잘 전할 수 있겠소?"

"제갈량도 사람입니다. 신이 어찌 그를 두려워하겠습니까?"

손권은 기뻐하며 장온에게 상을 내리고 등지와 함께 서촉으로 떠나게 했다.

한편 제갈량은 등지를 보낸 뒤 유선에게 아뢰었다.

"등지가 떠났으니 반드시 일이 이루어질 것입니다. 동오에는 어진 선비가 많다고 들었으니 답례로 사람을 보내올 것입니다. 폐하께서도 그를 예로 대접하신 후 동오로 돌려보내시어 그가 우리 촉과의 우호를 더욱 굳건히 다질 수 있도록 하시옵소서. 오나라가 우리와 화친하면 위나라는 감히 우리 촉을 공격하지 못할 것입니다. 그때가 되면 신이 남만을 평정하고 위나라를 도모하겠나이다. 위나라를 꺾고 나면 동오도 오래 버티지 못할 터이니 천하통일의 대업을 이룰 수 있습니다."

그때 동오에서 등지와 장온이 촉에 왔다는 소식이 전해졌다. 유선은 문무백관을 불러들여 등지와 장온을 맞이했다. 장온은 득의양양한 모습으로 대전에 올라 유선을 뵙고 예를 올렸는데, 유선은 장온에게 비단 의자를 내어주고 대전 왼쪽에 앉게 한 다음 잔치를 베풀어 그를 대접했다. 잔치가 끝나자 백관들은 장온을 역관으로 전송했다.

다음 날에는 제갈량이 장온에게 잔치를 베풀었다. 제갈량이 장온에게 말했다.

"선제께서 살아 계실 때는 오와 사이가 나빴습니다. 하지만 이제 돌아가셨으니, 주공께서도 지난날의 안 좋은 일에 대한 기억은 버리시고 영원한 동맹을 맺어 위나라를 함께 무찌르고자 하십니다. 대부께서도 오왕께 잘 말씀드려주십시오."

장온은 흔쾌히 그러자고 대답했다. 술이 돌면서 취기가 오르자 장온은 자못 오만한 기색으로 웃고 떠들었다.

이튿날 유선은 장온에게 금과 비단을 하사하고 성 남쪽 우정郵亭에서 잔치를 열고 모든 관원에게 장온을 전송하라고 명했다. 제갈량이 장온에게 술을 권해 한참을 마시고 있는데, 갑자기 취한 사람 하나가 끼어들어 길게 읍하더니 자리에 앉았다. 장온이 제갈량에게 물었다.

"저 사람은 누구입니까?"

제갈량이 대답했다.

"성은 진, 이름은 북, 자는 자칙子勅이라 하며 익주 학사입니다."

장온이 진복에게 말했다.

"학사라면 배운 게 많으시겠소."

진복이 정색하며 말했다.

"촉에서는 삼척동자도 다 하는 학문인데 나라고 안 그렇겠소?"

"선생께서는 무슨 공부를 하시었소?"

진복이 또 정색하며 말했다.

"위로는 천문에서 아래로는 지리에 이르기까지, 또한 삼교구류_{삼교三}敎는 불교·유교·도교를 말하며, 구류九流는 유가류·도가류·법가류·명가류·묵가류·잡가류·음양가류·종횡가류·농가류를 말한다와 제자백가에 이르기까지 두루 통달했지요. 고금의 역사며 성현의 경전까지 안 읽어본 게 없습니다."

"그리 호언하시니 하늘에 대해 묻겠소이다. 하늘에도 머리가 있소이까?"

"있지요."

"어느 쪽에 있습니까?"

"서쪽이오.《시경時經》에 이르기를 '그리워하여 서쪽으로 돌아본다乃眷西顧'고 했으니 서쪽에 있다 할 수 있지요."

"하늘에도 귀가 있소이까?"

"하늘은 높은 데 있지만 낮은 소리까지 듣습니다.《시경》에 이르기

를 '학이 높은 언덕에서 우니 그 소리가 하늘까지 들린다鶴鳴九皐 聲聞於
天'고 했습니다. 그러니 어찌 귀가 없겠습니까?"

장온이 다시 물었다.

"하늘에도 발이 있습니까?"

"물론입니다.《시경》에 이르기를 '하늘의 걸음걸이는 참으로 힘겹
다天步艱難'고 했으니 어찌 발이 없겠소이까?"

"하늘에도 성姓이 있소이까?"

"어찌 성이 없을 수 있겠습니까?"

"성이 무엇입니까?"

"유劉씨지요."

"어째서 그렇소이까?"

"천자의 성이 유씨니 그렇지요."

장온이 또다시 물었다.

"해는 동쪽에서 뜨지 않습니까?"

"물론 그렇지요. 하지만 서쪽으로 지지 않습니까?"

진복이 거침없이 대답하니 좌중의 사람 모두가 놀랐다. 장온도 더
이상 할 말이 없어 가만히 있었다. 이번에는 진복이 물었다.

"선생은 동오의 명사이시고 하늘에 대해서도 물으셨으니 하늘의 이
치를 잘 아시리라 믿습니다. 먼 옛날 혼돈混沌이 나뉘어 음양으로 갈라
질 때 맑고 가벼운 것은 떠올라 하늘이 되었고 탁하고 무거운 것은 가
라앉아 땅이 되었다지요. 이후 공공共工씨가 싸움에서 패배해 부주산不
周山을 머리로 들이받는 바람에 하늘의 기둥이 꺾이고 땅이 떨어져 나
가니 하늘이 서북쪽으로 기울고 땅은 동남쪽으로 기울었다 하지 않습
니까? 맑고 가벼운 것들이 떠올라 하늘이 되었는데 어떻게 서북쪽으

로 기울 수 있는지요? 맑고 가벼운 것 말고 또 무엇이 있기에 그리되었단 말입니까? 선생께서 좀 가르쳐주시지요."

장온은 무어라 대답을 하지 못하고 자리를 피해 앉아 사과했다.

"촉나라에 이토록 인재가 많은 줄은 몰랐소이다. 선생의 말을 들으니 막혔던 가슴속이 확 트이는 듯합니다."

제갈량은 장온이 지나치게 무안해하지나 않을까 염려되어 좋은 말로 달랬다.

"술자리에서 오가는 문답이야 한낱 담소가 아닙니까? 천하를 다스리고 나라를 안정시키는 도를 아시는 분께서 그리 열심히 담소에 임하시다니요."

장온은 제갈량에게 감사의 말을 건넸다. 제갈량은 등지에게 장온과 함께 오나라로 동행하여 답례하라고 명했다. 그렇게 장온과 등지는 제갈량에게 인사하고 함께 동오로 떠났다.

한편 오왕은 장온이 동오에 가서 여러 날 동안 돌아오지 않자 문무관원들을 모아놓고 의논을 했다. 이때 가까운 신하가 와서 아뢰었다.

"촉에서 답례로 등지를 보냈습니다."

손권은 등지와 장온을 대전 안으로 들였다. 장온은 대전 앞에서 절하며 유선과 제갈량의 덕을 칭송하고 촉과 오의 우호동맹을 위해 답례로 등지를 보내왔다고 아뢰었다. 손권은 크게 기뻐하며 두 사람에게 잔치를 베풀었다. 손권이 등지에게 물었다.

"오와 촉 두 나라가 힘을 합쳐 위나라를 멸해 천하를 평안케 한 후 두 주공이 각자 땅을 나누어 다스린다면 얼마나 기쁘겠소이까?"

등지가 말했다.

"하늘에 해가 둘일 수 없듯 백성도 두 임금을 섬길 수 없습니다. 위나라를 멸한 다음에는 천명이 누구에게 갈지 모르오나 임금 된 이가 덕을 닦고 신하 된 이가 충성을 다한다면 전쟁은 없을 줄로 아옵니다."

그 말에 손권이 크게 웃으며 말했다.

"그대야말로 참으로 성실한 군자요!"

손권은 등지에게 후한 선물을 내리고 촉으로 돌려보냈다. 이로써 오와 촉은 우호관계를 회복했다.

지략 해설

2차 촉-오 동맹이 공고할 수 있었던 것은 제갈량의 노력 덕분이었다. 동오에서 답례로 장온을 촉에 보내자 진복이라는 인물이 장온을 난감하게 만드는데, 진복을 끌어들인 바로 이 대목에서 제갈량의 현명함이 드러난다. 제갈량은 진복을 통해 장온을 난감하게 만들어 간접적으로 그의 오만함을 질책할 수 있었고 수하의 관원이 일을 처리하게 함으로써 문제를 수습할 여지를 크게 만들었다. 또한 제갈량은 직접 개입하여 사태를 수습함으로써 장온에게 빠져나갈 구멍을 마련해주기도 했다. 제갈량은 외교의 의미를 누구보다도 잘 알고 있었으며 교묘한 외교 수단을 동원하여 정치적 목표에 부합하는 외교 성과를 이끌어냈다.

촉-오 동맹은 결코 완전하다고 할 수는 없었다. 그러나 양측이 서로 멀리 있으면서도 뜻을 하나로 모아 위나라를 견제했기 때문에 위나라는 함부로 동오나 서촉을 침범할 수 없었다. 삼국 정립의 형세가 반세기나 이어질 수 있었던 것도 전적으로 촉-오가 연합하여 위나라에 대항한 덕분이었다.

활용

개인이든 집단이든 경쟁 상대를 충분히 파악했다고 해서 즉시 공격을 감행해서는 안 된다. 적이 지닌 안팎의 문제를 모두 파악했다면 자신과 힘을 합칠 수 있는 동맹군을 포섭하여 공동으로 적을 공격하는 게 현명할 것이다. 전쟁을 앞두고 전략을 결정하는 최고지도자라면 무력을 피하는 동시에 두 가지 원칙을 지켜야 한다. 첫째, 자기편의 정치적 의도가 정책 결정의 최고 목표가 되어야 한다. 둘째, 최대한 다른 편의 자원을 이용할 방법을 강구하고 자기편은 최대한 보호해야 한다. 여러 집단과의 관계 속에서 큰 틀을 세우고 다른 집단들 사이의 모순을 끄집어낸 다음 자신의 동맹군을 편성하는 것이다. 현명한 정책 결정권자라면 쟁탈전이 벌어지는 무대 한복판을 벗어나 구석에 있을 줄 알아야 한다. 그런 다음 다른 집단과 자신의 적 사이에 존재하는 문제를 이용하여 동맹군을 편성한 후 공동으로 적에게 대응하면 문제를 슬기롭게 해결할 수 있다. 이런 식으로 정책을 결정하는 지도자는 시종일관 진지하게 문제에 끼어들기보다 복잡한 투쟁의 무대에서 비껴나 상황을 가만히 지켜볼 줄 안다. 그렇게 다른 이들이 마음껏 계산을 하고 방책을 세우도록 놓아두면 자신이야말로 가장 자유로운 위치에서 문제를 비교하면서 가장 현명한 결정을 내릴 수 있다.

동맹을 맺고 유지하기 위해서는 공동의 적을 분명히 해야 하고, 동맹 형식이 다른 참가자들의 이익을 어느 정도 만족시켜야 한다. 또한 동맹 내부의 갈등이 동맹을 와해시킬 수준에 이르지 않도록 관리해야 하고, 동맹 참가자들이 입는 손해가 동맹에 참여함으로써 얻는 이익보다 크지 않도록 해야 한다. 이 중 앞의 두 가지는 동맹을 결성하는 데 필요한 조건이고, 뒤의 두 가지는 동맹이 유지되는 데 필요한 조건이다.

동맹은 여러 기준에 따라 장기적 동맹과 임시 동맹, 긴밀한 동맹과 느슨한 동맹, 집단 동맹과 개인 동맹, 정치적 동맹과 비정치적 동맹, 공개 동맹과 비밀 동맹, 서명 동맹과 구두 동맹 등으로 분류할 수 있다. 동맹의 종류를 규정하기 위해 동맹의 모든 속성을 분석할 필요는 없다. 다만 동맹의 주된 성격, 즉 가장 중요한 특징을 분석하면 된다.

장기 동맹과 임시 동맹은 동맹 참가자들의 목표가 장기적인가 단기적인가에 따라 결정된다. 단기적인 목표를 위해 함께 모였다면 임시 동맹이고, 장기적인 목적으로 모였다면 장기 동맹이다. 긴밀한 동맹과 느슨한 동맹은 참가자들의 목표가 서로 얼마나 일치하는가, 동맹 구성원들의 응집력이 얼마나 큰가, 공동의 적의 위협이 얼마나 큰가에 따라 결정된다. 참가 집단의 목표가 서로 일치하고 집단의 응집력이 높으며 적의 위협이 클수록 그 동맹은 긴밀하고 반대의 경우라면 느슨해진다. 공개 동맹과 비밀 동맹은 공동의 적 위협을 공개하는가 여부에 따라 결정되는데, 이러한 공개 여부는 동맹 집단의 힘이 얼마나 큰가에 따라 결정된다. 동맹 구성원들이 공동의 적으로부터 통제를 받고 있다면 동맹 구성원들은 적을 상대할 힘이 충분치 않으므로 이들의 동맹은 비밀 형식이 된다. 반대로 공동의 적 통제를 받지 않고 동맹 구성원들의 힘이 적을 상대하기에 충분하다면 이들의 동맹은 공개 형식이 된다.

왕랑을 꾸짖어 죽이다

말 한마디의 힘이
백만 군사보다 강하다

세 치 혀를 가볍게 움직여
늙은 간신을 꾸짖으니 그가 죽는구나.

제갈량은 창 같은 입술과 칼 같은 혀로 준엄한 말을 내뱉어 왕랑에게 한바탕 치욕을 안겨주는데, 이 일로 말미암아 왕랑은 황천길을 떠난다. 이 이야기는 《삼국지연의》 93회 '강유는 제갈량에게 투항하고 제갈량은 왕랑을 꾸짖어 죽이다'에 실려 있다.

제갈량은 강유와 함께 진채로 돌아와 천수와 상규를 얻을 계책을 상의했다. 강유가 제갈량에게 말했다.

"천수성의 윤상과 양서는 저와 각별한 친분이 있습니다. 제가 그들에게 각각 편지를 써서 화살에 묶어 성안으로 쏘아 보내면 성안에서는 내분이 일어날 것입니다. 그때 성을 공격하면 성은 쉽게 무너질 것입니다."

제갈량은 강유의 계책을 받아들였고 강유는 밀서 두 통을 써서 각각 화살에 맨 다음 성안으로 쏘아 보냈다. 성안의 하급 군사가 이 화살을 주워 마준에게 바치자, 마준은 급히 하후무를 불러 계책을 논의했다.

"양서와 윤상은 강유와 친분이 두터운 사이입니다. 분명 강유에게 호응하고자 할 터이니 도독께서 일찌감치 결단을 내려주십시오."

하후무가 말했다.

"그 둘을 죽이면 되지 않소?"

윤상은 이 소식을 전해 듣고는 양서에게 가 말했다.

"차라리 성을 촉에 바치고 투항합시다. 그러면 우리가 촉에서 크게 쓰일 수도 있소."

그날 밤 하후무는 양서와 윤상에게 여러 차례 사람을 보냈으나 이들은 사태가 급박하게 돌아감을 깨닫고 각자 무기를 집어 들고는 말에 올랐다. 두 사람은 군사들을 이끌고 가서 성문을 활짝 열고 촉군을 맞아들였다. 하후무와 마준은 두 사람의 조치에 놀라 군사 수백을 이끌고 서문으로 빠져나갔다. 성을 버리고 강족의 성채로 간 것이다. 양서와 윤상은 성안으로 들어오는 제갈량을 맞아들였고, 제갈량은 성안의 백성들을 위로한 뒤 상규를 얻을 계책을 논의했다. 양서가 말했다.

"상규성은 저의 친동생 양건이 지키고 있는 곳이니 제가 가서 항복하라고 이르겠습니다."

제갈량은 크게 기뻐했다. 양서는 그날 상규성에 도착하여 양건에게 성문을 열고 제갈량에게 투항하라고 권유했다. 제갈량은 양서의 공로를 상으로 치하하고 양서를 천수태수로, 윤상을 기성현령으로, 양건을 상규현령으로 임명했다.

제갈량이 다시 군사를 정비하고 떠나려 하자 장수들이 물었다.

"승상께서는 어찌 하후무를 사로잡으러 가지 않으십니까?"

제갈량이 말했다.

"하후무 한 사람 놓아주는 것쯤이야 오리 한 마리 풀어주는 것과 다르지 않소. 그러나 이제 강백약을 얻었으니 봉황을 얻은 것과 진배없소이다."

제갈량이 천수, 기성, 상규를 얻자 제갈량의 명성이 크게 높아져 멀고 가까운 성들이 스스로 투항해 왔다. 제갈량은 한중의 군사를 정비하여 기산을 지나 위수 서쪽에 군사를 주둔시켰다. 그러자 정탐꾼이 이 소식을 낙양에 전했다.

태화太和 원년, 위주 조예가 대전에 나와 조회를 열었다. 먼저 가까운 신하들이 아뢰었다.

"하후무가 성 세 곳을 잃고 강족들에게로 달아났다 하옵니다. 지금 촉군이 기산에 도착하여 위수 서쪽에 진을 치고 있다 하오니 속히 군사를 내어 적을 물리치시옵소서."

조예가 크게 놀라 신하들에게 물었다.

"누가 짐을 위해 촉군을 물리치겠는가?"

사도司徒 왕랑이 앞으로 나오며 말했다.

"선제께서는 항상 대장군 조진을 쓰시어 가는 곳마다 승리를 거두셨다 들었사옵니다. 그런데 폐하께서는 어찌 그를 대독으로 삼아 촉군을 물리치지 않으십니까?"

조예가 조진을 불러 말했다.

"선제께서는 경에게 탁고의 중임을 맡기셨소. 지금 촉군이 중원으로 쳐들어오는데 경은 어찌하여 앉아서 구경만 하고 있는 게요?"

조진이 아뢰었다.

"신은 재주가 얕고 지혜도 부족합니다. 그런 직함을 맡기에는 적절치 않습니다."

왕랑이 조진에게 말했다.

"장군께서는 사직을 책임지고 있는 신하요. 폐하께서 내리시는 직함을 사양하면 안 됩니다. 신은 늙어 몸이 무겁지만, 장군을 따르며 함께하겠소."

조진이 다시 조예에게 아뢰었다.

"신이 이토록 큰 은혜를 입었는데, 어찌 감히 사양할 수 있겠습니까? 다만 부장 한 사람을 청하려고 합니다."

조예가 말했다.

"천거해보시오."

조진은 태원太原 양곡陽曲 사람인 곽회郭淮를 천거했다. 곽회의 자는 백제伯濟이고 관작은 사정후射亭侯로, 옹주자사였다. 조예는 즉시 조진을 대도독으로 임명하고 절월節鉞을 내렸으며, 이어 곽회를 부도독으로 삼고 왕랑을 군사로 삼았다. 이때 왕랑의 나이가 일흔여섯이었다. 조예는 낙양과 장안에서 군사 20만을 선발하여 조진에게 내어주었다. 조진은 종제宗第 조준曹遵을 선봉으로, 탕구장군蕩寇將軍 주찬朱讚을 부선봉으로 삼아 그해 11월에 출사했다. 위주 조예는 직접 서문 밖까지 군사들을 전송했다.

조진은 대군을 이끌고 장안에 도착하여 위수 서쪽에 진을 쳤다. 조진, 왕랑, 곽회는 촉군을 물리칠 계책을 논의했다. 왕랑이 말했다.

"내일 우리 군사의 대오를 성연히 하고 깃발을 위엄 있게 쭉 세우시오. 내 직접 담판을 벌여 제갈량이 두 손 모으고 항복하게 만들겠소. 그리하면 촉군은 저절로 물러날 것이외다."

조진은 크게 기뻐하며 그날 밤 전략을 지시했다.

"내일 사경에 일제히 밥을 지어 먹고 날이 밝으면 대오를 갖추도록 한다. 군마는 위엄을 갖추고 깃발과 북과 뿔나팔도 차례로 갖추도록 하라."

그러고는 사람을 시켜 촉 진영에 전서戰書를 보냈다.

이튿날 양쪽 군대는 기산 앞에서 서로 마주 보고 진을 벌였다. 촉의 군사들이 위군의 웅장한 기세를 보니 하후무와는 비교가 되지 않았다. 삼군의 북소리와 뿔나팔 소리가 멈추자 사도 왕랑이 말을 타고 앞으로 나왔다. 위로는 도독 조진이, 아래로는 부도독 곽회가 진 모퉁이에 선봉으로 섰다. 전령이 앞으로 나와 소리쳤다.

"주장主將은 앞으로 나와 답하라!"

순간 촉군의 문기가 열리며 관흥과 장포가 좌우로 나왔다. 그 뒤로 군사들이 대오를 이루고 나오더니 문기의 그림자 아래로 사륜거가 중앙에 모습을 드러냈다. 사륜거 위에는 제갈량이 윤건을 쓰고 부채를 든 채 흰 옷을 입고 검은 띠를 두른 모습으로 앉아 있었다. 제갈량이 적진을 보니 앞에는 세 개의 산개傘蓋가 있고 산개마다 장수들의 이름이 크게 쓰여 있는데, 그 가운데로 수염이 하얀 노인이 보였다. 군사軍師 왕랑이었다. 제갈량은 왕랑을 보며 생각했다.

'왕랑은 나를 설득하려 들 터이니 임기응변으로 대응해야겠구나.'

제갈량은 수레를 앞으로 몰아 진 밖으로 나가며 호위 병사에게 말을 전하라고 명했다.

"한 승상께서 사도 왕랑과 대화를 나누고자 하신다."

왕랑이 말을 몰고 나가니 제갈량이 수레 위에서 두 손을 앞으로 모으고 예를 표했다. 왕랑도 말 위에서 몸을 굽혀 답례하고는 제갈량에게 말했다.

"공의 크신 이름을 들은 지 오래인데, 이제야 만나뵙는구려. 공처럼 천명과 시무에 밝으신 분께서 어찌 명분 없는 군사를 일으키신 게요?"

제갈량이 대답했다.

"황제의 조서를 받들어 역적을 치려 하는데 어찌 명분이 없다 하십니까?"

"천수는 변하고 신기(神器, 제위) 또한 바뀌는 법. 덕 있는 자에게 천명이 돌아감은 자연스러운 이치가 아니오? 지난날 환제, 영제 이래로 황건적이 난을 일으켜 천하가 크게 어지러워졌소. 초평, 건안 때에는 동탁이 반역을 일으켰고 이각과 곽사가 잔학을 행했으며 원소 역시 업땅에서 스스로 영웅이라 칭했소. 또한 유표가 형주를 차지하고 여포가 서주를 집어삼키는 등 도적들이 벌 떼처럼 일어나고 간웅이 세상을 휘젓고 다니니 사직이 달걀을 쌓은 듯 위태롭고 백성들의 삶 또한 도탄에 빠졌소이다. 우리 태조 무황제(조조)께서는 이렇듯 간악한 무리를 일소하시고 중원의 땅을 석권하시었소. 이에 만백성이 마음을 바치고 사방에서 덕을 공경하니 이는 권세로 취한 것이 아니라 천명인 것이오. 세조 문제(조비)께서도 문무에 통달하시어 대통을 이어받았으니 이는 하늘의 뜻에 따른 것이고 사람의 마음과도 합치되는 일이오. 먼 옛날 요 임금이 순 임금에게 선양한 법도에 따라 중원에 자리를 잡고 만방을 다스리니 어찌 천심과 인의에 어긋날 수가 있소이까? 지금 공께서 큰 재주와 큰 뜻을 품고 스스로를 관중과 악의에 비교하신다 들었는데, 그러면서 어찌 천리(天理)를 거스르고 인정을 배반하신단 말이오?

'하늘에 순응하는 자는 창성하고 하늘을 거역하는 자는 망한다'라는 옛말도 들어보지 못하셨소? 지금 우리 대위大魏는 갑옷 군사가 일만이며 훌륭한 장수만 천 명에 이르오. 어찌 썩은 풀더미 속의 반딧불을 가지고 천심의 밝은 달빛에 비기려 하는 게요? 공이 창을 거꾸로 잡고 갑옷을 벗어 예를 갖추어 항복한다면 봉후封侯의 지위는 잃지 않게 해주리다. 그리하기만 한다면 나라가 평안해지고 백성들 또한 기뻐할 터이니 이 어찌 아름다운 일이 아니리오?"

제갈량이 수레 위에서 크게 웃으며 말했다.

"그대는 한조의 원로대신이니 필시 고견이 있으리라 여겼건만 어찌 그리 비루한 말씀을 하시오? 내 한마디만 할 터이니 모두들 조용히 들으시오. 지난날 환제, 영제 때 한실의 법통이 자리를 잃어 환관들이 난을 일으키는 바람에 나라가 어지러워지고 흉년이 계속되어 사방이 시끄러워졌소. 또 황건적의 난과 동탁, 이각, 곽사의 난이 연이어 일어나 황제를 핍박하고 백성들에게 난폭하게 굴었소. 그 이유는 묘당廟堂에 썩은 나무 같은 관리들만 가득하고, 조정에서는 금수의 무리가 녹을 받아먹고, 이리 같은 마음으로 개같이 행동하는 무리가 국사를 어지럽히고, 굽실거리며 아첨하기 바쁜 무리가 정권을 농단한 탓이오. 그 때문에 사직은 폐허가 되고 창생은 도탄에 빠졌소이다. 내 그대의 소행을 전부터 잘 알고 있었소. 조상 대대로 동해 물가에 살면서 효렴으로 벼슬길에 올랐다면 마땅히 임금을 섬기고 나랏일을 도와 유씨 한실을 일으켜야 하거늘 어찌 역적을 도와 황위 찬탈에 동조하는 게요? 그 죄악은 하늘과 땅도 용납하지 않을 만큼 깊고 무서워 천하 사람들은 모두 그대의 고기를 씹어 먹기를 원하고 있소! 하늘의 뜻으로 한실의 기운이 끊어지지 않아 유비께서는 서천에서 그 대통을 이으셨소이다. 내 오늘 사군嗣君, 뒤를 이은 임금, 즉 후주 유선의 뜻을 받들어 군사를 일으켜 역적을 토벌하려 하오. 그대는 아첨이나 일삼는 신하로서 몸을 숨기고 머리를 숙여 구차하게 목숨이나 이어가면 그뿐인데, 어찌 감히 황제의 군사 앞에 나타나 망령되이 천수를 논하는 것이오? 머리칼마저 하얗게 세어버린 필부요, 수염 푸른 늙은 도적이여! 그대는 오늘 내일이면 구천으로 갈 몸인데, 무슨 낯으로 지난날 스물네 황제의 얼굴을 뵈려 하시오? 늙은 도적은 속히 물러날지어다! 그대 대신 반역의 신하들이 나와서 나와 승부를 겨루어보자 하시오!"

왕랑은 제갈량의 말을 듣자 기가 탁 막혀 큰 소리를 지르고는 말에서 떨어져 죽었다. 후대 사람들이 이 일을 두고 제갈량을 칭송하며 쓴 시가 있다.

군마를 거느리고 서진으로 나가니
웅대한 재주는 만인을 상대하네.
세 치 혀를 가볍게 움직여
늙은 간신을 꾸짖으니 그가 죽는구나.

제갈량은 부채를 흔들며 조진 또한 꾸짖었다.

"오늘은 너를 공격하지 않겠다. 그러니 속히 군마를 정돈하여 내일 결전을 치르자."

제갈량은 그렇게 말한 후에 수레를 타고 진채로 돌아갔다. 이에 양쪽의 군사 모두가 물러났다. 조진은 왕랑의 시신을 목관에 안치하여 장안으로 보내주었다.

지략 해설

'꾸짖는다'라고 하면 흔히 '나쁜 말을 하다', '비속한 말을 내뱉다' 등의 좁은 의미로 받아들이는 경우가 많다. 그러나 사실 '꾸짖는다'는 말이 포괄하는 의미는 매우 광범위하다. 사람이라면 결코 물들어서는 안 되는 악습이 있다. 누군가가 일순간의 망설임도 없이 결정적인 순간에 높은 수준의 질책을 쏟아내는 일은 청사에 길이 빛날 모범이며 그가 '웃고 떠들고 분노하고 질책하는 말은 모두가 빛나는 문장'이 된다. 역사 속의 유명한 글들을 조금만 훑어보아도 이 점을 충분히 이해할 수 있다. 그 옛날 명문들 중에는 빛나는 정신으로 당당히 꾸짖는 영웅이 곳곳에 숨어 있다.

제갈량도 이러한 '매문罵文'에 능통하여 장장 278자에 달하는 글을 썼다. 이 매문을 들은 왕랑은 기가 탁 막혀 큰 소리를 지르며 말에서 떨어져 죽었다. 《삼국지연의》의 저자 나관중은 중국의 '매문화罵文化'에 대해 독자들의 이해가 부족하지나 않을까 우려하여 후대 사람의 시를 통해 '세 치 혀가 늙은 간신을 꾸짖어 죽게 한 일'을 찬미하고 있다. 수준 높은 질책 기법은 적국의 대사도를 적진 앞에서 쓰러져 죽게 만들었다.

활용

1. 모자람을 꾸짖는 기교

상대방의 모자람을 꾸짖는 것은 일종의 인신공격으로, 상대방의 단점을 꾸짖는 방법과 도덕적 결함을 꾸짖는 방법으로 나뉜다. 대장부라면 대개가 그 사람의 단점보다는 도덕적 결함을 꾸짖게 마련이다. 제갈량 또한 왕랑의 도덕적 결함을 꾸짖는다. 그는 비속한 말 한마디 없이 "내 너의 행실을 익히 알고 있는데"라며 과거 행적을 들추어 꾸짖는다. 그가 내뱉은 심한 말이라고 해봐야 "천하 사람들이 모두 그대의 고기를 씹어 먹기를 원하고 있소" 정도이다.

2. 국가 정체성을 꾸짖는 기교

상대국을 꾸짖을 때 가장 오래 사용해온 말은 '적賊'이다. '적'은 춘추春秋의 '도盜'라는 말에서 왔다. 한대에 원씨 가문을 꾸짖을 때 쓴 말도 '적賊' 아니면 '국적國賊'이었다. 제갈량도 왕랑을 '수염 푸른 늙은 도적蒼髯老賊'이라는 표현으로 나무란다. 그 외에 또 다른 표현으로 '필부匹夫'가 있는데, 제갈량이 왕랑을 "머리칼 하얗게 센 필부"라고 욕하는 부분이 바로 그것이다. 필부라는 말이 욕으로 쓰인 예는 《맹자孟子》〈양혜왕 하梁惠王下〉의 '필부의 용기로는 고작 한 사람을 상대할 수 있을 뿐이다此匹夫之勇 敵一人者也'이다. 맹자조차도 누군가를 욕한 것이다. 맹자는 국매國罵의 창시자라 할 수 있는데, 이러한 꾸짖음 또한 그 문화라 하겠다.

3. 상대방을 낮추어 꾸짖는 기교

노예는 다른 사람에게 노역을 당하는 사람으로 지위가 매우 비천했다. 그 때문에 민간에서는 누군가를 욕할 때 상대방의 연배나 지위를 원하는 수준까지 낮추는 방법을 많이 사용했다. 일례로 상대방의 실제 나이와 무관하게 "이 젖비린내 나는 녀석"이라고 말하는 것은 상대방의 나이를 내가 원하는 수준까지 낮추는 방법이다. 제갈량은 왕랑의 연배나 지위를 낮추지 않았지만 "수염이 푸르다"라느니 "머리칼이 하얗게 셌다"라느니 하는 말로 왕랑의 나이를 강조하여 '지적 수준이 나이에 걸맞지 않다'는 분위기를 풍겨 그의 체면을 공격했다. 그래도 언어상의 공정을 기하느라 '늙은 도적' 옆에는 '필부'라는 말을, '푸른 수염' 옆에는 '하얀 머리칼'이라는 말을 빠뜨리지 않고 있다. 상대방을 나무라는 와중에도 문채文彩와 미감未感을 고려했으니, 이 정도면 참으로 문아文雅한 욕설이 아닐 수 없다.

4. 저주를 동원하여 꾸짖는 기교

제갈량은 왕랑을 꾸짖는 말끝에 "오늘 내일이면 구천으로 갈 몸"이라고 했다. 이것은 상대방을 죽음에 이르게 할 정도로 독한 말이었다. 도의적으로는 연장자를 높여야 마땅하지만 제갈량은 몇 번이나 왕랑의 '하얀 머리칼'을 강조한다. 당시 제갈량의 나이는 마흔이었는데, 왕랑은 그보다 훨씬 나이가 많았다. 나이 어린 후배가 무력을 동원하지 않고 오로지 질책만으로 연장자를 죽음에 이르게 한 것이다. 제갈량이 너무한 것이라고? 천만에! 제갈량이 질책을 퍼붓기 전에 왕랑도 크게 한마디 했고 그 한마디의 수위도 결코 제갈량 못지않았다. 그러나 제갈량은 화를 내거나 죽지 않았고 왕랑은 화가 나서 죽었다. 그런 의미에서 본다면 상대방을 욕할 때에는 기교뿐만 아니라 상대방의 노기를 자극하는 것이 중요하다. 혹자는 제갈량이 더 젊어서 나이 공격에 유리했다고 말할지도 모르나, 제갈량의 말을 듣고 화가 나서 죽은 주유도 제갈량보다 젊기는 마찬가지였다.

상대방을 꾸짖되 비속한 말은 하지 않으면서 앞서 언급한 기교들을 사용하면 효과 백 배이다. 우아하고 고상한 말로도 얼마든지 상대방을 굴복시킬 수 있기 때문이다. 그러므로 꾸짖음의 모범이 되는 '제갈량이 왕랑을 꾸짖은 이야기'는 역사상 최고의 욕이라고 할 수 있다.

제5장

무엇이 진실이고,
무엇이 거짓인가

_제갈량의 기만술

고의로 적에게 거짓 정보를 흘려 적을 함정에 빠뜨리는 것은 일종의 정보 속임수이다. 그 외에도 거짓 행동으로 적을 함정에 빠뜨리는 전술 속임수가 있다. 제갈량과 적군 사이에 벌어지는 갖가지 속임수는 병법의 지혜와 규칙성을 잘 보여주는 예다.

다만 속임수를 쓸 때는 사람을 해치는 마음이 있어서는 안 되고 적을 방비하는 마음이 없어서는 안 된다. 또한 범죄적 사기 행각은 안 되지만 적의 속임수를 간파하는 기술이 없어서는 안 된다. 신뢰와 협력을 추구하는 동시에 지혜와 안목을 갖추고 상대방의 형편없는 속임수와 의도는 뻔히 꿰뚫어 볼 줄 알아야 한다. 그래야 불필요한 손해를 줄일 수 있기 때문이다. 제갈량이 펼친 속임수들은 경쟁사회를 살아가는 우리에게 꼭 필요하고 유용한 것이다.

화용도로
적을 유인하다
아군의 허실을 뒤섞는다

조조군이 패하여 화용도華容道로 도주함은
제갈량의 신통한 지혜가 사전에 빛을 발한 결과라.
은혜와 의리가 깊은 관우가
자물쇠를 열어 조조를 풀어주네.

'허즉실지, 실즉허지虛則實之, 實則虛之, 허를 실로 보이게 하고 실을 허로 보이게 한다'는
병가에서 흔히 사용되는 병법이다. 제갈량도 이를 새로이 발전시켜 만
만치 않은 병법가인 조조를 함정에 빠뜨리는 데 성공한다.

제갈량이 조조군을 화용도華容道로 유인한 것은 '허즉실지'도, '실즉
허지'도 아니었다. 조조는 '실즉실지實則實之, 실로 보이게 하고 실을 행함'에 속아
넘어갔다.

적벽대전 이후 조조는 거의 몰살에 가까울 정도로 많은 병사를 잃
고 얼마 되지 않는 패잔병을 이끌고 도망쳤다. 그러나 제갈량은 조조
가 도망갈 길을 훤히 꿰뚫고 그 길목마다 조자룡, 장비, 관우를 배치하

여 조조군을 공격하도록 했다. 조조는 조자룡과 장비의 공격을 받고 기력이 소진한 가운데 궁지에 몰리며 화용도로 들어섰다가, 여기서 또 다시 관우와 마주치고 만다. 조조는 원래 여기서 죽을 운명이었는데, 관우는 과거 조조가 자신을 풀어준 옛정을 잊지 않고 조조를 풀어줌으로써 은혜를 갚는다.

이 이야기는 《삼국지연의》 50회 '제갈량은 조조군을 화용도로 유인하고 관우는 의리를 잊지 않고 조조를 풀어주다'에 나온다.

유비와 유기는 하구에서 제갈량이 돌아오기만을 기다리고 있었다. 이윽고 배가 도착하더니 제갈량과 조자룡이 배에서 내렸다. 유비가 제갈량에게 말했다.

"우리는 일찌감치 모든 준비를 끝마치고 군사께서 돌아와 우리를 써주기만 기다리고 있었소."

제갈량은 즉시 장막으로 올라가 장수들을 불러 모은 후 조자룡에게 말했다.

"자룡께서는 군마 삼천을 이끌고 강 건너 오림烏林의 좁은 길로 가서 나무와 갈대가 빽빽이 우거진 곳을 찾아 매복하십시오. 오늘 밤 사경쯤에 조조군이 그 길로 지날 터이니 기다리고 있다가 그들이 반쯤 지나가거든 그곳에 불을 지르십시오. 전군이 몰살당하지 않더라도 절반은 죽을 것이외다."

조자룡이 말했다.

"오림의 길은 두 갈래입니다. 하나는 남군으로 통하고 다른 하나는 형주로 통하는데, 조조군이 어느 길로 갈지 어찌 압니까?"

제갈량이 말했다.

"남군은 지세가 험하니 그곳으로 갈 엄두를 내지 못하고, 필시 형주로 가서 대군을 모은 다음 허도로 떠날 겁니다."

조자룡이 명을 받고 떠나자 제갈량은 장비를 불러 말했다.

"장군은 군사 삼천을 이끌고 강을 건너서 이릉으로 가는 길을 끊으시오. 조조는 분명 북이릉으로 갈 것이오. 내일 비가 오고 나면 그들이 그곳에서 밥을 지어 먹기를 기다렸다가 밥 짓는 연기가 피어오르거든 산에 불을 놓으시오. 조조를 붙잡지는 못한다 해도 장군의 공이 클 것이오."

장비도 명을 받고 떠났다.

제갈량은 미축, 미방, 유봉 세 사람을 불러 각자 배를 타고 강을 돌면서 패잔병들을 사로잡고 그들의 무기를 빼앗아 오라고 지시했다. 세 사람도 명을 받고 떠났다. 제갈량은 몸을 일으키며 유기에게 말했다

"무창茂昌은 사방이 훤히 내려다보이는 곳이고 가장 중요한 땅이오. 공자께서는 그곳으로 돌아가 연안 입구에 군사들을 매복시키고 기다리십시오. 조조군이 우리 군사들을 만나 패배하면 반드시 그곳으로 도망칠 테니, 거기서 조조군을 사로잡고 절대 함부로 성곽을 떠나지 마십시오."

유기는 유비에게 인사를 올리고 떠났다. 제갈량은 마지막으로 유비에게 말했다.

"주공께서는 번구에 주둔해 계시면서 높은 곳에 올라 오늘 밤 주유가 적벽을 불태우는 모습이나 구경하시지요."

유비-손권 연합군은 적벽에서 조조를 크게 무찔렀고 제갈량은 조조군이 노망질 만한 길목마다 장수들을 배치해두었다. 그러나 관우에게만은 아무런 소임도 주지 않고 상대도 하지 않았다. 관우가 이를 보

다 못해 스스로 출전을 요구하자 제갈량이 말했다.

"오늘 조조군은 화용도까지 쫓겨 갈 것이오. 장군께서 그곳에 계시면 조조를 놓아줄 것이 분명하니 보내드릴 수가 없소이다."

관우가 그 자리에서 군령장을 쓴 뒤 물었다.

"조조가 그 길로 오지 않으면 어쩝니까?"

"그럼 저도 군령장을 쓰지요."

관우는 기뻐했다. 제갈량이 관우에게 말했다.

"장군께서는 화용도의 좁은 길로 가서 높은 곳에 마른 풀을 쌓고 불을 질러서 조조를 그곳으로 유인하십시오."

"조조가 연기를 본다면 매복을 의심할 텐데 그리로 오겠소이까?"

"병법의 '허허실실虛虛實實'을 모르십니까? 조조가 용병에 능하기는 하나 이 방법을 써야만 조조를 속아 넘어가게 할 수 있소이다. 조조는 연기를 보면 허장성세라 의심하여 반드시 그 길로 갈 것이오. 그러니 장군께서는 섣불리 인정을 베풀지 마십시오."

관우는 관평, 주창과 함께 군사 5백을 이끌고 화용도로 가 매복했다.

유비가 제갈량에게 물었다.

"내 아우는 의기를 중히 여기는지라 조조를 보고 놓아줄까 걱정이오."

"오늘 밤 천문을 보니 아직은 조조가 죽을 때가 아닙니다. 때가 그렇다면 장군에게 인정을 베풀 기회라도 주는 편이 낫지요."

유비는 탄복했다.

"선생의 헤아림은 참으로 오묘하시오!"

한편 조조는 오림으로 도망쳐 왔으나 산세가 험하고 나무가 빽빽이 우거져 있어서 고전하고 있었다. 그런데도 조조는 갑자기 하늘을 바라보며 큰 소리로 웃기 시작했다.

"주유와 제갈량은 계략이라는 것을 통 모르는 모양이구나. 이런 곳에 군사를 매복시켰다면 더없이 위협적이었을 텐데……"

그런데 그 말이 끝나기도 전에 조자룡이 군사를 이끌고 돌진해 왔다. 조조는 놀란 나머지 하마터면 말에서 떨어질 뻔했다. 조조는 서황과 장합에게 조자룡을 상대하라 명하고 속히 달아났다.

그러다 호로구葫蘆口에 이르자 조조의 군사들은 허기에 지치고 말았다. 말도 더 이상 앞으로 나아가지 못했다. 조조는 군사들에게 솥을 꺼내 밥을 지으라 명령하고는 또다시 큰 소리로 웃기 시작했다.

"주유와 제갈량은 아무래도 지모가 부족한 자들인 듯하다. 이런 곳에 군사를 매복시켰다면 우리가 도망치기 힘들었을 텐데……"

그런데 그 말이 끝나기도 전에 장비가 군사를 이끌고 달려들었다. 조조는 장비를 보자 간담이 서늘해졌다. 허저가 나는 듯이 말을 달려 장비를 상대하고 장료와 서황도 허저를 도와 협공했다. 조조는 그 틈에 말을 타고 겨우 빠져나왔다. 추격병들을 따돌리고 보니 눈앞에 양갈래 길이 펼쳐졌다. 조조는 어디로 가야 할지 몰라 곁에 있는 병사에게 물었다.

"어느 쪽 길이 가까운가?"

"큰길은 평탄하나 오십 리를 더 가야 합니다. 작은 길로 가면 화용도가 나오는데, 거리는 오십 리쯤 줄어들지만 길이 좁고 험한 데다 여기저기 구덩이가 많아 행군하기 어렵습니다."

조조는 즉시 산 위로 사람을 보내 지세를 살펴보게 했다. 병사가 돌아와 보고했다.

"좁은 길은 주변의 산 여러 곳에서 연기가 나고 있고 큰길에서는 아

417

무런 움직임이 없습니다."

조조는 화용도로 이어지는 좁은 길로 가자고 말했다. 그러자 장수들이 물었다.

"연기가 피어오른다면 필시 군마가 매복했을 터인데 왜 굳이 그길로 가려 하십니까?"

조조가 대답했다.

"병서에서도 '허해 보이는 곳이 실하고, 실해 보이는 곳이 허하다'고 하지 않더냐? 제갈량은 꾀를 많이 부리는 자이니 일부러 좁은 산길에 연기를 피워 우리가 들어서지 못하게 하고 큰길에 군사를 매복해두었을 것이다. 그따위 계략쯤이야 한눈에 알아보고도 남느니라."

장수들이 모두 감탄하며 말했다.

"승상의 헤아림은 참으로 신묘하여 따를 자가 없습니다."

조조군은 그렇게 화용도로 들어섰다. 사람과 말이 모두 굶주림으로 지쳐 있는 데다 길마저 좁고 험하니 보통 어려운 행군이 아니었다. 게다가 비까지 내리는 바람에 땅이 질척거려 걸음을 옮기기도 힘들었으며 진창에 빠져 구르는 이도 부지기수였다. 그렇게 몇 리쯤 가자 군사가운데 3분의 2를 잃어 겨우 3백여 명만이 조조를 따르고 있었다. 험한 길을 지나 평탄한 길에 이르자 서쪽에서 칼을 쥔 소교 5백 명이 나타났다. 그들을 따르는 장수는 관우였다. 관우는 청룡도를 쥐고 적토마를 부려 달리며 조조의 행군을 막아 세웠다. 조조군은 관우를 보자이제 죽었구나 싶은 마음에 서로의 얼굴만 바라보았다.

조조의 병사들은 배고픔과 고된 행군에 지쳐 싸울 의지를 잃은 상태였다. 모사 정욱은 관우에게 인정을 베풀어달라고 호소하는 게 어떻겠느냐고 제안했다. 그렇게라도 하면 군사들을 놓아줄지도 모른다는 생각에서였다. 조조로서도 그 방법밖에 없어 보였기에 관우에게 고개를 숙이고 인정을 구했다. 관우는 갑옷과 무기도 제대로 갖추지 못한 조조 군사들이 진흙투성이가 되어 눈물로 호소하자 안쓰러운 마음이 들어 한숨을 푹 내쉬고는 그들을 놓아주었다. 그러나 관우는 제갈량 앞에서 쓴 군령장이 떠올라 다급히 말 머리를 돌리며 소리쳤다.

"이놈들, 게 섰거라!"

조조군은 관우의 고함 소리를 듣자 말에서 내려와 땅바닥에 엎으려 통곡했다. 의기를 중히 여기는 관우는 이런 모습에 결국 조조군을 놓아주고 말았다.

화용도를 벗어난 조조군은 조인이 지원군을 이끌고 속히 와주기만을 기다렸다. 이제 남은 군사라고는 기병 스물일곱에 불과했다. 조조는 목놓아 울음을 터뜨렸다. 그 모습을 본 장수들은 조조가 고생하며 도주할 때는 웃더니 지금은 또 왜 우느냐고 물었다. 조조는 눈물을 훔치며 대답했다.

"곽가가 떠올라서 그러오. 곽가가 살아 있었다면 이렇게 패배하진 않았을 텐데."

그 말에 다른 모사들은 부끄러움으로 얼굴이 빨개져 아무 말도 하지 못했다.

관우가 조조를 놓아주고 진채로 돌아오자 제갈량은 하급 무관에게 관우를 데려와 참수하라고 명했다. 그러자 유비가 나서서 관우는 이전까지의 공이 적지 않으니 군사께서 이번 한 번만 용서해달라고 간청했다. 제갈량은 유비의 간청에 따라 관우를 용서해주었고 그 덕분에 관우는 죽음을 면할 수 있었다.

지략 해설

《삼국지연의》는 《손자병법》의 〈허실편〉이 제시하는 관점을 더욱 구체적으로 형상화한다. 전쟁에서 승리하는 쪽은 대부분 '적에게 보이는 모습'과 관련이 있다. 제갈량은 그때그때 사건과 상대에 따라 허실을 다르게 구사했다. 제갈량은 조조가 '허즉실지, 실즉허지'라는 병법을 잘 안다는 사실을 알고 있었으므로 과감히 '실즉실지'를 사용한다. 불을 피운 곳에 실제로 복병을 배치함으로써 의심 많은 조조를 오히려 함정에 빠뜨린 것이다.

제갈량의 화용도 유인은 허실의 병법을 기묘하게 구사한 전략이었다. 모종강毛宗崗, 나관중의《삼국지연의》를 개작한 사람의 말대로 '계략을 펼 때는 상대방이 어떤 사람인지 제대로 파악해야만 계책이 적중하게 되는 것'이다. 마찬가지로 상대방도 내가 어떤 사람인지 분명히 파악해야만 나를 계략에 걸려들게 만들 수 있다. 상대방이 자신을 지혜롭다 여기는데, 내가 그 사실을 확실히 간파하고 있다면 도리어 상대방이 나의 계략에 걸려든다. 또는 상대방이 나의 지혜로움을 잘 알고 있는데 내가 도리어 어리석은 채 대응하면 나는 그의 예상에서 벗어난다.

불은 이곳에 피우고 복병은 다른 곳에 배치하려는 전략은 지혜로운 사람이라면 누구나 알 수 있다. 그래서 상대방도 알 수 있다. 그러나 보이라고 불을 피운 자리에 정말 복병을 배치하는 것은 어리석은 자나 하는 행동이기 때문에 상대방은 내 쪽에서 정말 그렇게 하리라 예상하지 못했다. 조조는 허실의 병법에 밝다고 자부했지만, 제갈량 역시 그런 사람이라는 사실은 깊이 인식하지 못했다. 그래서 제갈량의 단순한 계략이 오히려 적중한 것 아닐까?

활용

적의 허를 찌르는 공격은 우리 편이 어떤 모습을 '보여주느냐', 즉 위장술의 성공 여부에 따라 성패가 결정된다. 손자는 아군이 적의 계책에 휘둘리는 듯 보일 정도로 소리도 없고 형태도 없는 수준의 위장술을 강조했다. '위장된 드러냄'에 능하다는 것은 우리 편의 움직임을 적이 알아채지 못한다는 뜻이다. 우리 편의 위장이 훌륭하면 적의 눈에는 아무것도 보이지 않고 적의 귀에는 아무것도 들리지 않는다. 반면, 우리 편에서는 적의 움직임을 하나에서 열까지 낱낱이 파악할 수 있다. 그렇게 하면 적을 내 마음대로 휘두를 수 있다.

한중을 얻다
의병으로 허장성세를 펴다

제갈량은 조조에게서 한중 땅을 빼앗는 데 성공한다. 다름 아닌 조조의 '의심 많은 성격'을 이용하여 허장성세虛張聲勢를 편 덕분이었다. 이 이야기는《삼국지연의》72회 '제갈량은 한중 땅을 얻고 조조는 군사를 야곡으로 후퇴시키다'에 실려 있다.

유비가 한중 땅을 취하려 하자 조조는 40만 대군을 이끌고 직접 유비군을 토벌하러 나섰다.

하후연은 정군산을 굳게 지키며 싸움에 나서지 않다가 조조가 출전을 명령하자 비로소 나와 싸움에 임했다.

그러나 몇 합 겨루기도 전에 장수 하후상夏候尙이 황충에게 사로잡히고 말았다. 이를 본 하후연은 촉진을 뚫고 들어가 촉장 진식을 사로잡았고 이튿날 양측은 포로들을 교환했다. 그 후로 하후연은 또다시 산채만 굳게 지킬 뿐 나와서 싸우지 않았다.

촉군 진영의 법정法正은 정군산 맞은편의 서산을 취하기 위한 계책을 정했는데, 마침 하후연도 서산에서 위군 진영의 허실이 탐지된다는 사실을 알고 서산을 탈취하고자 마음먹고 있었다. 황충은 하후연의 군대가 피로해지기를 기다려 맹렬히 산 아래로 내려갔고, 하후연은 그 기세에 눌려 미처 손을 쓰지 못하고 말에서 떨어졌다. 그 바람에 하후연은 황충의 칼에 목이 달아났고, 황충은 여세를 몰아 서산을 얻는 데 성공했다.

조조는 하후연의 원수를 갚고자 직접 20만 대군을 이끌고 정군산으로 갔다. 그는 장합에게 군량 창고를 한수 북쪽의 산 아래로 옮기라고 명했다. 제갈량은 이 사실을 알고 황충과 조자룡에게 조조군의 군량 창고를 불태우라고 명했다. 황충과 조자룡은 서로 자신이 앞장서겠다고 다투다가 제비를 뽑게 되었는데, 황충이 뽑혀 선봉을 맡게 되었다.

그날 밤, 황충은 부장 장저張著와 함께 군사를 이끌고 한수 북쪽의 산 아래에 도착했으나 미리 방비하고 있던 조조군에게 포위당하고 말았다. 조자룡은 정오가 다 되도록 황충이 보이지 않자 직접 조조군의 진채를 급습하여 수많은 조조군의 목을 베고 황충과 장저도 구해냈다.

조조는 크게 노하여 직접 군사를 이끌고 조자룡을 뒤쫓았다. 조자룡은 진채 바깥 참호 안에 궁수들을 매복시키고 진채 안에는 창과 깃발을 정연하게 쭉 세우고 진채의 대문을 활짝 열어놓았다. 또한 조자룡 자신은 필마단창으로 진채 바깥에 서 있었다. 조조가 촉진으로의 진격을 명하자 조자룡이 창을 휘저었는데, 이를 신호로 촉의 궁수들은 일제히 활을 쏘아대기 시작했다. 이어 조자룡이 군사를 이끌고 조조군에게 돌진하니, 적은 대패하고 군량마저 모조리 잃고 말았다.

조조는 다시 서황을 선봉으로 삼고 촉 사람 왕평을 부장으로 삼아 야곡 소로를 통해 한수를 공격했다. 그러나 서황이 왕평의 말을 듣지 않고 한수 건너편에 진채를 세우는 바람에 또다시 대패했을뿐더러 왕평마저 조자룡에게 투항하고 말았다. 화가 난 조조는 또다시 대군을 이끌고 한수 쟁탈에 나섰다. 이번에는 한수를 사이에 두고 촉군 맞은편에 진채를 세웠다.

유비와 제갈량이 한수 부근의 지세를 살펴보니 한수 상류에 군사를 천 명쯤 매복할 만한 토산이 보였다. 제갈량은 진채로 돌아와 조자룡에게 말했다.

"장군은 군사 오백 명에게 북과 나팔을 들려 토산 아래 매복해 계십시오. 그러다가 해 질 녘이나 한밤중에 우리 군영에서 포성이 울리거든 모두에게 북을 두드리게 하십시오. 단, 절대로 싸워서는 안 됩니다."

조자룡은 계책을 받고 물러났다. 제갈량은 높은 산에 올라가 적진을 살폈다.

다음 날 조조군이 싸움을 걸어 왔으나 촉진에서는 아무도 나와 싸우지 않았고 궁수들마저 꼼짝하지 않았다. 하는 수 없이 조조군은 다시 진채로 돌아갔다. 그날 밤 제갈량은 조조군의 진채에 불빛이 꺼지고 병사들이 모두 잠들자 크게 포성을 울렸다. 조자룡은 그 소리를 듣고 병사들에게 북을 두드리고 나팔을 불도록 했다. 깜짝 놀란 조조군은 촉군이 진채를 급습하러 오지 않았나 의심했다. 그러나 진채 밖으로 나가 본 결과 개미 새끼 한 마리도 보이지 않았다.

다시 진채로 돌아와 한숨을 돌리려는데 또다시 포성이 울리며 북과 나팔의 소리가 산골짜기를 진동시켰다. 이 소란으로 조조군은 그날 밤 한숨도 자지 못했다.

그렇게 사흘 밤이 지나고 보니 조조군은 놀란 마음을 진정시킬 수 없어 진채를 30리나 뒤로 물려 너른 공터에 다시 자리를 잡았다. 제갈량이 그런 조조군을 보고 웃으며 말했다.

"조조는 병법만 알고 계략은 모르는구나."

제갈량은 유비에게 한수 건너에 배수진을 치자고 제의했다. 조조는 유비가 배수진을 치자 의심이 생겨 유비 쪽에 전서를 보내보았다.

다음 날 양쪽 군대는 서로의 진채 중간쯤에 있는 오계산悟界山 앞에서 전열을 가다듬었다. 그러나 조조군의 공격에 촉군은 진채마저 버리고 무기도 길에 버려둔 채 한수로 달아나는 것이 아닌가. 조조는 촉군이 한수를 등지고 진채를 세운 것이며 길가에 무기까지 버리고 달아난 것이 아무래도 의심스러워 이렇게 명령했다.

"함부로 적의 무기를 줍는 자는 모두 참수한다. 모두 속히 퇴군하라."

조조군이 퇴군하려 할 때 제갈량이 깃발을 높이 올리자 유비가 거느리는 중군이 앞으로 나왔고 왼쪽에서는 황충이, 오른쪽에서는 조자룡이 군사를 이끌고 나타났다. 조조군은 금세 흐트러져 정신없이 도망쳤다. 제갈량은 밤새 조조군의 뒤를 쫓았고 조조는 모든 군사에게 남정으로 모이라는 전령을 내렸다. 그런데 그때 남정으로 가는 다섯 갈래의 길에서 불길이 솟아올랐다. 위연과 장비가 엄안에게 자기들 대신 낭중閬中을 지키게 하고 각자 군사를 이끌고 와 남정을 차지해버린 것이었다.

조조군은 양평관으로 도망쳤고 촉군은 그 뒤를 쫓았다. 양평관 아래까지 쫓아온 촉군이 성을 포위한 채 불을 지르고 북을 올리며 함성을 질러대자 놀란 조조군은 양평관을 버리고 도주했다. 조자룡과 황충은 또다시 그 뒤를 바짝 쫓았다.

조조가 진퇴를 놓고 한참 망설이고 있을 때 시종 하나가 계탕鷄湯을 가지고 장막 안으로 들어왔다. 탕 안에는 계륵鷄肋, 즉 닭갈비가 들어 있었다. 그때 하후돈이 조조에게 와서 야간 구령口令을 무엇으로 할지 묻자 조조는 "계륵으로 하라"고 대답했다.

양수揚修는 구령을 전해 듣고는 군사들에게 행장을 꾸려 철군을 준비하라고 명했다. 하후돈이 그 이유를 묻자 양수가 대답했다.

"계륵이란 먹자니 먹을 것이 없고 버리자니 아까운 부위가 아니오? 왕께서는 분명 철군하실 겁니다."

이 말이 전해지자 병사들은 정말 하나둘 짐을 꾸리기 시작했다.

마음이 불안해서 잠을 이루지 못하던 조조는 장막을 열고 밖으로 나갔다. 그런데 병사들이 행장을 꾸리고 있는 게 아닌가! 조조는 하후돈에게서 양수의 말을 전해 듣고 크게 노했다. 양수는 평소에도 지나친 총기로 조조의 심기를 불편하게 하는 자였기에 조조는 군심을 어지럽혔다는 죄목으로 양수를 처형했다.

양수를 죽인 조조는 다시 진군을 명했으나 또다시 마초의 급습을 받았다. 조조는 검을 뽑아 들고 높은 곳으로 올라 군을 지휘했으나 위연이 쏜 화살에 앞니 두 개를 맞고 말았다. 다행히 방덕이 조조를 구해 진채로 데려왔으나 조조는 더 이상 전투를 계속할 엄두를 내지 못하고 허도로 철군했다.

문무관원들은 한중을 얻은 유비에게 황위에 오르라고 청했지만, 유비는 듣지 않았다. 제갈량이 말했다.

"주공께서는 인의를 근본으로 삼으시는 분이시지만 지금 형주와 양양 그리고 양천 땅이 있으니 잠시 한중왕 자리에 오르시지요."

결국 유비는 한중왕이 되기로 했다.

건안 24년 7월 가을, 유비는 면양沔陽에 단을 쌓고 단 위에 올라 문무 관원들의 축하를 받으며 한중왕 자리에 올랐다. 그의 아들 유선은 왕세자, 허정은 태부, 법정은 상서령, 제갈량은 군사로 삼았다.

지략 해설

　조조는 병법에 밝았지만 의심이 많은 데다 계략을 파악하는 데 어두웠다. 그랬기에 결국 제갈량의 의병疑兵에 속아 넘어가고 만다. 제갈량은 의병계를 포함한 여러 단계의 계책을 두루 펼쳐 조조에게 승리를 거둔다.

　먼저 제갈량은 높은 산에 올라 조조군의 동태를 정확히 파악한 후 조자룡에게 군사 5백을 주며 모든 병사에게 북과 나팔을 소지하게 하고 한수 상류의 토산 아래 매복했다가 의병계를 펼치라고 명한다. 이튿날 조조군이 촉진 앞에서 싸움을 걸지만, 촉의 병사들은 싸움에 응하지 않는다. 궁수조차 활을 쏘지 않는 등 일절 대응이 없자 조조군은 하는 수 없이 자기 진채로 돌아간다. 그날 밤 제갈량은 조조군이 영내에서 쉬고 있는 모습을 보고 포화를 터뜨린다. 조자룡은 포성을 신호로 삼아 군사 5백 명에게 일제히 북을 두드리고 뿔나팔을 불라고 명한다. 조조군은 촉군이 진채를 급습하지 않았나 싶어 허둥지둥 진채 밖으로 나와 보지만 진채 밖에는 사람 하나 보이지 않는다. 조조군은 다시 영내로 돌아오지만, 또다시 포성이 울리고 북소리와 나팔 소리가 들리자 불안해서 잠을 이루지 못한다. 그런 식의 불안이 사흘 내리 계속되자 조조는 두려운 마음에 진채를 30리나 뒤로 물린다.

　제갈량은 양쪽의 군대가 서로 창칼을 부딪치기 전에 '적이 편안하면 수고롭게 하고 적이 배부르거든 배를 곯게 하고 적이 편히 쉬고 있으면 끌어내어 피로하게 만든다'《손자병법》〈허실편〉는 원칙에 따라 조조군을 소리로 교란한다. 또 '남을 드러냄으로써 나를 감추는' 전략에 따라 적진의 동정을 꼼꼼히 살피는 한편 아군에게 북과 나팔을 가지고 토산 아래에 매복하라고 한다. 적은 이 모든 준비가 위장인지 모르고 실제로 방비함으로써 촉군의 교란 작전은 최고의 효과를 발휘한다. 병법에서는 수전을 벌이는 군대에게 '살 곳을 보아 높은 데로 올라가고 하류에서는 상류에 있는 적을 공격해서는 안 된다'《손자병법》〈행군편〉라고 강조한다. 제갈량도 높은 곳에 군사를 매복시키고 소리로만 산골짜기를 쩌렁쩌렁 울리게 만든다. 촉군의 군사력을 과장함으로써 조조군이 촉군을 함부로 여기지 못하도록 만든 것이다. 제갈량의 이런 교란 작전으로 촉군은 전략적 주도권을 쥐었고, 조조는 긴장과 경계를 늦추지 못한다. 실제 전투를 벌이지 않았음에도 무형의 공격으로 이미 승리를 거둔 것이다. 촉군의 허장성세에 불안해하며 겁을 먹은 조조군은 마침내 철군하기에 이른다.

두 번째로, 조조는 한수에서 30리 물러나 진채를 세우고 제갈량은 한수 건너편으로 나아가 진채를 세운다. 이렇게 배수진을 친 후에 촉군 장수들은 각자 제갈량에게서 받은 계책을 실행한다. 촉군이 강 건너에 진을 친 다음 날 촉군의 유봉과 조조군의 서황이 대치하자 촉군은 패한 척하며 한수로 도망을 친다. 이들은 진채를 버리고 도망가면서 길바닥에 말과 무기까지 버린다. 그러자 촉군을 향해 달려들던 조조군은 길바닥에 널린 무기를 줍느라 정신이 없다. 조조는 어지러워진 군심을 엄격한 군령으로 수습하며 장수들에게 말한다.

"촉군이 배수진을 친 것이며 길바닥에 무기를 버리고 도망가는 것까지 의심스러운 구석이 한둘이 아니다. 떨어진 무기들을 함부로 줍지 말고 속히 퇴군하라!"

조조군이 퇴군하자 제갈량은 깃발을 높이 들어 올리는데, 이를 신호 삼아 유비, 황충, 조자룡이 세 갈래 길에서 협공해 들어오니 조조군은 완전히 무너져 도망치기에 정신이 없었다.

　제갈량의 배수진은 의심할 여지 없이 위험한 선택이었으나 세 갈래 모두 길에 정예병을 매복시킴으로써 위험을 상쇄하고도 남을 만큼 반격에 성공한다. 제갈량은 유봉에게 패한 척 도주하라 명하고, 병사들에게는 길에 옷이며 무기를 버리고 도망가라 명함으로써 '적에게 이익을 보여주어 유인해낸 후에 걸려들기를 기다렸다가 공격한다'《손자병법》〈세편〉는 전략을 취하고 '적을 혼란스럽게 하여 승리한다'《손자병법》〈계편〉를 이끈다. 조조가 제갈량의 병법을 알아채고 급히 퇴군하자 촉군에게는 오히려 공격을 펼 기회가 주어진다. 유봉의 군대가 패배한 척 도주하며 길바닥에 흘린 것은 분명 적을 유인하는 계책이었지만 동시에 의병계를 짐작케 하는 전략이기도 했다. 조조는 뛰어난 군사전략가답게 이익에 현혹眩惑되지 않고 오히려 냉정한 의심의 끈을 놓지 않는다. 조조의 이런 면까지 정확히 예측한 점이 바로 제갈량의 우수함이었다.

　세 번째로, 조조군은 남정을 버리고 양평관으로 도주하면서 촉군이 군량을 끊었다는 소식을 듣는다. 이에 조조는 포주褒州, 산시성 동북쪽성 밖까지 군사를 보내어 유비와 결전을 벌인다. 여기서도 촉군은 제갈량의 계책에 따라 움직이는데 유봉이 조조군 앞에서 거짓으로 도주하자 조조군은 촉군의 뒤를 쫓는다. 촉군 진영에서 포성을 울리며 일제히 북을 두드리고 나팔을 불자 복병을 의심한 조조는 급히 퇴군을 명령하고 양평관으로 돌아가버린다. 그러나 성 아래까지 이른 촉군이 동문과 남문에 불을 지르고, 서문에서 고함을 지르고, 북문에서 북을 두드려대자 조조는 두려운 마음에 또다시 양평관을 버리고 야곡까지 도주해버린다.

　야곡까지 퇴군한 조조는 '나아가 싸우자니 승리할 자신이 없고, 더 물러나자니 비웃음을 살까 봐 두려워하는 지경'에 이르고 만다. 제갈량은 이때를 대비해 조조군의 진채를 급습하기 위한 부대를 배치한다. 장비와 위연에게는 조조군의 양도를 공격하게 하고, 황충과 조자룡에게는 진채에 이르는 멀고 가까운 소로를 끊게 하고, 마초에게는 한중에 이르러 적진 후방을 공격하게 하는 한편 복병을 두어 조조군의 뒤를 쫓게 한 것이다. 계략으로 적을 속임으로써 우위에 서고, 이로운 것을 드러냄으로써 적을 동요시키며, 분산과 집중으로써 변화한다《손자병법》〈군쟁편〉. 제갈량은 전투의 모든 단계를 파악하고 재빠르게 병력을 분산 또는 집중 배치하는 한편 10여 갈래의 길에 모두 공격부대를 배치한다. 조조가 위연의 화살에 맞자 조조군의 예기는 땅에 떨어졌고 조조는 급기야 한중을 버린 채 달아나기에 이른다.

제갈량은 한중 전투에 대해 이렇게 평했다.

"조조는 평생에 걸쳐 의심이 많은 사람이다. 그는 용병에는 능하지만 의심을 하면 대개 패배했다. 나는 그런 조조를 상대로 의병계를 써서 승리했다."《삼국지연의》72회

이것이 바로 촉군이 한중 쟁탈전에서 조조군을 이길 수 있었던 주된 이유이자 제갈량이 펼친 전략의 우수성이다.

의병계를 펼칠 때는 상대방이 이 계책을 의심할 수도 있다는 점을 알아야 하고, 상대방이 의심한다는 사실 또한 이용할 수 있어야 한다. 조조군은 박망파 전투에서 화공을 당하고, 신야 전투에서 패배하고, 오림과 화용도에서 제갈량의 계략에 빠지는 경험을 되풀이했다. 그러다 보니 조조는 제갈량과 대치할 때면 보는 것마다 의심하는 지경에 이르렀다. 제갈량은 조조가 의심 많고 병법에 밝다는 사실을 알고 있었다. 그랬기에 이를 역이

431

용하여 조조도 알고 있는 병법을 노골적으로 사용함으로써 더욱 의심을 자아냈다. 그리하여 조조군이 퇴각하자 거침없는 기세로 공격을 퍼부어 적진을 와해시킴으로써 마침내 승리할 수 있었다.

활용

변화무쌍한 위장술을 구사하는 것은 적의 오판을 끌어내기 위함이다. 적의 의심을 자아내려면 때와 장소, 상대에 따라 각기 다른 전략을 구사해야 한다. 양쪽 모두 계책을 구사할 때 어느 한쪽이 승리하려면 다른 한쪽이 오판해야 한다. 이때 중요한 것은 누가 한 수 위의 전략을 구사하느냐이다. 현명한 지휘관이라면 적과 아군의 현실을 명확히 인식한 후에 적절한 위장으로 적의 의심을 불러일으켜 적으로 하여금 오판하게 만들어야한다.

등갑군을 불태우다

적을 깊숙이 유인한 후
문을 닫고 공격하다

제갈량은 안심하고 북벌에 나서려면 남방을 평정해야 한다고 생각했다. 남만을 가장 확실하게 평정하려면 반드시 심리적 승복을 이끌어내야 했는데, 제갈량은 이를 위해 남만의 우두머리인 맹획을 붙잡을 때마다 풀어주기를 반복했다. 사실 맹획은 제갈량의 상대가 아니었다. 제갈량은 그런 맹획을 매번 풀어주었다. 남만으로 돌아간 맹획은 오과 국왕에게 구원을 요청하여 등갑군 3만을 이끌고 도화수桃花水 근처에서 제갈량과 대치한다. 제갈량은 대장 위연을 보내어 등갑군을 상대하게 했지만 등갑군의 위력은 의외로 막강했다. 촉군은 화살 하나 뚫고 들어가지 못하는 견고한 군대를 당해내지 못하고 패하여 도주했다.

등갑군이 입은 등갑은 기름에 담갔다 꺼내기를 반복해 만든 갑옷이라 물에 뜰 수 있었다. 그 덕분에 등갑군은 물을 쉽게 건널 수도 있었다. 위연이 제갈량에게 이런 사실을 보고하니 좌우의 장수들은 제갈량에게 퇴군을 청했다. 그러나 제갈량의 생각은 달랐다.

"여기까지 오기도 쉽지 않았는데, 어찌 쉽게 되돌아갈 수 있겠는가?"

그때부터 제갈량은 직접 발품을 팔고 다니며 지형지세를 관찰했다. 그러던 중 산 하나를 보게 되었는데, 그 산에는 뱀처럼 긴 골짜기가 펼쳐져 있고 골짜기 양옆으로는 깎아지른 듯한 절벽이 펼쳐져 있었다. 이곳에는 풀과 나무도 거의 없고 가운데에는 큰 길이 나 있었다. 제갈량은 함께 간 남만 사람에게 물었다.

"여기가 어디인가?"

"반사곡盤蛇谷이라고 합니다."

제갈량이 기뻐하며 말했다.

"하늘이 나를 돕는구나."

제갈량은 즉시 진채로 돌아와 마대를 불러 검은 기름칠을 한 궤짝 수레에 대나무 장대를 가득 실어 반사곡에 준비해두라고 일렀다. 조자룡에게는 필요한 물건을 모두 준비하여 반사곡 길목을 지키라고 명하고, 위연에게는 등갑군과의 교전을 명했다. 보름에 걸쳐 열다섯 번쯤 져주고 진채 일곱 개를 버리고 달아나면서 등갑군을 반사곡 안으로 깊숙이 유인하라는 명령이었다. 마대, 조자룡, 위연은 각자 명을 받고 물러났다.

한편 맹획은 오과국왕 올돌골을 만나 말했다.

"그대의 군대가 연전연승하니 촉군은 등갑군의 상대가 되지 못하는구려. 하지만 제갈량이라는 자는 매복과 화공을 잘 쓰니 깊은 산골짜기나 풀과 나무가 우거진 곳은 피해야 하오."

올돌골이 말했다.

"그 말이 맞소. 우리 등갑군은 불을 두려워하니 제갈량의 화공만은 꼭 막아야 하오."

얼마 후 위연은 또다시 올돌골과 교전을 벌였다. 싸울 때마다 지기를 반복하여 지난 보름 동안 모두 열다섯 번을 패했고 진채도 일곱 개나 잃었다. 등갑군은 무서운 기세로 위연의 뒤를 쫓았다. 그러나 나무가 우거진 숲이 나오자 올돌골은 더 이상 앞으로 나아가려 하지 않았다. 그런데 사람을 보내 알아보니 멀리 나무가 우거진 곳 사이사이로 군기가 펄럭이고 있다고 했다. 올돌골은 맹획을 보고 웃으며 말했다.

"역시 제갈량은 풀숲 사이에 매복과 화공을 준비해두고 있었소. 이대로 들어갔다면 분명 패배했을 것이오."

16일째 되던 날, 위연이 또다시 싸움을 걸어왔고 올돌골은 위연의 군대를 물리쳤다. 위연이 패배하여 반사곡으로 도주하자 올돌골은 등갑군을 이끌고 위연을 뒤쫓았다. 골짜기 안을 보니 나무는 없는데 골짜기 어귀에 검은 칠을 한 궤짝 수레가 보였다. 그때 만병 하나가 말했다.

"군량을 실은 수레입니다."

올돌골은 기뻐하며 아무런 의심 없이 골짜기 안으로 들어섰다. 그런데 곧바로 골짜기 어귀에 있는 '군량 수레'에 불이 났다는 소식이 전해졌다. 곧이어 엄청난 양의 대나무 장대와 마른 풀이 골짜기 어귀를 막아버렸다. 올돌골은 당황하여 퇴로를 찾았지만 보이는 것이라고는 산 양쪽에서 치솟는 불길과 도처에서 터져 나오는 화약과 폭죽뿐이었다. 3만 등갑군은 골짜기 안에서 좌충우돌하다가 모조리 불에 타

죽고 말았다. 등갑이며 시신 타는 냄새가 진동했고 뒤에서 올돌골을 받쳐주기로 했던 맹획은 또다시 제갈량에게 사로잡혔다. 이 지경이 되고 보니 맹획도 이제는 마음으로 승복하고 촉나라에 귀순하는 수밖에 없었다.

전투가 끝나자 제갈량은 장수들을 불러놓고 말했다.

"저들은 숲이 우거진 곳에 매복과 화공이 있으리라 여기고 대비하고 있었기에 나는 오히려 군기를 세워놓아 그들의 믿음을 더욱 확고히 했소. 위연 장군에게 열다섯 번을 져주도록 한 것은 우리를 약하다고 여기게 만들어 저들의 자만심을 부추기기 위함이었소. 저들이 마음 놓고 반사곡까지 추격해 와야 우리가 화공을 펼 수 있으니 말이오. '물에 이로운 것은 불에 불리하다' 했으니 기름을 먹여 만든 등갑이라면 불에 타기 쉬운 법이지요."

제갈량의 말에 장수들은 엎드려 절하며 감탄했다.

"승상의 계책은 귀신도 헤아리지 못할 만큼 신묘하기 그지없습니다."

지략 해설

맹획은 처지가 다급해지자 오과국왕 올돌골에게 도움을 청한다. 오과국왕에게는 화살이 뚫지 못하는 '등갑군'이 있었기에 어떤 적도 이들의 상대가 되지 못했다.

제갈량은 남만의 지세를 살피다가 험준한 절벽 사이에 있는 반사곡을 발견하게 된다. 등갑군을 이곳으로 끌어들일 수만 있다면 오과국의 3만 등갑군을 모조리 불태워 죽일 수 있을 듯했다. 제갈량은 여기에 작은 계책들을 더함으로써 마침내 맹획을 사로잡는 데 성공한다.

활용

하나의 통일된 틀 안에 작은 계획들이 연결되어 있으면 강력한 시너지 효과를 발휘한다. 평상심을 유지하면서 운용의 묘를 살린다면 느긋하게 효과를 볼 수 있다.

공성계
위험을 무릅쓰는 계책

석 자 길이 거문고가 위용을 자랑하는 군대보다 낫구나.
제갈량이 서성에서 적을 물리칠 때
15만 군사가 말 머리를 돌리던 곳.
사람들은 지금도 그 자리를 가리키며 신기해하네.

공성계는《삼국지연의》전체를 통틀어 가장 빛나는 대목 중 하나다. 그래서인지 이 이야기는 역사 속에서 많은 이에게 즐겨 회자된다. 공성계는 '허이허지虛而虛之, 허를 가장하지 않고 그대로 내보이는 전략'에 해당하는 심리 전술이다. 전쟁 중 급박한 상황 속에서 아군이 현저한 열세일 때 사용되는 이 계책은 일부러 군사 없이 텅빈 성을 보여주어 도리어 적이 매복을 의심하게 만듦으로써 함부로 아군의 성을 공격해올 수 없도록 만드는 것이다.

이 이야기는《삼국지연의》95회 '마속은 간언을 듣지 않다가 가정街亭을 잃고 무후는 거문고를 타서 사마의를 물리치다'에 실려 있다.

삼국 시대에 제갈량은 마속을 잘못 기용하여 전략적 요충지인 가정의 땅을 잃고 만다. 위장 사마의가 15만 대군을 이끌고 제갈량이 있는 서성으로 쳐들어왔을 때, 제갈량의 주변에는 문관들만 있을 뿐 대장으로 삼을 장수가 없었다. 군사들도 전체 5천 중 반은 군량을 운송하러 떠났고 나머지 반이 성안에 있는 상황이었다. 그런 와중에 사마의가 대군을 이끌고 쳐들어온다 하니 모두 얼굴이 하얗게 질릴 수밖에 없었다. 제갈량은 성루에 올라 성 밖을 관찰한 후 관원들에게 말했다.

"놀라실 것 없소. 사마의를 물러나게 만들 계책이 하나 있소이다."

제갈량은 성 위의 깃발을 모두 내리고 사병들에게 각자의 자리에서 꼼짝 말고 있으라 명했다. 마음대로 성 밖으로 나가 소리를 지르거나 떠드는 자가 있다면 그 자리에서 참수한다는 엄명도 내렸다. 이어서 성문 네 개를 모두 열게 하고 각 성문 앞에 병사를 스무 명씩 보내 백성들처럼 꾸미고 물을 뿌리며 길을 쓸도록 했다. 제갈량은 학창의를 입고 윤건을 높이 쓰고 두 아이에게 거문고를 들려서 함께 성루로 올라가 앉은 후 적진이 잘 보이는 자리에 앉아 향을 피우고 거문고를 뜯기 시작했다.

성 밑에 다다른 사마의의 군사들은 이런 광경을 보고 쉽사리 성안으로 쳐들어가지 못했다. 군사 하나가 사마의에게 급히 이 사실을 보고했다. 사마의는 보고를 듣고 웃으며 말했다.

"어찌 그런 일이 있을 수 있단 말이냐?"

사마의는 삼군에게 그 자리에 멈추어 있으라고 명한 다음에 직접 말을 타고 성 앞으로 가보았다. 과연 제갈량이 성루 위에 앉아 아주 편안한 모습으로 향을 피운 채 거문고를 타고 있었다. 제갈량 왼쪽에 있는 시동은 보검을 들고 있었고, 오른쪽에 있는 시동은 불진佛塵, 절에서 쓰는 먼지떨이을 들고 있었다. 성 밖을 보니 스무 명 남짓한 백성이 물을 뿌리며 길바닥을 쓸고 있고 그 외에는 아무도 보이지 않았다. 모든 광경을 직접 보고 나니 사마의도 의구심이 들었다. 그는 중군으로 돌아가 후군을 전군으로 삼고 전군을 후군으로 삼아 철군을 명했다. 그러자 그의 둘째 아들 사마소가 말했다.

"성안에 군사가 없으니 제갈량이 일부러 저렇게 꾸민 것이 아닙니까? 아버님께서는 어찌 군사를 물리려고 하십니까?"

사마의가 말했다.

"제갈량은 평생에 신중하며 함부로 위험을 무릅쓰지 않았다. 저렇듯 성문까지 활짝 열어놓고 있는 것을 보니 매복해둔 것이 틀림없다. 속히 퇴군해야 한다."

그렇게 사마의 군대는 모두 물러났다.

위군이 멀리까지 물러나자 제갈량은 손뼉을 치며 껄껄 웃었다. 관원들이 의아해하며 제갈량에게 물었다.

"위나라의 명장 사마의가 십오만 정예군을 이끌고 여기까지 왔다가 승상을 보고는 물러갔습니다. 대체 어찌 된 일인지 모르겠습니다."

제갈량이 대답했다.

"사마의는 내가 평소 신중하여 위험을 무릅쓰지 않는다는 사실을 잘 알고 있소이다. 그러니 우리 성의 모양새를 보고 복병이 있을까 의심되어 물러난 것이오. 나는 평소에는 모험을 절대 하지 않지만, 오늘은 형세가 부득이하여 모험을 했소이다. 사마의는 산 북쪽 소로까지 갈 것이오. 그럴 줄 알고 이미 장포와 관흥을 그곳에 매복시켰소이다."

관원들은 하나같이 놀라 감탄했다.

"승상의 기지는 참으로 신묘하여 귀신도 예측할 수 없을 것입니다."

제갈량이 말했다.

"이곳에는 사병이 이천오백 명뿐이니 성을 버리고 달아난다 해도 멀리 못 가서 사마의에게 붙잡히지 않겠소이까?"

그러고는 손뼉을 치고 더욱 크게 웃으며 말했다.

"내가 사마의였다면 물러가지 않았을 텐데!"

그는 사마의의 군대가 다시 올 수도 있으니, 서성의 백성들은 군대를 따라 한중으로 피신하라고 명했다. 그러고는 자신도 성을 떠나 한중으로 갔다.

지략 해설

흔히 '공성계'를 제갈량이 심리전에서 임기응변으로 거둔 승리 정도로만 여길 뿐 그것이 얼마나 주도면밀한 계획이었는지는 알지 못한다. 제갈량은 성안에 정예병이 2천5백 명밖에 없는 상황에서도 관흥과 장포를 산 뒤편으로 보내 매복시켰다. 그러고는 병사들에게 성문 앞에서 물을 뿌리며 길을 쓸라고 명하고 자신은 성 안에서 향을 피우며 거문고를 탔다. 성 앞에 도착한 사마의는 이 모습을 보고 의병과 매복을 의심하여 군대를 멀리까지 퇴각시켰다.

그러나 제갈량이 사전에 군사를 매복시키지 않고 단지 '향을 피우고 거문고를 타는' 임시방편에만 의존했다면 절대 사마의의 군대를 물리치지 못했을 것이다. 만일 제갈량이 산에 매복을 시키지 않았다면 어떻게 되었을까? 퇴군하다가 생각이 바뀐 사마의가 성으로 되돌아왔다면 제갈량은 물론 정예병 2천5백 명까지 사로잡지 않았을까?

그밖에도 제갈량은 미리 장익을 검각으로 보내 군사들이 돌아올 길을 준비하게 했고 마대와 강유에게 적의 퇴로를 끊어 적의 추격을 막으라 명했다. 또한 천수와 남안, 안정 등 삼군에도 사람을 보내 한중으로 철군하라는 명을 내렸다. 심지어 기현에 머물던 강유의 노모에게까지 심복을 보내 한중으로 입성하라는 전갈을 전했다. 이런 정황들을 살펴보면 제갈량의 철군이 상당히 주도면밀하게 이루어졌음을 알 수 있다. '공성계'는 이 모든 준비 과정의 일부로, 치밀한 계획 과정에서 발생한 잠시의 돌발 상황에 대한 타개책이었다.

공성계는 공空에 공을 더하고 허虛에 허를 더하는 계책이었다. 공에 공을 더하고 허에 허를 더해 허를 노골적으로 드러내자 상대방은 허를 실로 판단하는 우를 범했던 것이다. 이는 본래 실인 것을 더욱 실로 보이도록 하면 상대방은 그것을 허로 판단할 가능성이 큰 것과 마찬가지다.

진실은 애써 말하지 않을수록 더욱 진실로 믿어지고 자주 떠들어댈수록 도리어 신뢰받지 못한다. 그리고 보면 사람의 심리는 참으로 묘하다. '만 길 물속은 알아도 한 길 사람 속은 모른다'는 말 그대로다.

제갈량은 인간의 이런 심리를 이용하여 계책을 펼쳤다. 그는 특히 사마의라는 상대 앞에서 지피지기의 지혜를 발휘하여 거문고 한 대로 15만 대군을 물러나게 만드는 승리를 거둔다.

이런 공성계는 후대에도 자주 이용되었다. 전체 36계 중 32계에 속하는 이 계책은 '패전계敗戰計, 전쟁에서 패하거나 극히 위험한 상황에서 펴는 계책'의 일종이다.

이러한 패전계는 제갈량의 말대로 '부득이한' 상황에서만 써야 한다. 절대로 쓰지 말라는 것이 아니라 가능하면 쓰지 않는 편이 낫다는 뜻이다.

활용

어떤 조건 아래서는 반드시 위험을 무릅써야 할 때가 있다. 제갈량은 병력이 많지 않은 상태에서 사마의 대군과 맞닥뜨리자 과감히 '공성계'라는 모험을 선택했다. 이 계책은 성공을 거두어 제갈량을 지켜주었을 뿐 아니라 얼마 남지 않은 군대를 철수시킬 시간도 벌어주었다. 이 계책은 일종의 방어적 모험이었다.

모험전략은 군사적으로도 매우 중요한데, 방어 중에 비교적 큰 위험을 무릅쓰는 전략은 사실 보수적인 정책 결정의 방식이다. 또한 공격 중에 모험을 선택하여 성공을 거두면 최소의 대가로 최대의 성공을 보장할 수 있다. 이런 전략은 자원과 시간의 소모는 최소화하면서도 눈에 보이는 효과가 대단히 크기 때문에 정책 결정자의 인정도 받을 수 있다. 그러나 위험을 무릅쓰는 정책이 성공하려면 다음의 세 가지 조건이 갖추어져야 한다.

첫째, 정책 결정에 필요한 최소한의 객관적 근거가 있어야 한다. 그 근거가 적을수록 위험도가 커지므로 객관적 근거는 결코 무無가 되어서는 안 된다.

둘째, 정책을 결정하는 지도자에게는 반드시 이긴다는 신념과 담력이 있어야 한다. 그러한 용기와 결심을 바탕으로 부하들을 격려해야 하며 전략을 실행할 때는 결코 중도에 동요하거나 위축되어서는 안 된다.

셋째, 공격으로서의 모험을 감행할 때는 적이 알아챌 겨를이 없도록 신속하게 진행해야 한다. 이 세상에는 절대적으로 완벽한 선택이 없으며 절대적으로 안전한 모험도 없다. 현명한 지도자는 여러 방안 중 최선의 것을 고를 뿐이다.

이뿐만 아니라 모험전략을 구사할 때는 정책을 결정하는 방법 면에서도 부하들의 적극적인 참여를 독려해야 한다. 현명한 지도자는 먼저 적극적으로 부하들에게 의견을 구하고 모든 생각을 충분히 표현할 기회를 준 다음 그중에서 가장 좋게 여겨지는 방안을 선택하여 보충, 수정한다. 조조의 수하에는 모사가 매우 많았는데, 조조는 본격적으로 작전을 펴기 전에 항상 그들에게 계책을 물었다. 그는 어떻게 해야 유비를 투항하게 만들 수 있는가, 여포와 원소를 어떻게 토벌할 것인가 등에 대해 언제나 모사들의 의견을 구했다.

부하들이 정책 결정에 참여할 때는 다음과 같은 이점들이 있다.

첫째, 여러 사람의 지혜가 두루 반영되므로 지도자 한 사람이 문제를 검토할 때 나타날 수 있는 편협성이 극복된다.

둘째, 부하들이 여러 각도에서 문제를 고려하여 내놓은 방안들을 지도자가 나란히 놓고 비교하면 최상의 것을 선택할 수 있다.

셋째, 부하들이 문제를 충분히 이해하게 되어 논의하고 결정하는 과정이 한결 수월해진다.

넷째, 부하들의 참여 의식이 높아지면 책임감도 커진다.

그러나 정책 결정 과정에 부하들의 참여를 끌어들일 때는 두 가지를 명심해야 한다.

첫째, 지도자는 무엇에 찬성하고 무엇에 반대하는지 자신의 태도를 명확히 해야 한다. 그렇게 하지 않고 모호한 태도를 취하면 의사 결정 과정이 불안정해진다. 원소도 의사 결정 과정에서 부하들의 참여를 중시했지만 자신만의 소신과 과단성이 부족하여 제시된 방안 중 어느 하나도 효과적으로 실행하지 못했다.

둘째, 부하가 제시하는 의견에 함부로 의심을 품어서는 안 된다.

조진의 진채를 격파하다

거짓 정보로 적을 혼란에 빠뜨리다

위연과 진식이 군령을 따르지 않는다며 등지가 투덜거리자 제갈량이 웃으며 말했다.

"위연은 본디 반역할 상이었소. 내 일찍부터 그에게 불평하는 마음이 있음을 알고 있었으나 그의 용기를 아껴 오랫동안 이용해온 것이오. 그러나 머지않아 반드시 우환이 될 자요."

바로 그때 진식이 군사 4천을 잃고 5백여 부상병과 함께 골짜기에 머물러 있다는 소식이 전해졌다. 제갈량은 등지에게 기곡으로 가서 진식을 위로하고 변란이 생기지 않도록 잘 방비하라고 일렀다. 그는 이어 마대와 왕평을 불러 지시했다.

"만일 위군이 야곡을 지키고 있거든 그대 둘은 본군을 이끌고 산을 넘도록 하라. 낮에는 매복했다가 밤중에 행군하여 기산 왼쪽으로 나와 횃불을 들어 신호하라."

이어 마충과 장익을 불러 말했다.

"그대 둘은 산기슭 소로를 통해 낮에는 매복했다가 밤에 행군하여 기산 오른쪽으로 나오도록 하라. 산을 나오면 횃불을 들어 신호하여 마대, 왕평과 만나 조진의 진채를 급습하라. 나까지 합쳐 삼면에서 공격하면 위군은 오래 버티지 못할 것이다."

명을 받은 네 사람은 각자 군사를 이끌고 떠났다. 제갈량은 관흥과 요화를 불러서도 계책을 내렸고, 두 사람도 명을 받고는 각자 군대를 이끌고 떠났다. 제갈량도 정예병을 이끌고 행군했다. 도중에 제갈량은 다시 오반과 오의를 불러 밀계를 내리고, 그들에게 군사를 이끌고 앞서가게 했다.

한편 조진은 촉군이 오지 않을 것으로 믿고 군사들에게 휴식을 명했다. 그렇게 열흘만 무사히 넘기면 사마의를 부끄럽게 할 수 있으리라고 생각했다. 그러나 7일째 되던 날, 산골짜기에 촉군이 나타났다는 보고를 받았다. 조진은 촉군의 동태를 살피라는 명령과 함께 부장 진량에게 군사 5천을 주면서 촉군이 위군 진영에 접근하지 못하게 하라 당부했다. 조진의 명을 받은 진량은 촉군의 동태를 살피고자 군사를 이끌고 골짜기 어귀로 갔다. 촉군을 발견한 진량은 발빠르게 그들을 뒤쫓았으나 60리쯤 갔을 때부터 갑자기 촉군이 보이지 않았다. 의심스런 생각이 든 진량은 일단 멈추어 군사들에게 휴식을 명했다. 그때 성밖순 한 녕이 놀아와 말했다.

"서 앞에 촉군이 매복해 있습니다."

진량이 서둘러 말 위에 오르자 산속에서 먼지가 자욱하게 일어났다. 진량이 군사들에게 적을 방비하라고 명하는데 사방에서 함성이 울리더니 앞에서는 오반과 오의가, 뒤에서는 관흥과 요화가 군사들과 함께 밀려들었다. 앞뒤로 촉군이 들이닥쳤지만, 양옆이 산이라 도망칠 길이 없었다. 그때 산 위에서 촉군이 소리쳤다.

"말에서 내려 투항하는 자는 목숨만은 살려주겠다!"

그러자 위군의 절반 이상이 촉군에 투항했다. 진량은 죽기 살기로 싸웠지만 요화의 칼에 목이 말 아래로 굴러떨어지고 말았다.

제갈량은 항복해 온 위군을 후군으로 보내 묶어두고 위군의 갑옷을 벗겨 촉군 6천 명에게 입혔다. 그러고는 관흥, 요화, 오반, 오의에게 이들과 함께 가서 조진의 진채를 급습하라 명했다. 또한 가짜 전령을 조진의 진채로 보내어 거짓 보고를 하도록 했다.

"촉군 몇 명이 있기는 했으나 모두 쫓아버렸습니다."

가짜 전령의 말에 조진은 크게 기뻐했다. 그때 마침 사마의의 심복 부하가 조진의 진채에 당도했다는 보고가 들어왔다. 조진이 진채에 온 까닭을 묻자 그가 대답했다.

"오늘 사마의께서는 매복계를 써서 촉군 사천 명을 죽이셨습니다. 그러나 장군께서는 내기에 상관하지 마시고 촉군을 방비하는 데만 전념하라고 말씀하셨습니다."

조진이 말했다.

"무슨 소리냐? 이곳에는 촉군이 한 명도 없다."

그때 또다시 전령이 돌아와 진량이 군사를 이끌고 돌아왔다 보고했다. 그러나 조진이 진량을 맞이하러 장막을 나서기가 무섭게 이번에는 진채 앞뒤로 불길이 치솟고 있다는 보고가 들어왔다. 조진이 급히 진채 뒤로 가보니 관흥, 요화, 오반, 오의가 촉군을 이끌고 진채 앞으로 쳐들어오고 있었다. 위쪽에서는 마대와 왕평이, 다른 곳에서는 마충과 장익이 군사를 이끌고 들이닥쳤다. 위군은 각자 목숨을 구하려고 도망치기에 바빴다. 위군 장수들이 조진을 호위하며 급히 동쪽으로 달아나자 촉군이 그 뒤를 매섭게 쫓았다.

조진이 한참을 달리고 있는데 갑자기 함성이 들리면서 또 한 무리의 군대가 밀려들었다. 조진이 깜짝 놀라 돌아보니 다행히도 사마의였다. 사마의의 군대가 열심히 싸워준 덕분에 촉군은 저만치 물러갔다. 위험에서 겨우 벗어난 조진은 부끄러워 얼굴을 들 수 없었다. 사마의가 말했다.

"제갈량이 기산 일대의 험한 산지를 모두 차지하고 있으니 우리는 이곳에 오래 머무를 수 없소. 일단 위수로 가서 다시 진채를 마련한 뒤 계책을 논의해봅시다."

조진이 말했다.

"도독께서는 내가 패하리라는 것을 어찌 아셨소?"

사마의가 말했다.

"일전에 보냈던 심복 부하에게 촉군은 한 명도 없다 하셨다면서요? 그 말을 들으니 제갈량이 진채를 급습하리라는 짐작이 들어 도우러 온 것입니다. 와보니 과연 짐작이 틀리지 않았구려. 오늘부터 더 이상 내기 이야기는 꺼내지 말고 힘을 합쳐 나라에 보답할 생각만 합시다."

조진은 부끄럽고도 두려운 마음에 그만 병이 들어 자리에 눕고 말았다. 위수 강가에 군사들을 주둔시키고 있던 사마의는 퇴군하자는 말이 나오면 군심이 어지러워질까 염려되어 조진에게 퇴군을 권유하지노 못했다.

지략 해설

제갈량은 세 갈래로 군사를 보내면서 자신도 군사 한 무리를 이끌고 산 골짜기에 매복했다. 그러고는 위군 장수 진량을 골짜기 안으로 유인하여 단숨에 그를 죽이고 위군 병사들을 사로잡는다. 이때부터 제갈량은 적을 유인하는 데 최고 수준의 지모를 발휘한다. 사로잡은 위군의 옷을 벗겨 촉 군에게 입힌 다음 조진의 군영에 잠입시켜 대혼란을 일으킴으로써 조진 의 군대를 격파한 것이다.

활용

전쟁에서뿐 아니라 기업이나 사회에서 경쟁할 때도 거짓 정보로 적을 유인하여 적의 판단력을 흐리게 만들면 승리할 수 있다. 한편 적의 행동이 진짜인지 가짜인지 객관적으로 분석할 수 있으면 나의 판단 착오를 막을 수 있다.

진창을 습격하다
'실'을 가리고 '허'로 공격하다

제갈량은 진창을 얻기가 쉽지 않음을 느끼고 사람을 보내 성안의 상황을 탐지하도록 했다. 정탐꾼이 돌아와 보고했다.

"진창성을 지키고 있는 학소가 깊은 병에 들었다 합니다."

그 말을 들은 제갈량은 일이 이루어지겠다는 생각에 위연과 강유를 불러 명했다.

"그대 둘은 군사 오천을 이끌고 밤새 말을 달려 진창성으로 가시오. 그곳에서 불길을 보게 되거든 있는 힘을 다해 성을 공격하시오."

두 사람은 제갈량의 지시에 확신이 서지 않는 눈빛으로 다시 물었다.

"언제 행해야 합니까?"

"사흘 안에 모든 준비를 마치고 떠나도록 하시오. 하직 인사도 할 것 없소."

두 사람은 명을 받고 물러났다. 제갈량이 다시 관흥과 장포를 불러 귀에 대고 계책을 일러주자, 두 사람도 계책을 받고 물러났다.

한편 곽회는 학소의 병이 깊다는 말을 듣고 장합과 함께 앞으로의 일을 의논했다.

"학소의 병이 깊다 하니 그대는 속히 진창으로 가서 학소 대신 진창성을 지키시오. 내 조정에 표문을 올려 따로 윤허를 받도록 하리다."

장합은 군사 3천을 이끌고 학소를 대신하러 진창으로 떠났다. 이때 학소는 병이 깊어 밤새도록 신음하고 있었는데, 갑자기 촉군이 성 아래에 당도했다는 소식을 듣게 되었다. 학소는 즉시 군사들을 성 위로 보내 성을 지키도록 했다. 그런데 그때 각 성문에서 불길이 치솟으면서 성안은 일대 혼란에 빠졌다. 이 소식을 들은 학소는 병중에 놀라 숨을 거두었고, 촉군은 일거에 성안으로 쳐들어갔다.

한편 성 아래에 당도한 위연과 강유는 성 위에 깃발이 보이지 않고 북을 쳐서 시간을 알리는 사람도 없자 의심스러운 마음이 들었다. 이 때문에 섣불리 성을 공격하지 못하고 있는데, 성 위에서 포성이 들리더니 사면에서 일제히 깃발이 올라갔다. 성 위에서는 학창의를 입고 윤건을 쓴 제갈량이 부채를 흔들며 말했다.

"두 사람, 좀 늦었구려."

위연과 강유는 황망히 말에서 내려 엎드려 절하며 말했다.

"승상의 계략은 참으로 신묘하십니다."

제갈량은 두 사람을 성안으로 들이며 말했다.

"그대 둘에게 사흘 안에 진창을 공격할 준비를 하라 이른 것은 우리 군사들의 마음을 안정시키기 위함이었고, 관흥과 장포에게 군사를 주어 밤중에 한중을 빠져나가라 하고 나 또한 밤중에 행군하여 이곳으로 온 것은 우리 군의 움직임을 적에게 들키지 않기 위해서였소. 내 일찌감치 성안에 사람을 보내 불을 놓고 함성을 지르게 한 것은 위군의 마음을 불안하게 만들기 위함이었소. 군대에 장수가 없으면 자중지란에 빠지게 마련이오. 학소의 병이 깊다 하니 성을 얻는 일도 손바닥 뒤집기만큼이나 쉬웠소."

위연과 강유는 그 말을 듣고 다시금 땅에 엎드려 절했다. 제갈량은 학소의 죽음을 가엾게 여겨 그의 처자식들에게 영구를 들고 위나라로 돌아가 그의 충정을 기릴 수 있도록 해주었다. 제갈량은 다시 위연과 강유에게 말했다.

"그대 둘은 갑옷을 벗지 말고 군사를 이끌고 가 산관散關을 급습하시오. 관내에 있는 자들은 우리 군을 보면 놀라 달아날 터이나 조금이라도 지체하면 위군이 산관에 당도하여 관문을 차지하기 어려워질 것이니 서두르시오."

위연과 강유는 명을 받고 물러나 군사를 이끌고 산관으로 갔다. 관내에 있던 자들은 과연 놀라서 도망가기에 바빴다. 두 사람이 갑옷을 벗으려는데 갑자기 밖에서 크게 흙먼지가 일었다. 다름 아닌 위군이었다. 두 사람은 서로를 보며 말했다.

"승상의 계책은 정녕 헤아릴 길이 없소."

두 사람이 급히 성루에 올라 밖을 내다보니 위군을 이끌고 온 장수는 장합이었다. 두 사람은 즉시 군사를 나누어 성안으로 이어지는 주요 길목을 지키도록 했다. 장합은 주요 길목마다 촉군이 지키고 선 탓에 하는 수 없이 퇴각을 명했다. 위연은 그 뒤를 바짝 쫓으며 수많은 위군의 목을 베었고 장합은 대패하여 도주했다. 산관으로 돌아간 위연은 제갈량에게 사람을 보내어 승리의 소식을 전했다.

　제갈량은 몸소 군사를 이끌고 진창에서 야곡으로 진군하여 건위建威를 손에 넣었다. 그의 뒤로 촉군은 진격을 계속했다.

지략 해설

제갈량은 은밀하고도 신속하게 진창을 습격했다. 곽희는 학소의 병이 깊음을 알고 적의 눈을 속이기 위해 장합을 보내 학소 대신 성을 지키도록 했지만, 제갈량은 밖으로는 느슨하고 안으로는 급박한 전술로 진창을 공격했다. 먼저 위연과 강유에게는 모두가 알 수 있도록 드러내놓고 명을 내렸지만, 서두르지 말고 사흘 동안 공격 채비를 하도록 했다. 이는 적의 눈을 속이기 위한 허공虛攻이었다. 반면 관흥과 장포에게는 밤중에 행군하여 성을 공격하도록 했는데, 은밀하면서도 급박하게 실행한 이 계책은 실공實功에 해당한다. 이렇게 은밀하면서도 급박한 공격을 돌발적으로 전개했기에 제갈량은 장합의 군대가 도착하기 전에 진창성을 손에 넣을 수 있었다.

활용

제갈량은 진창을 습격하는 데 갖가지 비밀스러운 계책을 사용했다. 첫째는 관흥과 장포를 은밀히 불러 한중을 떠나라고 명한 것이다. 둘째는 제갈량 자신이 소리 없이 그 군대에 합류함으로써 적의 의심을 사지 않은 것이다. 셋째는 공개적으로는 위연과 강유를 성으로 보내 공격하게 함으로써 적의 시선을 따돌린 것이다. 제갈량은 군사를 보내면서 밝은 손과 어두운 손을 동시에 사용했다. 밝은 손으로 적의 주의를 끄는 한편 어두운 손으로 비밀리에 작전을 전개한 것이다. 그러면서도 어두운 손이 밝은 손보다 한발 빠르게 움직이도록 하여 적이 모든 사정을 파악했을 때는 이미 손쓸 수 없게 만들었다.

천신으로 가장한 제갈량
가짜 이미지로 적을 속이다

제갈량은 당시 사람들이 믿던 미신을 이용하여 적을 혼란에 빠뜨리기도 했다. 이 이야기는《삼국지연의》101회 '제갈량은 농서로 가서 천신으로 가장하고 장합은 검각으로 내달리다 계략에 빠지다'에 나온다.

건흥 9년 2월, 제갈량은 위나라를 정벌하러 다시 출사했다. 이때는 위나라 연호로 태화 5년이었다. 위주 조예는 제갈량이 다시 중원을 정벌하려 하자 급히 사마의를 불러 대책을 논의했다. 사마의가 아뢰었다.

"선제께서 세상을 떠났으니 신이 있는 힘을 다해 도적을 물리쳐 폐하의 은혜에 보답하겠나이다."

조예는 크게 기뻐하며 사마의에게 잔치를 베풀어주었다.

다음 날 촉군이 위나라 변경에 이르렀다는 소식이 전해지자 조예는 사마의에게 군사를 내어주며 직접 어가를 타고 성문 밖까지 그를 전송했다. 사마의는 위주에게 하직 인사를 올리고 즉시 장안으로 내달렸다. 그러고는 여러 길을 통해 온 군사들을 모두 모아서 촉군을 물리칠 계책을 논의했다. 장합이 말했다.

"제가 군사를 이끌고 가서 옹성과 미성을 지키고 촉군을 막아내겠습니다."

사마의가 말했다.

"우리 전군前軍만으로는 제갈량의 군대를 당해내기 어렵네. 군사를 전군, 후군으로 나눈다 해도 승리를 장담하기 어려우니 차라리 군사의 일부는 상규에 남아 지키게 하고 나머지는 모두 기산으로 오르는 편이 좋을 듯하네. 누가 선봉으로 나서겠나?"

그러자 장합이 기쁜 낯으로 말했다.

"이제껏 소신은 나라에 충성을 다할 일만을 손꼽아 기다려왔으나 이를 알아주는 이를 만나지 못했습니다. 도독께서 저에게 중임을 맡겨주신다면 만 번 죽는다 해도 사양치 않을 것입니다."

이에 사마의는 장합을 선봉으로 삼아 대군을 통솔하도록 했다. 또한 곽회에게는 농서의 여러 고을을 지키도록 하고, 나머지 장수들에게는 각자 여러 갈래로 진군하도록 했다.

그런데 전군에서 정탐꾼이 돌아와 말했다.

"제갈량이 대군을 거느리고 기산으로 진군하고 있습니다. 선봉에 선 왕평과 장의는 진창과 검각을 지나 산관을 거쳐 야곡으로 달려오고 있습니다.”

사마의가 장합에게 말했다.

“제갈량이 곧장 진격해 오는 것은 농서의 밀을 베어 군량으로 쓰기 위해서다. 그대는 기산에 진채를 세우고 굳게 지키도록 하라. 나는 곽회와 함께 천수의 여러 고을을 돌며 촉군이 밀을 베어가지 못하도록 할 것이다.”

장합은 명을 받아 4만 군사를 이끌고 기산을 지켰고, 사마의는 대군을 이끌고 농서로 갔다.

한편 제갈량은 기산에 이르러 진채를 세우고는 멀리 위수 쪽을 보았다. 방비 태세를 갖춘 위군을 보며 제갈량이 장수들에게 말했다.

“저들을 이끄는 자는 분명 사마의일 것이다. 이엄에게 군량을 보내라고 누차 재촉했지만, 아직 도착하지 않고 있으니 지금 우리 군사들을 이끌고 가 베어 와야겠다.”

그는 왕평, 장의, 오반, 오의 등 네 장수에게 기산의 진채를 지키도록 하고 제갈량 자신은 강유, 위연 등의 장수들과 함께 직접 노성鹵城으로 갔다. 노성태수는 평소 제갈량의 명성을 익히 들어온 터라 황망히 성문을 열어 항복해 왔다. 제갈량은 성안의 백성들을 위로하고 나서 물었다.

“지금 어디의 밀이 가장 잘 익었는가?”

노성태수가 말했다.

“농상의 밀이 가장 잘 익었습니다.”

제갈량은 장익과 마충에게 노성을 지키게 하고 자신은 다른 장수들과 함께 삼군을 이끌고 농상으로 갔다. 그때 전군에서 보고가 들어왔다,

"사마의의 군대가 벌써 그곳에 와 있습니다."

제갈량은 크게 놀랐다.

"밀을 베어 가려던 내 계획을 미리 알고 있었다니!"

제갈량은 즉시 목욕을 하고 옷을 갈아입은 후 자신이 평소 타고 다니던 것과 똑같은 사륜거 세 대를 가져오도록 했다, 겉모습까지 평소 타고 다니던 것과 똑같이 꾸민 사륜거들은 촉에 있을 때 미리 만들어 둔 것이었다.

제갈량은 강유에게 군사 천 명을 주며 사륜거를 호위하도록 하고 군사 5백에게는 따로 북을 두드리며 상규성 뒤편에 매복하도록 했다. 또 마대를 왼쪽에, 위연을 오른쪽에 배치하면서 이들이게도 각각 수레를 호위할 군사 천 명과 북을 두드릴 군사 5백을 주었다. 그러고는 사륜거마다 군사 스물네 명을 배치하고 그들 모두에게 맨발에 검은 옷을 입게 하고 칼을 찬 채로 검은 칠성기를 들고 좌우에서 사륜거를 밀도록 했다. 각 수레를 맡은 세 사람은 계책을 받고 물러나 수레를 밀며 떠났다. 제갈량은 별도로 3만 대군에게도 명을 내려 밀을 벨 수 있는 낫과 새끼줄을 준비하도록 하고 정예병 스물네 명을 골라 맨발에 산발을 한 채로 검은 옷을 입히고 제갈량 자신이 탄 수레를 밀도록 했다.

또 관평을 천봉天逢, 전설 속의 천신으로 꾸미고 손에는 칠성기를 들려서 수레 앞을 걷게 했다. 제갈량은 그 사륜거 위에 앉아 위군 진채로 갔다.

위군의 정탐꾼은 이 모습을 보고 사람인지 귀신인지 알 수가 없어 깜짝 놀랐다. 이런 광경을 사마의에게 보고하자 사마의도 진채 밖으로 나와 사륜거를 보았다. 수레 위에는 제갈량이 학창의를 입은 채 부채를 들고 단정히 앉아 있었고 수레 좌우로는 병사 스물네 명이 산발한 채 검을 차고 수레를 호위하고 있었다. 수레 앞쪽에서 칠성기를 들고 있는 사람은 전설에 나오는 천신과 똑같은 모양이었다. 사마의는 눈앞의 광경을 두고 말했다.

"제갈량이 또 괴이한 짓을 하는구나."

그러더니 군사 2천을 불러내어 명했다.

"너희는 즉시 나아가 저들을 모두 붙잡아라."

명을 받은 군사들은 일제히 수레를 향해 달려들었다. 위군이 쫓아오자 제갈량은 수레를 돌려 촉군 진영 쪽으로 천천히 나아갔다. 그런 사륜거를 향해 위군이 나는 듯이 달려들자 갑자기 음산한 바람이 불더니 주위가 온통 차가운 안개로 자욱해졌다. 위군은 아랑곳하지 않고 있는 힘을 다해 수레를 뒤쫓았으나 수레는 좀처럼 가까워지지 않았다. 위군들은 믿어지지 않는 사실에 당황하여 그 자리에 멈추어 서로를 보며 말했다.

"거참 이상한 일일세. 삼십 리를 부단히 달렸는데 어찌 눈앞에 있는 저들을 잡을 수 없단 말인가?"

제갈량은 위군이 쫓아오기를 멈추자 다시 수레를 돌리라고 명했다. 그러자 위군은 잠시 머뭇거리더니 다시 수레를 향해 달려들었다. 제갈량은 다시 수레를 돌려 천천히 나아갔다. 위군은 그렇게 20리를 달렸지만, 여전히 수레를 잡을 수 없었다. 제갈량은 다시 수레를 돌려 위군 쪽으로 나아갔다. 위군은 또다시 수레를 향해 달려들었다. 그때 뒤쪽에서 사마의의 군대가 도착해 위군에게 전령을 전했다.

"제갈량은 팔문둔갑八門遁甲법에 밝아 육정육갑六丁六甲, 둔갑법을 쓸 때 부르는 신장神將들을 능히 부린다. 제갈량은 지금 육갑천서六甲天書의 축지법을 쓰고 있어서 그대들이 아무리 달려들어도 가까이 갈 수 없다."

위군이 하는 수 없이 말 머리를 돌리려고 할 때 갑자기 북소리가 크게 울리더니 군사 한 무리가 쏟아져 나왔다. 사마의가 급히 적을 막으려는데, 촉군 중 머리를 풀어 헤치고 검을 찬 병사 스물네 명이 맨발에 검은 옷차림으로 수레를 호위하고 나왔다. 학창의를 입은 제갈량은 부채를 흔들며 수레 위에 단정히 앉아 있었다. 사마의가 깜짝 놀라서 말했다.

"조금 전까지 오십 리나 뒤쫓아도 잡지 못했던 제갈량을 어떻게 여기서 다시 만난단 말인가? 참으로 괴이하도다!"

그 말이 채 끝나기도 전에 오른쪽에서 또다시 북소리가 울리며 군사 한 무리가 쏟아져 나왔다. 그 사륜거 위에도 제갈량이 앉아 있었고 수레 좌우로는 스물네 명의 병사들이 맨발에 검은 옷을 입고 검을 찬 채로 수레를 호위하고 있었다. 사마의는 너무 놀란 나머지 정신을 잃을 지경이었다. 사마의가 장수들을 돌아보며 말했다.

"신병神兵이 틀림없도다!"

위군은 군심이 크게 흐트러져 감히 촉군과 싸울 생각을 하지 못한 채 저마다 도망치기 시작했다. 그런데 그때 또다시 북소리가 울리더니 군사 한 무리가 달려들었다. 그 앞으로 사륜거가 보였는데 안에는 제갈량이 단정히 앉아 있고 무사 스물네 명이 좌우에서 호위하는 모습이 아까 본 그대로였다. 위군은 완전히 넋을 잃었다.

사마의는 눈앞의 군사들이 사람인지 귀신인지, 그 수는 얼마나 되는지조차 헤아릴 수 없었다. 그는 너무 놀란 나머지 다급히 군대를 이끌고 상규로 달아나 성문을 굳게 닫아걸고 나오지 않았다. 그동안 제갈량은 3만 군사와 함께 농상의 밀을 모조리 베어 노성으로 가져와 타작했다. 상규성으로 들어간 사마의는 사흘 내내 밖으로 나오지 않다가 촉군이 모두 물러간 후에 정탐꾼을 보내 정황을 살피도록 했다. 성탐꾼이 길에서 촉군 한 명을 붙잡아 지난 며칠간의 일을 물으니 촉군이 대답했다.

"저는 밀을 베던 병사인데 말을 잃고 헤매다가 붙잡혀 왔습니다."

"저번에 나타난 신병은 어찌 된 일이냐?"

"세 방향에서 나타난 복병은 모두 제갈량이 아니라 강유, 마대, 위연이 제갈량처럼 꾸민 것이었습니다. 각 방향의 수레를 호위하던 군사는 겨우 천 명이었고 북을 두드리는 병사도 오백에 지나지 않았습니다. 맨 처음 장군의 진채로 와서 군사들을 유인한 수레에만 제갈량이 타고 있었습니다."

사마의는 하늘을 우러러 길게 탄식했다.

"제갈량의 계략은 참으로 신출귀몰하구나!"

지략 해설

　제갈량이 촉군을 신병처럼 꾸민 이유는 부족한 병력을 만회하기 위해 서였지만, 이는 또한 적의 눈을 흐리게 하고 군심을 동요시키는 적극적 방어이기도 했다. 이런 방법을 쓰려면 다음 세 가지 조건이 필요하다.

　첫째, 상대방이 미신에 잘 현혹되는 이들이어야 한다. 둘째, 자신은 그런 미신을 믿지 않는 상태에서 다양한 전략적 배치를 할 수 있어야 한다. 셋째, 상대방을 현혹하는 데 성공했다면 거기에서 멈추어야 한다. 그렇지 않고 '신병'의 진면목을 겁 없이 드러내며 진격했다가는 적에게 정체가 탄로난다.

활용

　언제나 최우선은 목적이고, 수단은 목적에 부흥하는 것일 뿐이다. 그러므로 목적을 달성하는 데는 선진 기술이든 미신적 현혹이든 가능한 방법을 모두 이용할 수 있다. 선진 기술은 최대한 높은 수준으로 독점하는 데, 미신은 상대방이 그것에 휘둘린다면 기꺼이 농간을 부려 상대방의 판단을 흐리게 하는 데 사용할 수 있다. 목적에 부합하는 수단이라면 일단 타당하고 필요한 것이라고 보아야 한다. 미신이라는 수단 역시 목적과의 관계 속에서 얼마든지 성격이 달라질 수 있다.

죽어서도
적을 물리치다
사태를 예견하고 만반의 준비를 해두다

밤중에 장성이 떨어져 내리는 것을 보고
다급히 뒤쫓았으니 제갈량은 아직 죽지 않았네.
관외關外, 서촉 사람들은 아직도 비웃는구나,
'내 머리가 아직도 붙어 있느냐' 물었던 일을.

여섯 번이나 기산에 오르느라 피로가 쌓인 제갈량은 오장원에서 병석에 눕더니 좀처럼 일어나지 못했다. 제갈량 자신도 살날이 얼마 남지 않았음을 알고 있었지만, 자신의 병고 소식을 알면 사마의가 공격해 올까 봐 걱정되었다. 그래서 제갈량은 양의를 불러 당부했다.

"내가 죽더라도 절대로 발상을 해서는 안 되오. 그 대신 커다란 감실龕室을 만들어서 시신을 안치하고 입에는 쌀알 일곱 개를 넣고 다리 밑에는 등잔 하나를 밝혀주시오. 군중은 평소와 같이 조용히 유지하면서 곡도 일절 하지 말아야 하오. 이렇게 하면 장성이 떨어지지 않을 것이오. 그리하면 내 음혼陰魂이 다시 일어나 군중을 지키리라. 사마의는

464

장성이 떨어지지 않는 것을 보고 놀라며 의심할 터이니 우리 군은 뒤쪽 진채부터 하나씩 물러나도록 하시오. 만에 하나 사마의가 뒤쫓아오거든 진을 벌이고 깃발을 늘여 세운 후 북을 두드리시오. 적군이 가까이 오면 내가 미리 만들어둔 목상木像을 수레에 싣고 장수들이 좌우에서 호위하도록 해서 앞으로 밀고 나가시오. 사마의는 그 수레를 보면 놀라 도망갈 것이오."

양의는 제갈량의 당부를 일일이 마음에 새겼다. 그날 밤, 제갈량은 부축을 받으며 일어나 북두성을 올려다보며 멀리 별 하나를 가리켰다.

"저것이 나의 장성이다."

모두가 바라보니 희미한 별 하나가 떨어질 듯 흔들리고 있었다. 제갈량은 칼을 뽑아 별을 가리키며 무어라 주문을 외우다가 쓰러지고 말았다. 인사불성이 된 제갈량을 보며 장수들이 놀라 허둥대고 있는데 상서 이복이 되돌아와 혼절해 있는 제갈량을 보더니 큰 소리로 울었다.

"내가 국가 대사를 그르쳤구나!"

얼마 후 제갈량이 깨어나 눈을 떠 보니 이복이 곁에 있었다. 제갈량이 그에게 말했다.

"공이 다시 온 이유를 알고 있습니다."

"황제께서는 승상이 돌아가신 후 대임大任을 누구에게 맡겨야 하는지 여쭈어보라 하셨습니다."

"내가 죽은 후 대사를 맡기에 적합한 이는 장공염입니다."

"공염의 뒤는 누가 이어야 합니까?"

"비문위가 좋을 것입니다……."

"문위의 뒤는 누가 이어야 합니까?"

그러나 제갈량은 대답이 없었다. 장수들이 다가가서 보니 제갈량은 이미 세상을 떠난 후였다.

한편 오장원에 이른 하후패는 촉군 진영에 사람이 보이지 않자 곧바로 사마의에게 돌아가 보고했다.

"촉군이 모두 떠났습니다."

사마의는 발을 구르며 소리쳤다.

"제갈량이 죽었다! 속히 촉군을 추격하라!"

그러자 하후패가 말했다.

"도독께서 직접 가지 마시고 편장을 보내십시오."

"아니다. 이번에는 내가 직접 갈 것이다."

사마의는 두 아들과 함께 오장원으로 달려갔다. 위군은 함성을 지르며 촉진으로 들어섰으나 역시 아무도 보이지 않았다. 사마의가 두 아들에게 말했다.

"내가 앞장설 테니 너희 둘은 군사를 재촉하여 뒤를 따르라."

이에 사마사와 사마소는 뒤에서 군사들을 재촉했다. 사마의는 일군을 이끌고 앞장서며 산기슭으로 나아갔다. 그는 멀지 않은 곳에 촉군이 보이자 더욱 힘을 내어 말을 몰았는데, 갑자기 포성이 들리더니 함성이 진동했다. 쫓기던 촉군도 말 머리와 깃발을 돌리면서 북을 두드렸다. 이어 나무 그림자 사이로 중군의 깃발이 나부꼈는데, 깃발 위에는 큰 글씨로 '한승상 무향후 제갈량'이라고 씌어 있었다. 사마의가 대경실색하여 눈을 부릅뜨고 자세히 보니 중군 수십 명이 호위하는 사륜거 위에 학창의를 입은 제갈량이 윤건을 쓰고 부채를 든 채 단정히 앉아 있었다. 사마의는 이 광경을 보고 크게 놀랐다.

"제갈량이 살아 있었구나! 섣불리 군사를 움직였다가 제갈량의 계략에 걸려들고 말았다!"

사마의가 급히 말 머리를 돌려 도망치는데 등 뒤에서 강유가 소리 쳤다.

"적장 사마의는 거기 서라! 네놈은 이미 우리 승상의 계략에 빠졌느 니라!"

혼비백산한 위군은 저마다 갑옷과 투구, 칼과 창을 버린 채 걸음아 나 살려라 달아나기 바빴다. 서로 밟고 밟히며 도망치느라 이들 중 상 당수는 목숨을 잃고 말았다.

지략 해설

제갈량은 임종 전에 사마의가 자신이 죽은 사실을 알고 추격해 오면 지휘자를 잃은 촉군이 일시에 혼란에 빠져 위군에 제대로 대항하지 못하리라는 것을 예견했다. 이는 실제로 일어날 가능성이 큰 일이기에 제갈량은 사전에 조치를 취한다. 양의에게 목상 이야기를 꺼내며 향후의 군사적 배치를 귀띔해준 것이다. 제갈량은 자신이 죽지 않았다는 것을 알면 사마의가 섣불리 진격하지 않을 것이므로 그 틈을 타서 조심스럽게 철군하라고 당부했다. 과연 모든 일은 그의 예측대로였다. 제갈량이 죽지 않았다고 판단한 사마의는 허둥지둥 도망치기에 바빴던 것이다.

활용

누구나 앞으로 일어날 일을 어느 정도 예견할 수 있어야 한다. 눈앞의 일을 처리하는 데만 급급하기보다 그 일 이후에 새로이 발생하게 될 상황을 생각해보고, 그것에 대한 대책도 마련할 줄 알아야 한다는 뜻이다. 예상하지 못하고 있다가 갑자기 문제에 부딪히면 누구든 속수무책이 되고 만다. 소 잃고 외양간 고치는 격에서 벗어나 작은 틈이라도 철저히 막아 큰일에 대비하는 자세가 바로 현명한 '통제'이다.

최대한 빈틈없는 계획을 통해 일을 진행할 때는 현명한 통제가 필요하다. 통제는 작업 목표를 순조롭게 달성하는 데 꼭 필요한 수단으로, 여기에는 계획과의 차이를 발견하고 수정하는 일이 포함된다. 일을 진행할 때는 원래 계획과 차이가 생기게 마련이다. 이런 때에는 적절한 통제로 문제를 수정해야만 목표 달성을 보장할 수 있다.

통제는 이미 발생한 문제를 수정하는 것만을 가리키지 않는다. 이것은 어떤 의미에서는 소 잃고 외양간 고치는 격이기 때문이다. 아직 어떤 문제가 크게 불거지지 않았다 해도 결국 어느 정도의 손실을 피할 수 없게 된다. 업무관리에서는 사전 통제도 중요하지만, 미리 문제를 예견하고 그에 대한 대응책을 마련해두는 것이 중요하다. '적군이 오지 않을 거라고만 믿지 말고 언제 쳐들어오더라도 물리칠 방비를 해야 한다'는 손자의 말처럼 말이다.

제6장

친분에 상관없이
상벌을 분명히 한다

_제갈량의 용인술

삼국 시대 위정자들의 용인술用人術은 매우 교묘하고 다양했다. 정직으로 민심을 얻는 이들이 있는가 하면, 수완으로 민심을 농락하는 이들도 있었고, 독한 계략을 써서 사람들을 죽음으로 몰아넣는 이들도 있었다. 제갈량은 말과 행동에서 허와 실을 겸비했는데, 이를 바탕으로 부하들을 잘 단합시켰고 사람들에게 감동을 주었으며 인재를 얻으면 그가 목숨 바쳐 충성을 다하도록 만들었다. 그의 권모와 계략은 참으로 탄성을 자아낼 만했다.

형주의 명사 제갈량은 유가와 법가의 철학을 겸비한 덕분에 용인술에서도 유가의 학구적 기풍과 법가의 엄격한 정신을 함께 드러냈다. 그는 치국과 용병의 모든 분야에서 친소親疏를 불문하고 상벌을 분명히 했으며 잔재주를 부리더라도 승상의 풍모를 잃지 않았다.

황충을 자극하다
'치욕'을 자극하여 격려하는 법

장수를 부리려거든 먼저 마음을 자극해야 하네.
젊은 사람도 늙은 사람보다 못할 수 있는 법이니.

　부하를 격려할 때 칭찬과 더불어 치욕을 자극하는 것은 상호보완적인 방법이 될 수 있다. 누구에게나 자존심이 있는데, 이것의 손상도 일종의 치욕이다. '치욕을 알면 용기에 가까워진다'는 말처럼 치욕은 분투 의지를 자극한다는 특성이 있다. 제갈량은 부하의 성격을 이용하여 '치욕'을 통한 격려를 할 줄 알았다.

　노장 황충은 다른 사람이 자신의 나이를 문제 삼으며 자신을 써주지 않을까 봐 두려워했다. 서천에 들어가 낙성을 공격할 때도 위연에게 "나이도 많으신 분이 어딜 왔느냐"라는 말을 듣고 노기충천하여 그와 겨루기도 했다. 제갈량은 황충의 이런 성격을 잘 알았기에 한중을 취할 때 두 번이나 황충의 노기를 자극하여 그의 대담무쌍한 지혜와 용기를 끌어냈다. 일흔에 가까웠던 이 노장은 결국 한중을 탈취하는 데 혁혁한 공을 세웠다. 이 이야기는《삼국지연의》70회의 '맹장 장비는 지략으로 와구관을 얻고 노장 황충은 계책을 써서 천탕산을 얻다'에 나와 있다.

가맹관殷萌關을 지키던 맹달과 곽준은 장합이 쳐들어온다는 소식을 들었다. 곽준은 성을 굳게 지킬 생각뿐이었지만, 맹달은 적을 맞이하여 상대하기로 마음먹었다. 이들은 장합의 군대와 교전을 벌였지만 결국 대패하여 도망치고 말았다. 곽준이 급히 성도에 문서를 보내 유비에게 이 사실을 알리자 유비는 군사와 함께 이 일을 논의했다. 제갈량이 장수들을 당상에 불러 모아놓고 말했다.

"지금 가맹관이 위험하다 하니 급히 익덕 장군을 불러와 장합을 물리쳐야 할 듯하오."

법정이 말했다.

"지금 익덕 장군은 와구에 주둔하여 낭중을 지키고 있습니다. 그곳 또한 요충지이니 장군을 쉽게 불러들일 수 없습니다. 여기 있는 장수들 중 한 명을 뽑아 장합을 물리치십시오."

제갈량이 웃으며 말했다.

"장합은 위나라의 명장이라 결코 만만히 볼 수 있는 자가 아닙니다. 익덕 장군이 아니면 그를 당해낼 자가 없소이다."

그때 한 사람이 앞으로 나서며 말했다.

"군사께서는 왜 저희를 무시하십니까? 제가 비록 재주는 없으나 반드시 장합의 목을 베어다 군사께 바치겠습니다."

모두가 돌아보니 황충이었다. 제갈량이 말했다.

"장군께서는 용맹이 뛰어나시지만 너무 연로하시어 장합의 상대가 안 됩니다."

그 말을 듣자 황충의 백발 수염이 꼿꼿이 섰다.

"내 비록 늙긴 했어도 양팔로 삼석三石의 활을 당길 수 있고 천 근을 들어 올릴 힘 또한 있소이다! 장합 같은 필부 따위야 대적하고도 남지요!"

"장군의 나이가 벌써 일흔이신데 어찌 늙지 않았다 하십니까?"

황충은 당하로 성큼성큼 내려가더니 무기 걸이에 걸린 대도를 집어 들었다. 그러고는 나는 듯이 휘돌더니 벽에 걸린 강궁을 잡아당겨 두 개나 부러뜨렸다. 그 모습을 보고 제갈량이 말했다.

"정히 가고 싶으시다면…… 그래, 누구를 부장으로 삼으시겠소이까?"

"노장 엄안과 동행하겠소. 단, 장합을 물리치는 데 실패하면 내 머리를 바치겠소."

유비는 크게 기뻐하며 노장 황충과 엄안을 장합과 겨루게 했다.

천탕산을 지켜낸 노장 황충은 발 빠르게 승리의 소식을 성도로 전했다. 유비는 승전보를 듣고 모든 장수를 모아 황충의 공을 치하했다. 그 자리에서 법정이 말했다.

"지난날 조조는 장로의 항복으로 한중을 평정하고도 그 여세를 몰아 파촉을 빼앗지 않았습니다. 오히려 하후연과 장합에게 그곳을 지키게 하고 조조 자신은 대군을 이끌고 북쪽으로 돌아가버렸지요. 이제 장합이 패하고 천탕산도 잃었으니 이 승세를 몰아 대군을 이끌고 주공께서 친히 정벌에 나서셔야 합니다. 그리하면 한중을 평정할 수 있을 것입니다. 한중을 평정하면서 다시 군사를 훈련하며 군량을 모았다가 때를 보아 역적을 토벌할 수 있고 물러난다 해도 우리의 세력을 지킬 수 있습니다. 이는 하늘이 주신 기회이니 놓쳐서는 안 됩니다."

유비와 제갈량도 그 말에 깊이 공감했다. 이들은 조자룡과 장비를 선봉으로 삼는다는 전령을 보낸 후 직접 10만 대군을 이끌고 한중으로 쳐들어갈 날을 기다렸다. 각처에는 경비를 엄중히 하라는 격문을 보냈다.

건안 23년 7월 길일, 유비의 대군은 가맹관을 나와 진채를 세우고 황충과 엄안을 장막 안으로 불러들여 후하게 상을 내렸다. 유비가 말했다.

"모두들 장군이 늙었다고 하나 군사만은 장군의 능력을 깊이 알아주었소. 지금 한중의 정군산은 남정을 지키는 방패와 같은 곳이자 군량이 전부 모여 있는 곳이오. 그러니 정군산만 얻으면 크게 걱정할 것이 없습니다. 장군께서는 정군산을 얻을 수 있겠소?"

황충은 흔쾌히 응낙하고 나서 군사를 이끌고 떠날 채비를 했다. 그러나 제갈량이 다급히 황충을 막았다.

"노장군은 분명 영용英勇하시지만 하후연은 장합과는 다른 자입니다. 하후연은 육도삼략六韜三略, 병서에 조예가 깊은 데다 전투 중 임기응변에도 능해 조조가 그 재주를 보고 서량을 방비하도록 맡긴 자입니다. 그를 장안에 주둔시켜 마초를 막아냈기에 이번에도 한중에 주둔시키고 있는 것입니다. 조조가 다른 장수들을 다 놔두고 하후연에게 한중을 맡긴 것은 그의 재능이 그만큼 크기 때문입니다. 장군께서 장합을 이겼다고는 하나 하후연도 이기리라고 장담할 수는 없습니다. 제생각으로는 일단 형주에 사람을 보내 장군 대신 운장 장군을 불러 적을 상대하는 편이 좋을 듯합니다."

그러자 황충이 분연히 답했다.

"옛날 염파전국 시대 조나라의 명장는 여든 나이에 밥 한 말을 먹고 고기 열
근을 씹었다 했소. 제후들은 그의 용맹을 두려워하여 함부로 조나라를
침범하지 않았지요. 하물며 이 황충, 나이 일흔이 뭐 어떻다는 것이오?
군사께서는 나의 연로함이 못 미더우시겠지만 나는 부장도 필요 없소.
군사 삼천만 주시면 하후연의 목을 베어다 군사께 바치리다."

제갈량은 재차 황충을 말렸지만 그는 끝내 걸음을 떼었다. 제갈량
이 말했다.

"정히 가시겠다면 감군監軍 한 사람을 같이 보내드리겠습니다. 어떻
습니까? 법정을 보내 장군을 돕게 하겠습니다. 모든 일을 그와 논의하
고 행하십시오. 저도 군마를 이끌고 뒤따라 장군을 돕겠습니다."

황충은 그러겠노라 대답하고는 법정과 함께 본군을 이끌고 떠났다.

지략 해설

　제갈량은 황충을 자극하여 활용한다. 제갈량은 이 노장의 마음을 자극하지 않으면 그가 명을 받들어 출전해도 성공하기 어렵다고 보았기 때문이다. 황충은 나이가 많았지만 지략과 용맹을 겸비한 장수로, 강적과 겨루어 승리하기를 좋아했다. 제갈량은 황충의 이런 성격을 파악하고 그의 용맹에 불을 지르는 방법을 택한다. 황충이 자신의 불로不老함을 증명하도록 만듦으로써 승리를 이끌어내는 전략을 쓴 것이다. 제갈량은 황충을 두 번 출전시키면서 연거푸 자극하는데, 그 결과 '노장 황충은 계략으로 천탕산을 얻고', '담대한 용기로 하후연의 목을 베는' 등 혁혁한 공을 세운다. 위나라의 명장 장합이 가맹관을 공격해 들어오는 위급한 순간에 제갈량은 황충을 보내면서 "낭중을 지키는 익덕 장군 외에는 장합과 대적할 자가 없다"는 말로 그를 자극한다. 장합과 싸워 목을 베어 오겠다고 나서는 황충에게 제갈량은 기다렸다는 듯이 넌지시 묻는다.

　"누구를 부장으로 삼았으면 좋겠소?"

　늙은 장수는 안 된다는 주변의 만류에도 황충은 자신과 같은 노장 엄안을 부장으로 삼겠다 고집한다. 두 노장이 눈부신 공을 세워 자신들의 능력을 증명해 보이겠다고 결심하는 것이다. 두 사람은 치밀한 계책을 세워 '양 갈래로 협공'을 펴는가 하면 거짓 패배를 되풀이함으로써 적을 교만하게 만드는 '교병지계驕兵之計'로 마침내 장합을 물리치고 천탕산을 얻는 데 성공한다.

　그 후 유비가 다시 정군산에 황충을 보내려고 하자 제갈량은 또 운장 장군만이 하후연을 상대할 수 있다는 말로 황충을 자극한다. 이번에도 황충은 반드시 자신이 가겠다는 말로 결연한 의지를 내보이고 제갈량은 또 기다렸다는 듯이 조력자를 붙여준다. 그 결과 황충은 하후연의 목을 베는 데 성공한다.

물도 건드리지 않으면 물결이 일지 않듯이 사람도 자극을 받지 않으면 인재로 성장할 수 없다. 역사를 보라. '자극' 하나로 경천동지할 위업을 이룬 영웅호걸이 얼마나 많은가! 그러나 깊은 속을 건드리지 못하는 자극은 아무런 반응도 끌어내지 못한다. 모든 외인外因은 결국 내인內因을 통해 생겨나기 때문이다.

황충이 자신의 연로함을 인정하고 물러나려고 했다면 어떤 일이 생겼을까? 제갈량이 그의 연로함을 지적하며 황충의 마음을 자극했다 해도 그는 아무런 공을 세우지 못했을 것이다. 그래서 제갈량은 장수마다 각자 다른 점을 들어 그들의 마음을 자극했다. 이런 격장법은 제갈량이 사용한 뛰어난 용인술 중 하나였다.

제갈량은 대개 기고만장하고 이기기를 좋아하며 충성심이 높은 장수에게 이런 격장법을 사용했다. 충성스러운 장수라야 군주에게 제대로 인정받지 못했을 때 분노할 줄 알고 이기기 좋아하는 장수라야 격장법을 씀으로써 최고의 능력을 끌어낼 수 있기 때문이다. 이렇듯 격장법을 사용할 때는 상대방의 약점을 정확히 지적해야 한다. 그래야 그가 자신의 약점을 제대로 방비하여 대의를 그르치지 않을 수 있다.

활용

격장법은 보통 아주 중요한 전쟁에서 강적을 만났을 때 사용하는 것이 최선이다. 그런 때야말로 자극의 효과가 극대화되기 때문이다.

일의 성공은 대개 그 일을 대하는 마음과 관련이 있다. 어느 정도 야심과 투지가 바탕이 되었을 때 최고의 성과를 얻을 수 있다는 뜻이다. 어떤 일의 성사 여부는 일의 종류에 달려 있다기보다 그 일을 대하는 사람의 느낌과 감정에 따라 결정된다. 일이 아니라 일을 대하는 사람의 상태가 더 중요하다는 뜻이다. 어떤 일을 대하는 사람의 마음에 믿음과 의지가 있다면 그 일은 반쯤 성공했다고 보아도 좋다.

격장법을 통해 사기와 투지를 높이는 것은 군사를 이끄는 지휘관이 쓰는 방법이기도 하지만 경영·관리에서도 흔히 사용된다. 직원들의 사기를 높이고 어려운 상황을 돌파해내기 위해 쓰이는 이 정신 자극법은 특수한 환경이나 조건에 놓인 이들의 잠재력을 끌어냄으로써 평소라면 이루기 힘들었을 일도 해내게 만든다. 제갈량은 바로 이런 방법을 노장 황충에게 써 천탕산 전투와 정군산 전투에서 승리하게 만든다.

소위 '구제救濟식 관리'는 위기 상황에서 직원들의 잠재력을 최대한으로 이끌어내는 방법이다. 이런 관리법은 누구든 위기에 처하면 평소에는 상상할 수 없는 속도와 능력을 발휘하는 원리에서 출발한다. 이러한 원리를 관리 기법에 적용하면 작업 효율을 크게 높일 수 있다.

여기서 말하는 위기란 넓은 의미에서 기업과 직원의 근본적 이익 또는 특수한 이익을 위협하는 모든 사건을 가리킨다. 관리자가 해야 할 일은 이런 문제를 일찌감치 발견하고 모든 직원에게 위기 상황을 제때 알림으로써 조직의 잠재력을 충분히 이끌어내는 것이다. 제갈량도 자주 사용한 이 방법은 '병사들이 비분에 차 있으면 반드시 승리한다《노자》'라거나 '사지에 처한 뒤에야 살 수 있다置之死地而後'라는 말에 담겨 있는 원리와 같다.

그런가 하면 '위기'를 만들어내는 것도 한 방법이다. 관리자가 직원 각자에게 자신이 하는 일에 대한 위기감을 불어넣으면 직원들은 얼마간의 스트레스를 받게 된다. 일본의 한 기업에는 어떤 직원도 같은 부문, 같은 직위에서 2년 이상 일할 수 없다는 독특한 규정이 있다. 얼핏 보면 '숙련의 효율성'이라는 원칙에 어긋나는 것 같지만, 사실은 모든 직원에게 '위기감'이라는 자극을 주어 경쟁심과 분투 의지를 높이려는 전략이 깔려 있다. 이런 방식을 도입하면 상황 대처 능력과 적응력이 크게 향상되어 직원들 각자가 다방면의 능력을 갖춘 '멀티 플레이어'로 성장한다.

관우를 설득하다
부드러운 방법으로 문제를 해결하는 법

제갈량은 외부 갈등은 물론 내부 갈등을 해결하는 데도 고수였다. 유비군의 내부에서 발생하는 갈등을 해소하는 데는 유비의 어진 인품도 한몫했지만, 제갈량의 대인관계 기술 또한 큰 역할을 했다. 제갈량은 어떤 갈등이 발생하면 부드러운 방법과 거친 방법을 자유롭게 활용했는데, 그 결과 갈등을 잠재우기도 하고 때로는 전투력을 높이는 자극제로 갈등을 활용하기도 했다. 제갈량의 지략은 단순한 방법 차원을 뛰어넘는 것이었다.

하루는 유비가 제갈량과 한담을 나누고 있는데 관우가 지난번 금과 비단을 하사받은 데 대한 답례로 관평을 보내왔다는 보고가 들어왔다. 유비를 알현한 관평은 관우의 서신을 올렸다.

"가친家親이 마초의 무예가 남다르다는 말을 들으시고는 그와 겨루기 위해 서천으로 가겠다고 하십니다. 백부께 이를 말씀드리고자 이렇게 온 것입니다."

유비는 깜짝 놀랐다,

"운장이 촉 땅에 들어가서 마초와 겨룬다면 둘 중 하나는 살아남지 못할 것이외다."

제갈량이 말했다.

"걱정하지 마십시오. 제가 편지를 써서 운장 장군의 마음을 가라앉히겠습니다."

유비는 관우의 성정을 잘 알고 있었기에 걱정이 앞섰지만, 제갈량이 편지 쓰는 모습을 지켜볼 수밖에 없었다. 관평은 밤새 말을 달려 형주에 있는 관우에게 제갈량의 편지를 전했다. 관평이 형주로 돌아오자 관우가 물었다.

"이 아비가 마초와 겨루겠다고 하는 일은 잘 아뢰었느냐?"

"예, 그랬더니 군사께서 서신을 한 통 써주셨습니다."

편지에는 이렇게 씌어 있었다.

'장군께서 마초와 겨루겠다 하신 소식을 들었습니다. 제가 보기에 마초는 기운이 매섭기는 하나 경포鯨布, 팽월彭越, 두 사람 모두 한대 초기의 명장의 무리에 지나지 않습니다. 익덕 장군과 겨룬다면 앞뒤 다툴 만하나 그 또한 장군의 뛰어난 무공에는 미치지 못하지요. 지금 장군께서는 형주를 지키는 중임을 맡고 계시니 가벼이 움직이시면 안 됩니다. 장군께서 서천으로 들어가시면 형주를 잃어버릴 위험이 있습니다. 이는 대죄를 범하는 일이니 부디 깊이 헤아려주시기 바랍니다."

관우는 편지를 다 읽고는 수염을 쓰다듬으며 웃었다.

"군사께서 내 마음을 잘도 아시는구나."

관우는 자리에 있는 모든 사람에게 편지를 돌려 읽게 하고는 서천
으로 갈 생각을 접었다.

지략 해설

제갈량은 종종 부드러운 방법으로 문제를 해결했다. 마초의 무예가 뛰어나다는 말을 들은 관우는 자신이 지키고 있는 성을 떠나 서천으로 가서 마초와 겨루려고 마음먹는다. 그러나 그렇게 떠나버리면 형주가 어떻게 될지는 미처 생각하지 못했다. 두 호랑이가 맞붙어 싸우면 반드시 어느 한쪽이 큰 상처를 입고 쓰러지게 되거나 아예 둘 다 깊은 상처를 입고 패배할 수도 있는 상황. 제갈량은 관우의 허영심을 충족시켜주는 방법으로 이 문제를 해결한다.

활용

사람 간의 충돌은 기업에서도 일어난다. 충돌 사태가 발생하는 이유는 다양하다. 여러 부서에서 예산을 다투는 것처럼 한정된 자원 때문에, 제품의 규격을 놓고 영업부에서는 다양성을 주장하는 반면 제작부에서는 생산비 증가 문제로 반대하는 등 의견이 불일치하기 때문에, 승진 기회를 놓고 벌어지는 다툼이나 부서 간 주도권 다툼과 같은 내부 경쟁 때문에, 전체 조직에 중대한 영향을 미치는 결정을 하부의 의견 수렴 없이 상부에서 독단적으로 처리하는 등의 문제 때문에 충돌이 일어날 수 있다. 인재, 이익, 권력 등이 한정되어 있는 상황에서는 충돌이 일어나게 마련이다. 그러므로 관리자라면 반드시 이러한 충돌을 원만히 해결하는 능력을 갖추어야 한다.

마초를얻다
천군을 얻기는 쉬우나
장수 하나를 구하기는 어렵다

　마초는 일세의 호장虎將이라 할 만한 장수였다. 그럼에도 어리석은 장로는 '의심스러운 사람은 쓰지 말아야 하고 일단 쓴 사람은 의심하지 말아야 한다'는 이치를 깨닫지 못한 채 양송楊松의 말만 믿고는 가맹관에서 한중으로 오는 길목을 장위張衛에게 지키도록 했다. 마초가 일으킬지 모르는 변란을 방비하기 위해서였다. 천군千軍을 얻기는 쉬워도 장수 하나를 얻기는 어려운 법이라 했던가. 제갈량은 이때를 놓치지 않고 장로의 불신과 장위의 방비 사이에서 진퇴양난의 위기에 빠진 마초를 자기 수하로 만든다.

　장비는 마초의 용맹함을 익히 들어 알고 있던 터라 싸워보고 싶어

안달이 나 있었다. 이를 알게 된 제갈량이 유비에게 말했다.

"마초는 일세의 호장이라 하니 익덕 장군과 싸우면 둘 중 하나는 큰 상처를 입을 것입니다. 작은 계책 하나만 활용하면 마초를 주공께 귀순하도록 할 수 있을 것입니다."

유비가 말했다.

"나도 마초의 용맹은 익히 보아 알고 있소. 그런 장수를 얻을 수 있다면 더 바랄 게 없지요. 어떻게 해야 그를 얻을 수 있겠소?"

"동천東川의 장로가 한녕왕漢寧王으로 자립하고 싶어 한다 들었습니다. 그런데 그 수하에 있는 모사 양송은 뇌물을 밝히는 자이지요. 주공께서 한중으로 사람을 보내시어 양송에게 금은을 쥐어주고, 장로에게는 '내가 유장과 서천을 두고 다투는 것은 장로의 원수를 갚아주고자 함이니 이간하는 자들의 말은 믿지 말라'고 서신을 쓰십시오. 그리고 '일이 끝나면 그대를 한녕왕으로 세워주겠다'는 보증도 하십시오. 그리하면 마초의 군대는 철수할 것입니다. 그때를 기다려 마초를 투항하게 만들 계책을 쓰면 됩니다."

유비는 기뻐하며 즉시 편지를 썼다. 그러고는 손건에게 금은보화를 싣고 한중으로 가라 명했다. 손건은 먼저 양송을 만나 자신이 찾아온 이유를 밝히고 준비해 온 금은을 내밀었다. 양송은 기뻐하며 손건을 장로에게 안내했다. 장로가 말했다.

"유비는 일개 장군일 뿐인데 어떻게 그가 나를 한녕왕으로 세워주겠다는 거요?"

양송이 말했다.

"유비는 대한의 황숙이니, 그렇게 할 수 있습니다."

장로는 기뻐하며 마초에게 사람을 보내 군사를 물리라고 명했다.

손건은 양송의 집에 머물며 회신이 오기를 기다리고 있었는데, 마침 사자가 돌아와 말했다.

"마초는 아직 일을 이루지 못해 퇴군할 수 없다고 합니다."

장로는 다시 사람을 보냈지만 여러 날이 지나도 돌아오지 않았다. 그때 양송이 말했다.

"마초는 평소에도 행실이 미덥지 않은 자였습니다. 이리 퇴군하지 않겠다고 버티는 것을 보니 아무래도 반역할 뜻을 품고 있는 듯합니다."

그러고는 사람을 풀어 '마초가 한중의 신하 되기를 거부하면서 서천을 탈취하여 아버지의 원수를 갚고 스스로 촉의 주인이 되려 하고 있다'는 유언비어를 퍼뜨렸다.

이 소문을 들은 장로가 양송에게 대책을 물으니 양송이 말했다.

"우선 마초에게 사람을 보내 정히 일을 이루고 싶다면 한 달을 줄 테니 세 가지 일을 하고 오라 전하십시오. 그 일을 행하면 상을 주되 그렇지 않으면 반드시 벌을 내리겠다고 못 박으십시오. 첫째는 서천을 탈취하는 일이고, 둘째는 유장의 목을 베어 오는 일이며, 셋째는 형주의 군사를 물리는 것입니다. 이 세 가지를 이루지 못하면 머리를 바쳐야 할 것이라고 단단히 엄포를 놓으십시오. 그리고 다른 한편으로는 장위에게 군사를 내주어 한중으로 오는 길목을 지키게 하여 마초가 일으킬지 모르는 변란을 방비하십시오."

장로는 양송의 말을 받아들여 마초의 진채에 사람을 보내 세 가지 일을 이루고 오라는 뜻을 전했다. 그 말을 들은 마초는 크게 놀랐다.

"나에게 어찌 이리 대하실 수 있단 말인가!"

마초는 마대를 불러 상의했다.

"아무래도 퇴군해야 할 듯하오."

그러자 양송은 또다시 '마초가 세 가지 일을 이루지 않고 회군하는 걸 보니 정말로 다른 마음을 품은 듯하다'는 유언비어를 퍼뜨렸다.

이에 장위는 군사를 일곱으로 나누고 각각 한중으로 오는 길목을 지키게 하여 마초의 진입을 막았다. 마초는 진퇴양난에 빠져 어떻게 해야 할지 알 수 없었다.

일이 그렇게 돌아가자, 제갈량이 유비에게 말했다.

"지금 마초가 진퇴양난의 위기에 빠졌으니 제가 직접 마초의 군영으로 가서 투항을 유도해보겠습니다."

유비가 말했다.

"선생은 나의 왼팔이자 오른팔이오. 혹여 불상사라도 생기면 어찌하오?"

그래도 제갈량은 가야겠다고 버텼고 유비는 거듭해서 제갈량을 말렸다. 그러는 와중에 조자룡의 추천장을 가진 한 사람이 서천에서 항복해 왔다는 보고가 들어왔다. 유비가 그를 불러들였다. 그는 건녕의 유원俞遠 사람으로, 성은 이李, 이름은 회恢, 자는 덕앙德昻이었다. 유비가 그에게 물었다.

"그대는 유장에게 끈질기게 간언했다 들었소. 그런데 어째서 나에게 투항을 하시는 게요?"

이회가 대답했다.

"좋은 새는 나무를 가려 깃들고 어진 신하는 군주를 가려 섬긴다고 들었습니다. 제가 일전에 유장에게 간언했던 것은 신하 된 자로서 마음을 다하기 위해서였습니다. 하지만 쓰임을 받지 못해 유장이 패하리라 예상했습니다. 그러나 장군의 인덕은 촉 땅에 널리 퍼져 있으니 분명 큰일을 이루실 것입니다. 그리하여 저도 이렇게 귀순하러 왔습니다.”

유비가 말했다.

“선생께서 이리 오셨으니 나에게 참으로 큰 도움이 되겠소.”

“지금 마초가 진퇴양난의 위기에 처해 있다 들었습니다. 제가 지난
날 농서에서 그와 대면한 적이 있으니 저를 보내주십시오. 마초를 설
득하여 장군께 투항하도록 하겠습니다.”

제갈량이 말했다.

“마침 나 대신 마초를 설득하러 갈 사람이 절실했소. 그래, 그대가
마초를 어찌 설득하려는지 좀 들어봅시다.”

이회가 이렇게 저렇게 할 것이라고 대답하니, 제갈량은 크게 기뻐
하며 이회를 마초에게 보냈다.

마초의 진영에 도착한 이회는 먼저 사람을 보내어 자신의 도착을
알렸다. 사자의 통보를 받은 마초가 말했다.

“이회라는 자는 변사辯士가 아닌가. 필시 나를 설득하러 왔을 것
이다!”

마초는 도부수刀斧手 스무 명을 장막 안으로 불러 말했다.

“너희는 이회의 목을 베어 육장肉醬, 고기젓을 만들도록 하라.”

그때 갑자기 이회가 당당히 안으로 들어섰다. 마초는 움직임 없이
단정하게 앉아 이회에게 말했다.

“대체 무엇을 하러 오셨소?”

“특별히 세객으로 왔소이다.”

“내 보검을 새로 갈아서 갑에 잘 넣어두고 있으니 어디 한마디 해보
시구려. 그 말이 통하지 않으면 곧바로 이 보검을 그대의 목에 시험해
보리다.”

이회가 웃으며 말했다.

"장군은 지금 큰 화를 목전에 두고 있소. 새로 갈았다는 그 칼은 내 목에 들기 전에 장군 자신을 겨누게 될 것이요."

"내게 무슨 화가 닥친다는 말이오?"

"아무리 폄훼에 능한 자라도 월나라 서자西子, 유명한미녀서시의 아름다움을 두고서는 함부로 말할 수 없고, 아무리 칭찬에 능한 자라도 제나라 무염녀無鹽女, 무염땅에살았다고하는추녀의 추함을 가려줄 수는 없는 법이지요. 해가 중천에 뜨면 곧 기울게 마련이고 달도 차면 이지러지는 법. 그것이 세상사의 이치가 아니겠소? 장군께 조조는 아비를 죽인 원수이고, 농서 또한 한으로 이가 갈리는 곳이오. 앞으로는 형주의 군사들을 물리쳐 유장을 구해내지 못했고 뒤로는 양송을 제압하지도 장로와 대면할 수도 없는 형편이니, 세상 어디에도 그대 몸 하나 둘 곳 없고 그대가 모실 주군도 없는 처지요. 이런 가운데 위수, 기성에서와 같은 패배를 되풀이한다면 천하 사람들을 대면할 면목이 있겠소?"

마침내 마초도 고개를 끄덕이며 이회의 말에 동의를 표했다.

"그 말이 맞소이다. 하지만 나는 지금 어디로도 갈 수 없는 처지요."

이회가 그 틈을 놓치지 않고 말했다.

"그리 내 말을 알아들으시면서 도부수는 왜 장막 뒤에 숨겨두고 계시오?"

마초는 그제야 낯을 붉히며 도부수들에게 물러가라고 일렀다. 이회가 말했다.

"유비는 어진 선비를 예로 맞이하시는 분이니 반드시 대업을 이루실 것이오. 그래서 나도 유장을 버리고 그분께 귀순한 거요. 그대 부친도 한때 유비와 함께 한실의 역적을 토벌키로 하셨다 들었소. 그런데

장군은 어찌 어둠을 버리고 밝음을 취해 부친의 원수를 갚고 입신양
명할 생각을 아니 하시는 게요?”

그 말에 마초는 검을 들어 크게 기뻐하며 양백楊栢을 안으로 불러들
였다. 마초는 검을 들어 양백의 목을 벤 후 이회와 함께 유비에게 가
그의 머리를 바쳤다.

유비는 직접 나와서 마초를 맞이하고 상객의 예로 대우했다. 마초
도 머리를 조아리며 감사의 말을 아뢰었다.

“이제 밝은 주인을 만나 뵈니 구름과 안개가 걷혀 청명한 하늘을 보
는 듯합니다!”

지략 해설

'어진 선비를 얻으면 창성하고 그렇지 않으면 망한다. 옛날부터 오늘까지 이러한 진리는 어긋난 적이 없다.'

그렇다. 어진 인재를 얻어야만 발전과 번영이 있고 인재를 놓치면 쇠망에 이를 뿐이다. 지혜롭고 걸출한 인재를 얻은 나라는 안정과 질서를 구가하나 인재를 잃은 나라는 혼란에 빠지고 만다. 한 나라의 인재는 빼어난 장인의 날 선 도구와 같고 우수한 목공의 튼튼한 먹줄과 같다. 한마디로 없어서는 안 될 존재이다.

활용

진평은 초나라와 한나라가 각축을 벌이던 시기에 초나라에서 도망쳐 한나라의 유방에게로 갔다. 유방은 진평과 대화를 나누고는 그의 지략에 반해 크게 기뻐했다. 그는 진평에게 상을 내리고 도위都尉 겸 참승參乘으로 삼았다. 참승은 그리 큰 직위는 아니지만 매우 중요한 자리로, 유방을 바로 곁에서 호위하는 직위였다. 이 일은 다른 심복들에게도 맡긴 적이 없었기 때문에 다른 장수들의 불만은 이만저만이 아니었다. 그러나 유방은 그럴수록 더욱 진평을 신임했다.

진평을 신임한 것에서 알 수 있듯이, 유방은 사람을 제대로 알아보고 적재적소에 기용할 줄 아는 인물이었다. 진평이 유방에게 정말로 중요한 인재였음은 이후의 일들로 증명되었다. 사실 유방이 항우를 꺾고 승리할 수 있었던 것은 여러 차례 위기를 잘 넘기고 유씨의 정권을 여씨呂氏, 유방의 부인 여태후 일가에게 빼앗기지 않았기 때문이다. 그 과정에서 진평의 계책이 결정적 역할을 했다. 진평 외에 한신, 영포, 장량 같은 맹장과 기재들이 즐비했던 것도 유방이 최후의 승리를 거머쥘 수 있었던 또 다른 이유이다.

항우는 진나라 말기에 떨쳐 일어난 풍운아로, 병법에 밝았을 뿐만 아니라 힘도 장사여서 세발솥도 거뜬히 들 수 있었다고 한다. 그는 거록巨鹿 전투에서도 '파부침주破釜沈舟, 솥을 깨고 배를 가라앉힘'의 기세로 홀로 대군을 뚫고 들어가 적을 물리쳤으며 아홉 번 싸워 아홉 번을 이겼다. 그의 거침없는 기세에 진나라 군대조차 벌벌 떨어야 했고 한나라와의 전투에서도 그는 연전연승했다. 그는 자신의 생애를 이렇게 요약했다.

'나는 거병한 이후 지난 팔 년 동안 일흔 번 가까운 전투를 치렀다. 마주치는 상대는 모두 깨뜨렸고 공격하는 상대는 모두 승복시켰다. 나는 한 번도 패배한 적이 없다.'

그러나 산을 들어 올리고 세상을 뒤엎을 기개를 가진 이 영웅은 마지막에 오강烏江에서 목을 베어 자결한다. 한 번도 패배하지 않았던 영웅이 어쩌다 이렇게 되었단 말인가? 인재를 알아보고 활용할 줄 몰랐기 때문이다. 항우는 자신의 용맹을 과신한 나머지 수하에 있던 한신, 진평, 영포 같은 재사들을 거들떠보지 않았다. 이들은 결국 항우를 떠나 모두 유방에게 투항했다. 인재가 있어도 알아보지 못하고 활용하지 못하면 외롭고 초라한 처지가 되는 것이다.

그런 의미에서 보면 패왕霸王의 자리를 다투는 두 영웅의 싸움은 처음부터 결말이 정해져 있던 셈이다.

'천군을 얻기는 쉬워도 장수 하나를 구하기는 어렵다'고 했다. 또한

'비룡이 하늘을 날면 대인大人을 알아보기 쉽다'고 했다. 여기서 '대인'이
란 대업을 이루고자 하는 사람이 반드시 얻어야 할 존재, 바로 인재이다.

법의 권위
법제의 엄격함으로 난국을 평정하다

　융중에서 나와 유비를 보좌할 때만 해도 제갈량은 군사軍師였다. 그러나 유비가 촉한 정원을 세운 후로는 줄곧 승상이었으며 무향후로 봉해졌다. 그는 죽을 때까지 촉한의 대업을 위해 그야말로 있는 힘을 다했다.

　제갈량은 촉한 정권 초기에 중앙집권을 강화하여 군벌들의 할거를 막아야 한다면서《촉과蜀科》를 제정하여 촉한의 법전으로 삼았고, 법을 매우 엄격하게 집행했다.

　그의 이런 조치는 당연히 반발을 불러일으켰다. 상서령이자 호군장군이던 법정도 좀 더 온건한 정책을 주장하고 나섰다.

"옛날 한고조 유방께서는 관중에 입성하셨을 때 약법삼장約法三章, 사람을 죽인 자는 사형에 처하고 다른 사람에게 상해를 입히거나 재물을 훔친 자는 처벌함으로 진나라 백성들의 마음을 크게 얻었습니다. 그러나 오늘날 이처럼 엄격한 법률을 고집하면 촉한 백성들을 달랠 수 없을 것입니다."

그러나 제갈량의 생각은 달랐다. 그는 무엇보다도 지금은 유방이 삼진三晉, 춘추 시대 강국의 하나였던 진晉나라가 분리되어 세워진 한韓·위魏·조趙의 세 나라을 평정하던 때와 전혀 다르다고 생각했다. 제갈량이 말했다.

"그때는 진나라의 폭정으로 백성들의 원망이 들끓었기 때문에 너나 없이 들고 일어나 천하가 크게 어지러웠소. 그래서 한고조께서도 관대한 법을 베푸신 것이오. 하지만 그간 촉을 다스렸던 유장은 유약하고 어리석어 덕정도 펴지 못한 데다 형법도 엄히 집행하지 못했소. 그 결과 군신관계가 크게 전도되어 하극상이 벌어지지 않았소? 그러니 이제는 엄한 법령을 시행해야 할 때요. 그러면 백성들도 무엇이 진짜 은덕인지 제대로 알게 될 것이고, 신하들도 무엇이 진정한 광영인지 보게 될 것이오. 엄한 법령으로 광영과 은덕을 펼치면 군신관계도 제자리를 찾을 것이니, 이것이야말로 가장 중요한 치국의 도가 아니겠소?"

훗날 유비가 죽자 그의 아들 유선이 제위를 이어받았고, 그를 '후주後主'라고 불렀다. 제갈량은 유선의 치국을 돕기 위해 관료기구를 간소화하고 법제를 명확히 하는 한편 널리 의견을 수렴하는 등 강경책과 온건책을 두루 사용했다.

또한 제갈량은 촉한 정권을 안정시키기 위해 운남, 귀주, 사천 등의 경계 지역에 군사를 내어 반란의 무리를 토벌하기로 했다. 이때 군대를 이끌고 출발하기 전에 참군 마속이 제갈량에게 말했다

"그곳은 지세가 험하여 예전부터 반역의 마음이 강했던 곳입니다.

저들은 오늘 복속하는 척해도 내일이면 본색을 드러낼 자들이니 성을 공격하기보다는 마음을 공격해야 합니다. 그래야만 그들을 철저하게 복속시킬 수 있을 것입니다."

제갈량도 마속의 말을 받아들여 강경책과 유화책, 은혜와 위엄을 동시에 구사하기로 했다. 그래서 맹획을 일곱 번 사로잡고도 인의와 자애를 베풀어 일곱 번 모두 풀어준 것이다. 이 일은 서남 소수민족을 평정하고 촉한 정권을 안정시킬 기초를 다지는 데 큰 밑거름이 되었다.

이후 제갈량은 맹획을 관대히 대했던 방법을 촉한의 치국에도 적용하여 큰 성공을 거두었다.

지략 해설

　제갈량이 한고조의 치국책과 당시 서천의 상황 등을 예리하게 분석하자, 그와는 다른 생각을 가진 법정은 이내 설복당하고 만다. 제갈량은 엄격한 형법으로 무엇이 진정한 관대함이고 은혜인지 밝혀서 서천의 난국亂局을 평정하고 백성들의 삶을 안정시키고자 했다.

　촉한 정권의 치국정책을 놓고 대립하는 제갈량과 법정의 생각은 우리에게 중요한 점을 시사한다. 군대법이든 치국책이든 현대 기업의 사내 규칙이든 모든 것은 현실에 발을 딛고 출발해야 한다는 점이다. 사실 역사 속에서 성공한 일이라도 지금의 현실에서 그것을 그대로 가져올 경우, 어느 정도 불일치가 생겨나게 마련이다.

　그런 의미에서 볼 때 법정은 하나만 알고 둘은 몰랐다고 할 수 있다. 그는 역사의 일면만 보았을 뿐 그런 조치를 낳은 현실적 필요는 제대로 보지 못한 것이다. 그래서 과거의 경험을 그대로 답습하는 오류에 빠지고 말았다.

　'시간이 흐르면 정세도 변하고 정세가 변하면 법제도 달라진다.'

　한고조 시기는 진 왕조의 가혹한 형법에 신음하던 백성들이 봉기한 시기이므로 관대한 법률로 나라를 다스릴 수 있었다. 하지만 유장이 오랫동안 통치해온 서천은 '덕정도 펴지 않았고 형법도 엄격히 집행하지 않은' 어중간한 통치 행태 때문에 법도와 기강이 문란해지고 그로 말미암은 폐해가 백성들의 삶 속에 누적되어 있었다. 이런 상황에서 단순히 한고조의 관대한 법률만 강조하는 것은 현실적으로 아무런 도움이 되지 않는다. 진정한 법치를 구현하기 위해서는 문란해진 법질서를 회복시켜 엄격함과 관대함의 참된 의미를 깨닫게 만들어야 했던 것이다. 이러한 촉한의 법치는 역사적 성공으로 그 효용성이 증명되었다.

법정도 제갈량의 이런 논리에 기꺼이 승복한다. 법의 엄격함과 관대함은 시기와 사안에 따라 다르게 적용되어야 마땅하다. 오랜 폭정으로 얼룩진 시기에는 관대한 인의를 베풀어 지친 백성을 위로해야 하고 어설픈 덕정으로 난국에 처한 시기라면 법제의 엄격함을 되살려 해이해진 기강을 바로잡아야 한다. 제갈량은 큰 틀 안에서 엄격한 법 집행을 주장하면서도 각각의 사안에 대해서는 엄격함과 관대함을 적절히 구사하여 법질서를 안정시켰다. 그는 법을 어긴 자가 자신의 수족 마속이건 고관 이엄이건 친소 여부를 가리지 않고 법에 따라 엄정히 참수하거나 해직시킨 것으로도 유명하다.

활용

치국은 법 없이는 불가능하다. 제갈량은 형벌을 엄격히 적용하여 유장의 오랜 통치로 말미암은 혼란을 바로잡고 백성의 삶을 편안히 하고자 했다. 그런데 이렇게 법을 엄격히 적용했는데도 백성들은 원망하지 않고 도리어 두려운 마음으로 법을 진지하게 받아들였다. 여기에 바로 제갈량이 행한 법치의 우수성이 있다. 법치의 이념은 사회 구성원 각자를 교육하여 법을 준수하게 함으로써 나라를 안정시키는 데 있다. 바로 이런 면에서 제갈량의 법치는 최대 효과를 거두었다. 그 이유는 앞서 언급한 바처럼 법에 근거하여 인정을 발휘하고 인정과 법의 관계를 조화롭게 만들어 치국에 기여하는 최고의 법치를 구현했기 때문이다. 법을 산처럼 무겁게 집행하는 사람은 모두가 두려워하며 따르기는 하나 그를 경애하는 사람은 적다. 또한 법을 준엄하게만 집행하는 사람은 미움과 원망을 많이 받게 마련이다. 그러나 제갈량은 엄격하게 법을 집행하면서도 엄격함을 통해 관대함의 참 의미를 일깨웠다. 백성들은 그런 제갈량을 두려워하고 따르면서도 사랑했고 그가 형을 집행하더라도 원망하지 않았다. 진수陳壽, 정사《삼국지》의 저자는 이를 두고 '평온한 마음으로 권면했기 때문'이라고 말한다. 공자도 이렇게 말한다.

'정책이 관대하면 사람들이 해이해진다. 따라서 이를 바로잡으려면 정책을 엄격하게 적용해야 한다. 그러나 엄격한 정책은 가혹해질 수 있으므로 곧이어 관대한 정책을 시행해야 한다.'

이렇듯 엄격함과 관대함을 동시에 구사하는 정책이라야 최대 효과를 발휘할 수 있다. 오늘날 조직관리에서도 이러한 '유儒·법法·겸용'의 지혜는 본받을 만하다. 직원들에게 지나치게 가혹하거나 지나치게 관대한 관리는 모두 적합하지 않다. 관리자는 강경책과 유화책, 상과 벌을 적절히 구사하여 조직의 상태를 현실적으로 필요한 관리제도에 맞도록 개선해가야 한다.

어떤 일이든 양면이 있게 마련이다. 옛사람들은 이런 이치를 잘 알았기 때문에 표면적인 주장과 반대의 것을 함께 구사하며 그 사이에서 균형을 찾고자 했다. 둘 사이의 균형을 잃고 어느 한쪽에 치우치거나 다른 한쪽을 소홀히 하면 즉시 문제가 발생한다. 음과 양의 조화, 강함과 부드러움의 공존은 일이 순조롭게 진행되기 위한 기본 조건이다.

어떤 사람들은 이런 관점이 낡은 것이 아니냐고 반문할지도 모른다. 왜 극단이나 편향은 안 되고 꼭 중용만 추구해야 하느냐고 말이다. 물론 맞는 말이다. 그러나 잊지 말아야 할 것이 있다. 모든 극단에는 그만큼 강한 반작용이 따른다는 사실이다. 마치 스프링을 강하게 튕기면 반대 방향으로 가해지는 탄력도 그만큼 커지는 것과 마찬가지다. 모든 일은 이러한 균형의 법칙 지배를 받는다. 균형은 우주 안의 보편적인 법칙이다.

관대함이 반드시 유약함을 의미하지는 않는다. 오히려 관대함은 아량과 지혜를 의미한다. 관대함이야말로 상대방을 마음으로부터 승복시키는 힘이며 자신감의 표현이며 어떤 의미에서는 상대방의 마음을 자유롭게 움직이는 '수단'이 될 수 있다.

또한 엄격함이 반드시 가혹함을 의미하지는 않는다. 엄격함이 내포하는 강한 결심과 의지는 궤도에서 이탈하거나 불법을 일삼는 무리를 철저히 바로잡음으로써 모두가 법을 준수하는 기강을 유지하고 평등한 경쟁을 보장한다.

단, 과도한 관대함은 유약함으로 오해될 수 있으며 지나친 엄격함은 가혹함으로 변질되어 부작용이 따르고 혼란을 초래할 수 있다. 그러므로 관대함과 엄격함이 상호보완적으로 공존하는 질서만이 모든 사람의 승복을 끌어내며 가장 아름다운 결실을 볼 수 있다.

조운에게 상을 내리다
물질로 격려하는 법

고대 병법에서는 '상과 보옥이 충분치 않으면 백성들은 움직이지 않는다'《울요자尉繚子》라고 했고, '후한 예절로 대우하고 후한 상을 내리면 어진 선비, 용사 들은 앞다투어 죽음을 무릅쓰게 된다'《삼략三略》라고 했다. 제갈량의 용인술에도 이러한 관점이 드러난다.

제갈량은 1차 북벌 때 가정을 잃고 한중으로 퇴군했다. 그런데 각 군의 장수들을 헤아리던 중 조자룡과 등지만이 돌아오지 않아 걱정이 이만저만이 아니었다. 제갈량은 관흥과 장포에게 군대를 이끌고 나가 조자룡과 등지를 맞이하라고 명했다. 두 사람이 막 출발하려는 찰나 조자룡과 등지가 도착했다는 보고가 들어왔다. 그들은 한 명의 병사도 잃지 않았을 뿐 아니라 치중輜重, 무기, 옷 등을 실은 수레의 군수품도 모두 그대로였다. 제갈량이 크게 기뻐하며 두 장수를 안으로 맞아들이자, 당황한 조자룡이 말에서 내려 땅에 엎드리며 말했다.

"승상께서는 패군의 장수를 어찌 이리 수고로이 나와 맞아주십니까?"

제갈량이 조자룡을 일으켜 그의 손을 맞잡고 말했다.

"내 현명함과 어리석음을 분별치 못하여 이 지경에 이르고 말았소. 각 군의 병사들이 모두 패하여 돌아왔는데 그대만은 군사 하나 잃지 않고 돌아오셨소이다."

등지가 말했다.

"제가 군사를 이끌고 앞서는 가운데 장군께서 적의 뒤를 뚫고 적장의 목을 베어 적들을 놀라게 하니 이렇게 무기 하나 잃지 않고 돌아올 수 있었습니다."

제갈량이 말했다.

"그대는 참으로 대장大將이시오."

제갈량은 조자룡에게 금 50근을 내리고 그의 부하들에게도 비단 1만 필을 상으로 내렸다. 그러자 조자룡이 말했다.

"삼군이 제대로 된 공 하나 세우지 못하는 것은 다 저의 죄입니다. 그런데 도리어 상을 주시다니요? 승상께서 상벌을 반대로 행하고 계십니다. 저에게 주시는 상은 창고에 넣어두었다가 올겨울 군사들에게 나누어주셔도 늦지 않습니다."

제갈량은 감탄하며 말했다.

"선제께서 살아 계실 때 장군의 덕을 항상 칭송하셨는데, 지금 보니 그 말씀에 틀림이 없구려."

제갈량은 조자룡에게 더 큰 존경을 보냈다.

지략 해설

인재에게는 반드시 상과 봉록을 베풀고, 큰 공을 세운 자에게는 그만큼 후한 상을 베풀어야 한다. 제갈량이 조자룡에게 내린 금 50근은 인재를 중시하는 그의 태도를 잘 보여준다. 인재에게 베푸는 물질적 보상은 대개 한 조직이 인재에게 요구하는 생산성의 크기에 비례한다. 어느 정도까지 물질적 보상을 베풀 수 있는가는 생산성의 한계에 제약을 받지만, 그 생산 성은 또한 인재가 기업과 사회에 얼마만큼의 노동력을 제공하느냐에 따라 달라질 수 있음을 기억해야 할 것이다.

활용

'군대에 재물이 없으면 병사가 모이지 않고, 군대에서 상을 베풀지 않으면 군에 오려는 병사가 없다'는 말이 있다. 누구나 재물을 필요로 한다. 그러므로 물질적 격려는 인재를 모으는 데 매우 중요한 수단이다. 오늘날의 관리자는 이러한 전통적인 격려 방법에 따라 직원들에게 물질적인 격려를 해줄 필요가 있다. 사실 직원과 기업은 공동운명체이다. 기업이 직원들에게 이익이 되는 존재로 각인되어야 직원들도 기업의 생산성에 관심을 가지고 기업 발전에 헌신한다.

군신들에게 상을 내리다
'공명'으로 격려하는 법

'공명功名'은 사람이라면 누구나 정신적으로 추구하는 것이다. 인재의 공명심을 충족시켜주는 것은 인재의 분발을 촉구하는 중요한 수단이다.

유비가 유봉, 맹달, 왕평 등에게 상용의 여러 고을을 공격하라고 명했다. 그런 가운데 조조가 한중을 버리고 도망갔다는 소식에 신탐申耽 등의 장수는 유비에게 앞다투어 투항했다. 이렇게 해서 유비가 백성들을 안정시키고 삼군에게 큰 상을 내리니 모든 사람이 기뻐했다. 이에 장수들은 유비를 황제로 추대하려는 마음이 있었으나 감히 나서서 말하는 이가 없어 하는 수 없이 제갈량을 찾아갔다. 제갈량이 장수들에게 말했다.

"나도 이미 마음을 정했소."

제갈량은 법정 등과 함께 유비에게 가 아뢰었다.

"지금 조조는 전횡을 일삼으니 백성들은 주인이 없는 처지입니다. 주공께서는 인의를 천하에 떨치고 계시고 서천과 동천 땅도 안정시키셨으니 하늘의 뜻과 민심을 따르시어 황위에 올라 이름을 바로잡으시고 옳은 말로써 역적을 치시옵소서. 때가 늦어져서는 안 되는 일이오니 속히 길일을 택하시지요."

유비가 크게 놀라며 말했다.

"내 비록 한실의 종친이나 신하 된 몸이니 그런 일을 저지르면 한실에 반하는 것이 되오."

제갈량이 말했다.

"그렇지 않습니다. 천하가 무너져 영웅들이 각자 일어나 땅을 차지하고 있습니다. 사해의 재덕才德 있는 선비들이 목숨을 아끼지 않고 그들의 주인을 섬기는 것도 다 천하를 바로잡아 공명을 이루기 위함이오니, 지금 주공께서 사양만 하며 의를 지키는 것은 뭇사람의 바람을 저버리는 일이옵니다. 원하옵건대 주공께서는 깊이 생각하시옵소서."

유비가 말했다.

"내 존위尊位에 오르는 분수 넘치는 일은 감히 하지 않을 테니, 다시 좋은 방책을 생각해보시오."

그러자 여러 장수가 말했다.

"주공께서 저희의 뜻을 저버리시면 민심도 흩어져버릴 것입니다."

제갈량이 말했다.

"주공께서는 평생에 걸쳐 인의를 근본으로 삼으셨습니다. 이제 형주와 양양, 양천 땅을 얻으셨으니 잠시 한중왕의 자리에 오르시는 게 어떨지요?"

"하지만 부끄럽게도 나는 천자의 조서를 얻지 못했소."

"지금은 시기가 위급하오니 평상시의 도리에 얽매이지 마시옵소서."

그때 장비가 나서서 소리쳤다.

"성이 다른 놈들도 저마다 황제가 되겠다고 설치는 마당에 한실의 종친인 형님이 황제가 되지 못할 건 또 뭐요?"

그러자 유비가 장비를 강하게 꾸짖었다.

"허튼소리 말거라!"

제갈량이 말했다.

"주공께서 형편에 따라 한중왕에 오르신 후에 천자께 표문을 올려도 늦지 않습니다."

유비는 그들의 간곡한 청에 못 이겨 마침내 그 뜻을 받아들이기로 했다.

건안 24년 7월 가을, 유비가 면양에 둘레 9리의 단을 쌓고 다섯 방위에 각각 정기를 꽂고 의장儀仗을 갖추자 신하들도 각자 직위에 따라 늘어섰다. 허정과 법정이 유비를 단 위에 오르도록 청하고 면류관과 옥새를 바치자, 유비는 남면南面하고 앉아 문무관원들의 배하拜賀를 받고 한중왕에 올랐다. 그의 아들 유선은 왕세자, 허정은 태부, 법정은 상서령으로 삼았다. 그리고 제갈량은 군사軍師로 삼아 군사 일과 나랏일의 중책을 맡겼다. 그는 관우, 장비, 조자룡, 마초, 황충을 오호대장五虎大將으로 삼았다. 또한 위연은 한중태수로 삼았으며 그 외 다른 장수들에게도 각자 공에 따라 작위를 내렸다.

지략 해설

이 이야기에서 제갈량은 장수들의 '공명심'을 충족시킴으로써 유비 군대의 결집력을 강화시킨다. 그도 융중에 있을 때 "천 리를 나는 봉황은 오동나무가 아니면 깃들지 않고 변방에 엎드려 있는 선비라도 주인이 아니면 섬기지 않는다"라고 읊곤 했다. 유비가 '돗자리나 짜는' 평범한 사내였다면 어째서 그 많은 호걸이 유비에게 모여들었을까? 유비가 줄곧 신야의 현령으로만 머물렀다면 많은 사람이 희망을 버리고 그를 떠나지 않았을까? 유비는 제갈량에게 산에서 내려오기를 청하며 이렇게 말했다.

"세상을 품을 기재器才를 지니셨으면서 어찌 임천에서 부질없이 늙어가려 하시오?"

서서徐庶도 조조 진영으로 떠나기 전 유비 수하에 있는 사람들을 이렇게 격려했다.

"그대들이 주공을 도와 일을 잘 도모하기만 한다면 죽백竹帛에 이름을 남길 수 있고 청사靑史에도 그대들의 공적이 길이 남을 것이오."

황개가 감택闞澤에게 조조 군영에 거짓 투항서를 써달라 청할 때 감택은 흔쾌히 응하며 이렇게 말했다.

"대장부가 세상에 나와 공을 세우지 못하면 언젠간 썩어 죽을 초목과 다를 바가 무엇이겠소? 그대가 몸을 바쳐 주군께 보답하려 하는데 나라고 어찌 미약한 목숨을 아까워하겠소?"

이는 모두 인재를 격려하는 일에 '공명'이 얼마나 중요한 수단인지를 웅변하는 사례들이다.

활용

　이 이야기는 부하들의 공명심을 충족시킬 줄 알아야 한다는 지혜를 담고 있는데, 그런 만큼 기업의 관리자들이 꼭 명심해야 할 사항이다. 직원들의 공명을 향한 욕구는 여러 가지로 충족된다. 우수 사원을 큰 시상식에서 칭찬하거나 직원의 작품 발명품, 논문 등에 뚜렷이 이름을 기재해주는 방식 등이다. 이런 방법들은 때로 물질적 격려보다 더 큰 힘을 발휘하며 관리자가 따로 치러야 하는 대가도 없다. 그저 몇 마디 말이면 충분히 사기를 북돋워줄 수 있고 직원들의 적극성도 얼마든지 끌어낼 수 있다.

읍참마속

법을 집행할 때는 인정에 얽매이지 않는다

가정을 잃은 죄는 결코 가볍지 않은데
마속은 함부로 병법을 논하는구나.
원문에서 참수하여 군법의 지엄함을 밝히니
눈물을 닦으며 선제의 밝은 혜안을 생각하네.

제갈량은 처음으로 기산에 올라 위나라를 정벌할 때 마속을 보냈으나, 마속은 제 용기만 믿고 명을 어겼다가 가정을 잃고 말았다. 부하들의 권고를 듣지 않고 대군을 산 위에 주둔시켰다가 전군이 대패한 것이다. 이 때문에 제갈량은 대군을 철수시켜야만 했다. 제갈량은 마속을 자식처럼 대해왔지만 결국 군령에 따라 그를 참수했다. 이것이 바로 그 유명한 '읍참마속泣斬馬謖' 이야기이다.

제갈량이 한중으로 돌아와 군사들을 헤아려보니 조자룡과 등지가 보이지 않았다. 걱정이 된 제갈량은 관흥과 장포에게 각자 군사를 이끌고 나가서 조자룡을 맞이하라고 명했다. 두 사람이 막 출발하려는 찰나 마속, 왕평, 위연, 고상이 도착했다는 보고가 들어왔다. 제갈량은 먼저 왕평을 장막 안으로 불러들여 질책했다.

"마속과 함께 가정을 지키라고 명했는데, 어찌 마속을 막지 않고 일을 이 지경으로 만들었는가?"

"적이 올 만한 길목에 토성을 쌓고 굳건히 지키자고 여러 차례 권했습니다. 그러나 참군께서는 화만 내고 듣지 않으셨습니다. 그래서 하는 수 없이 군사 오천을 이끌고 산에서 십 리쯤 떨어진 곳에 진채를 세웠습니다. 그런데 위군이 도착하면서 사방이 포위되고 말았습니다. 저는 포위를 뚫고자 군사를 이끌고 십여 차례 돌진했으나 실패했습니다. 그다음 날이 되자, 군심이 흐트러져 위군에 투항하는 자가 부지기수였습니다. 저희 군은 홀로 버티기 힘들어 위연 장군에게 구원을 요청했는데, 진군하던 중 산골짜기에서 또다시 위군에게 포위당하고 말았습니다. 사력을 다해 포위를 뚫고 진채로 돌아왔더니 그곳은 이미 위군이 차지한 후였습니다. 열류성列柳城으로 갈까 생각하고 있는데, 도중에 고상 장군을 만났습니다. 이에 군사를 셋으로 나누어 다시 위군 진채를 급습하여 가정을 탈환하고자 했으나 가정에 매복병 하나 없는 것이었습니다. 왠지 수상한 생각이 들어 높은 곳으로 올라가 내려다보니 위연 장군과 고상 장군 모두가 위군에게 포위되어 있었습니다. 저는 죽을 각오로 포위를 뚫어 두 장군을 구해내고 다시 참군의 군사와 합류했습니다. 그러고는 양평관을 잃을까 하는 걱정이 들어 즉시 그곳으로 가 양평관을 지켰습니다. 제 말을 믿지 못하시겠거든 각부의 장교장校든에게 물어보십시오."

제갈량은 왕평을 꾸짖으며 물리치고 다시 마속을 불러들였다. 마속은 스스로 몸을 결박한 채 장막 앞으로 왔다. 제갈량은 안색이 변한 채 마속에게 물었다.

"너는 어릴 때부터 병서를 즐겨 읽어 병법에 밝은 자가 아니냐? 가정은 우리 군의 근본이니 절대 잃어서는 안 된다고 내가 누차 말하지 않았더냐? 네 집안 가솔들의 목숨까지 걸고서 이 중임을 맡긴 것이거늘 어찌하여 왕평의 말을 듣지 않아 이런 참극을 빚은 것이냐? 군사들이 패하고 장수를 잃고 성까지 함락당한 것은 모두 네 잘못이렷다! 군율을 어긴 것 또한 분명 너의 잘못이니 나를 원망하지 말거라. 네가 죽더라도 너의 가솔들에게는 달마다 녹미를 지급해줄 터이니 걱정하지 말거라."

제갈량은 마속을 참수하라고 명했다. 마속이 울며 말했다.

"승상께서는 저를 자식처럼 대해주셨고 저 또한 승상을 아버지처럼 여겨왔습니다. 저의 죄는 실로 죽음을 피하기 어려운 것이나 순 임금이 곤鯤을 죽이고 우偶, 곤의 아들를 쓴 의를 헤아리시어 제 자식들도 그렇게 대해주십시오. 그리만 된다면 죽어 구천을 떠돌더라도 여한이 없을 것입니다."

마속은 그렇게 말하고는 울음을 그치지 않았다. 제갈량도 눈물을 훔치며 말했다.

"내 너와 형제의 의로 지내왔으니 네 자식들은 내 자식들이기도 하다. 그러니 더 이상 염려하지 마라."

좌우의 군사들이 마속을 끌고 원문轅門 밖으로 나갔다. 그때 참군 장완이 성도에서 돌아와 마속의 모습을 보고 놀라 외쳤다.

"멈추어라!"

장완이 제갈량을 향해 말했다.

"옛날 초나라의 충신 득신得臣, 진나라와의 전투에서 패하고 돌아와 죽임을 당함이 죽을 때 진문공은 뛸 듯이 기뻐했습니다. 아직 천하를 평정하기도 전에 이토록 지모가 뛰어난 신하를 죽인다면 안타까운 일이 아니겠습니까?"

제갈량이 눈물을 흘리며 답했다.

"옛날 손무가 천하를 제압할 수 있었던 것은 형법을 제대로 집행했기 때문이오. 지금 사방이 나뉘어 서로 다투는 판국에 법마저 제자리를 잡지 못한다면 어찌 역도들을 토벌할 수 있겠소? 그러니 마속을 참수하는 것이 당연하오."

이윽고 군사가 마속의 머리를 가져와 섬돌 아래 바쳤다. 이를 본 제갈량의 통곡은 더욱 그칠 줄 몰랐다. 장완이 물었다.

"죄를 지은 마속을 군법에 따라 처형할 뿐이라더니 어찌 우십니까?"

"마속 때문에 우는 것이 아니오. 선제께서 백제성에서 승하하실 때 '마속은 말이 과장된 자이니 크게 쓰지 말라'고 당부하셨는데, 오늘 일을 보니 선제의 혜안이 새삼 마음에 와닿아 이리 통곡하는 것이오."

그 말에 모든 장수가 눈물을 그치지 못했다.

그날 마속의 나이는 서른아홉, 때는 건흥 6년 5월 여름이었다.

지략 해설

　제갈량은 법을 집행할 때 인정에 얽매이지 않았다. 그 대표적인 예가 마속을 참수한 것이다. 마속은 제갈량의 의제義弟이자 친족 마량馬良의 아우로, 두 사람의 관계는 남달리 두터웠다. 제갈량이 남만 원정을 떠날 때도 마속은 천자의 명을 받들어 원정길에 함께했는데, 제갈량은 그의 재주를 크게 아꼈다. 마속이 한참 후배였지만 제갈량은 그런 마속에게 허심탄회하게 가르침을 청하기를 마다하지 않았다.

　"천자의 조서를 받들어 남만을 평정하려 하네. 유상의 고견을 듣고 싶으니 아낌없이 가르쳐주게."

　그러자 마속이 말했다.

　"승상께서는 저의 어리석은 말을 잘 헤아려주십시오. 남만은 땅이 멀고 산세가 험한 것만 믿고 오랫동안 불복해왔습니다. 오늘 저들을 무너뜨린다 해도 내일이면 다시 반역할 것이니 승상께서는 대군을 이끌고 가되 반드시 저들의 마음을 승복시켜야 합니다. 그러나 저들이 복종한다고 승상께서 곧바로 조비를 치러 떠나버리시면 남만은 그 틈을 타서 또다시 반역할 것입니다. 무릇 용병에서는 '마음을 무너뜨리는 것이 상책이며 성을 무너뜨리는 것은 하책下策이요, 심리전이 상책이며 군사전은 하책'이라 했으니, 부디 승상께서도 그들의 마음을 복종시켜주십시오."

　제갈량은 마속의 말을 받아들여 맹획을 일곱 번 사로잡고도 일곱 번 모두 풀어주는 방법으로 그들을 마음으로부터 복종시키는 데 성공했다. 제갈량이 죽은 후에도 남만은 반역을 꾀하지 않았으니, 이로써 촉한은 훗날의 근심을 덜고 안정적으로 북벌에 매진할 수 있었다. 마속의 지략이 이토록 뛰어났으니 제갈량이 그를 두고 '남다른 인재'라고 부를 만했다. 그러나 마속을 보는 유비의 시각은 사뭇 달랐다.

유비는 죽기 전에 마속에 대한 특별한 당부를 잊지 않았다. 먼저 유비가 제갈량에게 물었다.

"승상께서는 마속을 어찌 보시오?"

"당세의 영걸이지요."

"그렇지 않소. 그자는 실제보다 말이 과장된 자이니, 결코 크게 써서는 안 되오. 승상께서는 깊이 살펴야 할 것이오."

유비가 임종 전에 제갈량에게 탁고의 중임을 맡기며 이런 당부를 했다는 것은 이 일이 그만큼 중요했다는 뜻이다. 유비는 제갈량이 마속을 얼마나 중시하는지 잘 알고 있었고 장차 마속을 크게 쓰리라는 것도 예상했다. 그러나 그렇게 하면 일을 그르치게 될 것이라고 생각했다. 하지만 제갈량은 마속과 많은 일을 함께하면서도 그런 단점을 발견하지 못했다. 단점을 발견하기는커녕 도리어 마속을 중용하기까지 했는데, 대체 이런 차이는 어디에서 온 것일까?

아마도 이는 유비와 제갈량이 겪어온 삶의 내력과 관련이 있는 듯하다. 유비는 일생을 피 흘리는 전쟁터에서 보냈기 때문에 대체로 실전에 잘 들어맞는 지혜를 갖추고 있었다. 그런 그가 보기에 마속이 논하는 병법은 병서에나 나오는 공허한 말들로, 실전에는 맞지 않는 것이 많았다. 그래서 "마속의 말은 실제보다 과장되다"라고 한 것이다.

유비는 생전에 제갈량과 많은 일을 의논하고 중요한 내정은 거의 모두 제갈량에게 맡겼지만, 바로 그런 이유 때문에 제갈량은 실전 경험이 풍부하지 않았다. 마속의 단점을 제대로 보지 못했던 것도 바로 이 때문이다.

정서적인 면에서도 마속과 유비의 관계는 그리 깊지 않았기 때문에 유비는 마속의 장단점을 객관적으로 볼 수 있었다. 하지만 제갈량은 마속과 부자父子의 정으로 맺어져 있었기에 그의 장단점을 제대로 파악할 수 없었다. 여기에 마속의 재능을 아끼는 마음까지 더해졌기에 제갈량은 마속을 자신의 후계자로 점찍어두고 있었다. 이러한 정서적 이끌림이 있다 보니 상대방의 진면목을 발견할 가능성이 더더욱 작아져 그는 마속에게 가정을 지키는 중임까지 맡긴 것이다.

가정에서 사마의와 맞붙은 마속은 현실을 바탕으로 한 전략을 펴지 못하고 병법서에 나오는 대로 물을 버리고 산으로 올라갔다. 왕평이 간해도 듣지 않고 자기 생각만을 고집하다가 사마의에게 패하고 도주하는 신세가 된 것이다. 그 바람에 근거지를 잃은 제갈량은 다시 한중으로 철군할 수밖에 없었다. 그런데 그때 갑자기 사마의가 대군을 이끌고 나타났다. 제갈량이 이 절체절명의 순간에 그 유명한 '공성계'를 펴지 않았다면, 그는 꼼짝없이 성을 잃고 사마의에게 사로잡혔을지도 모른다.

제갈량은 나중에야 사람을 제대로 보지 못했음을 후회하지만 이미 때는 늦어 있었다. 당시 기산으로 나아간 촉군은 거침없는 기세로 연전연승을 거두며 삼군을 얻는 등 승리의 기쁨으로 충만해 있었다. 그러나 가정을 잃은 다음에는 철군하는 것 외에 다른 길이 없었다. 가정을 잃게 된 데는 제갈량이 책 속의 병법에만 밝은 마속을 너무 크게 기용한 탓도 있었지만, 마속이 제갈량의 지휘체계를 무시한 책임이 더 컸다. 이 때문에 제갈량은 부하의 간언을 듣지 않다가 패전을 야기한 마속의 죄를 묻지 않을 수 없었다. 그때 마속을 참수하기로 하자 장완이 나서서 만류한다.

"옛날 초나라의 충신 득신을 죽일 때 진문공이 크게 기뻐하지 않았습

518

니까? 아직 천하를 평정하기도 전에 이토록 지모가 뛰어난 신하를 죽인다면 그 또한 안타까운 일이 아니겠습니까?"

그러자 제갈량도 눈물을 훔치며 말한다.

"옛날 손무가 천하를 제압할 수 있었던 것은 형법을 제대로 집행했기 때문이오. 지금 사방이 나뉘어 서로 다투는 판국에 법마저 자리를 잡지 못한다면 어찌 역도들을 토벌할 수 있겠소? 마속을 참수함이 합당하오."

그러나 마속을 참수한 제갈량은 통곡을 그치지 않았고, 후에도 직접 제사를 지내주며 마속의 가족들에게도 매달 녹미를 지급해주었다. 제갈량은 마속을 잘못 기용한 자신에게도 책임을 물어 직위를 세 등급 낮추어달라고 청한다.

"신은 용렬한 재주로 감히 병권을 잡고 삼군을 통솔했습니다. 그러나 군법을 바로 세우지 못하고 일도 제대로 수행해내지 못해 가정을 잃고 기곡에서도 경계를 소홀히 했나이다. 이는 모두 신이 사람을 알아보지 못하고 일을 제대로 헤아리지 못한 탓이오니 춘추의 법에 비추어 보더라도 신의 죄는 피할 길이 없사옵니다. 청컨대 신의 직위를 세 등급 내려주시어 이로써 신의 허물을 책하여주시옵소서."

활용

조직이 원활히 돌아가려면 격려와 질책이 적절하게 이루어져야 한다. 이를 제도적으로는 상과 벌이라 하고 세속적으로는 당근과 채찍이라고도 한다. 당근과 채찍을 잘 사용하면 격려와 질책의 효과가 최고조가 될 수 있지만, 그렇지 않으면 반대의 효과가 나타난다. 저마다 채찍을 멀리하고 당근만 찾는 일이 벌어지는 것이다. 그러므로 당근과 채찍을 활용할 때는 반드시 신상필벌信賞必罰의 원칙을 지켜야 한다.

신상필벌이란 말한 바는 반드시 행해야 한다는 원칙이다. 사전에 상을 주겠다고 약속한 일을 부하가 수행했는데도 상을 주지 않고 잘못한 부하에게 규정된 처벌을 내리지 않는다면 어떻게 될까? 직원들이 상벌제도를 믿지 못하게 될 뿐 아니라 기업과 리더의 이미지도 크게 손상될 것이다. 또한 상벌제도에서 격려나 경고 기능을 기대할 수 없게 되어 공을 쌓고도 상을 받지 못한 사람은 더 이상 열심히 노력하지 않게 되고 요행히 처벌을 면한 사람은 다음에도 잘못을 되풀이하게 될 것이다.

상벌의 기준을 분명히 한다는 것은 상이든 벌이든 투명하게 시행한다는 뜻이므로 상벌을 받는 대상이 누구인 것에 상관없이 공에는 상을 주고 허물에는 처벌을 내려야 한다. 상벌을 분명히 하는 것은 그 자체로 시범적인 효과가 있다.

상벌을 합당하게 한다는 것은 척도에 관한 문제이다. 상벌이란 공과에 따라 보상이나 처벌을 내린다는 뜻이지만 실제 상벌제도의 역할은 여기에 그치지 않는다. 조직 내에서 상벌에 대한 기대는 하나의 기제를 형성하여 이미 행한 일뿐만 아니라 아직 행하지 않은 일에 대해서도 당사자는 물론 다른 사람들에게까지 격려하거나 경고하는 기능이 있다. 이러한 효과의 유무에 따라 상벌 시행이 합당하게 이루어졌는지 여부가 결정된다. 이런 기준은 대단히 미묘하지만 그렇다고 해서 자의적 상벌이 합리화되지는 않는다. 일반적으로 제도나 규정의 합리성을 유지하기 위해서는 상벌제도에서 인위적 요소를 최대한 배제하고 문제가 발생했을 때는 상벌에 대한 세부 규정을 고치기보다 상벌제도 자체를 수정하는 것이 좋다.

세 번째로 기산에 오르다
부하의 자발성을 극대화하라

장수들이 앞장서서 전쟁에 나가겠다고 청하는 것은 승리하고 싶다는 자발적 욕망 때문이다. 리더는 부하가 좋아하는 일을 함께함으로써 부하의 자발성을 끌어올리고 그에 합당한 격려를 통해 자발성이 높은 수준으로 유지되게 해야 한다.

제갈량이 세 번째로 기산에 오른 이유는 위군이 진채를 굳게 닫아걸고 밖으로 나오지 않는 가운데 보름 정도의 시간이 흐르면서 군량이 눈에 띄게 줄어갔기 때문이다. 이는 촉군에게 매우 불리한 상황이었다. 시간이 흐를수록 애가 탄 제갈량은 훗날의 전진을 기약하며 일단 진채를 거두어 철군하기로 했다.

촉군의 이런 동태를 위군의 정탐꾼이 모를 리 없었다. 제갈량이 아무런 방비 없이 철군 명령을 내린 것은 위군의 정탐꾼을 염두에 둔 계책이었다. 정탐꾼은 기꺼이 이 소식을 위군에게 전했고 이로써 제갈량의 계략은 은밀히 성공할 수 있었다.

제갈량은 장합이 촉군의 철군을 가만히 두고 보지 않으리라는 것을 잘 알았다. 성정이 급한 장합은 촉군이 물러난다는 소식을 들으면 군사를 이끌고 와서 촉군을 습격할 것이다. 그가 진채 밖으로 나오기만 하면 제갈량의 계책은 성공이었다! 더욱이 전투에서 촉군이 승리하여 장합의 목을 벨 수만 있다면 이번 출병은 두말할 것 없이 성공이었다.

제갈량은 철군을 준비하는 동시에 정탐꾼을 적진으로 보내어 위군의 동태를 잘 살피라고 명했다. 과연 촉군이 10리쯤 가자 정탐꾼이 돌아와 위군이 추격해 오다가 중간에서 쉬고 있다 전했다. 그날 밤 제갈량은 장수들을 불러 계책을 일러주었다.

"위군이 쫓아오거든 죽기 살기로 싸워 한 사람이 열을 상대해야 한다. 위군 뒤에는 군사들을 매복할 것인데, 지략과 용맹이 뛰어난 장수가 아니면 이 중임을 맡을 수 없다."

그때 제갈량은 직접 장수를 지목하지 않고 스스로 나서는 이를 기다렸다. 장수들의 기세를 높이려는 의도였다.

마침내 왕평이 일어나 중임을 맡겠노라고 자청했다. 만일 군사를 잃으면 군령을 달게 받겠노라는 각오도 했다. 제갈량은 먼저 왕평의 충성심과 죽음도 두려워하지 않는 용기를 칭찬하며 여러 장수에게 왕평을 본보기로 제시했다. 그러고는 위군이 두 갈래로 진격해 오면 촉군의 복병이 위태로워질 수 있으므로 왕평을 도울 장수 하나가 더 있어야 한다고 말했다.

"누가 또 죽음을 두려워하지 않고 앞장서겠는가?"

제갈량은 이런 말로 장수들의 마음을 한껏 자극했다. 그의 말이 채 끝나기도 전에 장익이 벌떡 일어났다. 제갈량은 왕평과 장익에게 각자 정예군을 내어주며 산중에 매복했다가 위군이 지나가면 뒤쫓아 공격하라고 명했다. 제갈량은 사마의가 위군의 뒤를 따라올 것임을 예상하고 있었다. 이에 왕평과 장익에게 사마의가 뒤따라오거든 군사를 둘로 나누어 위군과 결사 항전을 벌이라고 명했다. 또한 자신은 따로 계책을 세워 그들을 도울 것이라는 말을 덧붙임으로써 장수들을 안심시켰다. 이어서 제갈량은 강유와 요화에게 비단 주머니를 건네주었는데, 안에는 이렇게 씌어 있었다.

'만일 사마의의 군대가 왕평과 장익을 포위하거든 그대 둘은 군대를 둘로 나누어 곧바로 사마의의 진채를 급습하라. 그리하면 사마의의 군사들이 물러날 터이니 그 틈을 타서 위군을 공격하면 위군 진채를 얻을 뿐 아니라 대승을 거둘 것이다.'

제갈량은 강유와 요화에게도 각자 정예병 3천을 내어주며 깃발과 북을 감추고 앞산에 매복하라 명했다. 만일 위군이 왕평과 장익을 포위하거든 바로 나서서 구하지 말고 먼저 비단 주머니를 열어본 후 거기에 써 있는 대로 하라 당부했다. 제갈량은 또 오반, 오의, 마충, 장의 네 장수를 불러 위군과 마주치거든 완전히 맞붙지 말고 싸우다가 물러나기를 거듭하라고 말했다. 그리고 관흥이 군사를 이끌고 위군 진채를 습격하거든 바로 돌아서서 위군을 공격하라고 일렀다.

제갈량은 또 관흥에게 정예병 5천을 주면서 산골짜기에 매복했다가 산 위에서 붉은 깃발을 휘두르거든 즉각 나와서 위군을 공격하라 명했다.

장합과 대릉은 용맹했다. 수하의 장수들도 두려운 기색 없이 비바람처럼 전쟁에 임했다. 마충, 장의, 오의, 오반 등 네 장수는 그런 위군을 상대로 제갈량이 일러준 계책대로 싸우다가 물러나기를 반복했다.

그때는 6월 한여름이었다. 제갈량은 말이든 사람이든 20리를 달리다 보면 온몸이 땀에 젖고 50리를 달리면 기운을 차릴 수 없을 정도로 완전히 지치게 된다는 걸 잘 알았다. 제갈량은 이 점을 이용하여 마충 등 네 장수를 미끼로 삼아 장합과 대릉을 한참 동안 달리게 만들어 나중에 관흥을 상대할 때는 완전히 녹초가 되도록 하는 계책을 폈다. 나중에 마충 등이 돌아서서 위군을 공격할 때는 왕평, 장익 등이 이미 위군의 퇴로를 끊은 후였다.

그러나 장합, 대릉의 군대는 전군일 뿐이었다. 그 뒤로 사마의가 군사를 이끌고 오고 있었던 것이다. 제갈량은 사마의가 왕평과 장익을 포위하리라 예상했기에 '위나라를 포위하여 조나라를 구하는 계책圍魏救趙之計, 적의 병력을 분산시킴'을 쓰지 않으면 안 되겠다고 생각했다. 사마의가 제갈량의 계책을 방비하기 위해 길목마다 전령을 배치하여 진채의 안위를 보고하도록 했기 때문이다.

제갈량이 강유와 요화에게 위군 진채를 급습하라 명한 것은 정말로 위군 진채를 무너뜨리기 위해서가 아니었다. 왕평과 장익을 포위에서 풀어주려는 의도였을 뿐이다. 제갈량의 생각은 틀리지 않았다. 사마의는 진채가 급습당했다는 소식에 다급히 진채를 구하러 떠났고, 이로써 왕평과 장익은 포위에서 벗어날 기회를 얻었다.

한편, 사마의가 위군을 도우러 왔다가 진채로 되돌아가는 모습은 장합과 대릉의 사기에도 영향을 미쳤다. 사마의가 우왕좌왕하는 모습

을 보자 장합과 대릉은 전투 의지를 상실하고 지름길을 통해 도망치
고 말았다.

지략 해설

이 이야기는 부하의 자발성을 고조시켜 부하가 주도적으로 임무를 완수하도록 만드는 리더의 모습을 보여준다. 또한 무엇이든 반드시 정면으로 취해야 할 필요는 없으며 우회해서 얻는 것도 최상의 방법이 될 수 있음을 알려준다.

제갈량이 장수들에게 전투에 자원하도록 기회를 준 이유는 부하들의 자발성을 끌어올려 최고 수준으로 임무를 완수하도록 하기 위해서였다.

여기서 말하는 자발성이란 흔히 말하는 의욕이다. 의욕의 의미 중 하나는 원래 일을 할 의욕은 없었지만 어쨌든 일하겠다는 의지가 있는 부하에게 리더가 북돋우는 의욕이고, 다른 하나는 부하가 원래 가지고 있는 의욕을 자극하여 그 수준을 한층 높이는 것이다.

활용

한 농부가 평생을 고되게 일하다가 죽음을 앞두고 있었다. 그는 게으른 아들을 부지런하게 만들 방법 하나를 생각해냈다. 그는 죽기 전에 아들을 불러놓고 말했다.

"포도원에 보물을 묻어두었다. 그러니 남은 생애 동안 부지런히 땅을 파서 그 보물을 찾으렴."

농부가 죽고 나자 아들은 평소의 게으름을 버리고 농기구를 들고 포도원으로 가서 땅을 파기 시작했다. 그러나 아무리 땅을 파도 보물이 나오지 않았다. 하지만 땅을 구석구석 갈아엎은 덕분에 포도나무가 아주 잘 자라서 그해 포도원은 많은 수확을 얻게 되었다.

이것은 두말할 것도 없이 농부의 지혜가 게으른 아들의 자발성을 끌어올린 이야기이다. 훌륭한 리더라면 바로 이 지혜로운 농부처럼 부하의 자발성을 최고조로 끌어올릴 수 있어야 한다. 이를 위해 기업의 관리자는 다음과 같은 노력을 해야 한다.

1. 성취 기회 제공

부하에게 여러 일을 맡기는 동시에 믿음을 심어주면 부하는 자신이 그만큼 중요한 사람이라는 생각을 가지고 많은 일을 기꺼이 한다. 이것은 부하의 자발성을 끌어올리는 데 매우 효과적인 방법이다.

2. 적절한 격려

부하가 일을 잘 완수하면 반드시 그에 합당한 격려를 해야 한다. 일을 잘 수행하면 자신에게 유리할 뿐 아니라 상관의 인정도 받을 수 있다고 여기게 되면 부하는 다음번의 성취를 위해서도 최선을 다할 것이다. 그러나 부하가 자신의 공을 믿고 오만해지지 않도록 격려 또한 적절히 해주어야 한다.

3. 부하가 원하는 일 안배

누구나 자신이 하고 싶은 일을 할 때 가장 적극적이다. 또 그런 만큼 최고의 능력을 발휘한다. 그러므로 부하가 좋아하고 관심 있어 하는 일을 안배하는 것도 부하의 적극성을 높여주는 좋은 방법이다.

요컨대 부하가 좋아하는 일을 자발적으로 하게 하고, 그에 합당한 격려를 해주면 조직 전체의 업무 효율과 이익을 극대화할 수 있다.

병력교체
신뢰는 용인의 기본

　임금이 신뢰를 잃으면 백성들은 그 어떤 법이나 명령도 따르지 않고, 군대 지휘자가 신뢰를 잃으면 군사를 제대로 지휘할 수 없게 된다. 제갈량은 자신이 말한 바를 반드시 행함으로써 신뢰를 굳건히 하여 군대를 순조로이 지휘했고, 군사들은 그러한 신뢰를 바탕으로 저마다 최선을 다해 제갈량의 명을 따랐다. 노성 전투에서도 제갈량은 위기를 잘 다스려 대승을 거두었다.

　건흥 9년 봄인 2월, 제갈량은 또다시 위나라를 정벌하기 위해 출사를 감행했다. 그러나 촉군과의 전투에서 패배한 사마의가 성만 굳게 지키고 나오지 않자 노성에 주둔해 있던 제갈량은 어찌할 수 없었다. 하루는 양의가 장막 안으로 찾아와 아뢰었다.

"승상께서는 이전에 백 일에 한 번씩 군사들을 교대하기로 하지 않으셨습니까? 이제 곧 그 기한이 다가옵니다. 마침 한중에서도 병사들이 서천을 떠났다는 공문이 왔으니, 이제 군사들을 교대시켜야 하지 않겠습니까? 지금 있는 팔만 명 가운데 우선 사만 명을 교대시키는 것이 좋을 듯합니다."

제갈량도 양의의 말을 받아들였다.

"군령이 그리 정해졌으니 속히 그대로 행하십시오."

군사들은 이 소식을 듣고 각자 분주히 행랑을 꾸렸다. 그때 급보가 날아들었다. 위장 손례가 옹주와 양주의 군사 20만을 이끌고 검각을 치러 떠났고, 사마의도 직접 군사를 이끌고 노성으로 쳐들어오고 있다는 것이었다. 촉군 병사들이 놀라 당황하는 가운데 양의가 제갈량에게 말했다.

"위군이 진격해 오고 있어 형세가 위급합니다. 그러니 먼저 적과 대적한 후에 새로이 군사가 당도하면 그때 교대하는 게 어떨지요?"

그러나 제갈량은 단호했다.

"아니 됩니다. 장수에게 명을 내리고 군사를 부림에 있어서는 신뢰가 근본인 법. 이전에 내린 군령을 이제 와 번복할 수는 없소. 촉으로 돌아가야 하는 이들은 속히 돌아가게 하시오. 부모와 처자식 모두가 사립문에 기대어 아들과 남편이 돌아오기만 기다리고 있을 터인데, 지금 당장 어려움에 처했다 해서 그들을 붙들어둘 수는 없소."

제갈량은 떠나야 할 병사들은 오늘 내로 당장 떠나라 명했다. 이 말을 들은 군사들은 한목소리로 외쳤다.

531

"승상께서 이토록 큰 은혜를 베풀어주시는데 이대로 그냥 돌아갈 수는 없습니다. 명령만 내려주십시오! 위군을 물리쳐 승상의 은혜에 보답하겠습니다."

제갈량이 말했다.

"그대들은 모두 집으로 돌아가야 한다. 그런데 어찌 여기 머물겠다고 하는가?"

병사들은 하나같이 집으로 돌아가지 않고 나가서 싸우겠다 외쳤다. 그들에게 제갈량이 말했다.

"정녕 나와 함께 싸우고 싶은가? 그렇다면 성 밖으로 나가 진채를 세워라. 그런 다음 적이 오기를 기다렸다가 숨 돌릴 틈도 주지 말고 바로 공격하라. 이것이 바로 멀리서 오느라 피곤한 적을 편히 앉아 상대하는 병법이다."

병사들은 기쁘게 성 밖으로 나가 전열을 가다듬고 적이 오기를 기다렸다. 이윽고 멀리서 오는 위군이 보였다. 과연 먼 길을 오느라 사람과 말 모두가 지친 상태였다. 이들은 진채를 세우고 잠시 쉬고 싶어 했으나 그럴 수 없었다. 곧바로 촉군이 들이닥쳤기 때문이다. 촉군의 저돌적인 공격으로 말미암아 위군의 시체가 들판에 즐비했고 그들의 피가 개울 가득히 흘러내렸다. 촉군의 대승이었다.

지략 해설

사람은 신뢰가 없으면 제대로 설 수 없다. 내가 신뢰를 지키면 다른 사람도 나를 믿어주지만 나에게 신뢰가 없다면 다른 사람도 나를 믿어주지 않는다. 사람과 사람 사이뿐 아니라 한 나라의 지도자, 군대의 지휘관도 마찬가지다.

군령으로 군사를 교체하기로 했다면 제때 군사를 교체하는 것이 용병의 법도이다. 그러나 20만 명의 적군이 몰려오는 상황에서 고작 8만 명에 불과한 촉군 중 절반이 고향으로 빠져나가면 적을 제대로 상대할 수 없을 게 분명했다. 그러나 제갈량은 '신뢰를 근본으로 한다'는 원칙을 견지하면서 병력 교체를 강행한다. 병력 교체를 잠시 늦추고자 하는 양의의 주장은 일상적인 계책이지만 제때 병력을 교체해야 한다는 제갈량의 생각은 탁월한 계책이다. 이미 병력 교체 시기는 다가왔고 교체될 병사들에게 집으로 돌아가라는 명령도 내린 후였다. 그렇다면 교체될 병사들의 마음은 이미 고향에 돌아가 있었을 것이다. 이런 병사들을 억지로 성에 머무르게 하면 적과 제대로 싸우지도 못하고 패배할 것이 뻔하다. 그렇다면 아예 귀향을 재촉하는 편이 신뢰도 굳건히 할 수 있고 병사들에게도 은혜를 베푸는 길이 된다. 병사들은 신뢰와 은혜를 저버리지 않는 지휘관을 보며 이왕 고향에 돌아가기 힘들어진 상황에서 기꺼이 적을 물리치고자 마음을 다잡았을 것이다. 제갈량은 병사들의 이런 마음을 헤아리고 귀향을 명한 것인데, 그의 용인술은 참으로 탁월하다고 하겠다.

활용

사람은 마땅히 신뢰로 처신하고 성실과 신의로 주위 사람들과 교유해야 한다. 그래야만 다른 사람과 같은 신뢰를 주고받으며 불필요한 의심과 화를 피할 수 있다.

성실과 신의는 이 세상의 보화와도 같다. 신뢰는 입신立身과 입국立國의 근본이며 사람과 사람 사이를 잇는 다리요, 소통의 길이다.

신뢰가 처세의 근본임을 안다면 일상생활에서도 신뢰를 지키는 습관이 얼마나 중요한지 깨달을 것이다. 자신 먼저 신뢰를 지킬 때 타인도 신뢰할 수 있다. 말 한마디를 천금처럼 여기고 그대로 지킬 때 하는 일이 날로 번창할 수 있다.

신의를 지킨다는 것은 무슨 뜻일까? 말한 바를 책임 있게 수행한다는 뜻이다. '사람은 신의 없이는 바로 설 수 없다'라는 말은 지키지 못할 약속을 잘 늘어놓는 사람은 타인으로부터 강한 반감을 사게 된다는 뜻이다. '지키지 못할 약속'은 타인에게 혐오감을 주는 것은 물론 자신의 명예도 크게 훼손시킨다. 물론 다른 사람의 부탁을 성심성의껏 들어주려는 태도가 바람직하지만, 자기 힘으로는 결코 할 수 없는 일까지 하려 해서는 안 된다.

공자는 '벗과 사귐에 신실했는가?'를 물었고, 묵자 또한 '말이 믿음직스럽지 못한 사람은 행동 또한 열매가 없다'고 했다. '말 한마디는 천금과 같다', '한 번 뱉은 말은 주워 담을 수 없다' 같은 격언 역시 신뢰를 강조하고 있다. 경박한 세태 속에서 마음에 없는 말을 자주 하거나 지키지 못할 약속을 하여 신뢰를 잃으면 다른 사람의 반감, 심지어 원한을 사서 큰 화를 당할 수 있다.

6백 리의 땅을 주겠다고 약속해놓고 나중에 6리라고 말을 바꾸며 초나라를 속인 장의張儀를 닮아서는 안 될 것이다.

방통을 추천하다
인재를 알아보고 그의 장점을 활용하다

　누구에게는 장점이 있지만, 그럼에도 사람을 쓰는 일은 참으로 어렵다. 군사도 정치도 사업도 마찬가지다. 사람을 잘 쓰면 때를 만난 듯 승승장구하지만 그렇지 않으면 잘나가던 사업도 하루아침에 무너질 수 있다. 개인과 조직, 공동체도 마찬가지다. 인재를 잘 활용한다는 것은 사람의 재능을 알아보고 그에 맞는 일을 맡긴다는 뜻이다.

　삼국 시대를 주름잡은 영웅들은 모두 사람을 잘 쓸 줄 알았다. 그중 가장 뛰어난 용인술을 펼친 사람은 단연 제갈량이었다.

　노숙이 봉추鳳雛, 봉황의 새끼라는 뜻으로, 지략이 뛰어난 젊은이 혹은 아직 세상에 드러나지 않은 영웅

536

을 비유적으로 이른다. 보통 초려 시절 제갈량을 의미하는 '와룡'과 같이 언급되는데, 여기서는 방통을 가리킨다 방통龐統을 손권에게 추천했을 때 손권은 방통의 짙은 눈썹과 들창코, 시커먼 낯빛에 짧은 수염을 보고는 '그 생김새가 괴이하다 여겨' 중용하지 않았다.

방통은 다른 주군을 찾던 중 제갈량의 추천으로 유비에게로 갔으나, 유비 또한 방통의 비루한 생김새를 보고 마음에 들어 하지 않았다. 유비는 방통에게 7품 관직인 현령직을 내렸으나 뇌양현耒陽縣으로 부임한 방통은 공무는 돌보지 않고 종일 술이나 마시는 낙으로 사니 제대로 돌아가는 일이 없었다.

이 소식을 듣고 크게 화가 난 유비는 장비와 손건을 보내 형주 남쪽의 여러 고을을 순시하도록 했다.

장비와 손건이 뇌양현에 도착하자 모든 관원과 백성이 성곽까지 나와 이들을 맞이했으나 방통의 모습만은 보이지 않았다. 장비가 물었다.

"현령은 어디 계신가?"

관원 하나가 대답했다.

"현령께서는 부임하신 뒤로 지금까지 공무는 돌보지 않으시고 매일 술만 드시고 계십니다. 오늘도 지난밤 드신 술이 깨지 않아 침상에 누워 계십니다."

장비는 화가 나서 현령을 잡아들이기로 했다. 그러나 손건이 만류하며 말했다.

"방통은 고명한 선비이니 함부로 여길 수 없소. 우선 관아를 둘러본 뒤에 일 처리가 형편없거든 그때 가서 벌해도 늦지 않을 것이오."

장비는 손건과 함께 관아로 가 상석을 차지하고 앉아 현령을 불러

오라 명했다. 방통은 의관도 정제하지 않은 채 부축을 받고 걸어 나왔다. 이를 본 장비가 방통을 꾸짖었다.

"우리 형님께서는 그래도 네놈을 인물이라 여겨 현령직을 맡기셨는데, 어찌 이따위로 공무를 돌본단 말이냐?"

방통이 웃으며 말했다.

"내가 고을 일 가운데 무엇을 돌보지 않았단 말이오?"

"네놈은 부임한 지 백 일이 다 되도록 밤낮 술에만 취해 있었다고 들었다. 그런데 무슨 공무를 돌보았느냐?"

"백 리도 안 되는 작은 고을 안에서 일어나는 소소한 일들을 처리하기가 뭐 그리 어렵겠소? 장군은 가만히 앉아서 내가 어찌 일을 처결하는지 보기나 하시오."

방통은 아전을 불러 지난 백 일 동안 처리되지 않은 공무를 모두 고하라고 말했다. 아전이 밀린 문서들을 모두 가져오는 한편 고소당한 이들을 모두 관청 계단 아래 꿇어 앉히자, 방통은 붓을 들어 귀로는 송사의 내용을 들으며 입으로는 판결을 내렸다. 그런 식으로 일을 처리하는데 단 한 차례의 실수도 없었다. 그 자리에 있던 백성들은 방통에게 절하며 머리를 조아렸다. 그렇게 반나절도 되지 않아 방통은 지난 백 일 동안의 공무를 모두 처리했다. 방통은 일을 마치더니 붓을 땅에 내던지며 말했다.

"내가 제대로 돌보지 않은 일이 대체 무엇이오? 조조나 손권도 나에게는 손바닥에 적힌 글줄 몇 마디에 불과하오. 그런 내가 이깟 작은 현에서 일어나는 일 따위에 제대로 마음이 써지겠소?"

깜짝 놀란 장비는 앉은 자리에서 내려와 방통에게 사과했다.

"선생의 크신 재주를 몰라보고 제가 큰 실례를 범했소이다. 돌아가면 형님께 선생을 강력히 천거하겠소."

그러자 방통은 노숙이 써준 추천 서한을 장비에게 내밀었다. 장비
가 놀라며 물었다.

"처음 우리 형님을 뵈었을 때 왜 이것을 보이지 않으셨소?"

"그때 바로 추천 서한부터 내밀었다면 내가 이 서신만 믿고 온 모양
새가 되지 않소?"

장비가 손건에게 말했다.

"그대가 아니었으면 우리가 큰 선비 하나를 잃을 뻔했소."

두 사람은 방통과 작별 인사를 나누고 형주로 돌아가 유비에게 방
통의 재능을 자세히 이야기했다. 유비는 크게 놀랐다.

"그리 큰 선비를 몰라보고 홀대하다니 모두 내 잘못이다!"

장비는 노숙의 추천서를 유비에게 올렸다. 유비가 서한을 열어보니
안에 써 있는 내용은 대체로 이러했다.

'방통은 겨우 백 리나 다스릴 인재가 아니니 치중治中이나 별가別駕
와 같은 중임을 맡기셔야만 비로소 가진 능력을 다 펼 수 있을 것입니
다. 만일 생김새만 보고 그의 가진 재주를 의심하신다면 그는 다른 사
람에게 쓰일 것이니, 그리되면 참으로 애석한 일이 아닐 수 없습니다.'

유비는 편지를 다 읽고 난 난 후 자신의 어리석음을 후회했다. 그때
마침 제갈량이 형주로 돌아왔다는 소식이 전해졌다. 유비에게 예를 마
친 제갈량이 물었다.

"방군사龐軍師께서는 잘 지내고 계십니까?"

"뇌양현을 맡아 다스리라 했는데, 매일 술만 마시고 공무는 돌보지
않는다 들었소."

제갈량이 웃으며 말했다.

"방사원은 백 리 고을이나 다스릴 인물이 아닙니다. 가슴에 품은 학식이 저의 열 배는 넘는 사람입니다. 제가 지난번 방통 편에 추천 서신을 보냈는데, 주공께서는 아직 받지 못하셨습니까?"

"노숙의 서한은 오늘 보았으나 선생의 서한은 아직 받지 못했소."

"큰 선비에게 작은 일을 맡기시면 술로 세월을 탕진하며 일을 소홀히 하는 경우가 있습니다."

"그렇지 않아도 오늘 아우가 전해준 말이 아니었다면 내 큰 선비를 잃을 뻔했소."

유비는 곧장 장비를 뇌양현으로 보내어 방통을 형주로 모셔오도록 했다. 유비가 계단 아래로 내려가 방통에게 사죄하니, 방통은 그제야 제갈량의 서한을 유비에게 내밀었다. 유비가 서한을 받아 읽어보니 오늘 봉추가 당도할 터이니 중용하라는 말이 씌어 있었다. 유비가 크게 기뻐하며 말했다.

"지난날 사마덕조司馬德操, 사마휘가 '복룡伏龍, 제갈량과 봉추, 두 사람 중 한 사람만 얻어도 천하를 안정시킬 수 있다' 했는데, 오늘 이렇게 두 사람을 모두 얻었으니 분명 한실을 다시 일으킬 수 있을 듯하오."

유비는 즉시 방통을 부군사副軍師 중랑장으로 삼고 제갈량과 함께 계책을 논의하는 한편 군사들을 훈련시키며 때를 기다리도록 했다.

지략 해설

사람의 능력을 제대로 알아보고 활용하기란 말처럼 쉽지 않다. 먼저 사람을 잘 알아보아야 하는데, 그렇게 한다고 해도 반드시 그 사람의 재능을 정확히 파악하여 활용할 수 있는 것은 아니다. 더러는 직위라는 객관적 요소가 있겠지만 여기에 더해 주관적 판단이 필요하기 때문이다. 손권과 유비가 방통의 재능을 제대로 알아보지 못했던 이유는 바로 생김새로 사람을 판단한 편견이 작용했기 때문이다. 유비가 방통을 뇌양현의 현령으로 부임시킨 것은 큰 재능을 너무 작게 활용하는 결정이었다.

노숙은 방통에게 최소한 치중 혹은 별가 정도는 맡겨야 한다고 썼고, 제갈량도 방통이 가슴에 품은 학식은 자신의 열 배는 넘는다고 말했다. 방통은 겨우 백 리 고을이나 다스릴 인물이 아니었음에도 유비는 그에게 백리 남짓한 현을 다스리도록 했으니 이는 한참 어긋나는 처사였다. "큰 선비에게 작은 일을 맡기시면 술로 세월을 탕진하며 일을 소홀히 하는 경우가 있습니다"라고 한 제갈량의 말처럼, 방통은 뇌양현에서 제대로 공무를 돌보지 않았다. 그런 일은 방통에게 전혀 기쁨이 되지 않았기 때문이다. 사실 유비는 용인의 대가였지만 방통을 만날 때는 다소 편견으로 대했다. 제갈량이 그 편견의 색안경을 벗도록 하자, 방통은 비로소 부군사 중랑장이라는 직무를 맡아 그에 합당한 능력을 펼 수 있었다. 유비가 서촉의 맹주로 자리 잡는 데 방통이 큰 역할을 한 것은 물론이다.

활용

　재능을 활용하려면 먼저 재능을 잘 파악해야 한다. 관리자의 임무는
'각 개인의 재능을 잘 운용하여 모두의 재능을 합쳤을 때 단순한 산술적
합계보다 열 배, 백 배의 시너지 효과를 만들어내는 것'이다. 직원들의 능
력을 잘 활용하는 것은 관리자의 핵심 임무이다. 이론적으로 관리직은 과
학에 속하지만 실제로는 예술에 가깝다. 각 직원에 대한 효과적인 관리는
매우 탁월한 예술이며 특히 인재의 재능을 잘 활용하는 것은 매우 진일보
한 예술에 속한다. 그러므로 관리자라면 인재 활용이라는 예술에 심혈을
기울여야 한다.

　인재를 잘 활용하려면 첫째, 그의 능력을 활용하는 방향이 업무 내용
과 잘 맞아야 한다. 둘째, 그가 가진 능력을 최대한 활용할 수 있도록 충
분히 격려해야 한다. 셋째, 각자에게 어느 정도 자유로운 이동권을 부여
해야 한다.

　예나 지금이나 사람 사이의 경쟁은 인재의 보유 여부에 따라 성패가 좌
우된다. 승리를 위해서는 지혜가 필요하고 지혜는 결국 인재에서 나오기
때문이다. 그런 의미에서 볼 때 인재 보유는 승리를 위한 가장 중요한 요
소이다. 제갈량은 인재 활용을 할 때 그 어떤 격식에도 구애받지 않고 철
저히 개인의 재능에 따라 일을 맡겼다.

　유비가 세상을 떠난 후 제갈량이 내정을 관장할 때 그가 가장 중시한
것도 인재의 발탁과 양성이었다. 제갈량은 인재를 발탁할 때 그가 가진 재
능뿐 아니라 덕행도 중시했다. 제갈량의 〈출사표〉에는 비의와 동윤 등을
천거하면서 그들의 '선량하고 진실하며 순박함'을 강조하는 내용과 함께

'어진 신하를 가까이하고 소인을 멀리해야 한다'고 권고하는 내용이 나온다. 옛선인들이 말하는 '어진 신하'란 고상한 덕과 함께 세상을 구할 능력을 겸비한 사람을 의미했다.

제갈량은 '치국의 도란 어진 선비를 힘써 구하는 데 있다'고 보았다. 그는 또한 "어진 선비를 잃고도 위급해지지 않거나 어진 선비를 얻고도 천하를 안정시키지 못하는 경우는 본 적이 없다"면서 "사람을 위해 관직을 택하면 어지러워지고 관직을 위해 사람을 택하면 다스려지는 것이기에 적극적으로 어진 선비를 구해야 한다"고 강조했다. 제갈량은 인재를 잘 선택하는 것을 자신의 중요한 임무로 여겼고, 재덕의 겸비를 인재 발탁의 원칙으로 삼았다. 그런 그가 유선을 보필할 인재로 발탁하여 양성한 이들은 강유, 비의, 동윤 등이었다. 이들은 모두 재덕을 겸비한 현사賢士로서 당대에 많은 존경을 받았다.

삼국 시대의 인재들은 현사들의 추천을 받고자 많은 노력을 기울였다. 현사들이 인재를 추천하기 위해서는 사람을 알아볼 줄 알아야 했고, 그래야 비로소 인재를 잘 활용할 수 있었다. 인재를 잘 활용한다는 것은 바둑을 둘 때 정확한 한 수를 두는 것과 비슷하다. 그렇게 하면 바둑돌을 유쾌하게 내려놓으면서도 편안히 앉아 승리의 결실을 거둘 수 있다. 반대로 인재를 제대로 활용하지 못하면 어떻게 될까? 그 결과로 거두는 부정적 결실은 목숨마저 위태롭게 할 수 있을 뿐 아니라 어렵게 얻은 강산까지 모두 잃어버리게 할 수 있다. 삼국 시대의 인재 활용에는 성공도 있고 실패도 있다. 이 모든 역사적 경험은 인재 활용에 대한 통찰을 비춰주는 거울이 된다.

제갈량의 지혜를 읽어야 할 때

초판 1쇄 발행 | 2021년 7월 15일
초판 2쇄 발행 | 2022년 2월 22일

지은이 | 쌍쩐룽
옮긴이 | 박주은
펴낸이 | 박찬근
펴낸곳 | 주식회사 다연
주　소 | (10550) 경기도 고양시 덕양구 삼원로 73 한일윈스타 1422호
전　화 | 070-8700-8767
팩　스 | 031-814-8769
이메일 | judayeonbook@naver.com
본　문 | 미토스
표　지 | 강희연

ⓒ 주식회사 다연

ISBN 979-11-972921-5-6　03320